中欧班列沿线国家研究报告

（2019）

国别投资合作效率评价与分析

著者／李训　黄森　等

RESEARCH REPORT ABOUT ROUTE COUNTRIES OF
THE CHINA RAILWAY EXPRESS (2019)

社会科学文献出版社
SOCIAL SCIENCES ACADEMIC PRESS (CHINA)

项目支持

四川外国语大学科研项目：（SISU201407），（SISU2018028）

重庆市教委人文社科重点研究基地项目：（18SKJD036）

四川外国语大学国别经济与国际商务研究中心创新团队项目：重庆自贸区综合研究创新团队（gbtz2019001）和中欧班列经贸拓展创新团队（gbty2019001）

四川外国语大学非通用语科研团队项目：中韩经济与贸易发展研究团队和中欧班列沿线非通用语重点交往国国际产能合作研究团队

重庆市高校国际化人文特色建设（非通用语）研究项目：（CIISFTGB1906）和（CIISFTGB1905）

国家电网公司科学技术项目："'一带一路'重点地区电力建设与产能合作的国家信用动态评价与投融资决策技术研究"（SGTYHT/17 - JS - 199）

《中欧班列沿线国家研究报告（2019）》
编　委　会

编委会组成名单

主　任　邹　渝　李　彦　李　训

委　员　黄　森　吕小明　邹思晓　杨　夏　郭　炫
　　　　　毛卫兵　何　蛟

编著人员名单

李　训　黄　森　吕小明　邹思晓　杨　夏　郭　炫　毛卫兵
蒋婷玉　王佳雯　任珂珺

主要著者简介

李 训 博士，中国社会科学院应用经济学博士后，四川外国语大学国际商学院院长、教授，重庆市重点人文社科研究基地"国别经济与国际商务研究中心"主任，重庆市 2011 协同创新中心"重庆内陆开放型经济高地协同创新中心"主任，四川外国语大学非通用语科研团队"中韩经济与贸易发展研究团队"负责人，国别经济与国际商务研究中心"重庆自贸区综合研究创新团队"负责人，全国博弈论与实验经济学研究会常务理事，重庆市区域经济学会常务理事，重庆市高等教育学会财经教育专委会副理事长。对国别经济、国际商务问题给予了长期关注，在《管理工程学报》等 CSSCI、EI 期刊发表学术论文 20 余篇，出版专著、编著 5 部，主持和参与国家级和省部级科研项目 20 余项，承担了银行金融类项目、地方政府和企业战略规划、投融资等课题近 20 项。

黄 森 博士，四川外国语大学国际商学院副教授，硕士研究生导师，重庆市高等学校青年骨干教师，四川外国语大学嘉陵青年学者，重庆市重点人文社科研究基地"国别经济与国际商务研究中心"研究员，四川外国语大学非通用语科研团队"中欧班列沿线非通用语重点交往国国际产能合作研究团队"负责人，国别经济与国际商务研究中心"中欧班列经贸拓展创新团队"负责人，重庆市区域经济学会理事。对"一带一路"、中欧班列、西部陆海新通道、区域经济及产业集聚化等问题给予了长期关注，陆续在该相关领域研究发表了 30 余篇核心、权威期刊论文，其中 1 篇文章入选第九届中国青年经济学者论坛，并被中国人民大学复印报刊资料转载。作为主编之一出版《"渝新欧"沿线国家发展报告》系列蓝皮书，出版专著 4 本。主持、参与国家级、省部级课题多项。

呙小明 博士，四川外国语大学国际商学院副教授，硕士研究生导师。重庆市重点人文社科研究基地"国别经济与国际商务研究中心"研究员，国别经济与国际商务研究中心"中欧班列经贸拓展创新团队"研究员，四川外国语大学非通用语科研团队"中欧班列沿线非通用语重点交往国国际产能合作研究团队"研究员。对国内外涉及低碳经济与国际贸易投资等问题给予了长期关注，从 2008 年至今陆续在《科研管理》《管理工程学报》《管理评论》《软科学》《经济经纬》等国内重要学术刊物和学术会议论文集上发表 30 余篇该相关领域的研究论文，合作出版皮书 2 本、专著 4 本。主持及参与国家自然科学基金项目 2 项、国家社科项目和教育部项目 3 项、省部级科研项目 5 项、企业横向项目 4 项、市政府横向项目 6 项、校级项目 10 项。

邹思晓 四川外国语大学国际商学院讲师，重庆市重点人文社科研究基地"国别经济与国际商务研究中心"研究员，国别经济与国际商务研究中心"中欧班列经贸拓展创新团队"研究员，四川外国语大学非通用语科研团队"中欧班列沿线非通用语重点交往国国际产能合作研究团队"研究员。主要从事国际贸易、企业战略分析等领域的研究，合作出版皮书 2 本，公开发表论文数篇，主持校级青年项目 1 项，参与多个国际合作项目、省部级项目及横向课题。

杨 夏 四川外国语大学国际商学院讲师，重庆市重点人文社科研究基地"国别经济与国际商务研究中心"研究员，国别经济与国际商务研究中心"中欧班列经贸拓展创新团队"研究员，四川外国语大学非通用语科研团队"中欧班列沿线非通用语重点交往国国际产能合作研究团队"研究员。主要从事国际商务、市场营销等领域的研究，公开发表论文多篇，参与多个研究项目。

郭　炫　四川外国语大学国际商学院讲师，重庆市重点人文社科研究基地"国别经济与国际商务研究中心"研究员，国别经济与国际商务研究中心"中欧班列经贸拓展创新团队"研究员，四川外国语大学非通用语科研团队"中欧班列沿线非通用语重点交往国国际产能合作研究团队"研究员。主要从事国际商务、市场营销等领域的研究，公开发表论文多篇，参与多个研究项目。

毛卫兵　博士，四川外国语大学国际商学院副教授，日本中央大学经济学研究所客员研究员，重庆市政府涉外研究智库重庆国际战略研究院研究员。主要承担宏观经济学、微观经济学、财务管理等课程的教学工作。长期关注中日经济发展的比较，在中国和日本的学术期刊发表过多篇论文，参与多个研究项目。2018年合作出版重庆市商委委托项目《中国企业对日投资方面的法律法规指南》。

摘　要

"一带一路"倡议向世界释放了和平合作的信号，中欧班列既是我国释放友好合作信号的开始，也是协助我国加强同周边国家友好投资贸易往来的通道。中欧班列的建成及顺利运行，有效促进了中国同共建"一带一路"国家的商贸合作。但是面对陌生而复杂的外部环境，我国企业进行对外投资时往往容易无所适从，没有相应的指导，容易产生资源浪费、资金亏损等状况。研究中欧班列沿线国家投资合作效率，能有效为我国企业在中欧班列沿线尤其是"一带一路"沿线选择投资对象国时，提供合理的综合评价办法和甄别路径，具有显著的理论价值和现实意义。

本书选取中欧班列沿线重点交往的 21 个国家作为研究对象，着重探讨了 2008～2017 年我国对相关国家投资合作效率的变化水平、区域特征、影响机制及发展趋势，进而从投资便利化视角为我国对外投资提出相关建议。本书共分为两大部分。第一部分为总报告，首先全面阐述中欧班列沿线国家投资合作效率研究的意义、内容、技术路线，并根据我国对外投资特点及投资合作效率理论机制构建了中欧班列沿线国家投入产出评价指标体系和数学模型，形成比较完整的分析框架，然后运用超效率数据包络分析模型，从投资综合效率、投资规模效率（"硬实力"）和投资纯技术效率（"软实力"）三个层面，系统分析了 2008～2017 年十年间我国对中欧班列沿线 21 个国家的投资情况，着重探讨新形势下我国在相关国家进行对外投资时需要注意的问题，为我国企业更好地"走出去"提供有价值的理论参考。第二部分为分报告，分别对哈萨克斯坦、俄罗斯、波兰、德国和白俄罗斯五个国家进行投资便利化评价与分析。该部分从国家概况、政治文化环境、国家投资便利化水平、投资法律风险、投资注意事项和投资求助路径六个层面详细介绍了相关国家投资便利化情况，从微观的视角为我国企业去相关国家投资提供服务与指导。

关键词： 中欧班列　投资合作效率　数据包络分析模型　投资便利化

Abstract

The "Belt & Road" initiative is making efforts releasing the signal of peaceful cooperation to the world. "CHINA RAILWAY Express" is the beginning of this release, as well as a channel to help China improve the friendly investment & trade with neighboring countries. The completion and smooth operation of the "CHINA RAILWAY Express" have effectively promoted China's investment & trade cooperation with the route countries. However, in face of the unfamiliar and complex foreign environment, Chinese enterprises are often at a loss when they want to make outbound investment. Without proper guidance, they are prone to resource waste and loss of funds. Therefore, studying the efficiency of investment cooperation between China and route countries can effectively provide reasonable comprehensive evaluation method and screen path for Chinese enterprises to invest in countries along the "CHINA RAILWAY Express" route and even all countries along the "Belt & Road" route. This study thus offers significant theoretical value and practical significance.

This book selects 21 key countries along the "CHINA RAILWAY Express" route as the research object, focusing on the change level, regional characteristics, impact mechanism and development trend of China's investment efficiency in these countries from year 2008 to 2017, and then puts forward relevant suggestions for China's outbound investment from the perspective of investment facilitation. This book is divided into two parts. The first part is the general report. Firstly, the general report comprehensively expounds the significance, content and technical route of the research on investment efficiency of these route countries. According to the characteristics of China's outbound investment and the theoretical mechanism of investment efficiency, it constructs the input – output evaluation index system and mathematical model, forming a relatively complete analysis framework, and then it uses the super efficiency data envelopment analysis model, systematically analyzing China's outbound investment in the 21 route countries in recent ten years from three aspects, namely the comprehensive investment level, investment "hard power" and investment "soft power", with the focus mainly on new problems that China needs to attach importance to under the new situation, so as to provide better theoretical reference for Chinese enterprises to go abroad. The second part is made up of five components, each addressing different countries, namely Kazakhstan, Russia, Belarus, Poland and Germany. This part introduces in detail the investment facilitation of these countries from six aspects: national profile, political and cultural environment, national investment facilitation level evaluation, investment legal risk, investment considerations and investment recourse methods. It provides services and guidance for Chinese enterprises to invest in these countries from more detailed and practical perspectives.

Keywords: CHINA RAILWAY Express; Investment Efficiency; Data Envelopment Analysis Model; Investment Facilitation

目 录

Ⅰ 总报告

Ⅱ 分报告

CONTENTS

I General Report

II Sub-reports

CONTENTS ⌐⅀

总　报　告

General Report

中欧班列沿线国家投资合作效率分析

摘　要： 本部分选取中欧班列沿线重点交往的 21 个国家作为研究对象，着重探讨 2008～2017 年我国对相关国家投资合作效率的变化水平、区域特征、影响机制及发展趋势。首先全面阐述中欧班列沿线国家投资合作效率研究的意义、内容、技术路线，并根据我国对外投资特点及投资合作效率理论机制构建了中欧班列沿线国家投入产出评价指标体系和数学模型，形成比较完整的分析框架，然后运用超效率数据包络分析模型，从投资综合效率、投资规模效率（"硬实力"）和投资纯技术效率（"软实力"）三个层面，系统分析了近十年我国对中欧班列沿线 21 个国家的投资情况，着重探讨新形势下我国在相关国家进行对外投资时需要注意的问题，为我国企业更好地"走出去"提供有价值的理论参考。

关键词： 中欧班列　投资合作效率　硬实力　软实力

1 研究背景及意义

1.1 研究背景

在人类社会发展的历史进程中，经济全球化已经成为不可逆转的客观趋势。国际投资和贸易宛若一条纽带，将世界上各个国家和地区紧密地联系在一起，可以毫不夸张地说，各个经济体之间相互依存的关系已经达到了前所未有的广度和深度。就我国而言，改革开放为我国带来了飞速发展的经济，随着社会主义现代化建设事业的不断深入发展，我国同世界经济的整体联系也日趋紧密。在此背景下，2013 年习近平主席向全世界人民发出了"一带一路"合作倡议。该倡议一经提出，便在全世界范围内得到了广泛关注和高度认可，相关国家和地区政府也对此做出了积极的响应。

近年来，随着"一带一路"倡议的深入，一条条深入亚欧大陆的钢铁大动脉逐渐以我国为起点延伸开来，而在这一系列钢铁大动脉上奔驰的快速货运班列，则被沿线各国人民亲切地称为中欧班列。中欧班列的运行，是建立在我国铁路运输系统全面、高速发展基础上的，一系列中欧班列的开通能够促进我国与共建"一带一路"国家更好地互联互通，能够有效提升我国与沿线各国之间的货物流通效率，从硬件设施上保证了我国与沿线各国之间的紧密联系。目前，中欧班列拥有"三条通道""五个口岸"。我国第一趟中欧班列始发于 2011 年 3 月，截至 2018 年 8 月 26 日，中欧班列累计开行数量已经突破 10000 列大关，显而易见，中欧班列的运行，有效地提升了铁路运输服务于"一带一路"倡议的能力（见图 1-1）。

种种迹象表明，随着"一带一路"倡议的持续推进，中欧班列已成为我国与丝绸之路经济带沿线国家互惠、互通、互联的有效载体。与此同时，作为服务于"一带一路"倡议的重要品牌，中欧班列多种潜在经济效益仍亟待进一步挖掘和引导。例如，如何对中欧班列进行有效的战略规划，实现

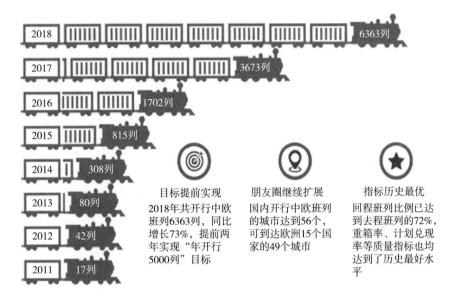

图 1 - 1 中欧班列开行简况

最优配置，是否能够依托中欧班列打造一条"交通—投资—贸易"辐射经济带等问题仍值得深思。因此，在"一带一路"倡议下，立足中欧班列沿线国家，从多个角度系统研究我国在相关东道国投资合作效率，并立足不同东道国具体制度环境，设计出一系列投资指南，促进我国企业更好地"走出去"，具有显著的理论价值和现实意义。

1.2 研究意义

（1）就企业层面而言。中欧班列的建成及运行，有效促进了我国同共建"一带一路"国家的商贸合作。但是中欧班列沿线国家国情差别很大，大部分企业在进行相关投资时，由于没有相应的理论和实践指导，往往容易无所适从，进而产生资金亏损等状况。那么，研究中欧班列沿线国家投资合作效率，则能有效地为我国企业在"一带一路"尤其是中欧班列沿线选择投资对象国时，提供合理的综合评价办法和甄别路径。

（2）就国家层面而言。当前的世界是开放的世界，国家经济的发展离不开对外投资。中欧班列的运行不仅为我国货物贸易开拓了市场，我们还更应该深刻地认识到，依托"一带一路"倡议，中欧班列还为我国与沿线国家之间构建了一个共同发展、密不可分的互通网络。基于此，立足中欧班列，一方面，合理利用各国的优势资源，开展高效的"互联互通"对接工作能够极大提高国际合作效益，进而带动整个区域国家投资合作效率的提升；另一方面，围绕中欧班列沿线进行国家投资合作效率的提升，能够增加相互之间的国际交流，也为与其他国家建立良好的合作伙伴关系提供重要的实践基础。

（3）就学术层面而言。一方面，在探索和构建中欧班列沿线国家投资合作效率评价指标体系的过程中，可以逐渐拓展、完善现有同类型评价指标体系的建立思路，推动相关理论研究的进一步深入；另一方面，在运用中欧班列沿线国家投资合作效率评价指标体系进行测评和分析时，可以基于计算结果，较为客观地反映中欧班列沿线国家投资发展状况，及时发现问题，不断优化相关投资信息，有利于政府进一步制定具体的政策措施。综上所述，进行中欧班列沿线国家投资合作效率评价研究，既可以提高投资合作效率评价指标体系构建的理论意义，又可以在具体实践中发挥作用。

2　模型设计与指标体系构建

2.1　DEA 原理

由 Charnes、Coopor 和 Rhodes 等学者于 1978 年提出的数据包络分析方法（DEA，Data Envelopment Analysis），是一种基于运筹学理论的以相对效率概念为基础的效率评价方法。目前学术界中较为常见的是 CCR 模型和BCC 模型。

本书为了能够更好地测算比较中欧班列沿线国家的投资合作效率，将采用 SE - DEA 模型来进行分析，该模型是在传统 CCR 和 BCC 模型的基础上修正而来，其参考集不包括 DMU0，具体表达式为：

$$\begin{cases} \min\theta \\ \sum_{\substack{j=1 \\ j\neq k}}^{n} X_j\lambda_j + s_i^- = \theta X_0 \\ \sum_{\substack{j=1 \\ j\neq k}}^{n} Y_j\lambda_j - s_i^+ = Y_0 \\ s_i^- \geq 0, s_i^+ \geq 0, \lambda_j \geq 0, j = 1,2,\cdots,n \end{cases} \tag{1}$$

式（1）中 θ 为 DMUj 的相对综合效率，λ_j 代表若干个决策单元的线性组合权重。S_i^-、S_i^+ 为松弛变量，且均不为 0，S_i^- 表示投入冗余量，S_i^+ 表示产出不足量。SE – DEA 模型可以通过有效区分有效决策单元相互的效率差异，且效率测算值也会大于 1，以此对所评价的决策单元能够进行有效排序。

假设前提为规模报酬不变时，本书采用 CCR 模型，通过 CCR 模型可计算出 DMU 的综合效率，综合效率表示 DMU 实现既定投入下产出最大或既定产出下投入最小的评价值；当假设前提为规模报酬变动时，则采用 BCC 模型，通过 BCC 模型可计算出 DMU 的纯技术效率，纯技术效率表示综合效率中 DMU 自身纯粹技术属性的发挥程度。此外，通过以下关系（综合效率 = 纯技术效率 × 规模效率）还可以进一步推导出 DMU 的规模效率，其中规模效率表示在生产过程中 DMU 自身资源规模配置是否有效的程度。

标准的 BCC 模型可以表示为：

$$\mathrm{MinN}_k = \theta_k - \varepsilon\sum_{i=1}^{m} s_{ik}^- + \sum_{r=1}^{s} s_{rk}^+ \tag{2}$$

$$\begin{cases} \sum_{r=1}^{n} x_{ij}\lambda_j + s_{rk}^- = \theta x_{ij0}, i = 1,2,\cdots,m \\ \sum_{j=1}^{n} y_{rj}\lambda_j - s_r^+ = y_{rj0}, r = 1,2,\cdots,s \\ \sum_{j=1}^{n} \lambda_j = 1 \\ \text{s. t.} \quad \theta, \lambda_j, s_i^-, s_r^+ \geq 0, j = 1,2,\cdots,n \end{cases} \tag{3}$$

其中 x_{ij}（$i=1$，2，3…m）表示第 j 个 DMU 的第 m 维投入向量。y_{rj}（$r=$ 1，2，3…，s）表示第 j 个 DMU 的第 s 维产出向量，N_k 表示受评估 DMU 的相对有效值。

2.2 指标体系构建

我国与中欧班列沿线国家开展投资合作时，主要通过对外直接投资结合东道国人力资本购买来进行，因此本报告选择中国对东道国直接投资流量和东道国劳动力总数这两个指标作为投入项。

我国与中欧班列沿线国家开展投资合作时，其成效主要体现在促进沿线国家和中国各自的经济总量扩大，推动中国与沿线国家的双边贸易发展，吸引沿线国家对中国的直接投资三个方面，因此本报告选取了东道国 GDP、中国 GDP、中国与东道国进出口贸易总额、东道国对中国直接投资流量共 4 个指标作为产出指标体系（见表 1－1）。

表 1－1　中欧班列沿线国家投资合作效率：投入产出指标体系

	变量	单位
投入指标	中国对东道国直接投资	万美元
	东道国劳动力人数	人
产出指标	东道国对中国直接投资	万美元
	中国与东道国进出口贸易总额	万美元
	东道国 GDP	美元
	中国 GDP	美元

需要说明的是，本书评价指标体系的指标数据均来源于世界银行数据库、《中国统计年鉴》、《中国对外直接投资统计公报》等相关资料。在数据收集过程中，会面临一些需要处理的数据技术整理问题，遇到的最主要问题就是部分国家一些指标数据的缺失，本书只能将部分数据缺失严重的国家进行剔除。至于部分国家某些年份指标数据的缺失，只要

情况不太严重，本书就有针对性地采用插值法、趋势法或替代法来进行修正。

2.3 相关说明及指标体系检验

在进行中欧班列沿线国家投资合作效率评价时，受各种因素的制约，不可能对所有国家、任何时间段内的投资合作效率都进行评价，根据研究的需要以及数据资料的可获得性，本书对评价时间段和范围进行了界定。

（1）评价时段。以联合国（UN）、世界银行（World Bank）等国际机构公开发布的统计数据为依据，以 2008 年为起点，到 2017 年底为终点，时间跨度为 10 年。需要特别说明的是，由于国际统计数据一般要滞后，所以本书并未能够查到最新的 2018 年数据。

（2）国家评价范围。尽管中欧班列辐射范围是亚欧大陆的大部分国家，但是没有办法把所有成员都纳入评价体系。主要原因是一部分国家不能够提供足够详细的相关指标数据，如阿尔巴尼亚、爱沙尼亚、拉脱维亚等。基于这样的考虑，经过反复选择，本书最终以中欧班列贯穿的国家及其辐射的周边国家为切入点，选择了白俄罗斯、保加利亚、比利时、波兰、德国、俄罗斯、法国、哈萨克斯坦、荷兰、柬埔寨、捷克、克罗地亚、罗马尼亚、蒙古国、斯洛伐克、乌克兰、西班牙、新加坡、匈牙利、意大利和越南 21 个国家作为投资合作效率评价的对象，对它们的投资合作效率总体表现以及内在要素相互作用机制进行评价、分析和研究。需要说明的是，随着国家发改委《西部陆海新通道总体规划》的印发，中欧班列陆地互通将顺着"陆海新通道"通达新加坡等东南亚国家，"陆上丝绸之路"就此与"海上丝绸之路"紧密结合起来。因此，在国家评价范围选择上，本书添加了柬埔寨、新加坡和越南等国家。

此外，本书从可测性、区分度、可信度和相关性四个视角对相关指标体系进行检验，限于篇幅这里就不再——列出。

3 中欧班列沿线国家经贸合作现状分析

3.1 东道国经济发展现状

3.1.1 东道国 GDP

国内生产总值（Gross Domestic Product，简称 GDP）是指在一定时期内（一个季度或一年），一个国家或地区的经济中所生产出的全部最终产品和劳务的价值，常被公认为衡量国家经济状况的最佳指标。它不但可以反映一个国家的经济表现，还可以反映一国的国力与财富。本书用 GDP 作为东道国经济发展的指标之一，反映了一国的经贸实力，是国际投资合作的重要参考指标。

从 2008~2017 年十年间东道国 GDP 增长情况来看，由于金融危机及欧债危机，东道国 GDP 随年份变化较大，10 年平均 GDP 为 7116 亿美元。与十年前相比，除哈萨克斯坦、新加坡、柬埔寨和越南之外，其余国家均呈负增长状态，GDP 下滑最快的为乌克兰，增速为 -37.63%。相反的，GDP 增长最快的为越南，达到了 125.74%。各国十年间 GDP 增速（增长量，单位：亿美元）从高到低排序依次是：越南 125.74%（1246.5）、柬埔寨 114.05%（118.1）、蒙古国 103.33%（58.1）、新加坡 68.50%（1316.8）、哈萨克斯坦 22.07%（294.5）、保加利亚 7.01%（38.1）、罗马尼亚 -0.81%（-17.2）、波兰 -1.38%（-73.5）、德国 -1.58%（-591.6）、比利时 -4.60%（-238.6）、斯洛伐克 -4.69%（-47.1）、俄罗斯 -4.96%（-824.3）、捷克 -8.40%（-198.1）、白俄罗斯 -10.38%（-63.1）、荷兰 -11.29%（-1056.6）、法国 -11.51%（-3358.8）、匈牙利 -11.54%（-182.4）、意大利 -18.69%（-4468.9）、西班牙 -19.61%（-3207.0）、克罗地亚 -21.66%（-152.6）、乌克兰 -37.63%（-676.6）（见图 1-2）。

图 1-3 为 2008 年所选取的 21 个东道国国家的 GDP 数据。2008 年，各

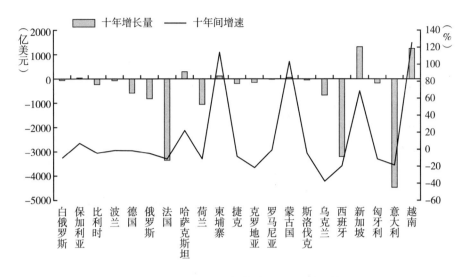

图 1 - 2　2008 ~ 2017 年东道国 GDP 增长情况

国 GDP 平均值为 7552 亿美元，各国 GDP 差异极大，其中白俄罗斯、保加利亚、柬埔寨、克罗利亚、蒙古国、越南 GDP 未达到千亿级别，而德国、俄罗斯、法国、西班牙以及意大利均达到了万亿级别。2008 年东道国 GDP（单位：亿美元）从高到低排序依次是：德国（37524）、法国（29184）、意大利（23907）、俄罗斯（16608）、西班牙（16350）、荷兰（9362）、波兰（5338）、比利时（5186）、捷克（2357）、罗马尼亚（2136）、新加坡（1922）、乌克兰（1798）、匈牙利（1580）、哈萨克斯坦（1334）、斯洛伐克（1003）、越南（991）、克罗地亚（705）、白俄罗斯（608）、保加利亚（544）、柬埔寨（104）、蒙古国（56）。整体来看，2008 年中欧班列沿线国家整体经济水平差距巨大，或是受 2008 年金融危机的影响，部分国家开始呈现经济增速放缓甚至下降的态势。

2009 年 21 个东道国 GDP 较上年几乎都呈现下降趋势，其中斯洛伐克从千亿级下降到了百亿级。2009 年各东道国 GDP（单位：亿美元）从高到低排序依次是：德国（34180）、法国（26902）、意大利（21852）、西班牙（14991）、俄罗斯（12226）、荷兰（8579）、比利时（4846）、波兰（4398）、捷克（2062）、新加坡（1924）、罗马尼亚（1726）、匈牙利

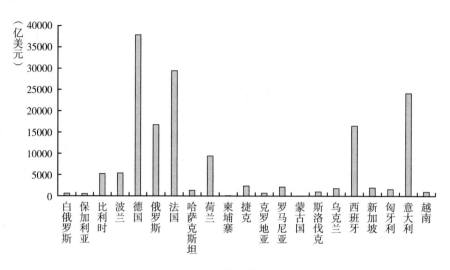

图 1-3　2008 年东道国 GDP

（1306）、乌克兰（1171）、哈萨克斯坦（1153）、越南（1060）、斯洛伐克（889）、克罗地亚（628）、保加利亚（519）、白俄罗斯（509）、柬埔寨（104）、蒙古国（46）。由于受到 2008 年金融危机的持续影响，各国的经济在 2009 年皆陷入了低迷状态，平均 GDP 仅为 6718 亿美元，较 2008 年减少了 834 亿美元（见图 1-4）。

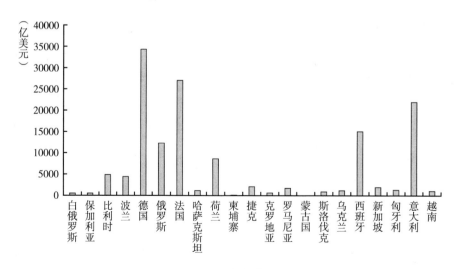

图 1-4　2009 年东道国 GDP

2010 年，各国还未摆脱金融危机的负面影响，经济依旧处于低迷状态。2010 年，各国 GDP（单位：亿美元）由高到低排序依次是：德国（34171）、法国（26426）、意大利（21251）、俄罗斯（15249）、西班牙（14316）、荷兰（8466）、比利时（4835）、波兰（4793）、新加坡（2364）、捷克（2075）、罗马尼亚（1662）、哈萨克斯坦（1480）、乌克兰（1360）、匈牙利（1309）、越南（1159）、斯洛伐克（895）、克罗地亚（598）、白俄罗斯（587）、保加利亚（506）、柬埔寨（112）、蒙古国（72）。2010 年，21 国平均 GDP 为 6842 亿美元（见图 1－5）。

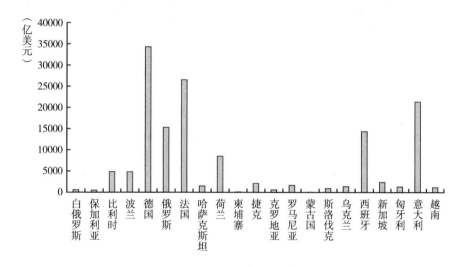

图 1－5 2010 年东道国 GDP

2011 年，随着全球经济回暖，21 个东道国的 GDP 均呈现了不同程度的增加，俄罗斯更是较 2010 年增加了 5268 亿美元。2011 年各东道国 GDP（单位：亿美元）由高到低排序依次是：德国（37577）、法国（28614）、意大利（22763）、俄罗斯（20517）、西班牙（14881）、荷兰（9041）、波兰（5287）、比利时（5270）、新加坡（2760）、捷克（2279）、哈萨克斯坦（1926）、罗马尼亚（1834）、乌克兰（1632）、匈牙利（1408）、越南（1355）、斯洛伐克（982）、克罗地亚（624）、白俄罗斯（618）、保加利亚（574）、柬埔寨（128）、蒙古国（104）（见图 1－6）。

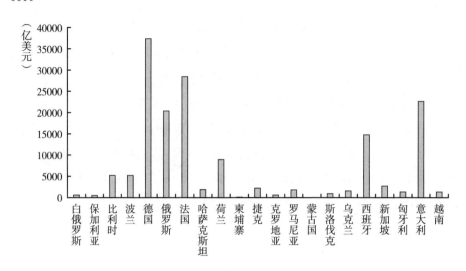

图1-6　2011年东道国GDP

2012年21个东道国平均GDP水平为7294亿美元，较2011年有略微下降，主要是由欧债危机导致的德国、法国、意大利以及西班牙GDP大幅下降造成的。2012年各东道国GDP（单位：亿美元）由高到低排序依次是：德国（35440）、法国（26838）、俄罗斯（22103）、意大利（20728）、西班牙（13360）、荷兰（8390）、波兰（5003）、比利时（4979）、新加坡（2907）、哈萨克斯坦（2080）、捷克（2074）、乌克兰（1758）、罗马尼亚（1712）、越南（1558）、匈牙利（1279）、斯洛伐克（934）、白俄罗斯（657）、克罗地亚（565）、保加利亚（539）、柬埔寨（141）、蒙古国（123）（见图1-7）。

2013年，各国GDP再次回升，平均GDP达到7629亿美元。2013年各东道国GDP（单位：亿美元）由高到低排序依次是：德国（37525）、法国（28110）、俄罗斯（22971）、意大利（21304）、西班牙（13618）、荷兰（8769）、波兰（5242）、比利时（5209）、新加坡（3044）、哈萨克斯坦（2366）、捷克（2094）、罗马尼亚（1909）、乌克兰（1833）、越南（1712）、匈牙利（1352）、斯洛伐克（984）、白俄罗斯（755）、克罗地亚（581）、保加利亚（555）、柬埔寨（152）、蒙古国（125）（见图1-8）。

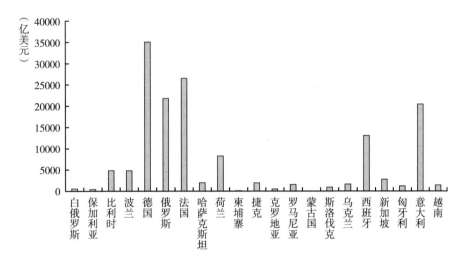

图 1-7　2012 年东道国 GDP

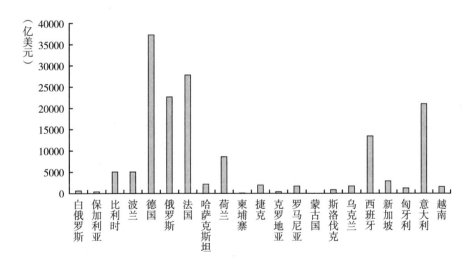

图 1-8　2013 年东道国 GDP

2014 年各国 GDP 继续回升，平均 GDP 达到了 7635 亿美元。2014 年各国 GDP（单位：亿美元）从高到低排序依次是：德国（38987）、法国（28521）、意大利（21517）、俄罗斯（20636）、西班牙（13769）、荷兰（8909）、波兰（5452）、比利时（5308）、新加坡（3115）、哈萨克斯坦

（2214）、捷克（2078）、罗马尼亚（1996）、越南（1862）、匈牙利（1400）、乌克兰（1335）、斯洛伐克（1009）、白俄罗斯（788）、克罗地亚（576）、保加利亚（568）、柬埔寨（167）、蒙古国（122）（见图1-9）。

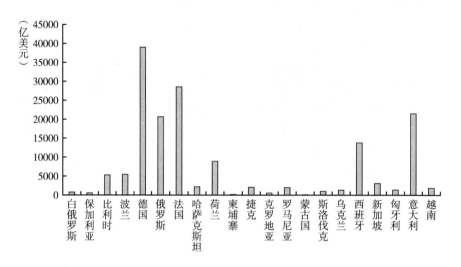

图1-9　2014年东道国GDP

2015年欧洲经济逐渐步入了稳定复苏的阶段，但全球产业结构调整、大宗商品价格低迷和市场格局不稳定等因素导致了各国GDP再次下滑，平均GDP为6403亿美元，下滑至研究时间段内的最低水平。各国GDP（单位：亿美元）从高到低排序依次是：德国（33813）、法国（24382）、意大利（18322）、俄罗斯（13637）、西班牙（11990）、荷兰（7652）、波兰（4769）、比利时（4558）、新加坡（3040）、越南（1932）、捷克（1868）、哈萨克斯坦（1843）、罗马尼亚（1778）、匈牙利（1230）、乌克兰（910）、斯洛伐克（877）、白俄罗斯（564）、保加利亚（502）、克罗地亚（494）、柬埔寨（180）、蒙古国（117）（见图1-10）。

2016年各国GDP开始小幅度回升，平均GDP为6478亿美元。2016年各国GDP（单位：亿美元）由高到低排序依次是：德国（34951）、法国（24651）、意大利（18691）、俄罗斯（12826）、西班牙（12374）、荷兰（7835）、波兰（4719）、比利时（4697）、新加坡（3097）、越南（2052）、

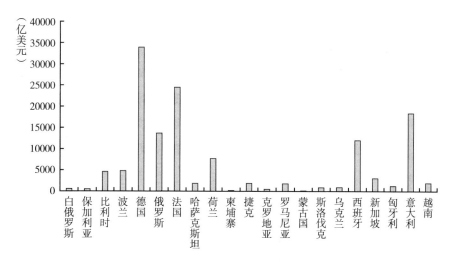

图 1－10　2015 年东道国 GDP

捷克（1950）、罗马尼亚（1884）、哈萨克斯坦（1372）、匈牙利（1260）、乌克兰（933）、斯洛伐克（898）、保加利亚（532）、克罗地亚（516）、白俄罗斯（477）、柬埔寨（200）、蒙古国（111）（见图 1－11）。

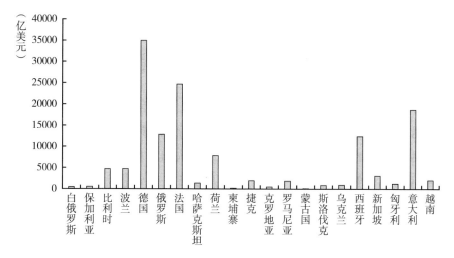

图 1－11　2016 年东道国 GDP

2017 年各国 GDP 继续回升，平均 GDP 达到了 6977 亿美元。2017 年各国 GDP（单位：亿美元）由高到低排序依次是：德国（36932）、法国

匈牙利（4258817）、保加利亚（3583233）、斯洛伐克（2681953）、新加坡（2629314）、克罗地亚（1940997）、蒙古国（1129526）。

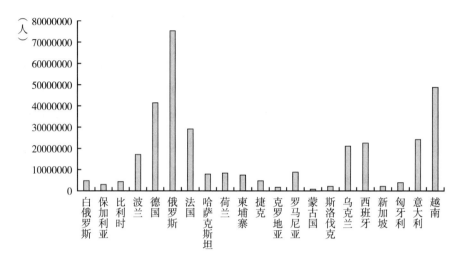

图 1-14　2008 年东道国劳动力人数

2009 年各东道国的劳动力人数几乎均呈平稳增长态势，从高到低排序依次是（单位：人）：俄罗斯（76118376）、越南（50389168）、德国（41957366）、法国（29765570）、意大利（24517057）、西班牙（23387407）、乌克兰（21733898）、波兰（17834006）、罗马尼亚（9225090）、荷兰（9028961）、哈萨克斯坦（8573022）、柬埔寨（7893425）、捷克（5249841）、白俄罗斯（5068039）、比利时（4788134）、匈牙利（4258665）、保加利亚（3509649）、新加坡（2721747）、斯洛伐克（2672322）、克罗地亚（1937381）、蒙古国（1151716）（见图 1-15）。

2010 年各国的劳动力人数依旧表现正常，没有特别大的起伏。2010 年各国劳动力人数（单位：人）从高到低排序依次是：俄罗斯（75969251）、越南（51444271）、德国（42016700）、法国（29861054）、意大利（24451369）、西班牙（23577218）、乌克兰（21666129）、波兰（18035960）、罗马尼亚（9372962）、荷兰（8865394）、哈萨克斯坦（8719779）、柬埔寨（8146407）、捷克（5241385）、白俄罗斯（5093060）、比利时（4887403）、匈牙利

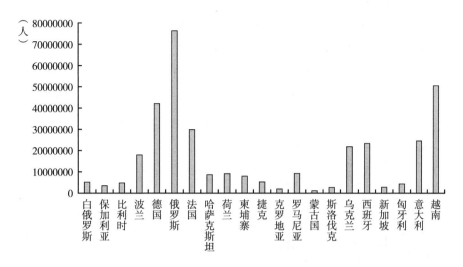

图 1-15　2009 年东道国劳动力人数

（4299563）、保加利亚（3426004）、新加坡（2806384）、斯洛伐克（2683419）、克罗地亚（1913390）、蒙古国（1169399）（见图 1-16）。

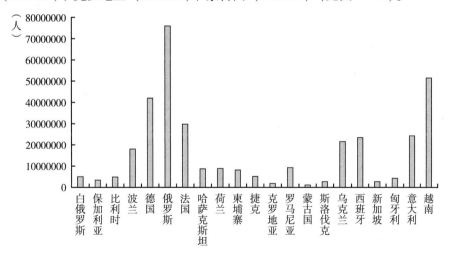

图 1-16　2010 年东道国劳动力人数

2011 年各国的劳动力人数依旧平稳增长，21 个东道国劳动力人数（单位：人）由高到低排序依次是：俄罗斯（76121763）、越南（52364005）、德国（41700338）、法国（29856334）、意大利（24439314）、西班牙

（23613497）、乌克兰（21630330）、波兰（18103946）、罗马尼亚（9187221）、荷兰（8849862）、哈萨克斯坦（8806519）、柬埔寨（8246915）、捷克（5232517）、白俄罗斯（5101946）、比利时（4867238）、匈牙利（4316084）、保加利亚（3343906）、新加坡（2886652）、斯洛伐克（2686077）、克罗地亚（1877329）、蒙古国（1207606）（见图1-17）。

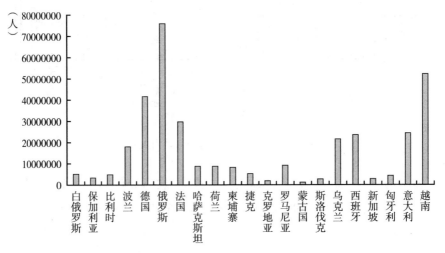

图1-17　2011年东道国劳动力人数

2012年各国劳动力人数增幅减缓，21个东道国劳动力人数（单位：人）由高到低排序依次是：俄罗斯（75909195）、越南（53240037）、德国（41807485）、法国（30092441）、意大利（24961797）、西班牙（23604551）、乌克兰（21416873）、波兰（18229935）、罗马尼亚（9231519）、荷兰（8962768）、哈萨克斯坦（8887384）、柬埔寨（8349911）、捷克（5269255）、白俄罗斯（5108375）、比利时（4902937）、匈牙利（4368797）、保加利亚（3353792）、新加坡（2995053）、斯洛伐克（2710471）、克罗地亚（1857632）、蒙古国（1212141）（见图1-18）。

2013年21个东道国劳动力人数（单位：人）由高到低排序依次是：俄罗斯（75519863）、越南（54556483）、德国（42203758）、法国（30231151）、意大利（25064690）、西班牙（23377272）、乌克兰

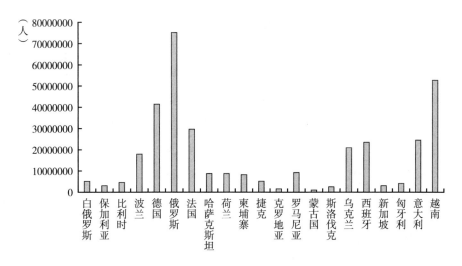

图1-18 2012年东道国劳动力人数

（21578461）、波兰（18268083）、罗马尼亚（9181120）、荷兰（8989480）、哈萨克斯坦（8961806）、柬埔寨（8448386）、捷克（5321842）、白俄罗斯（5112809）、比利时（4958437）、匈牙利（4401133）、保加利亚（3378787）、新加坡（3055059）、斯洛伐克（2717721）、克罗地亚（1837999）、蒙古国（1237923）（见图1-19）。

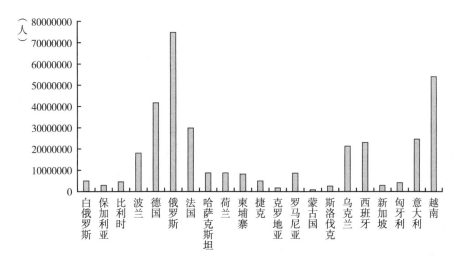

图1-19 2013年东道国劳动力人数

2014 年 21 个东道国劳动力人数（单位：人）由高到低排序依次是：俄罗斯（75327362）、越南（55355937）、德国（42456751）、法国（30170401）、意大利（25416313）、西班牙（23143877）、乌克兰（20943459）、波兰（18389391）、罗马尼亚（9201839）、哈萨克斯坦（9050189）、荷兰（8968813）、柬埔寨（8533669）、捷克（5322708）、白俄罗斯（5114514）、比利时（4984468）、匈牙利（4525623）、保加利亚（3370952）、新加坡（3139951）、斯洛伐克（2723151）、克罗地亚（1890446）、蒙古国（1262326）（见图 1 - 20）。

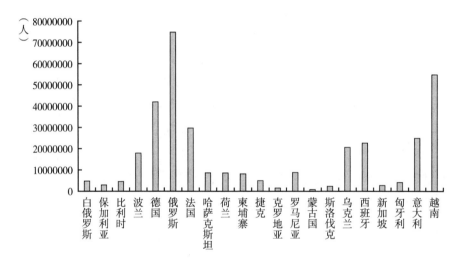

图 1 - 20　2014 年东道国劳动力人数

2015 年 21 个东道国劳动力人数（单位：人）由高到低排序依次是：俄罗斯（75135866）、越南（56019140）、德国（42780211）、法国（30251104）、意大利（25341014）、西班牙（23056875）、乌克兰（20935451）、波兰（18326756）、哈萨克斯坦（9109811）、罗马尼亚（9104015）、荷兰（9034853）、柬埔寨（8602107）、捷克（5336296）、白俄罗斯（5115089）、比利时（5000910）、匈牙利（4616041）、保加利亚（3344317）、新加坡（3222396）、斯洛伐克（2738577）、克罗地亚（1893618）、蒙古国（1279245）（见图 1 - 21）。

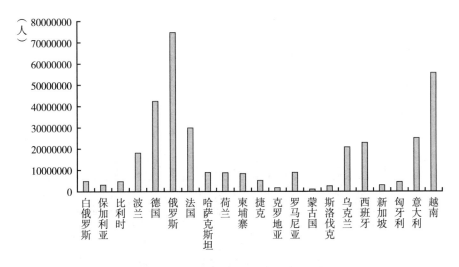

图 1 - 21　2015 年东道国劳动力人数

2016 年 21 个东道国劳动力人数（单位：人）由高到低排序依次是：俄罗斯（75036834）、越南（56297008）、德国（43294640）、法国（30319992）、意大利（25584166）、西班牙（23016300）、乌克兰（20734106）、波兰（18393553）、哈萨克斯坦（9172043）、荷兰（9050275）、罗马尼亚（8939184）、柬埔寨（8760434）、捷克（5387428）、白俄罗斯（5101298）、比利时（5004628）、匈牙利（4686095）、保加利亚（3273207）、新加坡（3260010）、斯洛伐克（2762411）、克罗地亚（1833304）、蒙古国（1268812）（见图 1 - 22）。

2017 年 21 个东道国劳动力人数（单位：人）由高到低排序依次是：俄罗斯（74308529）、越南（56966023）、德国（43597756）、法国（30372800）、意大利（25717681）、西班牙（22928881）、乌克兰（20538844）、波兰（18479700）、哈萨克斯坦（9222689）、荷兰（9104588）、罗马尼亚（9102703）、柬埔寨（8906218）、捷克（5419640）、白俄罗斯（5059285）、比利时（5037057）、匈牙利（4717813）、保加利亚（3365570）、新加坡（3267007）、斯洛伐克（2760915）、克罗地亚（1825674）、蒙古国（1295872）（见图 1 - 23）。

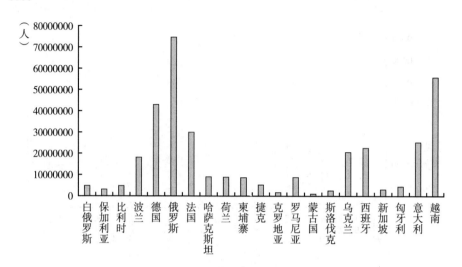

图 1－22　2016 年东道国劳动力人数

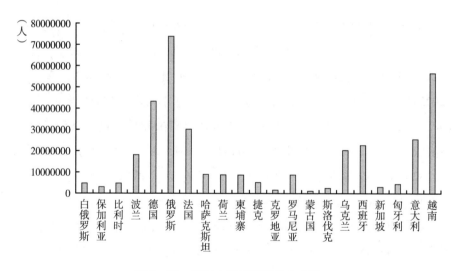

图 1－23　2017 年东道国劳动力人数

3.2　中国与东道国投资合作现状

3.2.1　中国对东道国 OFDI

OFDI（Outward Foreign Direct Investment），即"对外直接投资"。根据

2004 年我国商务部和国家统计局发布的《对外直接投资统计制度》，对外直接投资是指我国国内投资者以现金、实物、无形资产等方式在国外及港澳台地区设立、购买国（境）外企业，并以控制该企业的经营管理权为核心的经济活动。本书主要对国际投资合作的效率进行测算，故中国对东道国的 OFDI 是本书的一项重要指标。

与 2008 年比，2017 年中国对东道国 OFDI 除了波兰、荷兰和蒙古国的投资额呈负增长状态，其他均呈增长态势。其中克罗地亚增速达到了 12146.15%，为中国对东道国 OFDI 中增速最快的国家。相反的，中国对荷兰的 OFDI 增速为 -342.6%，这说明，近年来荷兰对中国的投资远大于中国对荷兰的投资。十年间中国对东道国 OFDI 增长速度（增长量，单位：万美元）由高到低排序依次是：克罗地亚 12146.15%（3158）、意大利 8390.80%（41954）、白俄罗斯 6696.19%（14062）、西班牙 4968.10%（5763）、法国 2966.51%（92110）、匈牙利 2950.70%（6344）、德国 1380.75%（253244）、越南 537.85%（64456）、捷克 470.37%（6016）、保加利亚 445.55%（7258）、哈萨克斯坦 317.07%（157404）、新加坡 307.49%（476895）、俄罗斯 291.78%（115319）、柬埔寨 263.68%（53960）、斯洛伐克 161.54%（68）、乌克兰 97.10%（234）、罗马尼亚 32.39%（388）、比利时 28.45%（3034）、蒙古国 -111.69%（-26650）、波兰 -140.47%（-1503）、荷兰 -342.60%（-31509）（见图 1-24）。

图 1-25 所示为 2008 年中国对东道国的投资额，其中新加坡最高，为 15.5 亿美元，平均投资额为 1.6 亿美元。2008 年开始的金融危机，使得中国对外投资额相对减少。2008 年中国对各东道国投资额（单位：万美元）从高到低排序依次是：新加坡（155095）、哈萨克斯坦（49643）、俄罗斯（39523）、蒙古国（23861）、柬埔寨（20464）、德国（18341）、越南（11984）、荷兰（9197）、法国（3105）、捷克（1279）、罗马尼亚（1198）、波兰（1070）、意大利（500）、乌克兰（241）、匈牙利（215）、白俄罗斯（210）、西班牙（116）。其中保加利亚、比利时、克罗地亚和斯洛伐克由于数据可得性原因未计入本次排名。

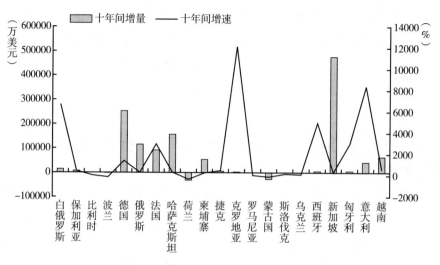

图 1 - 24　2008～2017 年中国对东道国 OFDI 增长情况

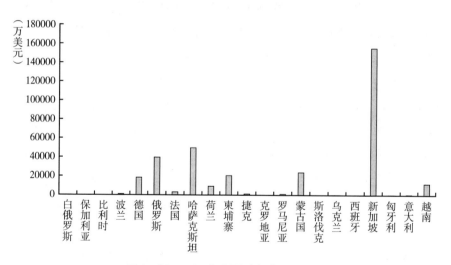

图 1 - 25　2008 年中国对东道国 OFDI

受金融危机持续影响，2009 年中国对东道国 OFDI 较上年继续下滑，平均 OFDI 额仅为 1.4 亿美元，与上年相比减少了 2000 多万美元。其中，中国对保加利亚的投资额为负数，这表明保加利亚对中国的投资额高于中国对其的投资额。2009 年中国对各东道国投资额（单位：万美元）从高到低排序依次是：新加坡（141425）、俄罗斯（34822）、蒙古国（27654）、柬埔寨

（21583）、德国（17921）、越南（11239）、荷兰（10145）、哈萨克斯坦（6681）、西班牙（5986）、意大利（4605）、法国（4519）、比利时（2362）、捷克（1560）、波兰（1037）、匈牙利（821）、罗马尼亚（529）、白俄罗斯（210）、克罗地亚（26）、斯洛伐克（26）、乌克兰（3）、保加利亚（－243）（见图1－26）。

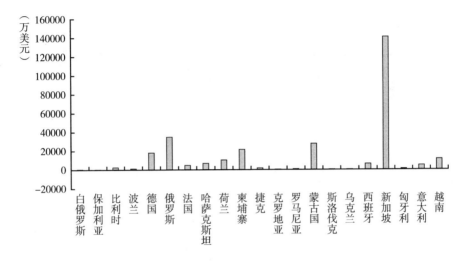

图1－26　2009年中国对东道国OFDI

2010年，随着金融危机逐渐稳定，世界经济开始复苏。而中国也加大了对各东道国的投资力度，平均投资额增加了3748万美元。2009年中国对各东道国投资额（单位：万美元）从高到低排序依次是：新加坡（111850）、俄罗斯（56772）、柬埔寨（46651）、德国（41235）、匈牙利（37010）、越南（30513）、蒙古国（19386）、荷兰（6453）、比利时（4533）、哈萨克斯坦（3606）、西班牙（2926）、法国（2641）、白俄罗斯（1922）、波兰（1674）、保加利亚（1629）、意大利（1327）、罗马尼亚（1084）、捷克（211）、乌克兰（150）、斯洛伐克（46）、克罗地亚（3）（见图1－27）。

2011年，中国对法国和新加坡的投资额大幅增加，这就导致中国对各东道国的平均投资额增长了近2倍，为近5亿美元，涨幅显著。2011年中国对各东道国投资额（单位：万美元）从高到低排序依次是：法国（348232）、新

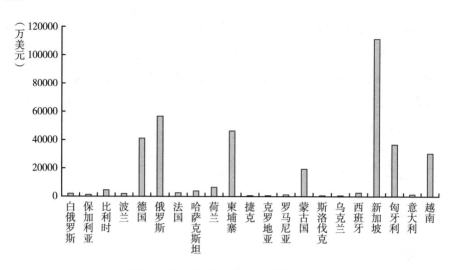

图1-27　2010年中国对东道国OFDI

加坡（326896）、俄罗斯（71581）、哈萨克斯坦（58160）、柬埔寨（56602）、德国（51238）、蒙古国（45104）、意大利（22483）、越南（18919）、荷兰（16786）、西班牙（13974）、保加利亚（5390）、波兰（4866）、比利时（3590）、匈牙利（1161）、捷克（884）、白俄罗斯（867）、斯洛伐克（594）、乌克兰（77）、罗马尼亚（30）、克罗地亚（5）（见图1-28）。

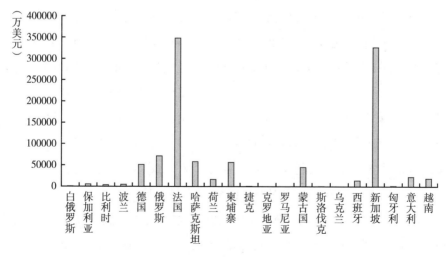

图1-28　2011年中国对东道国OFDI

2012 年，中国对法国、波兰、意大利等国的投资力度减弱，主要是由于欧债危机的影响，对东道国平均投资额下降为 42693.90 万美元。2012 年中国对各东道国投资额（单位：万美元）从高到低排序依次是：哈萨克斯坦（299599）、新加坡（151875）、蒙古国（90403）、德国（79933）、俄罗斯（78462）、柬埔寨（55966）、荷兰（44245）、越南（34943）、法国（15393）、意大利（11858）、比利时（9840）、保加利亚（5417）、西班牙（4624）、白俄罗斯（4350）、匈牙利（4140）、罗马尼亚（2541）、捷克（1802）、波兰（750）、斯洛伐克（219）、乌克兰（207）、克罗地亚（5）（见图 1 - 29）。

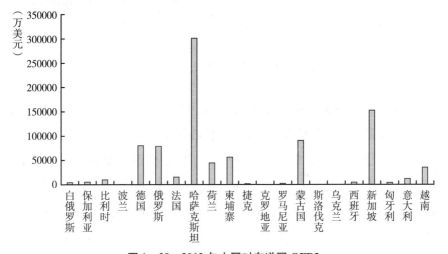

图 1 - 29　2012 年中国对东道国 OFDI

2013 年，中国对外投资依旧放缓，其中对西班牙的投资额首次出现负数。由于欧债危机，再加上国际评级机构对信誉的调整，当时人们对西班牙的经济形势预期越来越不看好，西班牙当时的经济状况已经陷入了泥潭。2013 年中国对各东道国投资额（单位：万美元）从高到低排序依次是：新加坡（203267）、俄罗斯（102225）、德国（91081）、哈萨克斯坦（81149）、柬埔寨（49933）、越南（48050）、蒙古国（38879）、法国（26044）、荷兰（23842）、意大利（3126）、白俄罗斯（2718）、比利时（2578）、匈牙利（2567）、保加利亚（2069）、波兰（1834）、捷克（1784）、乌克兰（1014）、罗马尼亚（217）、斯洛伐克（33）、克罗地亚（0）、西班牙（-14575）（见图 1 - 30）。

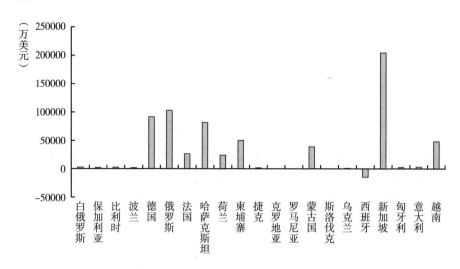

图 1 - 30 **2013 年中国对东道国 OFDI**

2014 年，各国逐渐从欧债危机的阴霾中走出，全球经济开始回暖，西班牙政府积极对抗金融危机，外界对其信心复苏，中国对其投资重新上涨回了 9235 万美元。受此影响，中国对东道国平均 OFDI 也回涨到了 38928.29 万美元。但由于国际油价下跌引起的哈萨克斯坦国内经济低迷、通货膨胀严重等的影响，中国对哈萨克斯坦的投资额由正转负，许多企业开始撤资。2014 年中国对各东道国投资额（单位：万美元）从高到低排序依次是：新加坡（281363）、德国（143892）、荷兰（102997）、俄罗斯（63356）、蒙古国（50261）、柬埔寨（43827）、法国（40554）、越南（33289）、比利时（15328）、意大利（11302）、西班牙（9235）、白俄罗斯（6372）、斯洛伐克（4566）、波兰（4417）、罗马尼亚（4225）、匈牙利（3402）、保加利亚（2042）、乌克兰（472）、克罗地亚（355）、捷克（246）、哈萨克斯坦（-4007）（见图 1 - 31）。

2015 年，国际油价持续下跌，中国对哈萨克斯坦投资的负增长持续扩大，但与此同时，中国对荷兰和新加坡的投资额大规模增长，尤其是对荷兰，较 2014 年增长超过 124 亿美元。2015 年中国对各东道国投资额（单位：万美元）从高到低排序依次是：荷兰（1346284）、新加坡（1045248）、

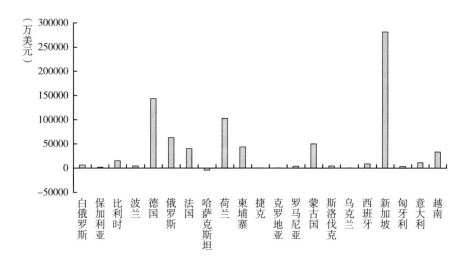

图 1-31　2014 年中国对东道国 OFDI

俄罗斯（296086）、越南（56017）、柬埔寨（41968）、德国（40963）、法国（32788）、西班牙（14967）、意大利（9101）、罗马尼亚（6332）、保加利亚（5916）、白俄罗斯（5421）、波兰（2510）、比利时（2346）、匈牙利（2320）、克罗地亚（0）、斯洛伐克（0）、乌克兰（-76）、捷克（-1741）、蒙古国（-2319）、哈萨克斯坦（-251027）（见图 1-32）。

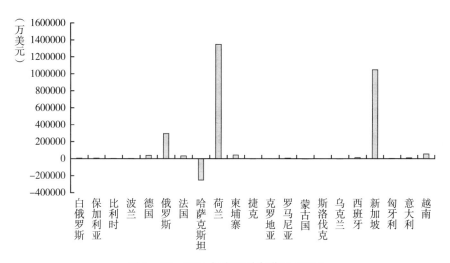

图 1-32　2015 年中国对东道国 OFDI

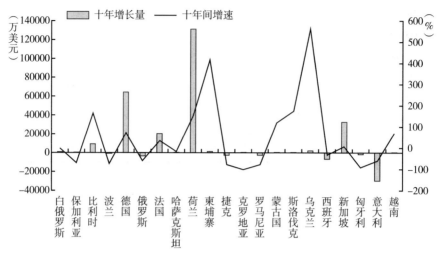

图1-35　2008~2017年东道国对中国 FDI 增长情况

美元，其中新加坡最高，为44.35亿美元。2008年开始的金融危机，使东道国对中国的投资额相对减少。2008年各东道国对中国投资额（单位：万美元）从高到低排序依次是：新加坡（443529）、德国（90049）、荷兰（86216）、法国（58775）、意大利（49326）、西班牙（20890）、俄罗斯（5997）、比利时（5586）、捷克（3579）、罗马尼亚（3205）、匈牙利（1748）、波兰（1109）、哈萨克斯坦（663）、乌克兰（409）、柬埔寨（292）、越南（207）、蒙古国（141）、保加利亚（30）、斯洛伐克（16）、克罗地亚（9）。其中白俄罗斯由于数据可得性原因未计入本次排名（见图1-36）。

受金融危机持续影响，2009年东道国对中国 FDI 较2008年继续下滑，平均投资额仅为3.5亿美元，与上年相比减少超3000万美元。2009年各东道国对中国投资额（单位：万美元）从高到低排序依次是：新加坡（360484）、德国（121657）、荷兰（74128）、法国（65365）、意大利（35168）、西班牙（30285）、比利时（5660）、俄罗斯（3177）、哈萨克斯坦（2240）、匈牙利（2026）、柬埔寨（1337）、波兰（1084）、越南（592）、乌克兰（462）、罗马尼亚（385）、保加利亚（380）、蒙古国（231）、捷克（161）、斯洛伐克（11）（见图1-37）。

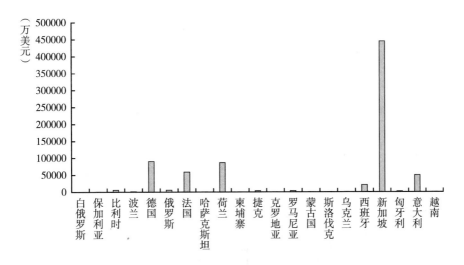

图 1 - 36　2008 年东道国对中国 FDI

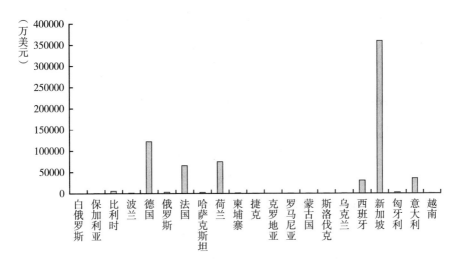

图 1 - 37　2009 年东道国对中国 FDI

2010 年，随着金融危机逐渐稳定，世界经济开始复苏。而各东道国也加大了对中国的投资力度，平均投资额增加了 8974 万美元。2010 年东道国对中国投资额（单位：万美元）从高到低排序依次是：新加坡（542820）、法国（123820）、荷兰（91449）、德国（88840）、意大利（39609）、西班牙（25449）、比利时（3838）、俄罗斯（3497）、匈牙利（2369）、保加利亚（1837）、波兰（1243）、柬埔寨（1035）、乌克兰（790）、捷克（748）、罗马尼亚（404）、蒙古国（325）、越南（203）、哈萨克斯坦（155）、克罗地亚（50）、斯洛伐克（32）、白俄罗斯（10）（见图1－38）。

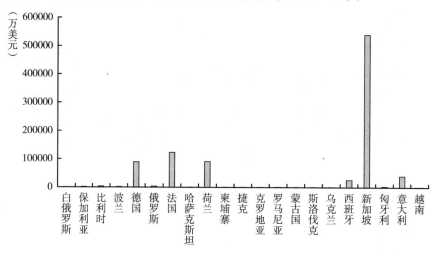

图1－38　2010年东道国对中国FDI

2011年，新加坡、比利时和德国对中国的投资大幅增加，这就导致各东道国对中国的平均投资额涨幅显著。2011年东道国对中国投资额（单位：万美元）从高到低排序依次是：新加坡（609681）、德国（112896）、法国（76853）、荷兰（76137）、意大利（38779）、西班牙（27070）、比利时（12101）、俄罗斯（3102）、柬埔寨（1737）、保加利亚（1441）、匈牙利（1309）、哈萨克斯坦（1127）、捷克（732）、波兰（701）、白俄罗斯（664）、乌克兰（622）、罗马尼亚（517）、斯洛伐克（486）、越南（129）、克罗地亚（15）（见图1－39）。

2012年，部分国家受到欧债危机的影响，对中国的投资力度减弱，但在德国、荷兰的强势投资下，平均投资额仍然增长了3151万美元。2012年东道国对中国投资额（单位：万美元）从高到低排序依次是：新加坡（630508）、德国（145095）、荷兰（114358）、法国（65242）、西班牙（34717）、意大利（24576）、比利时（3821）、俄罗斯（2992）、捷克（2071）、柬埔寨（1660）、保加利亚（747）、匈牙利（615）、哈萨克斯坦

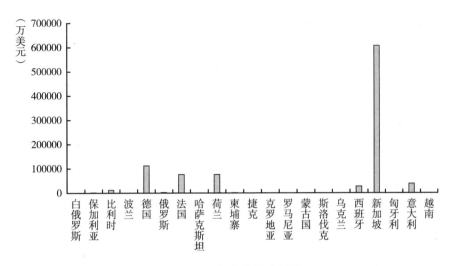

图 1 - 39 2011 年东道国对中国 FDI

（555）、罗马尼亚（456）、斯洛伐克（429）、波兰（357）、越南（316）、克罗地亚（289）、乌克兰（280）、蒙古国（25）（见图 1 - 40）。

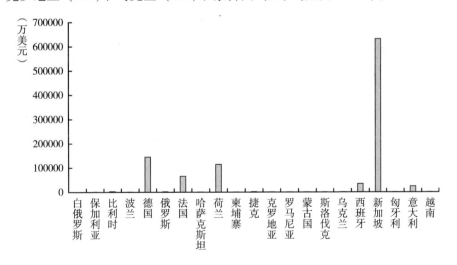

图 1 - 40 2012 年东道国对中国 FDI

2013 年，东道国对中国平均投资 6.04 亿美元。2013 年东道国对中国投资额（单位：万美元）从高到低排序依次是：新加坡（722872）、德国（207844）、荷兰（127477）、法国（75189）、意大利（31685）、西班牙

（31197）、比利时（3451）、柬埔寨（2251）、俄罗斯（2208）、捷克（1099）、斯洛伐克（845）、乌克兰（552）、哈萨克斯坦（363）、匈牙利（311）、蒙古国（207）、保加利亚（165）、波兰（155）、罗马尼亚（135）、克罗地亚（21）、白俄罗斯（19）（见图1–41）。

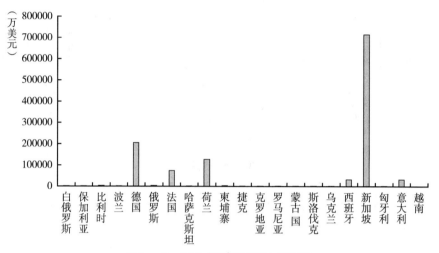

图1–41　2013年东道国对中国FDI

2014年，东道国对中国平均投资5.01亿美元。2014年东道国对中国投资额（单位：万美元）从高到低排序依次是：新加坡（582668）、德国（207056）、法国（71207）、荷兰（63873）、意大利（37200）、西班牙（17638）、比利时（10823）、俄罗斯（4088）、哈萨克斯坦（3655）、捷克（3371）、斯洛伐克（360）、柬埔寨（312）、保加利亚（219）、波兰（219）、匈牙利（45）、乌克兰（38）、罗马尼亚（21）、蒙古国（16）、越南（7）、白俄罗斯（4）、克罗地亚（2）（见图1–42）。

2015年，东道国对中国平均投资6.53亿美元。2015年东道国对中国投资额（单位：万美元）从高到低排序依次是：新加坡（690407）、德国（155636）、法国（122390）、荷兰（75179）、意大利（24519）、西班牙（19726）、波兰（8277）、比利时（7629）、捷克（1627）、俄罗斯（1312）、斯洛伐克（1071）、柬埔寨（1000）、哈萨克斯坦（953）、匈牙利（317）、乌克兰（50）、保加利亚（14）、克罗地亚（10）（见图1–43）。

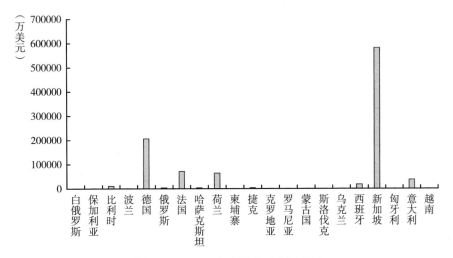

图1－42　2014年东道国对中国FDI

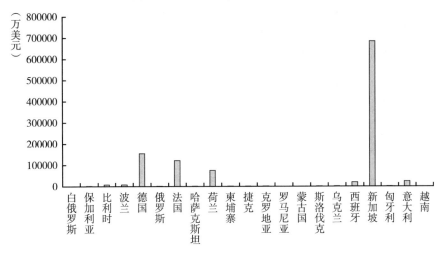

图1－43　2015年东道国对中国FDI

　　2016年，东道国对中国平均投资6.03亿美元。2016年东道国对中国投资额（单位：万美元）从高到低排序依次是：新加坡（604668）、德国（271046）、法国（86975）、荷兰（55586）、意大利（22317）、西班牙（19815）、比利时（14765）、俄罗斯（7343）、捷克（1148）、波兰（585）、匈牙利（325）、哈萨克斯坦（275）、罗马尼亚（204）、乌克兰（172）、保加利亚（133）、斯洛伐克（66）、克罗地亚（37）、白俄罗斯（4）（见图1－44）。

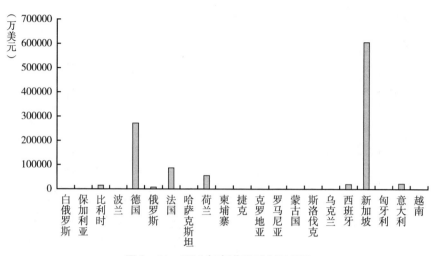

图 1 – 44　2016 年东道国对中国 FDI

2017 年，东道国对中国平均投资 4.93 亿美元。2017 年东道国对中国投资额（单位：万美元）从高到低排序依次是：新加坡（476318）、荷兰（217398）、德国（154163）、法国（79018）、意大利（19482）、比利时（14759）、西班牙（14246）、乌克兰（2707）、俄罗斯（2384）、柬埔寨（1505）、白俄罗斯（824）、捷克（797）、罗马尼亚（711）、哈萨克斯坦（561）、越南（353）、蒙古国（308）、波兰（289）、匈牙利（148）、斯洛伐克（44）、保加利亚（9）（见图 1 – 45）。

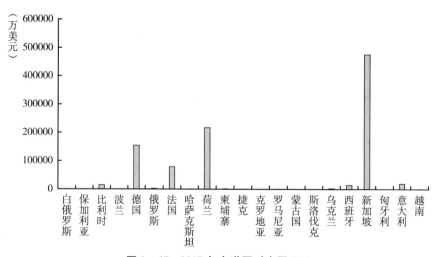

图 1 – 45　2017 年东道国对中国 FDI

3.3 中国与东道国贸易合作现状

较之 2008 年，除了乌克兰和克罗地亚，其他所有东道国与中国的进出口贸易均呈正向增长态势。其中越南更是达到了 526.94%，增长量更达到了 1025 亿美元。总体来看，较之 2008 年，2017 年东道国与中国的进出口贸易额增长了 89.24%，平均为 144.93 亿美元。同 2008 年比，东道国与中国贸易增速（增长量，单位：万美元）从高到低排序依次是：越南 526.94%（10253342）、柬埔寨 410.48%（465641）、蒙古国 163.12%（396950）、波兰 103.42%（1079176）、捷克 92.13%（598849）、斯洛伐克 80.16%（236467）、罗马尼亚 72.39%（235246）、白俄罗斯 68.62%（58956）、保加利亚 59.38%（79660）、荷兰 53.08%（2718571）、新加坡 51.05%（2679185）、俄罗斯 47.99%（2731228）、德国 46.15%（5307563）、法国 39.87%（1552401）、匈牙利 35.40%（264751）、意大利 29.87%（1143008）、西班牙 18.00%（472004）、比利时 15.24%（307975）、哈萨克斯坦 2.23%（39079）、乌克兰 –15.75%（–138001）、克罗地亚 –25.81%（–467095）（见图 1 – 46）。

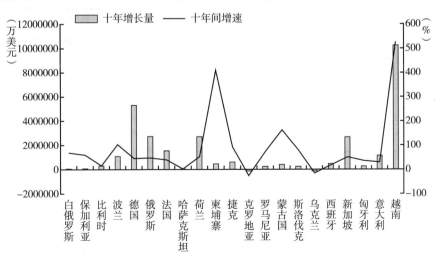

图 1 – 46　2008 ~ 2017 年中国与东道国贸易增长情况

2008 年，中国与东道国进出口平均贸易额为 230.10 亿美元，其中德国最高，为 1149.99 亿美元。中国与各东道国进出口贸易总额（单位：万美元）从高到低排序依次是：德国（11499888）、俄罗斯（5690861）、新加坡（5247707）、荷兰（5121800）、法国（3893844）、意大利（3826782）、西班牙（2622267）、比利时（2020827）、越南（1945845）、哈萨克斯坦（1755234）、波兰（1043480）、乌克兰（876030）、匈牙利（747906）、捷克（650019）、罗马尼亚（324982）、斯洛伐克（294977）、蒙古国（243343）、克罗地亚（180982）、保加利亚（134163）、柬埔寨（113437）、白俄罗斯（85919）（见图 1－47）。

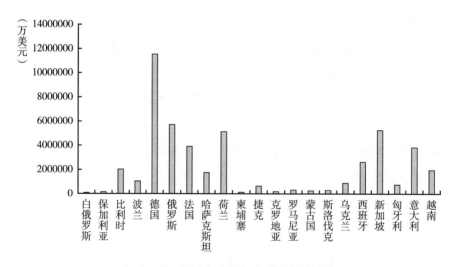

图 1－47　2008 年中国与东道国贸易总量

由于金融危机的影响，2009 年与 2008 年相比，中国与各东道国贸易总量有所下降，平均贸易额为 194.75 亿美元。中国与各东道国进出口贸易总额（单位：万美元）从高到低排序依次是：德国（10563581）、新加坡（4785587）、荷兰（4180605）、俄罗斯（3875155）、法国（3445624）、意大利（3125481）、越南（2104518）、西班牙（1835537）、比利时（1671959）、哈萨克斯坦（1412913）、波兰（899290）、匈牙利（680967）、捷克（615551）、乌克兰（577969）、罗马尼亚（281056）、蒙古国（242900）、斯

洛伐克（229651）、克罗地亚（119350）、柬埔寨（94415）、白俄罗斯
（80997）、保加利亚（73715）（见图1-48）。

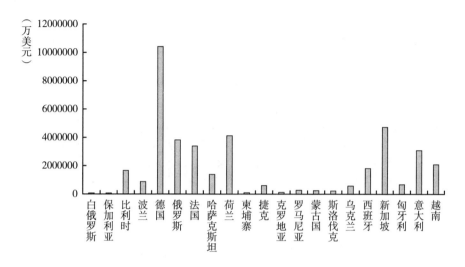

图1-48　2009年中国与东道国贸易总量

2010年，全球经济开始复苏，中国率先摆脱金融危机影响，这一年中
国与各东道国平均贸易额有所增长，为262.44亿美元。中国与各东道国进
出口贸易总额（单位：万美元）从高到低排序依次是：德国（14230840）、
新加坡（5707598）、荷兰（5618320）、俄罗斯（5553311）、意大利
（4514624）、法国（4475684）、越南（3008608）、西班牙（2441210）、比利
时（2214185）、哈萨克斯坦（2044852）、波兰（1113491）、捷克
（884953）、匈牙利（871601）、乌克兰（772703）、蒙古国（400183）、罗马
尼亚（376059）、斯洛伐克（374904）、柬埔寨（144097）、克罗地亚
（139462）、白俄罗斯（127171）、保加利亚（98391）（见图1-49）。

随着越来越多的国家走出金融危机的阴霾，2011年中国与各东道国贸
易额较上一年继续增长，平均贸易额增加到319.76亿美元。中国与各东道
国进出口贸易总额（单位：万美元）从高到低排序依次是：德国
（16914401）、俄罗斯（7927339）、荷兰（6815979）、新加坡（6371006）、
法国（5206215）、意大利（5126947）、越南（4020784）、比利时

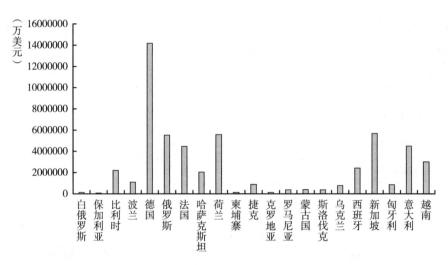

图 1 - 49　2010 年中国与东道国贸易总量

（2910476）、西班牙（2727280）、哈萨克斯坦（2496123）、波兰
（1298752）、乌克兰（1040955）、捷克（998733）、匈牙利（925824）、蒙古
国（643271）、斯洛伐克（596995）、罗马尼亚（440002）、柬埔寨
（249911）、克罗地亚（162046）、保加利亚（146490）、白俄罗斯（130362）
（见图 1 - 50）。

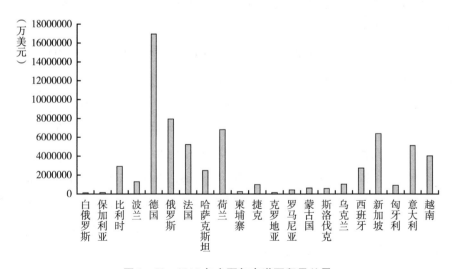

图 1 - 50　2011 年中国与东道国贸易总量

2012 年，中国与各东道国进出口贸易额并无明显变化，平均贸易额增加到 319.88 亿美元。中国与各东道国进出口贸易总额（单位：万美元）从高到低排序依次是：德国（16113139）、俄罗斯（8821099）、新加坡（6927265）、荷兰（6759942）、法国（5101743）、越南（5043941）、意大利（4172099）、比利时（2634095）、哈萨克斯坦（2568157）、西班牙（2457097）、波兰（1438336）、乌克兰（1035475）、捷克（873003）、匈牙利（806107）、蒙古国（660121）、斯洛伐克（607826）、罗马尼亚（377675）、柬埔寨（292343）、保加利亚（189346）、白俄罗斯（158295）、克罗地亚（137434）（见图 1-51）。

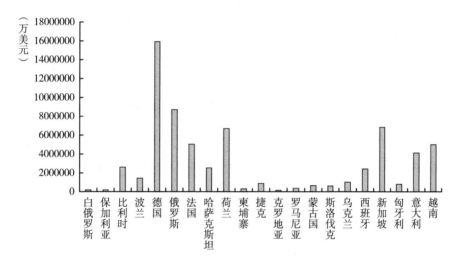

图 1-51　2012 年中国与东道国贸易总量

2013 年，中国与各东道国进出口贸易总额有略微的增加，平均贸易额为 334.97 亿美元，较上年增加了 15 亿多美元。中国与各东道国进出口贸易总额（单位：万美元）从高到低排序依次是：德国（16149819）、俄罗斯（8925900）、新加坡（7589638）、荷兰（7013969）、越南（6547819）、法国（4982385）、意大利（4332645）、哈萨克斯坦（2859596）、比利时（2540825）、西班牙（2490032）、波兰（1480667）、乌克兰（1112209）、捷克（945272）、匈牙利（840743）、斯洛伐克（654259）、蒙古国（595914）、罗马尼亚（403004）、柬埔寨（377314）、保加利亚（207373）、克罗地亚（149421）、白俄罗斯（145267）（见图1－52）。

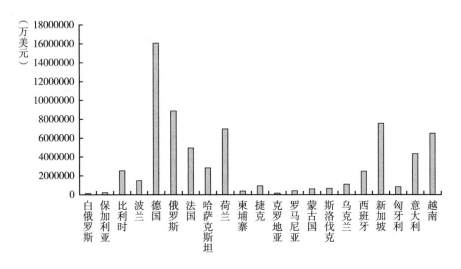

图1－52　2013年中国与东道国贸易总量

2014年，中国与各东道国进出口贸易总额呈持续增长态势，平均贸易额为364.20亿美元。中国与各东道国进出口贸易总额（单位：万美元）从高到低排序依次是：德国（17771581）、俄罗斯（9527045）、越南（8363641）、新加坡（7973991）、荷兰（7426864）、法国（5576483）、意大利（4803830）、西班牙（2770089）、比利时（2727563）、哈萨克斯坦（2245167）、波兰（1719154）、捷克（1097959）、匈牙利（902407）、乌克兰（858977）、蒙古国（731847）、斯洛伐克（620457）、罗马尼亚（474384）、柬埔寨（375765）、保加利亚（216292）、白俄罗斯（184887）、克罗地亚（112799）（见图1－53）。

2015年相较于2014年，中国与各东道国进出口贸易总额有所下滑，平均贸易额为331.68亿美元。中国与各东道国进出口贸易总额（单位：万美元）从高到低排序依次是：德国（15677820）、越南（9584877）、新加坡（7952320）、荷兰（6823114）、俄罗斯（6801554）、法国（5137006）、意大利（4465424）、西班牙（2743954）、比利时（2321412）、波兰（1708682）、

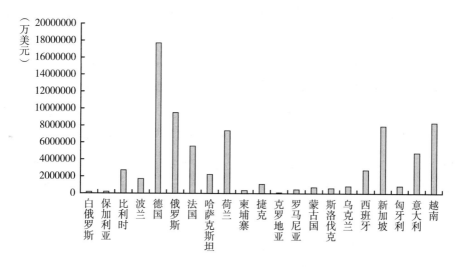

图 1 - 53 2014 年中国与东道国贸易总量

哈萨克斯坦（1429019）、捷克（1100659）、匈牙利（807300）、乌克兰（707151）、蒙古国（536608）、斯洛伐克（503178）、罗马尼亚（445719）、柬埔寨（442999）、保加利亚（179157）、白俄罗斯（175972）、克罗地亚（109735）（见图 1 - 54）。

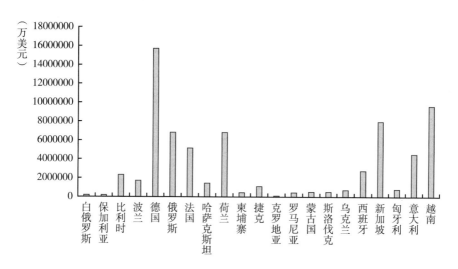

图 1 - 54 2015 年中国与东道国贸易总量

2016 年，中国与各东道国进出口贸易总额继续下滑，平均贸易额为 322.70 亿美元，下滑幅度并不明显。中国与各东道国进出口贸易总额（单位：万美元）从高到低排序依次是：德国（15136808）、越南（9827573）、新加坡（7052592）、俄罗斯（6961592）、荷兰（6726917）、法国（4718948）、意大利（4310154）、西班牙（2745618）、比利时（2161018）、波兰（1763774）、哈萨克斯坦（1309767）、捷克（1101329）、匈牙利（888940）、乌克兰（671102）、斯洛伐克（527251）、罗马尼亚（490394）、柬埔寨（476067）、蒙古国（461124）、保加利亚（164664）、白俄罗斯（152536）、克罗地亚（117868）（见图 1-55）。

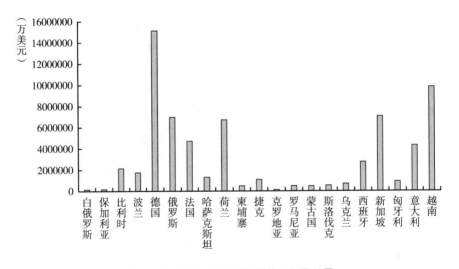

图 1-55　2016 年中国与东道国贸易总量

2017 年，中国与各东道国进出口贸易总额有了明显的增长，平均贸易额达到了 375.03 亿美元。中国与各东道国进出口贸易总额（单位：万美元）从高到低排序依次是：德国（16807451）、越南（12199187）、俄罗斯（8422089）、新加坡（7926892）、荷兰（7840371）、法国（5446245）、意大利（4969790）、西班牙（3094271）、比利时（2328802）、波兰（2122656）、哈萨克斯坦（1794313）、捷克（1248868）、匈牙利（1012657）、乌克兰（738029）、蒙古国（640293）、柬埔寨（579078）、罗马尼亚（560228）、斯

洛伐克（531444）、保加利亚（213823）、白俄罗斯（144875）、克罗地亚
（134273）（见图 1 – 56）。

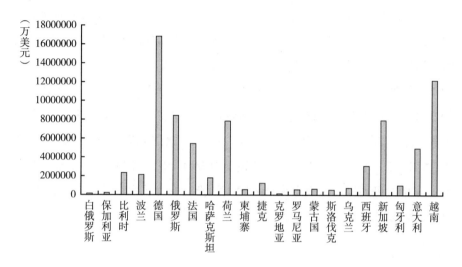

图 1 – 56　2017 年中国与东道国贸易总量

4　中欧班列沿线国家投资合作效率分析

4.1　投资综合效率评价

投资综合效率是评价投资合作整体效率的一个重要指标，具体指东道国
是否能够以适当的规模或最有效的方式来利用中国投资，本书用此来衡量中
国对中欧班列沿线国家的投资是否能产生最大化效益。当被考察国家的综合
投资效率值≥1 时，则为 DEA 有效，表明中国对该国的投资利用率高，即
该国能够充分利用中国投资；若被考察国家的综合投资效率值 <1，则为
DEA 无效，表明该国的投资综合效率水平未达到有效值，产出与投入没有
达到最佳比例，需要进一步调整我国对该国的投资决策。

图 1 – 57 所示为 2008 年中欧班列沿线国家的投资综合效率测算结果，
总体平均值仅为 0.60，处于无效的效率水平。该结果表明，2008 年中欧班

列沿线各国对中国投资的利用率较低，投入量和实际使用量有很大的差距，存在投资虚耗的现象。具体来看，各个国家之间的投资综合效率存在较大差异，其中仅有4个国家的投资综合效率水平高于1，由高到低分别为荷兰（2.10）、比利时（1.99）、意大利（1.49）和新加坡（1.48），其余17个国家的投资综合效率水平均小于1，由高到低依次为法国（0.93）、德国（0.83）、西班牙（0.67）、捷克（0.42）、匈牙利（0.41）、斯洛伐克（0.34）、克罗地亚（0.33）、哈萨克斯坦（0.30）、波兰（0.28）、罗马尼亚（0.21）、蒙古国（0.20）、俄罗斯（0.20）、保加利亚（0.14）、白俄罗斯（0.11）、乌克兰（0.09）、越南（0.09）和柬埔寨（0.02）。可见，2008年中欧班列沿线国家中大部分国家的投资综合效率均无效，仅有约1/5的国家能够充分利用中国投资。

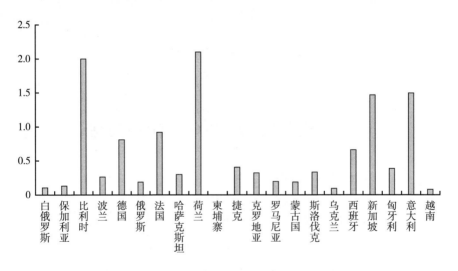

图1-57　2008年中欧班列沿线国家的投资综合效率

如图1-58所示，2009年中欧班列沿线国家的投资综合效率平均值为0.71，虽然仍未达到有效效率，但该值相较于上年的水平有所提升。这表明，2009年中国对各沿线国家投资资源有效利用率在缓慢上升。从各国家的测算结果来看，国家间的投资综合效率差距较大，其中有7个国家的投资综合效率水平达到了有效值，由高到低依次为荷兰（1.77）、法国（1.57）、斯洛伐克（1.28）、保加利亚（1.00）、比利时（1.00）、德国（1.00）和新加坡（1.00），水平值低于1的国家由高到低依次为意大利（0.97）、匈牙利（0.87）、克罗地亚（0.84）、西班牙（0.68）、波兰（0.50）、捷克（0.50）、哈萨克斯坦（0.41）、乌克兰（0.35）、罗马尼亚（0.34）、越南（0.21）、白俄罗斯（0.20）、蒙古国（0.20）、俄罗斯（0.16）和柬埔寨（0.02）。总体来看，中欧班列沿线国家的投资综合效率有效比值为33.3%，高于上一年度。大部分国家的投资综合效率水平值均在不同程度上有所提高，其中最为突出的是法国、斯洛伐克、保加利亚和德国，这4个国家的投资综合效率从无效转化为有效。而在水平值下降的国家中，意大利的水平值由有效（1.49）降为无效（0.97）。

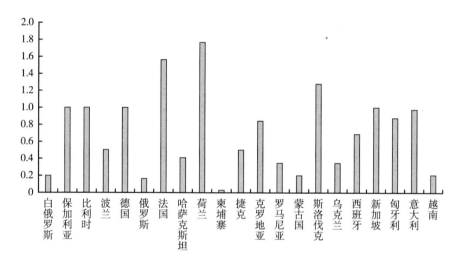

图1-58　2009年中欧班列沿线国家的投资综合效率

由图1-59可知，2010年中欧班列沿线国家的投资综合效率的平均值为1.15，达到有效效率。这表明随着中国对中欧班列沿线国家投资的逐步开展，大部分投资主体逐渐适应当地的市场环境，投资决策及技术也在不断完善和改进。具体从各国家的测算结果来看，国家间的投资综合效率差异也较大，其中有8个国家的投资综合效率水平达到1，由高到低依次为克罗地亚（10.31）、荷兰（2.29）、法国（2.01）、意大利（1.37）、比利时

（1.04）、捷克（1.01）、斯洛伐克（1.00）和新加坡（1.00）。其中克罗地亚的投资综合效率水平甚至达到了10.31，说明在2010年该国极为有效地利用了中国投资，将投资最大化程度转化为产出。水平值低于1的国家由高到低依次为德国（0.83）、西班牙（0.68）、哈萨克斯坦（0.55）、乌克兰（0.39）、匈牙利（0.31）、波兰（0.30）、蒙古国（0.28）、俄罗斯（0.21）、罗马尼亚（0.20）、保加利亚（0.16）、白俄罗斯（0.13）、越南（0.11）和柬埔寨（0.02）。中欧班列沿线国家的投资综合效率有效比值为38%，与上一年度相比有所提升。意大利的水平值又恢复到2008年的水平，达到了有效效率水平，增长较为突出的还有捷克和克罗地亚，从无效值水平提高到了有效值水平。而在水平值下降的国家中，保加利亚和德国的水平值下降到无效水平。

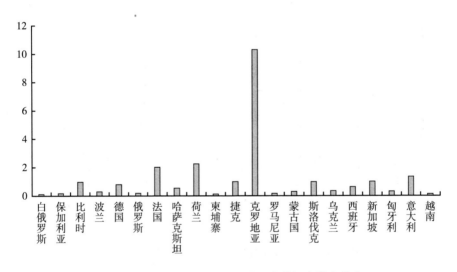

图1-59　2010年中欧班列沿线国家的投资综合效率

根据数据分析，2011年中欧班列沿线国家的投资综合效率如图1-60所示，其平均值为0.85，低于上一年度，总体上却仍呈上升趋势。主要是由于受2011年欧洲经济危机的影响，沿线各国的经济增长乏力，然而中国对外投资的力度并未减小，因此，大部分国家的投资综合效率呈缓慢上升趋势。其中，投资综合效率水平达到1的国家有5个，由高到低依次为罗马尼亚

（2.22）、克罗地亚（2.21）、荷兰（1.86）、比利时（1.66）和新加坡（1.00），值得关注的是罗马尼亚在该年度的投资综合效率增长迅猛，由之前的极低效率增长到了2.22，位列沿线国家之首，在这一年罗马尼亚的国内经济也摆脱了衰退。其余国家均未达到有效效率水平，水平值由高到低依次为捷克（0.94）、斯洛伐克（0.93）、法国（0.89）、意大利（0.86）、德国（0.83）、匈牙利（0.79）、乌克兰（0.75）、西班牙（0.67）、波兰（0.48）、蒙古国（0.43）、哈萨克斯坦（0.34）、俄罗斯（0.25）、白俄罗斯（0.24）、越南（0.23）、保加利亚（0.16）和柬埔寨（0.04）。

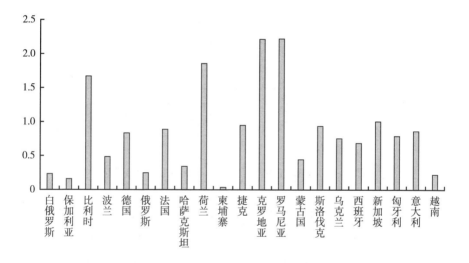

图1-60　2011年中欧班列沿线国家的投资综合效率

数据分析显示，2012年中欧班列沿线国家的投资综合效率均值为1.52，其中有7个国家的投资综合效率水平高于1，从高到低依次为克罗地亚（17.04）、斯洛伐克（2.36）、西班牙（1.55）、比利时（1.32）、法国（1.22）、荷兰（1.17）和新加坡（1.00）。克罗地亚的投资综合效率水平再次呈现迅猛上涨趋势，达到了17.04，主要是由于在2012年前总理萨纳德因贪污受贿、滥用职权被判刑，在议会选举后由反对党上台执政并在对内对外政策上均做出了重大调整，大大改善了克罗地亚的投资环境。其余国家的投资综合效率均未达到有效效率水平，从高到低依次为意大利（0.98）、德国

（0.92）、波兰（0.79）、捷克（0.72）、乌克兰（0.55）、匈牙利（0.51）、俄罗斯（0.35）、越南（0.30）、罗马尼亚（0.29）、蒙古国（0.24）、哈萨克斯坦（0.23）、保加利亚（0.16）、白俄罗斯（0.14）和柬埔寨（0.04），其中意大利、德国、波兰、俄罗斯和越南的投资综合效率有所提高（见图1-61）。

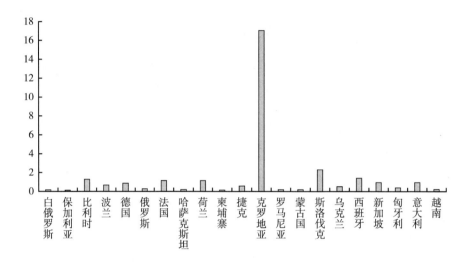

图1-61　2012年中欧班列沿线国家的投资综合效率

根据2013年的各项数据分析结果，中欧班列沿线国家的投资综合效率均值为0.56，呈明显下降趋势。具体来看，仅有4个国家的投资综合效率水平达到1，由高到低依次为荷兰（1.54）、比利时（1.50）、西班牙（1.00）和新加坡（1.00）。处于投资无效水平的国家中，除了意大利（0.98）、法国（0.89）、德国（0.85）和斯洛伐克（0.72）之外，其余国家的投资综合效率极低，由高到低依次为捷克（0.40）、克罗地亚（0.38）、匈牙利（0.37）、哈萨克斯坦（0.34）、波兰（0.33）、蒙古国（0.31）、俄罗斯（0.29）、罗马尼亚（0.25）、越南（0.22）、保加利亚（0.16）、乌克兰（0.15）、白俄罗斯（0.14）和柬埔寨（0.05）。该年度各国的投资综合效率均不理想，主要是由于受到欧洲债务危机的影响，导致投资环境恶化，未能很好地将投资转化为产出（见图1-62）。

如图1-63所示，2014年中欧班列沿线国家的投资综合效率的平均值

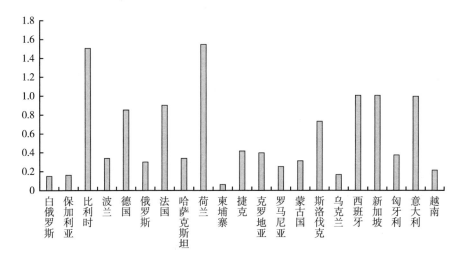

图 1-62　2013 年中欧班列沿线国家的投资综合效率

为 0.67，相较于上一年度稍有回升。从单个国家的测算结果来看，投资综合效率水平在 1 以上的有 6 个国家，分别是意大利（1.40）、比利时（1.34）、荷兰（1.12）、新加坡（1.06）、法国（1.05）和哈萨克斯坦（1.00）。其余国家的投资综合效率水平均未达到 1，分别是德国（0.98）、捷克（0.82）、西班牙（0.73）、匈牙利（0.58）、斯洛伐克（0.53）、克罗地亚（0.45）、越南（0.45）、波兰（0.44）、俄罗斯（0.41）、蒙古国（0.40）、罗马尼亚（0.26）、保加利亚（0.24）、白俄罗斯（0.17）、乌克兰（0.15）和柬埔寨（0.07）。该年度中国对这些国家的投资并未发挥出最大经济效益，存在很大的改善空间。

2015 年中欧班列沿线国家的投资综合效率的测算结果如图 1-64 所示，平均值为 0.55。通过观察可以发现，该年度沿线各国的投资综合效率大多有所下降，达到有效水平的国家数量也有所下降，出现总体效率恶化的趋势。各国的效率水平值由高到低依次为比利时（1.26）、哈萨克斯坦（1.00）、新加坡（1.00）、法国（0.98）、蒙古国（0.96）、德国（0.95）、荷兰（0.91）、意大利（0.80）、西班牙（0.57）、捷克（0.45）、斯洛伐克（0.40）、匈牙利（0.38）、越南（0.37）、克罗地亚（0.29）、波兰

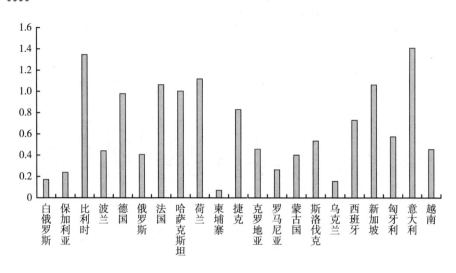

图1-63　2014年中欧班列沿线国家的投资综合效率

（0.29）、罗马尼亚（0.21）、俄罗斯（0.20）、保加利亚（0.16）、白俄罗斯（0.12）、柬埔寨（0.10）和乌克兰（0.07）。虽然2015年欧洲经济逐渐步入了稳定复苏的阶段，但由于全球产业结构调整、大宗商品价格低迷和市场格局不稳定给全球投资者带来了较强的避险需求，从而也影响了沿线各国的投资综合效率。

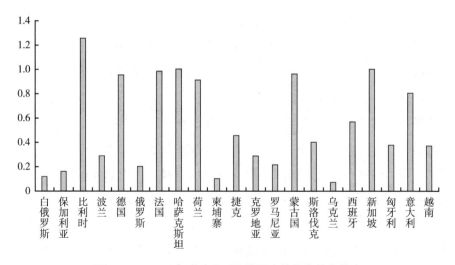

图1-64　2015年中欧班列沿线国家的投资综合效率

2016 年中欧班列沿线国家的投资综合效率的测算结果如图 1-65 所示，平均值为 0.69，虽然总体上仍未达到有效效率，但是相较于上一年度还是有所回升。就单个国家而言，比利时以 2.42 的投资综合效率位列第一，紧接着是新加坡（1.63）、保加利亚（1.00）和荷兰（1.00）。处于水平值中层的有捷克（0.87）、法国（0.87）、斯洛伐克（0.86）、德国（0.86）、意大利（0.78）、蒙古国（0.63）和波兰（0.62），效率水平值较低的有西班牙（0.58）、克罗地亚（0.54）、匈牙利（0.42）、越南（0.37）、罗马尼亚（0.33）、哈萨克斯坦（0.26）、俄罗斯（0.20）、乌克兰（0.14）、白俄罗斯（0.10）和柬埔寨（0.09）。

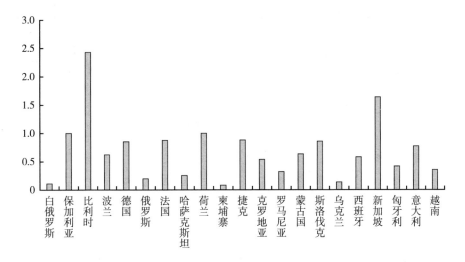

图 1-65　2016 年中欧班列沿线国家的投资综合效率

2017 年中欧班列沿线国家的投资综合效率的测算结果如图 1-66 所示，平均值为 0.47，在考察期内该年度的平均值最低，表明 2017 年沿线国家对中国投资的利用率不高。具体来看，相较于之前各年度而言，该年度各国之间的差异相对不大，但是大多处于极低效率水平值。仅有新加坡（1.11）、比利时（1.08）和荷兰（1.00）三个国家达到有效效率值，然后依次为法国（0.87）、德国（0.86）、意大利（0.77）、西班牙（0.59）、蒙古国（0.57）、捷克（0.41）、斯洛伐克（0.36）、匈牙利（0.31）、克罗地亚

（0.31）、波兰（0.29）、越南（0.24）、罗马尼亚（0.24）、俄罗斯（0.22）、哈萨克斯坦（0.19）、保加利亚（0.18）、白俄罗斯（0.11）、柬埔寨（0.07）和乌克兰（0.06）。

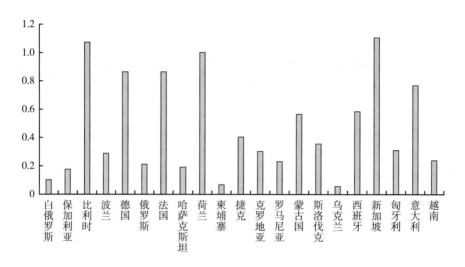

图1-66　2017年中欧班列沿线国家的投资综合效率

4.2　投资规模效率评价

投资规模效率是从投资"硬实力"视角出发来分析投入要素的经济效率，表示在投资一定的情况下，产出规模的有效程度。所谓投资"硬实力"，是指我国企业一定时期内在东道国企业建造和购置固定资产的工作量以及与此有关的费用变化情况，包括房产、建筑物、机器、机械、运输工具，以及企业用于基本建设、更新改造、大修理和其他固定资产投资等。

当投资规模效率≥1时，即DEA有效，表明从"硬实力"视角出发，我国对该东道国的一系列投资已然实现了规模有效性，达到了最优状态；当投资规模效率<1时，即DEA无效，则说明当前我国对东道国"硬实力"投资规模还未达到最合适的水平，需要进一步调整。

就投资规模效率而言，整体上2008年中欧班列沿线国家的投资规模效率的平均值为0.69，该值未达到有效效率水平。这表明，沿线各国整体对中国投入资本的使用率并不高，名义投入量和实际使用量相差较大，存在大量的投入冗余和资源浪费。具体来看，投资规模效率水平较高（≥1）的国家有3个，分别为比利时（1.99）、新加坡（1.48）和波兰（1.00）。投资规模效率水平居中（大于0.7低于1）的国家有7个，分别为荷兰（0.94）、越南（0.93）、俄罗斯（0.90）、意大利（0.88）、德国（0.83）、哈萨克斯坦（0.74）和捷克（0.73）。投资规模效率水平较低（小于0.7）的国家有11个，分别为罗马尼亚（0.69）、乌克兰（0.68）、匈牙利（0.62）、斯洛伐克（0.43）、法国（0.39）、白俄罗斯（0.29）、西班牙（0.26）、保加利亚（0.26）、克罗地亚（0.24）、蒙古国（0.12）和柬埔寨（0.10）。由此可见，沿线各国在投资规模效率上的有效率仅为14.3%，大多数国家都未达到有效水平，且半数国家的效率水平极低。这表明中欧班列沿线国家需要进一步优化资源配置（见图1－67）。

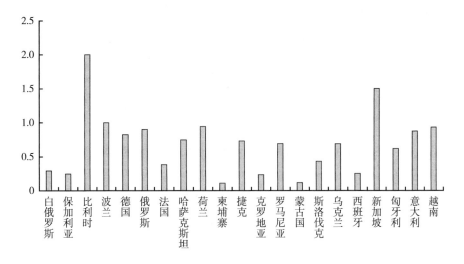

图1－67　2008年中欧班列沿线国家的投资规模效率

整体上2009年中欧班列沿线国家的投资规模效率的平均值为0.77，该水平值低于1，未达到有效效率水平，但与上一年度相比稍有改善。具体来看，投资规模效率水平较高的国家有4个，分别为比利时（1.00）、新加坡（1.00）、德国（1.00）和保加利亚（1.00）。投资规模效率水平居中的国家有 11 个，分别为意大利（0.99）、斯洛伐克（0.99）、西班牙（0.98）、荷兰（0.97）、匈牙利（0.97）、罗马尼亚（0.96）、捷克（0.90）、俄罗斯（0.87）、哈萨克斯坦（0.84）、越南（0.82）和法国（0.70）。投资规模效率水平较低的国家有 6 个，分别为波兰（0.66）、克罗地亚（0.61）、白俄罗斯（0.53）、乌克兰（0.25）、蒙古国（0.12）和柬埔寨（0.10）。本年度中欧班列沿线国家在投资规模效率上的有效率为 19%，虽然大多数国家仍然未达到有效水平，但是大部分国家效率水平均有所提升（见图 1 - 68）。

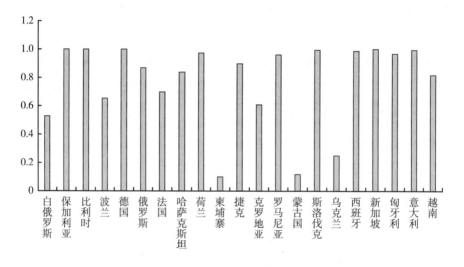

图 1 - 68　2009 年中欧班列沿线国家的投资规模效率

由图 1 - 69 可知，2010 年中欧班列沿线国家的投资规模效率的平均值为 0.67，与上一年度相比较有所下降。这表明，2010 年沿线国家对中国投入资本的使用率再次下降，投入冗余和资源浪费情况加重。具体来看，投资规模效率水平较高的国家只有新加坡（1.00）。投资规模效率水平居中的国家有 9 个，分别是捷克（0.99）、哈萨克斯坦（0.98）、越南（0.98）、西班牙（0.98）、俄罗斯（0.93）、荷兰（0.93）、比利时（0.90）、波兰（0.86）和德国（0.83）。投资规模效率水平较低的国家有 11 个，分别为斯洛伐克（0.69）、克罗地亚（0.67）、意大利（0.65）、罗马尼亚（0.63）、匈牙利（0.63）、乌克兰（0.39）、白俄罗斯（0.34）、保加利亚（0.29）、蒙古国（0.17）、法国（0.15）和柬埔寨（0.11）。本年度中欧班列沿线国家在投资规模效率上的有效率仅为4.8%，绝大多数国家均未达到有效水平。其中，与上一年度相比，过半数的国家都呈现下降趋势，下降幅度较大的为保加利亚和法国。

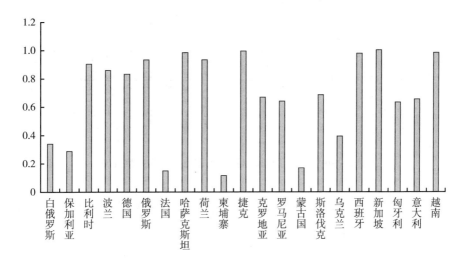

图1-69　2010年中欧班列沿线国家的投资规模效率

根据数据分析，2011年中欧班列沿线国家的投资规模效率均值为0.68，与上一年度几乎持平。具体来看，仍然只有新加坡（1.00）一个国家的投资规模效率达到了有效水平。投资规模效率水平居中的国家有11个，分别为斯洛伐克（0.99）、匈牙利（0.98）、比利时（0.93）、捷克（0.87）、荷兰（0.87）、法国（0.85）、德国（0.83）、哈萨克斯坦（0.79）、乌克兰（0.75）、俄罗斯（0.74）和意大利（0.71）。投资规模效率水平较低的国家有9个，分别为西班牙（0.67）、波兰（0.65）、白俄罗斯（0.65）、越南（0.59）、克罗地亚（0.37）、保加利亚（0.29）、蒙古国（0.27）、罗马尼亚（0.24）和柬埔寨（0.17）。与上一年度相比较，半数国家的投资规模效率水平略微有所提升，其中上升幅度较大的有法国、白俄罗斯和乌克兰。值得注意的是克罗地亚和罗马尼亚，这两个国家出现了巨大的降幅（见图1-70）。

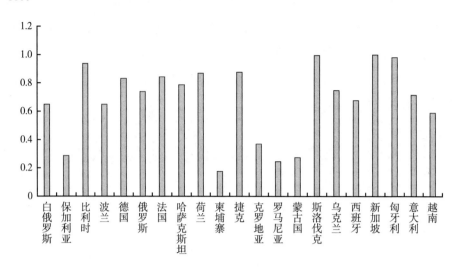

图1-70 2011年中欧班列沿线国家的投资规模效率

数据分析显示，2012年中欧班列沿线国家的投资规模效率均值为0.68。投资规模效率达到有效水平的国家增加为2个，分别是新加坡（1.00）和捷克（1.00）。投资规模效率水平居中的国家有10个，分别为比利时（0.98）、意大利（0.96）、斯洛伐克（0.96）、德国（0.92）、罗马尼亚（0.88）、西班牙（0.88）、荷兰（0.83）、匈牙利（0.82）、哈萨克斯坦（0.80）和俄罗斯（0.74）。投资规模效率水平较低的国家有9个，分别为越南（0.62）、乌克兰（0.55）、法国（0.47）、克罗地亚（0.41）、波兰（0.41）、白俄罗斯（0.37）、保加利亚（0.30）、柬埔寨（0.20）和蒙古国（0.15）。其中法国的投资规模效率水平在该年度出现大幅下降，主要是因为2011年末的巴黎恐怖袭击，再加上近几年欧洲政局不稳，从而导致法国出现资源配置低效的问题（见图1-71）。

由数据分析得出，2013年中欧班列沿线国家的投资规模效率均值为0.65。其中只有新加坡（1.00）和西班牙（1.00）的投资规模效率为有效效率。投资规模效率水平居中的国家有9个，分别为波兰（0.97）、比利时（0.97）、乌克兰（0.86）、德国（0.85）、荷兰（0.82）、俄罗斯（0.80）、哈萨克斯坦（0.80）、捷克（0.75）和罗马尼亚（0.72）。投资规模效率水

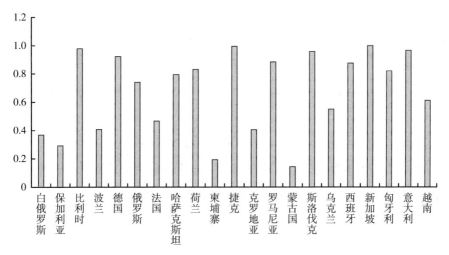

图1-71　2012年中欧班列沿线国家的投资规模效率

平较低的国家有10个，分别为斯洛伐克（0.65）、匈牙利（0.61）、法国（0.58）、越南（0.57）、白俄罗斯（0.37）、意大利（0.34）、蒙古国（0.31）、保加利亚（0.28）、克罗地亚（0.25）和柬埔寨（0.25）。除波兰和西班牙的投资规模效率涨幅较大之外，其他国家均只有略微增长，更多的国家处于下降趋势。由此看来，中欧班列沿线国家还未从经济危机的负面影响中摆脱出来，大部分国家仍然存在严重的资源配置效率问题（见图1-72）。

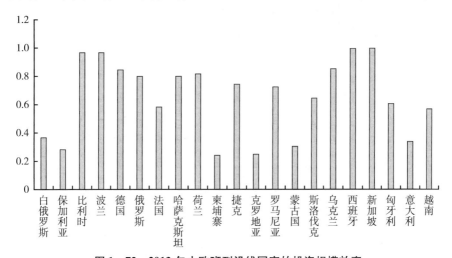

图1-72　2013年中欧班列沿线国家的投资规模效率

由数据分析得出，2014 年中欧班列沿线国家的投资规模效率均值为 0.67。新加坡（1.06）和哈萨克斯坦（1.00）的投资规模效率处于有效水平，其中，哈萨克斯坦的投资规模效率在近几年内第一次达到有效效率水平，也因此使该年度的投资综合效率达到了有效效率水平。投资规模效率水平居中的国家有 9 个，分别为西班牙（0.99）、德国（0.98）、波兰（0.93）、比利时（0.91）、荷兰（0.87）、捷克（0.85）、乌克兰（0.79）、匈牙利（0.76）和罗马尼亚（0.71）。投资规模效率水平较低的国家有 10 个，分别为法国（0.66）、斯洛伐克（0.59）、意大利（0.54）、俄罗斯（0.46）、白俄罗斯（0.42）、保加利亚（0.41）、柬埔寨（0.32）、越南（0.31）、蒙古国（0.25）和克罗地亚（0.19）（见图 1-73）。

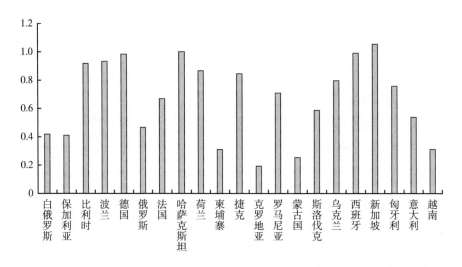

图 1-73　2014 年中欧班列沿线国家的投资规模效率

由数据分析得出，2015 年中欧班列沿线国家的投资规模效率均值为 0.77，该年度的投资规模效率水平有所提升。就单个国家而言，相较于以往年度，各国之间的差距有所缩小，但是仍然只有新加坡（1.00）和哈萨克斯坦（1.00）处于有效水平。投资规模效率水平居中的国家有 13 个，分别为波兰（0.99）、法国（0.96）、德国（0.95）、比利时（0.93）、荷兰（0.91）、西班牙（0.90）、俄罗斯（0.89）、意大利（0.88）、捷克

（0.88）、越南（0.80）、乌克兰（0.79）、匈牙利（0.79）和罗马尼亚
（0.73）。投资规模效率水平较低的国家有6个，分别为柬埔寨（0.68）、斯
洛伐克（0.57）、蒙古国（0.47）、白俄罗斯（0.37）、克罗地亚（0.34）
和保加利亚（0.34）。由此看来，大部分国家的资源配置问题有所改善（见
图1-74）。

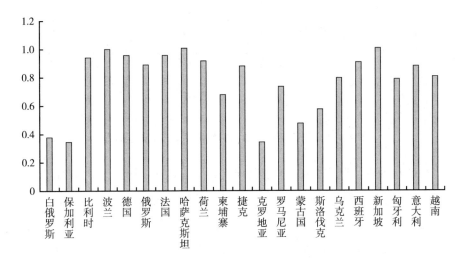

图1-74　2015年中欧班列沿线国家的投资规模效率

　　由数据分析得出，2016年中欧班列沿线国家的投资规模效率均值为
0.72。投资规模效率达到有效效率水平的国家有新加坡（1.63）、荷兰
（1.00）和保加利亚（1.00）。其中，保加利亚的投资规模效率增幅最大，
也因此使该年度的投资综合效率达到了有效效率水平。投资规模效率水平居
中的国家有9个，分别为乌克兰（0.93）、罗马尼亚（0.91）、捷克
（0.91）、哈萨克斯坦（0.88）、德国（0.86）、法国（0.86）、斯洛伐克
（0.80）、比利时（0.74）和匈牙利（0.73）。投资规模效率水平较低的国家
有9个，分别为意大利（0.65）、波兰（0.62）、柬埔寨（0.60）、蒙古国
（0.40）、克罗地亚（0.36）、越南（0.33）、白俄罗斯（0.31）、俄罗斯
（0.31）和西班牙（0.20）。值得注意的是，西班牙、俄罗斯和越南在投资
规模效率上出现了大幅下降现象（见图1-75）。

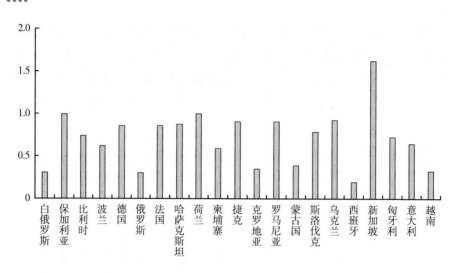

图 1 - 75　2016 年中欧班列沿线国家的投资规模效率

中欧班列沿线国家 2017 年投资规模效率如图 1 - 76 所示，该年度整体平均值为 0.64，总体来看，当年的投资规模效率为无效。具体对沿线各国的数据进行比较时发现，只有新加坡（1.11）、荷兰（1.00）和波兰（1.00）三个国家的投资规模效率处于有效水平，其余国家均未达到有效水平，由高到低依次为比利时（0.92）、德国（0.86）、俄罗斯（0.83）、捷克

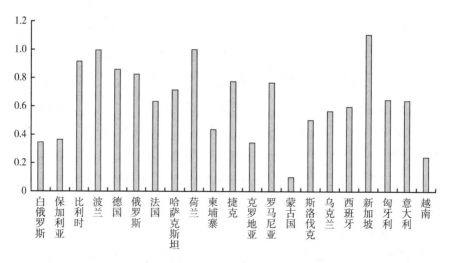

图 1 - 76　2017 年中欧班列沿线国家的投资规模效率

（0.78）、罗马尼亚（0.77）、哈萨克斯坦（0.72）、匈牙利（0.65）、意大利（0.64）、法国（0.64）、西班牙（0.59）、乌克兰（0.57）、斯洛伐克（0.51）、柬埔寨（0.45）、保加利亚（0.36）、克罗地亚（0.34）、白俄罗斯（0.34）、越南（0.24）和蒙古国（0.10）。

4.3 投资纯技术效率评价

投资纯技术效率反映的是在不考虑规模因素的情况下，反映中国对外投资的"软实力"，即中国的投资决策与适应当地市场环境的能力高低，投资纯技术效率越高，则表明中国在该东道国投资时的"软实力"越强，中国企业能够较好地适应当地市场环境，获取产出的能力就越强。

当投资纯技术效率值≥1时，即DEA有效，表明对该东道国而言，中国对外投资"软实力"在技术有效性上达到最优状态；若投资纯技术效率值<1，即DEA无效，则说明对该东道国而言，中国的投资决策较难适应当地市场环境，大量的投入资金无法合理利用，需要从投资技术层面上进行调整。

2008年中欧班列沿线国家的投资纯技术效率测算结果如图1-77所示，整体上2008年沿线国家的投资纯技术效率平均值为0.93，未达到有效效率水平。具体来看，各国间的差距较大，其中达到有效效率水平的国家有9个，分别为西班牙（2.57）、法国（2.39）、荷兰（2.24）、蒙古国（1.73）、意大利（1.69）、克罗地亚（1.38）、比利时（1.00）、德国（1.00）和新加坡（1.00）。未达到有效效率水平的国家有12个，并且绝大多数国家的投资纯技术效率水平极低（小于0.7），由高到低依次为斯洛伐克（0.79）、匈牙利（0.66）、捷克（0.57）、保加利亚（0.54）、哈萨克斯坦（0.41）、白俄罗斯（0.38）、罗马尼亚（0.31）、波兰（0.28）、柬埔寨（0.23）、俄罗斯（0.22）、乌克兰（0.14）和越南（0.09）。本年度中欧班列沿线国家的投资纯技术效率的有效率为43%，说明近半数国家在投资规模一定的情况下，能够合理运用技术来获取较大产出。

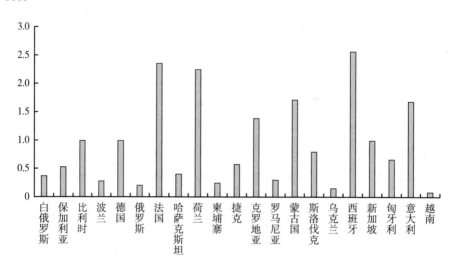

图1-77 2008年中欧班列沿线国家的投资纯技术效率

如图1-78所示，2009年中欧班列沿线国家的投资纯技术效率平均水平为0.93，与上一年度持平。具体来看，达到有效效率水平的国家有10个，分别为法国（2.23）、荷兰（1.81）、蒙古国（1.70）、克罗地亚（1.38）、乌克兰（1.38）、斯洛伐克（1.29）、比利时（1.00）、德国（1.00）、新加坡（1.00）和保加利亚（1.00）。投资纯技术效率水平居中的

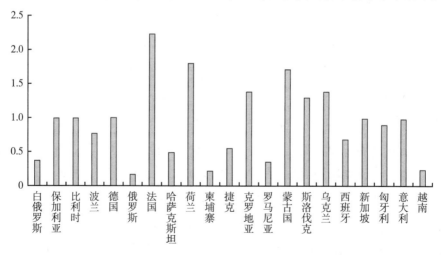

图1-78 2009年中欧班列沿线国家的投资纯技术效率

国家有 4 个，分别为意大利（0.98）、匈牙利（0.90）、波兰（0.76）和西班牙（0.70）。投资纯技术效率水平较低的国家有 7 个，分别为捷克（0.55）、哈萨克斯坦（0.49）、白俄罗斯（0.38）、罗马尼亚（0.36）、越南（0.25）、柬埔寨（0.23）和俄罗斯（0.18）。本年度中欧班列沿线国家的投资纯技术效率的有效率为 48%，其中，波兰、斯洛伐克和乌克兰的投资纯技术效率水平有较大幅度的增长，说明该年度这些国家在技术水平上有较高的提升。

如图 1-79 所示，2010 年中欧班列沿线国家的投资纯技术效率平均水平为 2.19，与上一年度相比有较大的提升，并且达到了有效效率水平。但是从各个国家的具体情况来看，该年度沿线国家投资纯技术效率平均值的大幅提升主要是由于克罗地亚（15.46）和法国（13.72）的投资纯技术效率极高，还有 48% 的国家的投资纯技术效率并未达到有效水平，各国的效率水平由高到低依次为克罗地亚（15.46）、法国（13.72）、荷兰（2.46）、意大利（2.09）、蒙古国（1.67）、斯洛伐克（1.46）、比利时（1.15）、捷克（1.01）、乌克兰（1.00）、德国（1.00）、新加坡（1.00）、西班牙（0.70）、哈萨克斯坦（0.56）、保加利亚（0.55）、匈牙利（0.50）、白俄

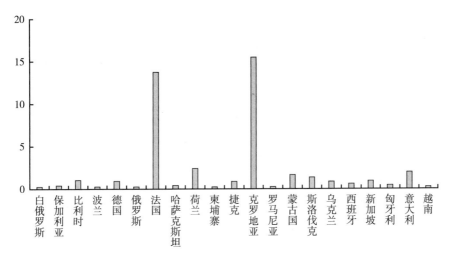

图 1-79　2010 年中欧班列沿线国家的投资纯技术效率

罗斯（0.37）、波兰（0.35）、罗马尼亚（0.32）、俄罗斯（0.22）、柬埔寨（0.19）和越南（0.11）。

根据数据分析得出，2011年中欧班列沿线国家的投资纯技术效率均值为1.56，达到了有效效率水平。具体来看，罗马尼亚（9.09）和克罗地亚（6.00）的投资纯技术效率水平较为突出，并且使该年度的投资综合效率水平也达到了有效值。投资纯技术效率水平较高（≥1）的国家还有荷兰（2.12）、比利时（1.78）、蒙古国（1.62）、意大利（1.21）、捷克（1.08）、法国（1.05）、西班牙（1.00）、乌克兰（1.00）、德国（1.00）和新加坡（1.00）。投资纯技术效率水平居中的国家有3个，分别为斯洛伐克（0.94）、匈牙利（0.81）和波兰（0.74）。投资纯技术效率水平较低的国家有6个，分别为保加利亚（0.55）、哈萨克斯坦（0.43）、越南（0.39）、白俄罗斯（0.37）、俄罗斯（0.34）和柬埔寨（0.21）（见图1-80）。

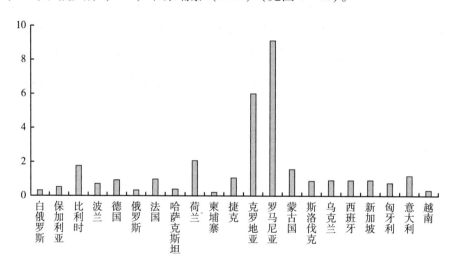

图1-80 2011年中欧班列沿线国家的投资纯技术效率

根据数据分析得出，2012年中欧班列沿线国家的投资纯技术效率均值为2.99。具体来看，克罗地亚（41.54）在该年度的投资纯技术效率极高，其余各国由高到低依次为法国（2.61）、斯洛伐克（2.46）、波兰（1.94）、西班牙（1.76）、蒙古国（1.60）、荷兰（1.41）、比利时（1.35）、意大利

（1.02）、乌克兰（1.00）、德国（1.00）、新加坡（1.00）、捷克（0.72）、匈牙利（0.62）、保加利亚（0.55）、越南（0.48）、俄罗斯（0.47）、白俄罗斯（0.37）、罗马尼亚（0.33）、哈萨克斯坦（0.29）和柬埔寨（0.22）。结合数据和图1-81可以看出，沿线各国的投资纯技术效率水平两极分化情况较为突出，仅有捷克的投资纯技术效率水平居中，其余国家均为较高或者较低，说明各国间的技术水平差距较大。

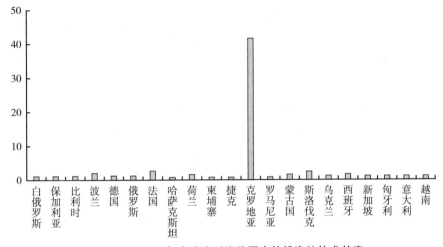

图1-81　2012年中欧班列沿线国家的投资纯技术效率

结合2013年的数据分析，中欧班列沿线国家的投资纯技术效率均值为0.89，未达到有效效率水平。具体来看，投资纯技术效率水平较高（≥1）的国家有10个，分别为意大利（2.90）、荷兰（1.89）、比利时（1.55）、法国（1.54）、克罗地亚（1.50）、斯洛伐克（1.12）、西班牙（1.00）、蒙古国（1.00）、德国（1.00）和新加坡（1.00）。投资纯技术效率水平较低的国家有11个，分别为匈牙利（0.60）、保加利亚（0.55）、捷克（0.54）、哈萨克斯坦（0.42）、白俄罗斯（0.38）、越南（0.38）、俄罗斯（0.36）、罗马尼亚（0.34）、波兰（0.34）、柬埔寨（0.21）和乌克兰（0.17）。该年度有不少国家的投资纯技术效率大幅下降，较为突出的有波兰、乌克兰、法国、斯洛伐克和克罗地亚，其中波兰和乌克兰的投资纯技术效率从有效降为无效（见图1-82）。

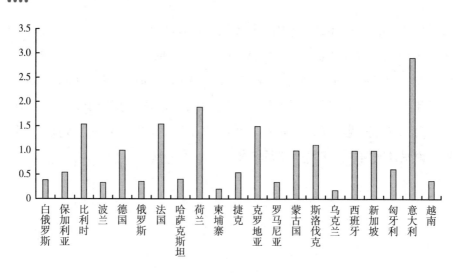

图 1 - 82　2013 年中欧班列沿线国家的投资纯技术效率

2014 年中欧班列沿线国家的投资纯技术效率测算结果如图 1 - 83 所示，该年度的平均效率水平值为 1.04，达到有效效率水平，说明沿线各国的技术发展水平状况良好，能够有效地提高投资利用率。具体来看，投资纯技术效率水平较高（≥1）的国家有 10 个，分别为意大利（2.58）、克罗地亚（2.38）、法国（1.59）、蒙古国（1.58）、比利时（1.47）、越南（1.43）、荷兰（1.28）、德国（1.00）、新加坡（1.00）和哈萨克斯坦（1.00）。投资纯技术效率水平居中的国家有 5 个，分别为捷克（0.97）、斯洛伐克（0.90）、俄罗斯（0.87）、匈牙利（0.76）和西班牙（0.74）。投资纯技术效率水平较低的国家有 6 个，分别为保加利亚（0.59）、波兰（0.47）、白俄罗斯（0.39）、罗马尼亚（0.37）、柬埔寨（0.23）和乌克兰（0.19）。

结合 2015 年的数据分析，中欧班列沿线国家的投资纯技术效率均值为 0.70，未达到有效效率水平。具体来看，投资纯技术效率水平较高（≥1）的国家有 7 个，分别为蒙古国（2.03）、比利时（1.35）、法国（1.03）、荷兰（1.00）、德国（1.00）、新加坡（1.00）和哈萨克斯坦（1.00）。投资纯技术效率水平居中的国家有 3 个，分别为意大利（0.91）、克罗地亚

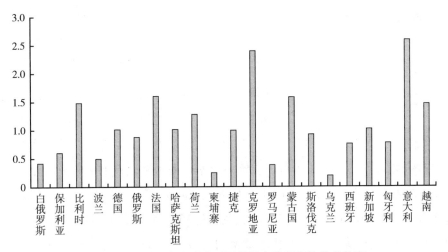

图 1 - 83　2014 年中欧班列沿线国家的投资纯技术效率

（0.84）和斯洛伐克（0.70）。投资纯技术效率水平较低的国家有 11 个，分别为西班牙（0.63）、捷克（0.52）、匈牙利（0.48）、保加利亚（0.48）、越南（0.46）、白俄罗斯（0.32）、罗马尼亚（0.29）、波兰（0.29）、俄罗斯（0.22）、柬埔寨（0.15）和乌克兰（0.09）。由此可以看出，该年度绝大多数国家的投资纯技术效率均无效，且半数国家的效率水平极低（见图 1 - 84）。

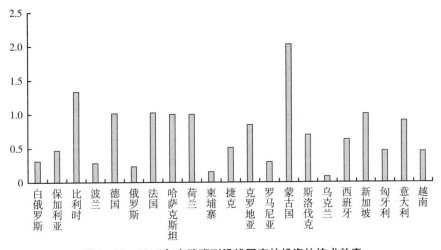

图 1 - 84　2015 年中欧班列沿线国家的投资纯技术效率

2016 年中欧班列沿线国家的投资纯技术效率测算结果如图 1－85 所示，该年度的平均效率水平值为 1.05，达到有效效率水平。具体来看，投资纯技术效率水平较高（≥1）的国家有 13 个，分别为比利时（3.24）、西班牙（2.90）、蒙古国（1.58）、克罗地亚（1.50）、意大利（1.19）、越南（1.11）、斯洛伐克（1.08）、法国（1.01）、荷兰（1.00）、德国（1.00）、新加坡（1.00）、保加利亚（1.00）和波兰（1.00）。投资纯技术效率水平居中的国家仅有捷克（0.96）。投资纯技术效率水平较低的国家有 7 个，分别为俄罗斯（0.66）、匈牙利（0.58）、罗马尼亚（0.36）、白俄罗斯（0.32）、哈萨克斯坦（0.30）、乌克兰（0.15）和柬埔寨（0.15）。本年度中欧班列沿线国家的投资纯技术效率的有效率为 62%，并且相较于上一年度，大多数国家的投资纯技术效率水平有所提升。

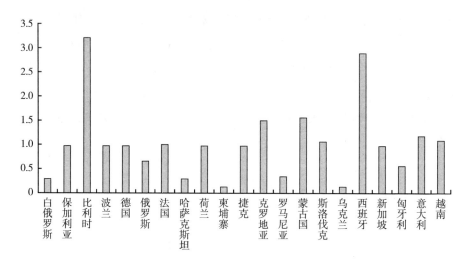

图 1－85　2016 年中欧班列沿线国家的投资纯技术效率

2017 年中欧班列沿线国家的投资纯技术效率测算结果如图 1－86 所示，该年度的平均效率水平值为 0.90。具体来看，投资纯技术效率水平较高（≥1）的国家有 8 个，分别为蒙古国（5.47）、法国（1.36）、意大利（1.20）、比利时（1.17）、越南（1.00）、荷兰（1.00）、德国（1.00）和新加坡（1.00）。投资纯技术效率水平居中的国家有 3 个，分别为西班牙

（0.99）、克罗地亚（0.89）和斯洛伐克（0.70）。投资纯技术效率水平较低的国家有 10 个，分别为捷克（0.53）、保加利亚（0.49）、匈牙利（0.48）、白俄罗斯（0.32）、罗马尼亚（0.31）、波兰（0.30）、哈萨克斯坦（0.27）、俄罗斯（0.26）、柬埔寨（0.15）和乌克兰（0.10）。值得注意的是，乌克兰和柬埔寨近几年的投资纯技术效率水平都极低，从而导致投资综合效率水平也很低。

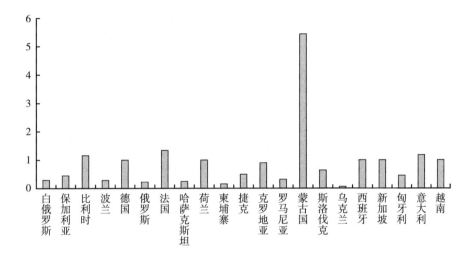

图 1 – 86　2017 年中欧班列沿线国家的投资纯技术效率

4.4　小结

近年来，随着中国"一带一路"倡议的深入推进，中欧班列得以快速发展，已然成为中欧投资合作的重要连接枢纽。中欧班列沿线国家中大部分都是发展中国家以及新兴经济体，各国的经济发展水平、文化背景等各个因素都存在差异，因此中国在对沿线国家进行投资合作的过程中可能出现投资利用率参差不齐等问题。本部分基于 DEA 模型，对中欧班列沿线国家 2008～2017 年的投资合作效率进行定量研究，并分别对投资综合效率、投资规模效率以及投资纯技术效率三个方面进行比较分析。

首先分析中欧班列沿线国家投资综合效率。由表 1 – 2 可知，2008～2017

年中欧班列沿线国家的投资综合效率从高到低依次为克罗地亚、荷兰、比利时、法国、新加坡、意大利、德国、斯洛伐克、西班牙、捷克、匈牙利、哈萨克斯坦、罗马尼亚、波兰、蒙古国、保加利亚、乌克兰、越南、俄罗斯、白俄罗斯、柬埔寨。值得注意的是，2008～2017 年，仅有排名前 6 的国家即克罗地亚、荷兰、比利时、法国、新加坡和意大利的投资综合效率均值达到了有效效率水平，其余 15 个国家均为投资综合效率无效。

表 1 - 2　2008～2017 年中欧班列沿线国家投资合作效率比较

排名	投资综合效率	投资规模效率	投资纯技术效率
1	克罗地亚	新加坡	克罗地亚
2	荷兰	比利时	法国
3	比利时	荷兰	蒙古国
4	法国	德国	荷兰
5	新加坡	捷克	意大利
6	意大利	哈萨克斯坦	比利时
7	德国	波兰	西班牙
8	斯洛伐克	匈牙利	罗马尼亚
9	西班牙	俄罗斯	斯洛伐克
10	捷克	西班牙	德国
11	匈牙利	意大利	新加坡
12	哈萨克斯坦	罗马尼亚	捷克
13	罗马尼亚	斯洛伐克	波兰
14	波兰	乌克兰	匈牙利
15	蒙古国	法国	保加利亚
16	保加利亚	越南	越南
17	乌克兰	保加利亚	乌克兰
18	越南	白俄罗斯	哈萨克斯坦
19	俄罗斯	克罗地亚	俄罗斯
20	白俄罗斯	柬埔寨	白俄罗斯
21	柬埔寨	蒙古国	柬埔寨

从国家排名以及投资综合效率是否达到有效效率水平来看，中欧班列沿线各个国家的投资综合效率整体表现并不是很好，沿线各国仅有 29% 的实

现了投资综合效率的有效，因此可以认为在 2008～2017 年间中欧班列沿线各国未能使中国投资达到效益最大化。

其次来分析中欧班列沿线国家投资规模效率。由表 1－2 可知，2008～2017 年中欧班列沿线国家的投资规模效率从高到低依次为新加坡、比利时、荷兰、德国、捷克、哈萨克斯坦、波兰、匈牙利、俄罗斯、西班牙、意大利、罗马尼亚、斯洛伐克、乌克兰、法国、越南、保加利亚、白俄罗斯、克罗地亚、柬埔寨和蒙古国。值得注意的是，在 2008～2017 年间，仅有新加坡和比利时两个国家的投资规模效率均值达到了有效效率水平，其余 19 个国家均为投资规模效率无效。

从国家排名以及投资规模效率是否达到有效效率水平来看，中欧班列沿线各个国家的投资规模效率整体表现并不是很好，由此可以看出，正是沿线各国的投资规模效率大量的无效化，导致投资综合效率多表现为无效。

最后来分析中欧班列沿线国家投资纯技术效率。由表 1－2 可知，2008～2017 年中欧班列沿线国家的投资纯技术效率从高到低依次为克罗地亚、法国、蒙古国、荷兰、意大利、比利时、西班牙、罗马尼亚、斯洛伐克、德国、新加坡、捷克、波兰、匈牙利、保加利亚、越南、乌克兰、哈萨克斯坦、俄罗斯、白俄罗斯和柬埔寨。值得注意的是，在 2008～2017 年间，仅有排名前 11 的国家的投资纯技术效率达到了有效效率水平，其余 10 个国家均为投资纯技术效率无效。

从国家排名以及投资纯技术效率是否达到有效效率水平来看，中欧班列沿线各国有 52% 的实现了投资纯技术效率的有效，该有效率明显高于投资综合效率和投资规模效率的有效率，因此可以认为在 2008～2017 年中国与中欧班列沿线各国开展投资合作时，具有相对适当的投资决策以及先进的技术，有利于沿线各国投资合作效率的提高。

综上所述，2008～2017 年中欧班列沿线国家投资综合效率主要是受到投资规模效率的影响，投资纯技术效率整体表现相对较好。基于此可以得出结论，中国在与中欧班列沿线国家开展投资合作时，应该进一步扩大投资规模，同时也要注意资源的优化配置，防止投入冗余出现和资源浪费。

由图1–87可以看出，2008～2017年中欧班列沿线各国的投资纯技术效率除2008年、2009年、2013年、2015年和2017年，其余年份均达到了有效效率水平，而投资规模效率从未达到有效效率水平，投资综合效率也仅有2010年和2012年达到了有效效率水平。从波动趋势来看，这十年间的投资综合效率和投资纯技术效率在整体波动上几乎一致，因此可以认为注意调整投资决策以及相关技术，有利于提升中欧班列沿线国家整个体系的投资综合效率水平。

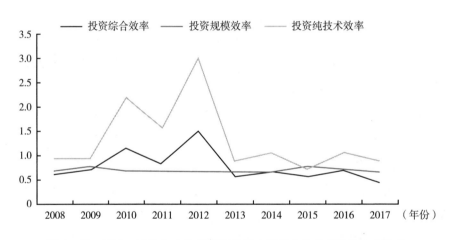

图1–87　2008～2017年中欧班列沿线国家投资合作效率整体变化趋势

5　结论及建议

5.1　结论

随着"一带一路"倡议的发展，中国与"一带一路"沿线国家在政策沟通、设施联通、贸易畅通、资金融通和民心相通这五方面都取得了显著成绩，推动了中国与"一带一路"沿线国家的投资合作。中欧班列作为"一带一路"的重要载体和平台，自 2011 年 3 月首列中欧班列（渝新欧）成功开行以来，发展势头迅猛，至今已经基本形成了布局合理、设施完善、运量稳定、便捷高效、安全畅通的中欧班列综合服务体系。中欧班列初步释放了亚欧陆路物流和贸易通道的潜能，促进了中国与沿线国家以及其他欧洲国家之间的投资合作。

提高内陆地区的开放程度。中欧班列开辟了中国内陆地区面向欧亚的贸易新通道，让物流不再成为影响内陆地区发展对外贸易的最主要障碍，可以有效促进中国与中欧班列沿线国家的投资合作发展。

促进沿线国家发展。中欧班列沿线国家大多是发展中国家和新兴经济体，基础设施落后是制约其经济发展的主要短板。而沿线国家中大部分都是内陆国，对外贸易主要是通过陆路铁路和公路运输。中欧班列的开通，成为这些内陆国家发展和吸引对外投资的有利条件。

提升贸易便利化程度。中欧班列的开通，大大缩短了中国与沿线国家之间的贸易运输时间，有助于扩大贸易总量，推动中国与沿线国家的产业园区建设，提升中国与沿线国家之间的投资合作吸引力。

然而，中欧班列沿线各国的投资综合效率水平并不高，即沿线各国对中国投资的利用率不高，存在投入冗余以及资源浪费等现象，但是导致这一结果的原因却不尽相同。

一是部分中欧班列沿线国家国内投资环境相对较差，在政治、经济以及安全等方面均存在一定的风险，尤其是近年来，还有部分沿线国家仍然未从经济危机的阴霾中走出，国内经济发展状况不佳，这在一定程度上增加了中国投资在沿线各国发展的难度，同时这些不可预测的风险也可能会导致中国对沿线国家的投资决策出现偏差。

二是部分中欧班列沿线国家与中国存在技术差距，资源配置未达到最优状态，使得中国对这些国家的投资不能达到效益最大化。

三是中国的一些投资主体在对中欧班列沿线国家进行投资时，缺乏对东道国国内投资环境的了解，从而做出不恰当的投资决策，影响了东道国对投资的利用率。

5.2 建议

5.2.1 就中国对中欧班列沿线国家 OFDI 整体建议

首先，从投资规模效率测算结果来看，在 2008～2017 年，仅有新加坡和比利时两个国家的投资规模效率均值达到了有效效率水平，其余 19 个国家均为投资规模效率无效。中欧班列沿线各个国家的投资规模效率从整体来看表现得并不佳，由此可以看出，正是沿线各国的投资规模效率大量的无效化，导致投资综合效率多表现为无效。所以，我们在对中欧班列沿线国家加强投资力度的同时，不能盲目扩大投资规模，应有选择性地对特定国家的特定产业进行大规模投资。根据实事变化，及时调整投资结构，改善投资架构，明确投资目标，扩大对例如新加坡和比利时这样的投资规模效率较高的目标国的投资规模，但与此同时也要注重优化资源配置，防止投入冗余出现和资源浪费。

其次，从投资纯技术效率测算结果来看，选取的样本中有 52% 的实现了投资纯技术效率的有效，该有效率明显高于投资综合效率和投资规模效率的有效率，因此可以认为在 2008～2017 年中国与中欧班列沿线各国开展投资合作时，具有相对适当的投资决策以及先进的技术，有利于沿线各国投资合作效率的提高。另外，从 2008～2017 年中欧班列沿线国家投资合作效率整体变化趋势图来看，这十年间的投资综合效率和投资纯技术效率在整体波动上几乎一致，因此可以认为注意调整投资决策以及相关技术，有利于提升中欧班列沿线国家整个体系的投资综合效率水平。所以，我们应加大对中欧班列沿线国家高新技术及研发经费的投入，加大创新力度，加快创新速度，必要时协助沿线国家进行关键科学技术的突破，实现双赢局面。

5.2.2 就中国对中欧班列沿线国家 OFDI 区域建议

从区域角度来看，我们应基于中欧班列沿线国家的非均质性，采取更加个性化、多样化的投资合作方式。

表1-3　中欧班列沿线国家所在区域及所属类型

综合效率排名	国家	区域	类别
1	克罗地亚	欧洲	发达
2	荷兰	欧洲	高度发达
3	比利时	欧洲	高度发达
4	法国	欧洲	高度发达
5	新加坡	亚洲	发达
6	意大利	欧洲	高度发达
7	德国	欧洲	高度发达
8	斯洛伐克	欧洲	发达
9	西班牙	欧洲	高度发达
10	捷克	欧洲	发达
11	匈牙利	欧洲	发展中
12	哈萨克斯坦	亚洲	发展中
13	罗马尼亚	欧洲	发展中
14	波兰	欧洲	发展中
15	蒙古国	亚洲	发展中
16	保加利亚	欧洲	发展中
17	乌克兰	欧洲	发展中
18	越南	亚洲	发展中
19	俄罗斯	欧洲	发展中
20	白俄罗斯	欧洲	发展中
21	柬埔寨	亚洲	发展中

在明确了中欧班列沿线国家的发展属性之后，我们可以清楚地看到，投资综合效率排名前10位的均为发达国家，发展中国家均在综合效率排名中属于靠后位置（见表1-3），这说明我们对于发展程度不同的国家应当结合实际，因地制宜地采取不同的投资策略。

（1）就发达国家而言（例如克罗地亚、荷兰、比利时、法国、新加坡），这些国家拥有很强的经济实力且基础设施极为完善。对于这些国家，我们可以加快双方合作步伐，加强与这些国家的人力、资本合作，扩大投资规模，释放双方过剩产能。我们应充分发挥自身既有优势产业（如重庆单轨道交通技术产业等）的带动作用，利用"技术→资本→技术"或"技术→技术"路径获取战略性新兴产业发展所亟须的优势技术要素，加大双方的贸易投资合作力度。

（2）就投资综合效率较低的发展中国家而言（例如蒙古国、保加利亚、越南、白俄罗斯、柬埔寨等），这些国家也具有较好的经济发展潜力，可以加快双方合作步伐，在帮助这些国家完善基础设施的同时释放过剩产能，为战略性新兴产业发展腾挪出空间。同时，合作国丰富廉价的自然资源也可以缓解我国同类资源的过度开发（例如哈萨克斯坦的石油及天然气），为以"两型社会"发展为要务的战略性新兴产业创造有利的发展环境。

5.2.3 就中国对中欧班列沿线国家 OFDI 国别建议

本书分报告将对哈萨克斯坦、俄罗斯、白俄罗斯、波兰和德国五国投资便利化进行详细分析，因此在这里就只选择性地对投资综合效率排名前五的部分国家提出 OFDI 相关建议。

（1）克罗地亚。从投资环境来看，克罗地亚有以下优势：政局相对稳定，地理位置优越，政策透明度高，贸易和投资风险低。但是，克罗地亚在结构性经济改革中落后于其邻国，制度缺陷继续阻碍其经济发展。外商对克罗地亚投资的主要特点是投资领域窄，主要集中在金融业和批发零售业，两行业吸引的外资额占克罗地亚外资总额的 67.46%；并且其外资来源较集中，主要来自欧盟国家，包括荷兰、奥地利、意大利、德国和卢森堡等国。目前，中国对克罗地亚的直接投资主要集中于固定资产、批发零售业和宾馆餐饮业。此外，克罗地亚的造船业、食品加工业和制药工业都较为发达，有较高的技术水平，能较好地利用中国的投资，因此中国企业可考虑选择这三个行业进行投资。

目前，克罗地亚对于工程质量标准及验收、免责的相关规定均采用欧盟标准，中国标准在克罗地亚并不适用。截至目前，中国与克罗地亚未签署货币互换协议，未签订相关产能合作协议、基础设施合作协议。因此，中国企业若打算在克罗地亚进行工程承包，需要提早了解欧盟标准，对自身资质进行合理评估。

（2）比利时。从投资环境来看，比利时有以下优势：地理位置优越，基础设施完善，科研实力雄厚，劳动力素质高。但是，比利时的税收制度较为复杂，企业的税收成本较高，建议中国企业到比利时投资时要认真了解当地劳动法中关于税收、工资和社保基金的具体规定，做好前期市场调研和可行性研究，选择好投资项目，精心核算税赋和工资成本，提高劳动生产率。

此外，比利时虽然是发达的资本主义工业国家，但自然资源贫乏，经济高度对外依赖，80%的原料靠进口，50%以上的工业产品供出口。近年来，中国企业对比利时的投资日渐增多。外资涉及的行业主要为电信、制药、能源、银行和保险业等。

（3）法国。从投资环境来看，法国是欧盟第二大市场，市场开放程度高，法律体系健全，基础设施完善，劳动力素质高，在许多高科技领域处于世界领先水平。中国企业到法国投资时，要特别注意按照法国劳动法有关规定，处理好劳资双方之间的关系，也应注意按照劳动法有关规定和程序解雇公司雇员。中国企业与法国开展贸易时，尤其要注意技术标准，非欧盟国家的商品要进入法国，会面临两套技术标准。此外，在承包工程方面，法国建筑业市场基本处于封闭状态，特殊的行业规则、标准很多，中国企业在法国开展承包工程业务要特别注意事前调查、分析、评估相关风险，事中做好风险规避和管理工作，切实保障自身利益。

（4）新加坡。从投资环境来看，新加坡地理位置优越，基础设施完善，政治社会稳定，商业网络广泛，融资渠道多样，法律体系健全，政府廉洁高效。新加坡国内市场规模小，经济外向型程度高，我国对新加坡的投资涉及所有主要行业，从累计投资金额来看，主要集中于金融保险业和贸易业。其中，占新加坡吸收外资比重相对较大的行业包括建筑业、贸易业和房地产业。投资形式以并购为主，绿地投资较少。中国企业在新加坡进行投资时，要充分利用优惠政策，根据自身条件、发展情况和设定的远景目标，选择适当的投资方式，以争取最大的优惠政策。

在工程承包方面，我国在新加坡承包工程的企业约30家，在房建和地铁建设领域具备相对优势，技术水平、施工质量和安全管理获新方充分认可。我国企业应进一步加强与新加坡本地和跨国大型承包商的合作，学习其先进的管理经验和施工技术，利用其广阔的市场网络和融资渠道，提升企业的市场竞争力，积极开拓第三地市场。

5.2.4　总结

总体来说，我国为提高中欧班列沿线国家的投资合作效率，应关注并调整以下五个方面。

（1）调整投资结构，优化资源配置。导致投资综合效率处于较低水平的原因不同，由于投资规模无效化，应该建议中国政府在维持相关政策导向技术支持不变的情况下，特别注意优化资源配置，在进一步扩大投资规模的同时，防止投入冗余出现和资源浪费。

（2）加强投资合作机制建设，建立信息共享平台。中欧班列的建立在一定程度上扩大了中国与沿线国家的沟通与交流，但大多仅限于货物往来，未有深度合作机制的建立。为此，我们应当积极建设投资合作机制，建立信息共享平台，使各国经济商贸信息往来更加便捷快速，增强投资贸易双方的信心。

（3）协助沿线各国改善投资环境，帮助各国加强技术创新。从沿线各国的现状来看，中欧班列部分沿线国家投资环境亟待改善。尤其是经历了2008年金融危机以及2012年的欧债危机之后，部分国家持续处于经济萎靡不振的状态，这就严重影响了中国与其投资经贸等活动的进行。另外，中欧班列部分沿线国家与中国在技术和水平层面差距较大，这就使我国投资主体在进行对外投资时得不到足够的技术支持，投资进程受限甚至夭折。因此，在可行的情况下，我国应协助沿线国家改善其内部投资环境，帮助东道国进行技术革新。

（4）加强企业适应能力和竞争能力，帮助企业选择更合适的投资国。由于不同规模企业的获取信息能力、议价能力以及竞争力等都各不相同，故不同企业在利用中欧班列这一方式，走向国际市场时适应能力与竞争力也不尽相同。我国在进行中欧班列的宣传时，应着重突出不同国家的特色及适应的行业，以此来帮助企业选择更加适合的沿线国家进行投资贸易。另外，企业本身也应该积极提升自身的适应能力与国际竞争力，在进行跨国投资前应全面了解该国投资环境，谨慎进行决策。

（5）发挥金融机构作用，扩大投资规模。国内金融机构在适当范围内发挥自身作用，加大对企业走出国门的支持力度，放宽企业贷款投资政策，扩大企业对外投资规模，增强企业的议价能力与国际竞争力，帮助企业更好地走出国门。

分 报 告

Sub-reports

哈萨克斯坦投资便利化评价与分析

摘　要：　本部分从国家概况、政治文化环境、国家投资便利化水平、投资法律风险、投资注意事项和投资求助路径六个部分对哈萨克斯坦进行国别投资便利化评价与分析。分析结果表明，哈萨克斯坦的投资便利化水平总体来说较便利，且一直保持持续发展的趋势。其市场经济环境较好，国家拥有较高的外资规模，资本形成总额也持续上升，GDP 也在缓慢提高。哈萨克斯坦虽然受国际金融危机影响，但近十年来一直稳定发展经济，保持了一个稳定的市场经济环境，并且坚持积极吸引外国投资，加强与国际的合作，发展国家的各个领域。

关键词：　哈萨克斯坦　投资便利化　投资注意事项　投资求助路径

1　国家概况

哈萨克斯坦位于欧洲和亚洲两个大洲，其全称为哈萨克斯坦共和国

（Republic of Kazakhstan）。独立自主、追求心灵自由是"哈萨克"在突厥—回鹘语中的含义，也反映出了欧亚游牧民族与众不同的文化。而"斯坦"（–stan）的含义则是指家园、土地以及聚居地，所以根据以上定义来看，"哈萨克斯坦"就是指"哈萨克族人"的聚居地。在哈萨克斯坦的发展历史上，其领土最先是游牧民族的活动范围，直到13世纪成吉思汗将其占领，成为蒙古帝国的一部分，但随着帝国内部斗争，权力终于再度回到了当地游牧民族手中。

随后，俄罗斯人在18世纪初入侵哈萨克斯坦，到19世纪中期时，哈萨克斯坦在名义上已经成为俄罗斯帝国的一部分。但是随着1917年俄国革命的爆发以及之后的俄国内战，哈萨克斯坦领土经历了多次变更，直到1936年才正式加入苏联，成立了哈萨克苏维埃社会主义共和国。而哈萨克斯坦作为最后一个宣布独立的苏联加盟共和国，在1991年苏联解体之后最终成为一个独立的国家。努尔苏丹·纳扎尔巴耶夫担任了首任哈萨克斯坦总统，并持续连任，一直到2019年才主动宣布辞去总统职务。

1.1 地理位置

哈萨克斯坦横跨欧洲和亚洲两个大洲，但是大部分的领土位于中亚北部，只有乌拉尔河以西的一小部分领土位于欧洲。国土面积2727300平方千米，是世界上第九大的国家，并且还是面积排名世界第一的内陆国家。至于哈萨克斯坦的地形则是东南高、西北低，其西北方向与俄罗斯接壤，东南面与中国接壤，南与乌兹别克斯坦、吉尔吉斯斯坦、土库曼斯坦等国接壤。地形包括平原、干草原、北方针叶林、峡谷、山丘、三角洲、山地及荒漠。

哈萨克斯坦有一半以上的国土都是荒漠和半荒漠，其主要原因是国家所处的地带是山地向平原过渡的区域。哈萨克斯坦的北部是平原，中部是哈萨克丘陵，东部是阿尔泰山，南部则是天山。哈萨克斯坦的最高点是海拔7010米的汗腾格里高峰，位于其东南面，也是中国、吉尔吉斯斯坦和哈萨克斯坦三国的交界处。最低点则是低于海平面 132 米的卡拉吉耶洼地和图兰低地，卡拉吉耶洼地位于里海沿岸低地，而图兰低地位于哈萨克斯坦西部。哈萨克斯坦国内有许多河流，如锡尔河、乌拉尔河、伊希姆河、恩巴河和伊犁河等，这些河流基本都属于内流流域，注入内陆湖泊。

1.2 行政划分

哈萨克斯坦行政区划包括 14 个州和 3 个直辖市。14 个州分别为西哈萨克斯坦州、阿特劳州、阿克托贝州、库斯塔奈州、北哈萨克斯坦州、阿克莫拉州、巴甫洛达尔州、曼格斯套州、克孜勒奥尔达州、卡拉干达州、东哈萨克斯坦州、图尔克斯坦州、江布尔州、阿拉木图州。三个直辖市分别为努尔苏丹、阿拉木图和奇姆肯特（见表 2 - 1）。

努尔苏丹是哈萨克斯坦的首都，三大直辖市之一，人口约 100 万。努尔苏丹原名阿斯塔纳（Astana），哈萨克斯坦议会于 2019 年 3 月 20 日正式通过宪法修正案，将首都阿斯塔纳更名为努尔苏丹，以纪念前总统努尔苏丹·纳扎尔巴耶夫。努尔苏丹市在哈萨克斯坦的地理位置为中心略偏北，是该国第二大城市。伊希姆河穿城而过，整个城市自然环境良好。努尔苏丹市不但是哈萨克斯坦全国铁路交通的枢纽，也是工农业的主要生产基地。

表 2 - 1 哈萨克斯坦行政区域区划及其行政中心

单位：平方千米，人

行政区	首府	面积	人口 （截至 2018 年 1 月）
努尔苏丹市		710	1030577
阿拉木图市		319	1801993
奇姆肯特市		347	1001894
北哈萨克斯坦州	皮德罗巴甫尔	97993	558584

行政区	首府	面积	人口 （截至 2018 年 1 月）
库斯塔奈州	库斯塔奈	196001	875616
阿克莫拉州	科克舍套	146219	738942
巴甫洛达尔州	巴甫洛达尔	124800	754854
卡拉干达州	卡拉干达	427982	1380538
东哈萨克斯坦州	厄斯克门	283226	1383745
阿拉木图州	塔尔迪库尔干	223924	2017277
江布尔州	塔拉兹	144264	1117220
图尔克斯坦州	突厥斯坦	117249	2929196
克孜勒奥尔达州	克孜勒奥尔达	226019	783156
阿克托贝州	阿克托比	300629	857711
曼格斯套州	阿克套	165642	660317
阿特劳州	阿特劳	118631	620684
西哈萨克斯坦州	乌拉尔	151339	646927

资料来源：哈萨克斯坦国家统计署。

1.3 自然资源

哈萨克斯坦的自然资源非常丰富，特别是固体矿产资源，国内有超过 1200 种矿物原料，90 多种矿藏，其中包括有色、黑色、稀有和贵重金属，有超过 500 处已经探明的矿产地。在全球矿藏的储量中，有相当一部分比例都来自哈萨克斯坦，如 50% 的钨、25% 的铀、23% 的铬矿、19% 的铅、13% 的锌，以及 10% 的铜和铁，很多矿藏的储量都能够排在全世界大部分国家的前面（参见表 2-2）。不仅是矿藏，石油在哈萨克斯坦的储量也十分丰富，已经探明的储量是独联体第 2 多的国家，也是世界储量第 7 的国家。哈萨克斯坦储量委员会有数据公布，哈萨克斯坦目前石油有 40 亿吨的可采储量，天然气有 3 万亿立方米的可采储量。

表 2 - 2　哈萨克斯坦部分固矿资源储量全球排名

全球排名	名称	储量
1	钨	200 万吨
2	铬矿	4 亿吨
2	铀	150 万吨
4	锰矿	6 亿吨
4	铜	3450 万吨
4	锌	2570 万吨
6	铁矿	91 亿吨
6	铅	1170 万吨
8	金	1900 吨
10	铝土矿	4.5 亿吨

资料来源：中国驻哈萨克斯坦大使馆经商参处。

（1）石油天然气。目前哈萨克斯坦已探明的陆上石油储量为 48 亿~59 亿吨，天然气储量为 3.5 万亿立方米，其中有 10 亿吨石油和超过 1 万亿立方米的天然气集中在卡沙干油田，是哈萨克斯坦最大的油田。哈萨克斯坦石油开采量增长潜力最大的区域为里海区域，探明的石油储量就有 80 亿吨。目前专家估算，里海盆地的哈萨克斯坦周边地区，可达 900 亿~2000 亿桶的石油储量，占世界石油总储量的 17.2%，以及 458.8 万亿立方米的天然气储量，占世界天然气总储量的 7.5%，里海盆地丰富的石油天然气储量，排名世界前列，使里海有了"第二个中东"的别称。但是，里海的权益问题要由里海周围的五个国家来商讨并决定划分，除哈萨克斯坦外，还有土库曼斯坦、阿塞拜疆、伊朗和俄罗斯。在五个国家达成一致的前提下，哈萨克斯坦将会拥有里海水域的 30%，是五国中最大的一片区域。美国能源部能源信息署公布，里海区域属于哈萨克斯坦的部分，石油的总储量达到了 1010 亿~1096 亿桶，天然气的总储量约为 153.3 万亿立方米，分别占整个里海地区石油储量和天然气储量的 1/2 和 1/3。

（2）煤矿。目前哈萨克斯坦全国煤资源储量总共有 1767 亿吨，在中国、美国、俄罗斯、澳大利亚、印度、南非和乌克兰这 7 个国家之后，排名世界第 8 位，占世界总储量的 4%。已探明和开采的煤田有 100 个，其中大部分煤田分布在哈萨克斯坦中部（卡拉干达、埃基巴斯图兹和舒巴尔科里煤田）、北部（图尔盖煤田）和东哈州。

（3）铀。哈萨克斯坦铀的储量占到了世界总储量的 19%，已探明储量有 150 万吨左右，为世界储量第 2 多的国家。国内已经探明的铀矿超过 55 个，主要集中在哈南部楚河—萨雷苏河铀矿区、锡尔河铀矿区（超过哈总储量的 70%）和北部铀矿区（占总储量的 17% 左右）。并且开采这些铀矿的成本非常低，基本上都可以使用地下浸出的开采方法，其主要原因是这些铀矿的水文地质条件非常好，能够帮助降低开采成本。

（4）黄金。全球黄金储量中有 3%～4% 在哈萨克斯坦，其黄金储量排名世界第 8 位，已探明的储量总共约 1900 吨。哈萨克斯坦金矿区主要分布在哈北部、东部和东南部地区，总共有 20 个。金矿的种类主要有两种，一种是占了总储量 68% 的单一金矿，另一种是共生矿，占 32%。但是目前全国有 2/3 的黄金产量都是由共生矿通过加工锌和铜的过程提炼而出。黄金的产量在哈萨克斯坦较高，排在世界前 20 位。

（5）铜。哈萨克斯坦的已探明铜储量以 3450 万吨排名世界第 4 位，在智利、印尼和美国之后，占全世界储量的 5.5%。到现在为止，已经有 93 座铜矿在国内被探测出，但是大部分还依然处于开采阶段。哈萨克斯坦国内大型的自主铜业开采公司有 9 家，加上其余的总共有 11 家，哈萨克斯坦铜业公司和哈萨克斯坦铝业公司是全国排前两名的铜业公司。

（6）铅和锌。已探明铅储量排名世界前 5 位的国家为俄罗斯、加拿大、澳大利亚、美国、中国，第 6 位则为哈萨克斯坦，以 1170 万吨的储量占了世界总储量的 10.1%。而已探明锌储量排名世界前 3 位的国家为澳大利亚、美国、俄罗斯，哈萨克斯坦以 2570 万吨的储量占了世界储量的 9.5%，排世界第 4 位。哈萨克斯坦大部分铅锌矿集中在国内的中部、南部和东部地区，目前有超过 3000 个铅锌矿。

（7）铝矾土。铝矾土储量排在世界前 10 位的国家为几内亚、澳大利亚、牙买加、巴西、印度、中国、圭亚那、苏里南、委内瑞拉，以及第 10

位的哈萨克斯坦，已探明储量为 4.5 亿吨。

（8）镍和钴。从已经探明的储量来看，哈萨克斯坦镍的储量排名世界第 12 位，钴的储量排名世界第 7 位。全国有镍矿 39 家、钴矿 55 家。

（9）锰。哈萨克斯坦为世界第 4 多锰矿资源储量的国家，超过了 6 亿吨，排名前 3 位的国家是南非、乌克兰和加蓬。哈萨克斯坦锰矿全部集中在卡拉干达州。

（10）铁。哈萨克斯坦以已探明 91 亿吨的铁储量排名世界第 6 位，排名前 5 位的国家为俄罗斯、澳大利亚、乌克兰、中国和巴西。富矿是哈萨克斯坦的主要铁矿类型，其铁精矿的含量达到了 65% 左右。哈萨克斯坦的地质学家作出预测，未来有可能达到 150 亿吨的铁储量，其中会有 60% 左右的铁矿是富矿和易选矿。

（11）铬铁矿。南非是世界上唯一一个铬铁矿储量高于哈萨克斯坦的国家或地区，哈萨克斯坦有超过 4 亿吨的储量，占到了世界铬铁矿储量的 33% 左右。目前国内的铬铁矿几乎全部集中在赫罗姆套（意为"铬山"），位于阿克托贝州，总共有 20 个已经探明的铬矿。

（12）钨。哈萨克斯坦钨的储量非常丰富，是世界储量最大的国家，有 200 万吨左右，全球储量的一半来自哈萨克斯坦。国内的中部卡拉干达州及东南部是钨矿矿区的主要集中地区，目前总共有 12 个矿区，大部分是钨钼共生矿。哈萨克斯坦最大的钨矿是凯拉克特矿，位于卡拉干达州阿塔苏东大约 100 千米。

1.4　气候条件

哈萨克斯坦的气候类型为温带大陆性气候，其特点为夏季气候十分炎热而且干燥，而冬季十分寒冷且很少下雪，国家的年降水量可以达到 1000 毫米，但山区的高峰处会有终年积雪，各个地区的气候条件也差别较大。特别是哈萨克斯坦的荒漠和半荒漠地区，年降水量不足 100 毫米，冬天非常干燥，这些地区占全国面积的 60% 左右。首都努尔苏丹为世界上第二寒冷的首都，冬天最低温度可以到 -40℃ 以下，并且伴有 4~5 级大风（参见表 2-3）。

表 2 - 3　哈萨克斯坦主要城市平均日最高温及最低温

单位：℃

城市	7 月	1 月
卡拉干达	27/14	- 8/ - 17
努尔苏丹	27/15	- 10/ - 18
巴普洛达尔	28/15	- 11/ - 20
阿克托比	30/15	- 8/ - 16
阿拉木图	30/18	0/ - 8
奇姆肯特	32/17	4/ - 4

1.5　人口分布

截至 2018 年，哈萨克斯坦人口总数为 18276499 人，其中女性占 51.6%，男性占 48.4%；劳动力总数为 9272124 人，占总人口的 50.7%；城市人口占总人口的 57.6%，农村人口占 42.4%。

其首都努尔苏丹，哈萨克斯坦第二大城市，大约拥有 835000 人口。前首都阿拉木图，哈萨克斯坦最大的城市，则拥有 155 万人口。哈萨克斯坦人口密度为 6 人/平方千米（15 人/平方英里），居世界第 227 位。

2　政治文化环境

2.1　政治环境

2.1.1　政治制度

哈萨克斯坦的基础法律是《哈萨克斯坦宪法》，"民主的、非宗教的和统一的国家"是宪法中对哈萨克斯坦国家的明确定位；哈萨克斯坦推行总统制，总统负责决定国家对内对外的基本方针，总统也是一个国家的元首，哈萨克斯坦的总统在各种国际关系交往中也代表国家最高官员，一个国家宪法的不可动摇性、人民与国家政权的统一性，以及公民自由和权利的保证都会在总统制中得以体现。总统需以法律和宪法为基础来行使职能，同时又要保证立法、司法、行政三种权力分别由不同的国家机关掌握，相互之间既保持各自的权力，又相互制约保持平衡，达到三权分立。

哈萨克斯坦总统的任期一般来说为 7 年。总统在议会同意的情况下，可以自行任命总理、副总理、外交部长、国防部长、财政部长、内务部长和国家安全委员会主席。总统对议会的法案有否决的权力。哈萨克斯坦共和国于 1991 年 12 月宣布独立，努尔苏丹·阿比舍维奇·纳扎尔巴耶夫当选第一任总统，1995 年又在全民公决下将其任期延长到了 2000 年。1999 年在哈萨克斯坦总统选举中纳扎尔巴耶夫连任当选，2005 年又继续连任。2007 年 5 月 18 日，宪法通过修正案，议会授予了纳扎尔巴耶夫可以没有次数限制连任总统职位的权力。2019 年 3 月 19 日，在全国各城市发生持久的抗议活动之后，纳扎尔巴耶夫最终宣布辞去哈萨克斯坦总统职务，新总统由卡瑟姆-若马尔特·托卡耶夫担任。

哈萨克斯坦的国家最高代表机构是议会。议会主要行使其立法职能，但是议会如果有两次拒绝总统对总理的任命，对政府提出不信任案，无法解决自己内部矛盾或与国家其他行政部门之间的分歧引发政治危机，总统有权力将其解散。哈萨克斯坦议会由上议院和下议院两个院组成，上议院又称为参议院，总共有 6 年的任期；下议院又称为马日利斯院，总共有 5 年的任期。议会的主要职能包括但不限于下列方面。

（1）决定哈萨克斯坦共和国宪法和法律条文的通过，以及对宪法和法律的修改和补充。

（2）批准总统任命的国家安全委员会的主席、总检察长、国家银行行长等。

（3）国际条约的批准和废除。

（4）批准和把控国家经济和社会发展的计划、国家的预算计划，以及监督各个计划的执行情况。

议会议员由选民通过直接投票的方式选出，其中参议院共 47 席，由 16个（包括 14 个州议会、努尔苏丹、阿拉木图）地方议会分别选出 2 席，总统指派 15 席；马日利斯院以单一选区制选出 107 名议员，另外有 10 名由政党比例代表制选举产生。

2.1.2 主要党派

哈萨克斯坦在 19 世纪 80 年代末 90 年代初开始实施政治多元化。随着国家的独立，多党制进程也逐渐推行起来。2002 年 7 月哈萨克斯坦颁布《政党法》，其中规定了政党想要在司法部获准登记的标准，包括：全国范围内，有不少于 5 万的党员人数；政党每个分支机构内的成员不少于 700人，且分支机构必须遍布全国 14 个州和 3 个直辖市。到 2018 年底，总共有 9 个政党符合标准，并在司法部登记，其中规模较大的有以下几个。

（1）哈萨克斯坦"祖国之光"人民民主党。该政党是由成立于 1999 年 1 月的"祖国党"发展演变而来的，直到 2006 年 12 月 22 日的祖国党大会上，才一致同意将"祖国党"改为"祖国之光"，该党目前是国内最大的政党，有超过 90 万名党员，有多达 8118 个基层组织、226 个地方性组织、16 个区域性组织。

（2）全国社会民主党。该政党成立于 2006 年，2007 年 1 月 25 日正式登记，反对派政党，现有党员 14 万人。根据新党章，当选的主席是哈萨克斯坦议会下议院前主席图亚克拜，另一个主席是阿比罗夫。建设社会主义国家，以及建设政治现代化和民主化的价值观是该党对自己的主要要求。

（3）哈萨克斯坦"光明道路"民主党。由几个主要成员协商成立，于 2002 年 4 月 3 日正式登记，几位成员也是"哈萨克斯坦民主选择"社会运动中的主要成员，目前有党员 17.5 万余人。该政党的定位不但是温和的民主派政党，也是"建设性反对派"，政党的目标是国内民主改革可以得到进一步加强和深化，经济能够朝着多元化发展，建立起非中央集权化政权，投资环境能够得到较大的改善，同时强调农村经济的发展。该党主席为阿扎特·佩鲁阿舍夫。

除以上三个党派外，司法部登记的合法政党还包括哈萨克斯坦爱国者党、哈萨克斯坦共产党、哈萨克斯坦"农村"社会民主党、精神复兴党、哈萨克斯坦共产主义人民党、哈萨克斯坦"阿基利特"民主党。

2.1.3 外交关系

自 1991 年独立以来，哈萨克斯坦采取"多方外交政策"，寻求与两大邻国（俄罗斯及中国）建立起平等的外交关系，同时也能够和西方国家以及美国建立起友好合作的外交桥梁。2010 年 4 月 11 日，时任总统纳扎尔巴耶夫与贝拉克·奥巴马在华盛顿举行的核安全峰会中讨论加强美国与哈萨克斯坦的战略合作关系，承诺加强双边合作，促进核安全和不扩散、中亚地区的稳定、经济发展和普世价值。并于 2011 年 4 月，在继续商讨核能安全议题的同时，检视了 2010 年双边关系之成果。

哈萨克斯坦也是欧洲安全与合作组织、联合国、欧洲—大西洋合作委员会及伊斯兰合作组织（OIC）等各大组织的成员国，同时也是北大西洋公约组织和平伙伴关系计划的参与国。独立国家联合体、经济合作组织及上海合作组织也均有哈萨克斯坦的参与。哈萨克斯坦还与白俄罗斯、俄罗斯、吉尔吉斯斯坦及塔吉克斯坦于 2000 年成立了欧亚经济共同体，将各个组织国关税调整为一致，以此作为自由贸易区的基础。2010 年哈萨克斯坦担任了欧洲安全与合作组织轮值主席国，2012 年 11 月 12 日首次当选为联合国人权理事会成员。

2016 年 6 月 28 日哈萨克斯坦被选为联合国安理会非常任理事国，任期为两年。哈萨克斯坦支持联合国在海地、西撒哈拉及科特迪瓦的维和行动，国防部选出 20 名哈萨克斯坦军人担任联合国维和行动观察员，军衔为上尉至上校。这些军人须经过联合国培训，必须具备流利的英文及使用特殊军事车辆的能力。

2.1.4 政府机构

哈萨克斯坦政府由 16 个部组成。

内务部：国家执法及内政管理部门。

国防部：负责掌管国防与军队事务。

投资和发展部：负责国家工业和工业创新、采矿、冶金、化工、医药和医疗等领域投资政策的制定。

农业部：负责国家农村经济的宏观调控和管理，也是种植业、畜牧业、水产养殖业、农业、乡镇企业和饲料工业等产业的综合管理职能部门。

卫生部：管理公共健康保护、医疗和医药、卫生和疾病防控的中央执行部门。

宗教和民间社会事务部：负责宗教和民间社会事务。

外交部：执行哈外交政策、主管外交事务的政府部门。

国防和航空工业部：国家负责掌管国防与军队事务及航空工业的部门。

国民经济部：是综合研究拟订经济和社会发展政策、进行总量平衡、指导总体经济体制改革、管理对外贸易及监督国有资产的宏观调控部门。

能源部：负责管理能源政策法规、发展规划、能源节约和科技装备、电力、煤炭、石油天然气、新能源和可再生能源等领域。

劳动和社会保障部：负责制定社会劳动方面相关的法律政策，发展就业和提高居民生活质量。

文化和体育部：主管文化和体育事务。

教育科学部：主管教育和科技事务。

财政部：负责国家财政和财务。

法律部：主管全国司法行政工作。

信息和通信部：主管通信、信息技术、电子政务和信息领域的部门。

2.2 文化环境

2.2.1 民族和语言

哈萨克斯坦的主体民族是哈萨克族，除此之外还有俄罗斯族（23.7%）、乌兹别克人（2.9%）、乌克兰人（2.1%）、维吾尔族（1.4%）、鞑靼人（1.3%）和德国人（1.1%）等131个民族。

哈萨克语是哈萨克斯坦宪法规定的国语，同为官方语言的还有俄语。哈萨克斯坦语为突厥语族的一支，哈萨克斯坦约有66.4%的人口以哈萨克斯坦语为母语。哈萨克斯坦政府于2015年1月宣布在2025年之前，要将哈萨克斯坦语的书写系统由西里尔字母转为拉丁字母。

哈萨克斯坦使用的少数语言包括乌孜别克语、乌克兰语、维吾尔语、柯尔克孜语及鞑靼语。英语及土耳其语在苏联解体后，在年轻族群中影响力逐渐提高。哈萨克斯坦教育体系使用哈萨克斯坦语或俄语或哈、俄双语。

2.2.2 宗教

根据 2009 年的人口普查数据，哈萨克斯坦 70% 的人口为穆斯林，26%的为基督徒，0.1% 的信仰佛教，0.2% 的为其他信仰（大多为犹太教）以及 3% 的人口无宗教信仰，而有 0.5% 的受访者不愿回答。根据宪法，哈萨克斯坦为世俗国家。

伊斯兰教为哈萨克斯坦最大宗教，第二大宗教则为正教会，经过数十年苏联宗教压迫，独立后宗教表现出个人身份认同。宗教行为自由以及完全的宗教自由使宗教活动增加，数百座清真寺、教堂及其他宗教建筑于数年间建成，宗教相关组织 1990 年为 670 个，至今则达 4170 个。

无教派穆斯林为哈萨克斯坦穆斯林的主要教派，其他则信仰逊尼派的哈乃斐派，信仰者包括哈萨克族（约占 60% 的人口）及乌孜别克族、维吾尔族、鞑靼人，少于 1% 的人口信仰逊尼派的沙斐仪派（主要为车臣人），另外有部分为阿赫迈底亚穆斯林。哈萨克斯坦总共有 2300 座清真寺，以上各教派信徒均从属于"哈萨克斯坦穆斯林精神协会"，由最高穆夫提领导，而未加入的清真寺则会被关闭。古尔邦节为国定假日。

哈萨克斯坦有 1/4 左右的人口信仰东正教，除了哈萨克人外，还有俄罗斯人、乌克兰人及白俄罗斯人。其他信仰人数较多的基督宗教则主要是天主教和新教，根据 2009 年的人口普查数据，斯拉夫民族及日耳曼民族以外的民族很少有人信仰基督宗教。哈萨克斯坦共有 258 座东正教堂及 93 座天主教堂，以及超过 500 座新教教堂及祈祷室。东正教的圣诞节为哈萨克斯坦的国定假日。

2.2.3 风俗礼仪

游牧民族是哈萨克民族的前身，东突厥人是哈萨克民族的祖先。作为游牧民族的后代，哈萨克人的血液中仍然保留着一些独特的草原文化精神和价值观，比如追求自由，强调仁义道德、英雄乐观主义等。由于受俄罗斯文化的长期影响，哈萨克斯坦在风俗习惯、礼仪和社会文化等方面与俄罗斯和西方国家有相似之处。

握手是哈萨克斯坦人非常重要的礼仪。第一次见面相互认识时要握手，一天内第一次见到你认识的人时也要打招呼握手。当面对上级或老年人时，下级或者年轻人就需要及时伸出手来握住对方的手，以示礼貌和尊敬。在哈萨克斯坦去别人的地方做客，在跨越门槛告别时，如果是一个人在屋外，另一个人在屋内，在这种情况下是不能握手的，如果两个人想握手，必须同时都在屋内或都在屋外。

至于拜访，出于尊重或好客，哈萨克斯坦人会邀请朋友到家里拜访或者在家里接待客人。这时，一家人通常会准备一桌酒席，哈萨克人称之为"达斯特拉罕"（Dastarkhan）。男主人或成年子女将围坐在客人周围，女主人则负责端菜、倒酒、递茶等，有时女主人也会上桌和客人坐在一起，但是家里的小孩不能上桌。在哈族人家里多吃、多喝以及说祝酒词都是体现对主人热情招待的感谢方法。尽可能地表现出对主人准备的饭菜的喜爱，无论吃得习惯还是不习惯，都会让他们感到开心和满足。如果带上礼品到家里拜访，主人会更高兴。

宴会。作为曾经是马背上的民族的哈萨克族，他们能歌善舞，非常喜欢集体活动，并且哈萨克人的性格总体来说都比较豪放、豁达以及热情，主要也是因为受到地理气候、生活方式以及传统民族性格的影响。在哈萨克斯坦，员工聚餐、生日派对、婚宴等规模较大的宴会（官方宴会除外），只要宴会中有音乐响起，大家就会一起站起来庆祝跳舞。而在稍正式的宴会上，就和中国类似，有祝酒的习惯，端起酒杯从座位上站起来，根据此次宴会的主题，如生日宴会、朋友聚餐、公司团建、婚礼现场、客人到家拜访、商务宴请等发表祝酒词，可以表达对同事朋友的赞扬或感恩，也可以表达自己对未来的展望或祝福，长短不限。哈萨克族人大多都喜欢并且愿意在宴会的祝酒词中多说一些，特别是一些有身份的人，如政府官员或企业高层，有些老人也会特别喜欢多说话。

另外，在哈萨克人的生活中极为重要的一个活动就是生日，很多人宁愿不要工资不上班，也要请假一两天与亲人朋友一起欢度庆祝自己的生日。有地位、有身份或有影响的人的大寿，如满50岁、60岁、70岁等，生日庆祝宴会更加隆重盛大，会宴请来自四面八方的朋友，有些甚至专程从很远的地方赶过来祝寿。作为客人，在主人生日的时候送上准备好的礼物，参加生日派对，然后对主人说一句"生日快乐"，会让主人非常感动和快乐。必须指出的是，在哈族人生日之前的任何时候都不应该对他们表示生日祝贺或庆祝，即使只是提前一天，因为这对他们来说表示不尊重。但如果当天忘记了其生日或没参加宴会，可以在其生日之后弥补或表示祝福。

2.2.4 社会文化

哈萨克斯坦人有很强的家族观念，作为子女要定期探望父母，主要的节假日家族中所有的人也要相聚在一起庆祝。由于哈萨克斯坦总人口数量不多，人与人之间相互的交往和联系就比较重要。他们非常看重亲情和友情，对朋友也喜欢以兄弟姐妹相称。因此，人脉对于想要在哈萨克斯坦从事商务活动的人来说，就十分重要。

在哈萨克斯坦有一个非常重要的组织联系体系，被称为长老会，英文为Veteran，翻译成中文是指老战士或老手，在俄语中也有相应意思的词，主要是指获得过勋章、受人尊敬的退伍老人，或者也可以形容受到政府奖励并且德高望重的退休员工。哈萨克斯坦上到每个州，下到每个村庄，都会建立其相对应的长老会，并且每个长老会都会定期举行活动。由于哈萨克斯坦是一个尊重老人、重视人情的国家，因此长老会的某些提议或者意见会对当地社区甚至州政府的决策产生一定的影响。长老会的成员还会包括一些大公司的退休员工，这些员工经常会积极参加到各种活动当中。甚至公司中很多员工都是他们的亲戚子女，或者熟人朋友，他们对公司员工的稳定和对外经营情况都能产生一定的影响。对于他们来说，物质优待或福利补助已经不是他们最期望的了，他们较看重的是公司管理层的关注和尊敬。

至于在工作场所中，哈萨克斯坦的工作传统最主要的特点是上下级关系非常严格。无论是企业还是政府，官职大一级就会获得更大的权力及更多的尊重。在正式场合，哪怕上级是熟人或者朋友，也一定要用尊称或头衔，对于老人也要足够礼貌和尊重，尽可能用尊称。只有当对方是你的下属，或者是一个年轻的晚辈时，才能够使用名字的简称或者直接称呼其全名。

2.2.5 生活习惯

在饮食习惯方面，受到俄罗斯人的影响，哈萨克斯坦人的饮食习惯和西方人的习惯差别不大。他们也采用分餐制，使用叉子、勺子以及小刀来用餐，碗或者深碟只是用来盛汤。喜欢吃的蔬菜有黄瓜、西红柿、辣椒、洋葱等，并且会生吃，也不怎么使用蘸酱或者调味品，而带叶子的蔬菜不是很受哈萨克人欢迎。肉主要有羊肉、鸡肉、鱼肉、牛肉，偶尔也会有鸭肉，烧烤或煎炸是其主要的烹饪方式，但是对于羊肉则会比较喜欢水煮。白米饭或抓饭是哈萨克人最主要的两种主食，但是有时候有些面食，类似于饺子、拉面、带馅面卷、宝儿萨克（油炸发面球），或烤制的各种带馅或不带馅点心，也会成为他们的主食。哈萨克人餐桌上必不可少的一样食物是面包，如果没有吃到面包，他们会感觉没有正常吃饭。

在衣着方面，哈萨克斯坦的男女，无论自身家里经济条件如何，在出门参加正式场合时穿的衣物都十分精致考究，这被视为一种基本礼仪。在家居习惯方面，哈族人也非常讲究，他们喜欢在条件允许的前提下盖尽量漂亮的房子，面积也喜欢尽量宽敞明亮。对于房子内部的装修，其外表可以较普通简单，但是内部装修要尽可能奢华，然后再摆设上精致的家具。

哈萨克斯坦对在公共场合吸烟管理较严格，类似餐厅、会场、办公室等公共场合一律禁止吸烟，只能到户外吸烟。另外，哈萨克人的传统是自己的烟自己抽，一般不会主动让烟，但如果是你的朋友或者熟悉的人，他们不会介意给你一支烟或向你要一支烟。对于喝酒，哈萨克人虽然爱喝酒，但和俄罗斯族不一样的是，他们在聚会时一般不会劝酒，和朋友在一起大家各自喝到尽兴，情谊也就慢慢变得更加深厚。

3 国家投资便利化水平

就投资便利化而言，APEC 的定义是，投资便利化是政府实施相应政策吸引外国投资并实现投资周期内管理效率与经济效益最大化，其涵盖市场准入、投资待遇、争端解决和投资保护等便利化措施；OECD 的定义则是，投资便利化是国际直接投资活动中能够为投资者及企业提供的便捷化程序和优质的投资环境。基于现有理论研究，本书定义投资便利化为，一国或一地区通过一系列的手段和措施，为实现国际资本流动快速化、便捷化、标准化而创造的一个协调的、透明的、可预见的环境。其主要受到国家市场经济环境、制度环境、基础设施及社会环境四方面的影响。

（1）市场经济环境是指东道国国内在市场经济规律中所形成的各种宏观与微观环境。本书中的市场经济环境是从一国或一地区的宏观层面出发，是包括一国国内生产总值、市场规模在内的经济环境与市场环境的整体表现。一国的市场经济环境为投资便利化创造了宏观的大环境，良好且稳定的市场经济环境能为投资便利化提供更多的宏观支持。

（2）制度环境包括规制性、认知性和规范性维度。规制性维度决定了在一个国家开展商业活动的难易程度，认知性维度是指与外国投资者有关的理所当然的做法，而规范性维度涉及特定国家现存的主导价值观和信仰。本书中的制度环境主要有政府稳定、腐败程度等，这些都与国际投资密切相关，影响了国际资本流动在该国的便利程度及竞争机制等，体现了一国政府的市场监管效率，良好的制度环境会为投资便利化带来更为优越的制度监管支持。

（3）基础设施是指国家或政府为了保证社会经济活动正常进行而建造的物质工程设施与公共服务系统。基础设施是国际投资产生与发展的基础物质条件。本书所提到的基础设施主要包括互联网、物流、电力、交通等方面，这些方面都是现代国际投资得以更便捷、更快速的根本所在。

（4）社会环境是一定时期内整个社会发展的一般状况，主要包括社会道德风尚、文化传统、人口变动趋势、文化教育、价值观念、社会结构等。本书中的社会环境主要指与人或社会活动息息相关的各个方面，主要包括居民消费支出、贫困人口比例、文化教育水平等。投资是以人为主的活动，人的基本素质及社会活动的便捷性都会影响投资便利化水平的高低。

基于以上定义，同时结合世界经济论坛（WEF）、世界银行（WB）、美国遗产基金会（HF）、透明国际（TI）等机构指标体系构建原理以及刘镇、陈继勇等（2018）学者的相关研究，本书构建了包含三个层级的中欧班列沿线国家投资便利化水平指标评价体系。第一层级为国家投资便利化水平。第二层级为市场经济环境、制度环境、基础设施和社会环境四个维度。第三层级共 21 个指标，其中以外资规模（FDI/GDP）、投资自由度、GDP 总额、资本形成总额和贸易规模 5 个指标来描绘市场经济环境指标，以政府稳定、腐败程度、法律和制度、官僚质量 4 个指标来描绘制度环境指标，以铁路密度、公路密度、航空货运量、港口质量、安全互联网服务器（每百万人）、每百人中固定电话数量、电力供应量 7 个指标来描绘基础设施指标，以居民消费支出、总人口数、贫困人口比例、文化教育水平以及犯罪率 5 个指标来描绘社会环境指标，以此构建了具备一定科学性、完整性和可操作性的中欧班列沿线国家投资便利化水平的评价指标体系（见表 2－4）。本书所需数据

表 2－4　中欧班列沿线国家投资便利化水平指标评价体系

第一层级	第二层级	第三层级
国家投资便利化水平	市场经济环境(ME)	外资规模(FDI/GDP)
		投资自由度
		GDP 总额
		资本形成总额
		贸易规模
	制度环境(IE)	政府稳定
		腐败程度
		法律和制度
		官僚质量
	基础设施(BI)	铁路密度
		公路密度
		航空货运量
		港口质量
		安全互联网服务器(每百万人)
		每百人中固定电话数量
		电力供应量
	社会环境(CE)	居民消费支出
		总人口数
		贫困人口比例
		文化教育水平
		犯罪率

均来源于世界经济论坛"The Global Competitiveness Report，GCR"、世界银行数据库、美国遗产基金会、透明国际以及各国对应统计年鉴等相关的指标数据。

需要说明的是，在按照指标体系对中欧班列沿线国家进行数据收集时，部分国家少量数据缺失，本团队有针对性地采取插值法或平滑法等数理统计方式来进行补全。基于此，考虑到数据的可得性和研究的科学全面性，本章选取哈萨克斯坦这一中欧班列沿线国家作为研究对象，并以2008～2017年为时间样本周期全面考察其国内投资便利化水平。

3.1 市场经济环境

3.1.1 外资规模

外资规模是指外国直接投资净流入占 GDP 的百分比，可反映一个国家的外国投资情况及规模。外国直接投资是指投资者为获得在另一经济体中运作的企业的永久性管理权益（10% 以上表决权）所做的投资的净流入。它是股权资本、收益再投资、其他长期资本以及国际收支平衡表中显示的短期资本之和。2008～2017 年哈萨克斯坦外资规模变化情况如图 2－1 所示。

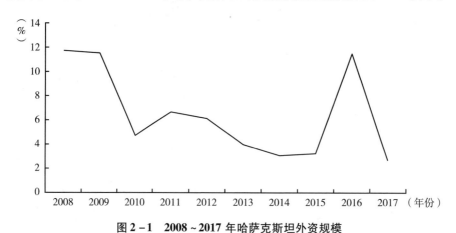

图 2－1　2008～2017 年哈萨克斯坦外资规模

从图 2－1 中可以看出，哈萨克斯坦十年间外资规模变化较大，平均在7% 左右。其中外资规模最高的一年为 2008 年，比例为 12.6%，其次是

2009 年和 2016 年，分别为 12.4% 和 12.3%。外资规模较低的三个年份为 2014 年、2015 年和 2017 年。最低的一年为 2017 年，仅有 2.9%，而 2014 年的外资规模也仅为 3.3%，2015 年为 3.5%。其余年份分别为 2010 年的 5.0%，2011 年的 7.1%，2012 年的 6.6%，2013 年的 4.2%。

但哈萨克斯坦近年来一直推出各种政策福利来吸引外资，上任总统纳扎尔巴耶夫也亲自强调了发展哈萨克斯坦对外合作的重要性，因此外资规模在一段时间的小幅度下滑后，开始逐渐缓慢调整并回升。

3.1.2 投资自由度

投资自由度用投资自由度指数表示，满分为 100 分。在该指标上分数越高，表明政府对区域投资的干涉水平越高，投资自由度越低。2008 ～ 2017 年哈萨克斯坦投资自由度指数变化情况如图 2 - 2 所示。

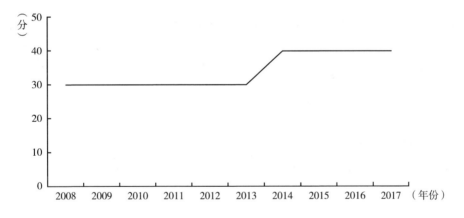

图 2 - 2　2008 ～ 2017 年哈萨克斯坦投资自由度指数

从图 2 - 2 中可以看出，哈萨克斯坦十年间投资自由度指数变化不大，整体分数都较低，表明政府对投资的干预度较低，投资自由度较高。其中 2008 ～ 2013 年投资自由度指数均为 30 分，这几年哈萨克斯坦政府大力鼓励投资，并且相对应地出台了很多鼓励投资的政策，从 2014 年开始政府干预有所提高，一直到 2017 年均保持为 40 分。但总体来说，哈萨克斯坦的投资自由度较高，政府干预较少。

3.1.3　GDP 总额

GDP 的含义为反映一国或一地区经济发展实力的评价指标。2008～2017 年哈萨克斯坦 GDP 变化情况如图 2 - 3 所示。

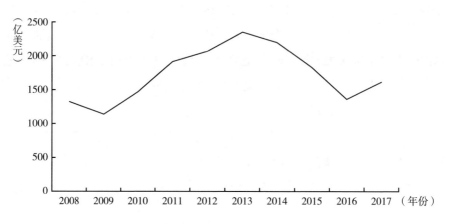

图 2 - 3　2008～2017 年哈萨克斯坦 GDP 总额

从图 2 - 3 中可以看出，哈萨克斯坦 2008 年 GDP 总额为 133441612236 美元，受全球金融危机影响，2009 年下降为 115308661142 美元，2010 年开始从金融危机中复苏，GDP 总额为 148047348240 美元，2011 年为 192626507971 美元，2012 年为 207998568865 美元，2013 年为 236634552078 美元，2014 年为 221415572819 美元，2015 年为 184388432148 美元，2016 年为 137278320084 美元，2017 年为 162886867831 美元。从中可以发现，哈萨克斯坦 GDP 总额从 2008 年逐渐上涨，到 2013 年到达最大值，然后开始有小幅度的下降，直到 2017 年开始有所回升。

总的来说，哈萨克斯坦经济还处于从 2008 年的金融危机中缓慢复苏的阶段，GDP 总额有较大波动。

3.1.4　资本形成总额

资本形成总额（以前称为国内投资总额）由新增固定资产支出加上库存的净变动值构成。固定资产包括土地改良（围栏、水渠、排水沟等），厂房、机器和设备的购置，建设公路、铁路以及学校、办公室、医院、私人住宅和工商业建筑等。库存是企业为应付生产或销售的临时需要或意外波动而贮存的货物以及在制品。依照 1993 年 SNA，贵重物品的净收入也被视为资本形成。2008～2017 年哈萨克斯坦资本形成总额如图 2-4 所示。

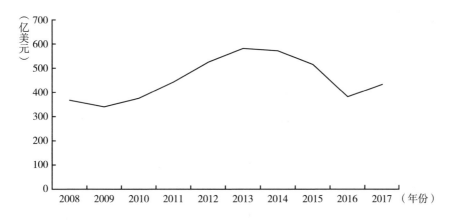

图 2-4　2008～2017 年哈萨克斯坦资本形成总额

从图 2-4 中可以看出，哈萨克斯坦资本形成总额十年间变化不大，均在 300 亿～600 亿美元。其中最低的年份为 2009 年，总额为 33917540528 美元，最高的年份为 2013 年，总额为 58140175588 美元。其余各年份总额，2008 年为 36705096127 美元，2010 年为 37564866479 美元，2011 年为 44300525573 美元，2012 年为 52477332216 美元，2014 年为 57103623661 美元，2015 年为 51458968025 美元，2016 年为 38201238310 美元，2017 年为 43263971583 美元。

3.1.5　贸易规模

贸易规模即货物和服务进口额与出口额之和，涉及一国居民与来自世界其他国家之间的所有交易，包括一般商品从非居民向居民的所有权变更、送去加工或修理的货物、非货币黄金以及服务。2008～2017 年哈萨克斯坦贸易规模如图 2-5 所示。

从图 2-5 中可以看出，哈萨克斯坦的贸易规模在 2008～2018 年经历了

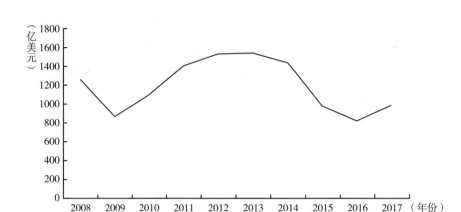

图 2 - 5　2008～2017 年哈萨克斯坦贸易规模

一个先上升后下降的过程。2008 年哈萨克斯坦贸易规模较高，为 125827733044 美元，但由于全球金融危机，贸易规模在 2009 年有所下降，仅为 87028271398 美元，2010 年随着经济的复苏，又开始逐年上升，2010 年上升到 109770679178 美元，2011 年持续上升到 140854400194 美元，2012 年上升到 153303240544 美元，2013 年上升到最大值，为 154241805872 美元。2014 年又开始下降到 143907851373 美元，2015 年持续下降到 98418539182 美元，到 2016 年下降到十年间贸易规模的最低值，为 82701486509 美元，但在 2017 年又开始回升到 98858817286 美元。

3.2　制度环境

3.2.1　政府稳定

政府稳定是指一个国家在稳定与崩溃之间的范围，是一个国家衡量政府执行其已宣布的计划的能力，以及它继续执政的能力即政权的稳定性。政府稳定由三方面组成：政府的团结、立法的力量和公众的支持。政府稳定情况由分数来进行评判，满分为 12 分，分数越高则表明国家的政府越稳定，反之则越动荡。2008～2017 年哈萨克斯坦政府稳定情况如图 2 - 6 所示。

从图 2 - 6 中可以看出，虽然十年间哈萨克斯坦的政府稳定情况整体是

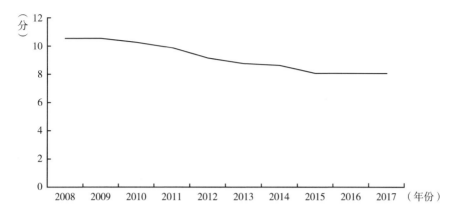

图 2 - 6　2008～2017 年哈萨克斯坦政府稳定情况

下降趋势，但十年间数值都在 8～10.5，且数值变化不大，说明其政府整体来说是较稳定的，国内没有大的动荡，非常有利于异国投资者。2008 年和 2009 年哈萨克斯坦政府稳定程度都较高，均为 10.5。到 2010 年开始小幅度下降，数值为 10.2，2011 年缓慢下降到 9.8。2012 年经历了总统选举之后的哈萨克斯坦的政府稳定程度依旧呈缓慢下降的趋势，为 9.1。2013 年为 8.7，2014 年为 8.6，2015 年为 8.0，2016 年和 2017 年均为 8.0。

3.2.2　腐败程度

腐败是政治体制内的一种腐败手段，它通过扭曲经济和金融环境，通过使人们能够通过任人唯亲而不是能力获得权力，从而降低政府和企业的效率，并给政治进程带来固有的不稳定，从而对外国投资构成威胁。一个国家的腐败程度越高，则越不利于投资。数值越低则表明国家腐败程度越高。该指标满分为 6 分。2008～2017 年哈萨克斯坦腐败程度如图 2 -7 所示。

从图 2 -7 中可以看出，哈萨克斯坦十年间政府腐败程度没有变化，数值均为 1.5，分数较低，政府腐败现象较严重。说明整个哈萨克斯坦政府在官员腐败这一方面没有过多的约束及控制，导致政府整体腐败程度较高，这对企业和政府的办事效率会带来一定的影响。

该指标是用于衡量一个国家或地区铁路运输的发达程度，即每平方千米内的铁路千米数。该指标数值越大，代表该国铁路网密度越高，其铁路运输越发达，反之则越落后。2008～2017年哈萨克斯坦铁路密度如图2－10所示。

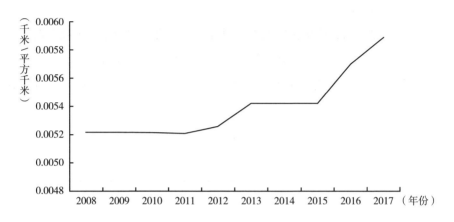

图2－10　2008～2017年哈萨克斯坦铁路密度

从图2－10中可以看出，2008～2012年哈萨克斯坦的铁路密度变化不大，发展较平稳，2013年后开始有所提高，特别是2015～2017年铁路密度增长速度较快。2008～2012年铁路密度均为0.0052左右，变化幅度不大。2013年铁路密度增长为0.0054，并持续到2015年。2016年哈萨克斯坦铁路密度又开始增长，为0.0057，2017年增长为0.0059。十年间铁路密度总体来说是上升趋势，说明哈萨克斯坦对铁路建设比较重视，并愿意支持铁路的发展。

3.3.2　公路密度

公路密度是指一个国家陆地每平方千米内公路的千米数。2008～2017年哈萨克斯坦公路密度如图2－11所示。

哈萨克斯坦公路修建总的来说较少，密度不大，2008～2017年公路密度基本也无变化，都在0.034左右。可以看出哈萨克斯坦政府对公路的建设重视不够，在公路的发展上较缓慢。

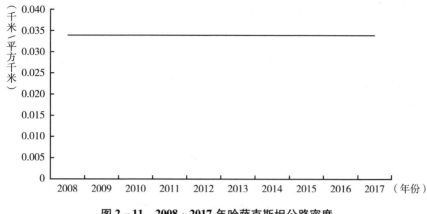

图 2 – 11　2008 ~ 2017 年哈萨克斯坦公路密度

3.3.3　航空货运量

航空货运量是各飞行阶段（飞机运行从起飞到下次着陆）所运送货物、快递和外交邮袋的数量，以吨乘以飞行千米数度量。2008 ~ 2017 年哈萨克斯坦航空货运量如图 2 – 12 所示。

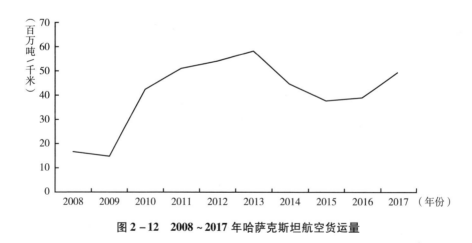

图 2 – 12　2008 ~ 2017 年哈萨克斯坦航空货运量

从图 2 – 12 中可以看出，十年间哈萨克斯坦航空货运量经历了先增长再减少又逐渐回升的过程。但总体来说，哈萨克斯坦整体航空货运量较少，最多的 2013 年也没有超过 60 百万吨/千米货运量，说明哈萨克斯坦在航空上的发展还稍显不足，航空不是货物的主要运输途径。

2008 年哈萨克斯坦航空货运量为 16.5 百万吨/千米，2009 年为 14.6 百万吨/千米，2010 年开始有一定幅度的上升，为 42.4 百万吨/千米，2011 年上升为 51.0 百万吨/千米，2012 年上升为 54.0 百万吨/千米，2013 年上升到十年间的最大值 58.2 百万吨/千米，可以看出这几年哈萨克斯坦大力发展航空货运，加大了国际之间的贸易往来。2014 年货运量开始下降，为 44.6 百万吨/千米，2015 年下降为 37.7 百万吨/千米，2016 年缓慢恢复到 38.9 百万吨/千米，2017 年为 49.3 百万吨/千米。

3.3.4 港口质量

港口质量是指港口基础设施的质量，质量越高则运输等效率越高，反之则越低。通过 1~7 七个评分标准反映一个国家港口质量的好坏，1 表示十分欠发达，7 表示根据国际标准，十分发达高效。2008~2017 年哈萨克斯坦港口质量如图 2-13 所示。

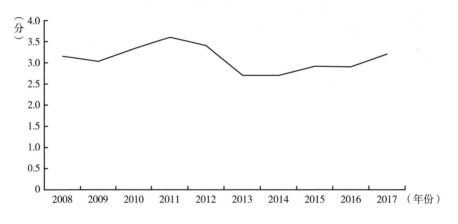

图 2-13 2008~2017 年哈萨克斯坦港口质量

从图 2-13 中可以看出，哈萨克斯坦港口质量情况属于中等偏下，基本都在 2.5~3.5，变化不大。2008 年港口质量为 3.2，2009 年有少许下降，为 3.0，到 2010 年港口质量提高到 3.3，2011 年质量持续提升，达到十年间的最大值 3.6，然后开始缓慢下降，2012 年为 3.4，2013 年和 2014 年下降到了 2.7，随后又开始缓慢提升，2015 年和 2016 年均为 2.9，2017 年则提升到了 3.2。哈萨克斯坦的港口建设还有待加强。

3.3.5 安全互联网服务器（每百万人）

安全互联网服务器是指在互联网交易过程中使用加密技术的服务器。2008～2017 年哈萨克斯坦安全互联网服务器（每百万人）如图 2－14 所示。

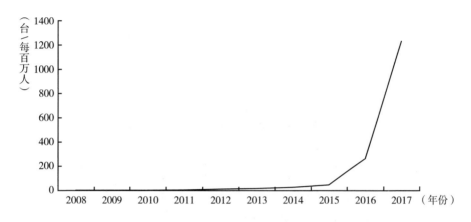

图 2－14　2008～2017 年哈萨克斯坦安全互联网服务器

从图 2－14 中可以看出，2008～2015 年哈萨克斯坦的安全互联网服务器几乎没有发展，一直处于每百万人 50 台以下，且数值几乎一直没有太大变化。直到 2016 年哈萨克斯坦政府开始重视互联网交易，推行大量措施给予支持，加强网络交易中必不可少的网络安全的管理，安全互联网服务器在国内开始迅速发展，2016 年就快速提升到了每百万人 264 台，2017 年则直接达到了每百万人 1232 台，两年时间发展迅速。

3.3.6 每百人中固定电话数量

每百人中固定电话数量是指一个国家或地区中，每 100 个人中拥有的模拟固定电话线、IP 电话的有效数量之和。数量越高则表明沟通越方便快捷，数据及互联网业务都可以得到快速发展。2008～2017 年哈萨克斯坦每百人中固定电话数量如图 2－15 所示。

从图 2－15 中可以看出，哈萨克斯坦每百人中固定电话数量十年间变化不大，基本都为 23 部左右。2008～2010 年经历了一个小幅度的提高，从 21

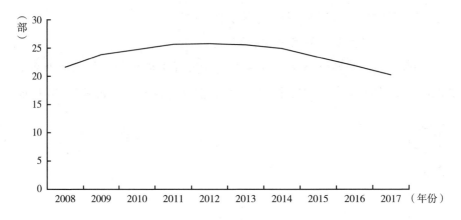

图 2 - 15　2008～2017 年哈萨克斯坦每百人中固定电话数量

部发展到 24 部，但接下来直到 2014 年固定电话数量都基本保持在 24 部没有变化。2015 年下降到 23 部，2016 年下降到 21 部，2017 年则下降到十年来最低水平 20 部。说明哈萨克斯坦政府对固定电话数量的发展不够重视，电信行业发展一般。

3.3.7　电力供应量

电力供应量即耗电量（人均千瓦时），耗电量用发电厂和热电厂的发电量减去输配电和变电损耗以及热电厂自用电量得出。2008～2017 年哈萨克斯坦电力供应量如图 2 - 16 所示。

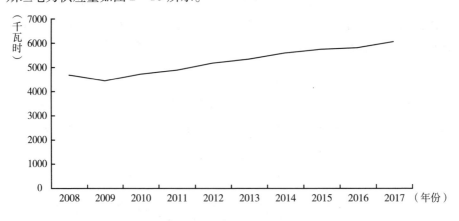

图 2 - 16　2008～2017 年哈萨克斯坦电力供应量

从图 2-16 中可以看出，哈萨克斯坦电力供应量虽然先从 2008 年的 4689.17 千瓦时下降到了 2009 年的 4447.32 千瓦时，但从 2010 年开始一直缓慢而稳定地持续上升。具体数据为：2010 年 4728.01 千瓦时，2011 年 4892.74 千瓦时，2012 年 5180.65 千瓦时，2013 年 5345.47 千瓦时，2014 年 5600.21 千瓦时，2015 年 5754.95 千瓦时，2016 年 5809.69 千瓦时，2017 年 6064.43 千瓦时。

3.4 社会环境

3.4.1 居民消费支出

居民消费支出（以前称为私人消费）是指居民购买的所有货物和服务（包括耐用品，例如汽车、洗衣机、家用电脑等）的市场价值。不包括购买住房的支出，但包括业主自住房屋的估算租金，也包括为获得许可证和执照向政府支付的费用。此处居民消费支出包括为居民服务的非营利机构的支出，无论国家是否另行公布，数据按现价美元计。2008～2017 年哈萨克斯坦居民消费支出如图 2-17 所示。

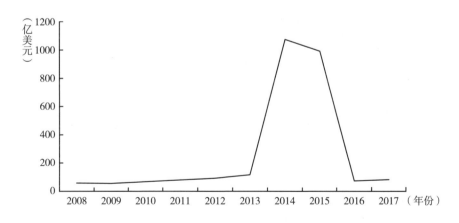

图 2-17 2008～2017 年哈萨克斯坦居民消费支出

从图 2-17 中可以看出，哈萨克斯坦居民消费支出在 2014～2015 年有较大幅度的提高，其余时间都较平稳。各年份居民消费支出分别为：2008 年

5926400000 美元，2009 年 5479800000 美元，2010 年 6718500000 美元，2011 年 8127100000 美元，2012 年 9326800000 美元，2013 年 11807300000 美元，2014 年快速增长到 107348000000 美元，2015 年 99049000000 美元，2016 年又下降为 7487800000 美元，2017 年为 8461400000 美元。

哈萨克斯坦在 2014 年制定并推出了 "2050 年战略"，旨在了解并解决人民日常生活中的问题，使国家朝着一个正确的目标发展。战略推出后广受好评，也为哈萨克斯坦的经济发展、人民生活水平的提高起到了至关重要的作用。

3.4.2 总人口数

总人口数是根据人口的实际定义计算的，即计算所有居民，不论其法律地位或公民身份。所示值为年中估计值。2008～2017 年哈萨克斯坦总人口数如图 2－18 所示。

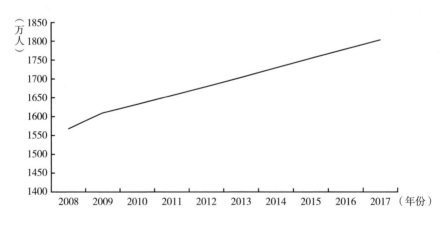

图 2－18　2008～2017 年哈萨克斯坦总人口数

从图 2－18 中可以看出，2008～2017 年哈萨克斯坦总人口数一直稳定上升。2008 年为 15674000 人，2009 年为 16092822 人，2010 年为 16321872 人，2011 年为 16557201 人，2012 年为 16792089 人，2013 年为 17035550 人，2014 年为 17288285 人，2015 年为 17542806 人，2016 年为 17794055 人，2017 年为 18037776 人。

3.4.3 贫困人口比例

贫困人口比例即国家贫困率，是生活在国家贫困线以下的人口的百分比。一个国家的估计值是根据住户调查中得出的人口加权的子群体的估计值得出的。2008～2017 年哈萨克斯坦贫困人口比例如图 2 – 19 所示。

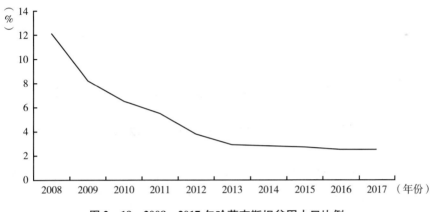

图 2 – 19　2008～2017 年哈萨克斯坦贫困人口比例

从图 2 – 19 中可以看出，2008～2017 年哈萨克斯坦贫困人口比例持续下降，2008～2013 年下降幅度较大，2013～2017 年则下降较平缓，但是总体来说，随着哈萨克斯坦人口数不断上升，其贫困率却越来越低，说明哈萨克斯坦的经济在十年间发展迅速，人民生活越来越富足，国家实力在变强。

各年份具体贫困人口比例：2008 年为 12.1%，2009 年为 8.2%，2010 年为 6.5%，2011 年为 5.5%，2012 年为 3.8%，2013 年为 2.9%，2014 年为 2.8%，2015 年为 2.7%，2016 年为 2.5%，2017 年为 2.5%。

3.4.4 文化教育水平

文化教育水平即大学总入学率，指不论年龄大小，大学在校生总数占中学之后 5 年学龄人口总数的百分比。2008～2017 年哈萨克斯坦文化教育水平如图 2 – 20 所示。

从图 2 – 20 中可以看出，2008～2017 年哈萨克斯坦文化教育水平变化幅度较大，但总体而言是在缓慢提升，说明哈萨克斯坦对教育还是比较重视

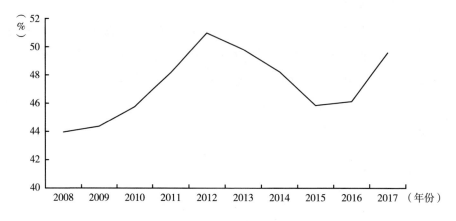

图 2 - 20　2008～2017 年哈萨克斯坦文化教育水平

的。其中教育水平最低的一年为 2008 年，仅为 43.92%，最高的一年为 2012 年，为 50.98%。

其余年份分别为：2009 年 44.33%，2010 年 45.74%，2011 年 48.15%，2013 年 49.81%，2014 年 48.20%，2015 年 45.83%，2016 年 46.12%，2017 年 49.57%。

3.4.5　犯罪率

犯罪率特指故意谋杀犯罪率，是指对由于家庭纠纷、人际间暴力、为争夺土地资源的暴力冲突、黑帮团伙直接争抢地盘或控制权的暴力事件以及武装团伙的掠夺性暴力和杀戮而有意造成的非法谋杀犯罪的估计。2008～2017 年哈萨克斯坦犯罪率如图 2 - 21 所示。

从图 2 - 21 中可以看出，十年间哈萨克斯坦犯罪率一直保持下降趋势。2008 年的犯罪率为 11.29%，2009 年下降为 10.94%，2010 年降为 8.46%，2011 年保持在 8.53%，2012 年下降为 7.48%，2013 年为 6.51%，2014 年降到 5.17%，2015 年为 4.81%，2016 年略有上升，为 4.84%，2017 年犯罪率升至 4.88%。犯罪率的总体持续下降，说明哈萨克斯坦整个国家的治安环境在持续变好，整个国家较安全，没有大面积的动荡或暴乱。

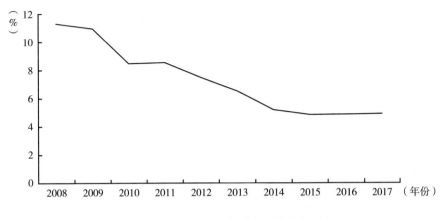

图 2 - 21　2008 ~ 2017 年哈萨克斯坦犯罪率

3.5　总体评价

总体来说，哈萨克斯坦这十年来经济发展较快，政治局势较稳定，没有太大的政治动荡，整个社会秩序也保持得相对良好。石油、天然气、煤炭、有色金属等各种生产资源在哈萨克斯坦储备都非常丰富。无论是有着坚实基础的农业，还是发展迅速且高质量的畜牧业，包括优秀的人文条件都为哈萨克斯坦吸引外资打下了坚实的基础。

3.5.1　便利化水平

哈萨克斯坦的投资便利化水平总体来说较好，且一直保持持续发展的趋势。其市场经济环境较好，国家拥有较高的外资规模，资本形成总额也持续上升，GDP 也在缓慢提高。哈萨克斯坦虽然受国际金融危机影响，但近十年来经济一直稳定发展，保持了一个稳定的市场经济环境，并且坚持积极吸引外国投资，加强与国际的合作，发展国家的各个领域（参见表 2 - 5）。

哈萨克斯坦国内的制度环境也较稳定，十年间除了前总统纳扎尔巴耶夫的连任，没有发生大的政治事件，这也使得哈萨克斯坦有一个安全、稳定的投资环境。不仅如此，哈萨克斯坦的立法工作也一直受到重视并逐渐加强，以帮助吸引更多更好的国外投资。1997 年颁布《哈萨克斯坦吸引外国直接投

表 2 – 5 2017 年哈萨克斯坦宏观经济指标

指标	2017 年	较上年增幅（%）
面积（万平方千米）	272.49	—
人口（万）	1815.7	1.3
GDP（亿美元）	1581.8	4.0
工业 GDP（亿美元）	426.3	7.1
农业 GDP（亿美元）	71.4	2.9
服务业 GDP（亿美元）	918.3	2.7
固定资产投资（亿美元）	273.4	12.7
零售商品总额（亿美元）	276.5	6.3
外贸额（亿美元）	776.5	25
出口（亿美元）	483.4	31
进口（亿美元）	293.1	15.1
顺差（亿美元）	190.3	63.7
通胀率（%）	7.1	—
失业率（%）	4.9	—
货币名称	坚戈（Tenge）	—
汇率	（全年平均）1 美元 = 326 坚戈	
人均月工资（美元）	467.7	11.7
当年引资（亿美元）	207.6	– 0.9
截至 2017 年底吸引外资存量（亿美元）	1465.48	—
国际储备（包括央行总储备和国家基金资金）（亿美元）	890	– 1.9
外债（亿美元）	1674.85	2.4
非政府外债（亿美元）	1531.8	2.1
政府外债（亿美元）	143.1	4.3

资料来源：哈萨克斯坦国民经济部统计委员会。

资的优先经济领域的清单》和《与投资者签订合同时的优惠政策》，这两项法规成为哈萨克斯坦吸引和保护外来投资者的基础法规。近年来，哈萨克斯坦又先后通过了《国家支持直接投资法》等多部法律，为投资者保驾护航。唯一不足之处在于哈萨克斯坦国内官员腐败程度较高，可能在与政府相关的投资项目中效率会受到一定影响。

哈萨克斯坦的基础设施不算完善，公路、铁路以及航空的建设基本都还处于起步阶段，货运量都较低。网络和电话等的发展也是近几年才开始有一定程度的提高。但哈萨克斯坦对于其基础设施的发展有清晰而具体的规划。2020 年前，建成 1400 千米的新铁路，降低老化铁路、陈旧车辆和设备的比例至 40%，将货车中转运输的速度至少提高到 55 千米/小时，铁路电气化比率至少到达 40%，并且建成 5 个以上独立的铁路公司。公路方面，计划在 2020 年前，新建和改造 1.6 万千米公路。航空方面，计划在 2020 年前有 15 个机场能进入国际民航组织等级管理，并且能够将航空中转运输量至少提高到现在的一倍，在空运市场形成竞争机制。通信业方面，计划在 2020 年，现代化光纤及无线传导多媒体技术通信基础设施能够基本建设完毕，同时提高电脑的普及率到 60%。

哈萨克斯坦的社会环境也优于其他中亚国家，国内犯罪率、贫困人口比例都非常低并且逐年下降，文化教育水平基本每年都能保持在 50% 左右。整个国家对外国投资者来说无论是投资还是生活，便利化水平都较高。

3.5.2 投资吸引力

哈萨克斯坦前任总统纳扎尔巴耶夫在 2009 年的讲话中明确表示，要坚持开放投资政策，对国外的投资者不但要鼓励其加大投资，同时也要扩大投资的领域，为哈萨克斯坦实现经济多元化的发展目标添砖加瓦。他还强调，外国投资在哈萨克斯坦当前的发展方针和背景下对哈萨克斯坦和外国投资者都是有利的。对于哈萨克斯坦来说，再投资使整个国家获得更多的资金。对于外国投资者来说，哈萨克斯坦的政策也为再投资创造了更多获利的机会，特别是实施了增加本国企业产品及服务采购份额计划。不但如此，哈萨克斯坦政府为了加强国家对外资的吸引力以及本国企业的竞争力，采取了非常多的积极措施，保证了外国投资者在投资时能够获得利润，如对各大公司的审计和管理的规范，对本国公司经营的管理和规范，提高其透明度等。而且，哈萨克斯坦政府也在号召投资者在投资时能有一定观念上的转变，对于本国的基础领域（如农业）、加工制造业、可再生能源等新经济领域能有一定的关注并愿意投资。目前，中小企业的新技术、加工服务领域是哈萨克斯坦政府最希望外国投资者关注投资的领域。

世界经济论坛《2017～2018年全球竞争力报告》中有对全球最具竞争力的国家和地区进行了排名，在参与排名的137个国家和地区中，哈萨克斯坦排在第57位。世界银行《2018年营商环境报告》中也对各个经济体有一个排名，总共190个经济体，哈萨克斯坦排到了第36位。

4 投资法律风险

4.1 对外贸易法规和政策规定

4.1.1 贸易主管部门

管理哈萨克斯坦进出口贸易的主要部门是哈萨克斯坦贸易工业部。投资委员会为其下属，主要负责核定企业享受投资优惠的资格、投资优惠政策的实施等。

哈萨克斯坦海关法律的实施、海关手续的办理、海关税费的征收、海关监管的实施以及海关的整体统计则由海关监管委员会来负责，其属于哈萨克斯坦财政部。

4.1.2 贸易投资法律体系

2003年哈萨克斯坦颁布了《投资法》，同时也重新修订了《海关事务法》，这两部法律是哈萨克斯坦涉及贸易与投资主要可查询的法律。除此之外，比较主要的还有《工商登记法》，于1995年颁布；关于劳务聘用的《劳动法》，于2000年颁布；以及2001年颁布的《补贴与反补贴法》《税收法》《外汇调节法》《保障措施法》《许可证法》《专利法》《标准法》《银行法》《反倾销法》《不公平竞争法》《著作权法》《商标、服务标记及原产地名称法》《集成电路拓扑保护法》《反垄断与价格法》《融资租赁法》《金融市场及金融机构监管法》《谷物法》《建筑法》《电讯法》《交通法》等。

哈萨克斯坦规定，对投资实施内外一致的原则，一般情况下无特殊优惠，投资领域也大部分没有限制，但鼓励优先向发展领域尤其是非资源领域投资；政府有权限制或禁止一些涉及哈萨克斯坦国家安全行业的投资活动。政府对银行业、矿产投资、保险业、土地投资等领域的外资占比都有一定的限制。

4.1.3　贸易管理相关规定

哈萨克斯坦的贸易权是完全开放的，无论是法人还是自然人，都可以自由地参与到对外贸易当中，并且可以自由进口大部分产品，没有配额及许可证的限制，但是对药品、弹药、武器等11类产品会有一定的进口限制。根据国家需要，有时会暂停某些产品的进口，或者临时加征关税。

至于出口，哈萨克斯坦的政策也是完全鼓励的。大部分的商品都准许自由出口，需要获得许可证才能出口的只有弹药、武器等9类产品。国家有时会因为国情需要或者一些特殊情况，暂时禁止某些商品的出口，如白糖、粮食、菜籽油等。另外，在某一段时间内，部分商品的出口会被征收出口关税，比如特定的动物皮毛、原油和废旧金属等，征收的情况主要由哈萨克斯坦政府结合国内市场供需变化情况和国际市场的需求来决定。如原油的出口关税，哈萨克斯坦就会随着国际市场原油的变化情况做出调整，从2008年开始，国际市场原油的价格一直在上升，直到5月8日，哈萨克斯坦政府开始对原油征收出口关税，税率为109.91美元/吨，又在10月11日将税率再次提高，为203.8美元/吨。随后，国际上爆发了金融危机，导致原油价格开始下降，因此在2009年1月26日，原油的出口关税又被哈萨克斯坦政府调整为零。但是到了2014年3月，政府又开始征收原油的出口关税，价格为80美元/吨。随后又遭遇了全球油价的大幅下调，至2015年3月，原油的出口关税被哈萨克斯坦政府降至60美元/吨。

哈萨克斯坦还和俄罗斯、白俄罗斯一起启动了三国关税同盟，自2010年1月1日起，三个国家实施统一的进口关税税率。从这之后，哈萨克斯坦的进口税收体制将和关税同盟的整体框架相统一，实施同盟共同制定的进口税率。此外，哈萨克斯坦仅对石油、石油产品、废旧金属和动物皮毛等部分

出口商品征收出口关税。

4.1.4　海关管理制度

调节进口关税是近年来哈萨克斯坦政府管控对外贸易的主要手段。新关税税则的颁布，使哈萨克斯坦政府进一步实现了关税税率的系统化，税则规定所有进口商品需要缴纳的关税都必须统一按照该税则的税率明细表，其规则和WTO的规则保持了一致性。与俄罗斯、白俄罗斯的关税同盟也共同统一了海关制度，在三国境内实行统一的进口关税税率。

目前，哈萨克斯坦也积极发展其海关管理，争取实现一个更高效完善的海关系统。2013年初，《哈海关管理发展构想》由哈萨克斯坦财政部海关监管委员会批准并颁发，该《构想》依照《哈萨克斯坦共和国海关事务法典》、《关税同盟海关法典》、《哈萨克斯坦共和国宪法》、哈萨克斯坦共和国法律和其他规范性法律文件以及根据海关事务领域里的国际法律文件，提出了完善风险管理系统、发展电子海关、发展海关后续监管以及提高执法活动成效这四个主要方面的改进措施，希望哈萨克斯坦海关质量通过这四个方面的改进后能够有所提高。《构想》是制定哈萨克斯坦海关管理发展纲要和计划的基础。

4.2　外国投资市场准入规定

4.2.1　投资主管部门

哈萨克斯坦投资的主管部门为投资和发展部，该部门负责接收投资者的优惠申请，部门决定给予其投资优惠后，会和投资者签署或登记投资优惠合同，如果拒绝给予优惠，也会负责拒签或废止投资优惠的合同，相关优惠政策正式开始实施后，该部门还会负责监督执行情况。而国家对于投资活动相关的支持、保护和监管政策，则由部门内的投资委员会负责。

4.2.2　投资行业的规定

自2003年哈萨克斯坦颁布了新的《哈萨克斯坦共和国投资法》以来，对国内及外商投资有了系统的管理程序和鼓励办法。规定明确表示，哈萨克斯坦对外资没有特殊优惠，国内外投资都一视同仁。除了部分行业涉及国家安全，哈萨克斯坦政府有权限制或禁止，大部分行业的投资都没有限制。

至于外国投资者如果想要在哈萨克斯坦组建公司，《哈萨克斯坦共和国投资法》中有相关规定，国内允许的公司组建形式主要有三种：第一种为股份公司，第二种为合伙公司，第三种即为其他哈萨克斯坦共和国法律允许的公司形式。《哈萨克斯坦共和国投资法》对于投资人的规定是自然人或者法人，两者执行相同的投资规定。到目前为止，哈萨克斯坦颁发的与投资相关的法律有 10 部，详见附录 2。

4.2.3　外资准入范围与投资比例

哈萨克斯坦鼓励投资的领域包括阿斯塔纳市项目、加工工业、基础设施、社会领域、商业住宅、农业项目、旅游项目。

不仅如此，《哈萨克斯坦吸引外国直接投资的优先经济领域清单》于 2003 年颁布，两年后即 2005 年又通过了《哈萨克斯坦政府第 633 号决议》，两项政策中都规定了哈萨克斯坦的部分产业为优先发展领域，其中包括材料生产、纺织工业、金属工业、食品生产、石油和天然气设备制造、旅游业和运输业。除此之外，社会和卫生服务、体育活动、休闲娱乐和教育等领域，也可以被列入优先发展领域，享受优惠政策。如果企业在这些领域投资，其财产税、土地税、企业所得税及增值税等在未来十年内都可以享受减免的税收优惠政策。

哈萨克斯坦限制投资的领域主要有以下几个。

（1）银行业。对于外资银行的资本份额，哈萨克斯坦规定将其限制在自己本国所有银行总资本额的 25% 以内。

（2）保险业。所有合资非人寿保险公司的总资本份额，根据哈萨克斯坦规定，最多不能超过本国非人寿保险市场总资本的 25%；合资人寿保险公司的总资本份额，必须低于本国人寿保险市场总资本的 50%。

（3）矿产投资。目前哈萨克斯坦最新的《矿产法》是在 2005 年颁布的，其中对企业出卖股份或转让矿产开发权做出了明确规定，最主要的则是关于许可证的发放问题，其发放与否是由哈萨克斯坦石油天然气部（以前为能源和矿产资源部）决定的。不仅如此，如果矿产开发企业的股份或者开发权想要转让出去，哈萨克斯坦政府有权优先购买，政府的优先购买权不仅限于矿产开发企业本身，而且对受该企业直接或间接影响的企业所转让的股份或开发权政府也可以优先购买。

（4）土地投资。2003年，哈萨克斯坦颁布了《土地法典》，外国法人和自然人想要在哈萨克斯坦拥有土地只能租赁，并且有年限限制，只有本国公民可以合法拥有私人的工业用地、农业用地、住宅用地和商业用地。

4.2.4 外资准入的基本形式

除了之前提到的特殊领域，哈萨克斯坦没有规定外资必须采用合资的形式进入国内进行投资，国家推行单轨制的立法模式，使内外资的管理相统一。比较常见的有以下几种形式。

（1）设立企业。外国的法人或者公民到哈萨克斯坦投资或经商，可以从三种企业的形式中选择一种来办理注册，分别为哈萨克斯坦法人实体、代表处，以及外国公司的分公司。哈萨克斯坦有许多公司专门提供帮助国内外经商者注册公司的服务，投资者除了可以和这些公司咨询相关的业务，也可以通过这些公司来办理自己需要的注册手续。具体可参见：kz. mofcom. gov. cn/aarticle/ztdy/201104/20110407478538. html。

（2）注册企业的受理机构。注册企业的受理由"居民服务中心"负责，该中心是由司法部委托，建立在各个城市、各个州。除服务中心外，其他主管机关也可以负责企业的注册，哈萨克斯坦境内各地都设有这些机构，申请者的文件先由他们进行登记并审核，审核合格之后才会出具证明，然后颁发登记注册证。

（3）外资并购哈萨克斯坦当地企业。外资并购由价格和反垄断政策委员会负责，企业首先需要提交申请，其委托代表由并购的股份公司选定，股份公司并购的申请中要写清楚的内容包括：行为的具体名称，如合并或兼并；所有相关股份公司的全名、地址、企业并购后法人代表的姓名；委托代表的姓名、工作地点、职务、地址、电话。同时应附并购合同草案，公司内部监察委员会同意并购合同草案的纪要，相关股份公司法人注册登记证明的复印件，按照国家机构决定成立的股份公司附该决定的复印件，相关股份公司的企业章程、成立合同、即将成立的股份公司的创建文件草案，相关股份公司至递交申请当天的财务状况复印件，相关股份公司的转交文件草案。此外，还应向价格和反垄断政策委员会提交关于并购的其他书面材料。

4.2.5　投资待遇与投资保护

（1）国民待遇。哈萨克斯坦现在推行的是内外资相统一的单轨制立法模式，内外资在投资待遇上不做区分，外资拥有和内资一样的权利和义务，即享有国民待遇。哈萨克斯坦还将国民待遇延伸到了市场准入阶段，除之前提到的个别领域外，对外资的进入没有限制或禁止。

（2）最惠国待遇。哈萨克斯坦不但与德国、美国、法国、英国、约旦、俄罗斯、土耳其、荷兰、卡塔尔等40余个国家签订了双边协议，还与欧亚经济共同体等也签有多边协议，协议中均签订了对缔约方的最惠国待遇。

4.2.6　BOT方式

BOT方式是一种在哈萨克斯坦发展起来的新兴投资方式，是政府实施"公共私营部门合作伙伴关系"的一个独特工具，意思是指"建设—经营—转让"的投资模式，简称BOT。对于在哈萨克斯坦开展特许经营活动的要求和规定，则主要是在《特许经营法》中对此领域有详细的法律规定，该法律于2006年颁布。另外，《民法》《投资法》《国家采购法》等法律也都可以作为该新兴领域的法律依据。根据《特许经营法》，特许经营权是指通过契约将国有设施转为临时占有和使用，以及赋予融资建设和运营公共设施并在期满之后向国家移交的权利。如果特许权所有者想要收回投资并获得利润，出售生产商品和运营公共设施这两个方法都可以达到目的。

特许经营权合同有时间限制，最长为30年的时间，到了期限之后如果要继续可另行签订合同，延长时间。目前，哈萨克斯坦在电力、交通、废物回收、市政基础设施、水处理等领域会主要利用BOT方式。阿克托贝州坎德阿加什燃气涡轮电站、阿克套国际机场、"北哈萨克斯坦—阿克托贝州"

输电线路、沙尔—乌斯季卡缅诺戈尔斯克车站、巴尔喀什火电站、叶拉利耶沃—库雷克铁路等大型项目也开始尝试利用 BOT。目前，只有韩国、俄罗斯、土耳其等少部分国家的外资企业在哈萨克斯坦开展 BOT。从 BOT 发展到现在，由于还只是一种新兴的投资方式，大部分都还处于探索阶段，可以参考的案例较少，所以了解此投资方式的人在哈萨克斯坦国内还很少。而中国企业在投资哈萨克斯坦的过程中也暂时没有参与并成功使用 BOT 模式的案例。

4.3　企业税收

4.3.1　税制综述

哈萨克斯坦是单一制共和国，其税收法规是以哈萨克斯坦共和国宪法为依据制定的，由哈萨克斯坦税法典以及根据法典规定通过的一些规范性法律文件组成。国家税收法规和国家预算法规规定了部分税收和一些环节的预算支付及相关政策。

当被要求缴纳法律未规定的税款或其他财政款项时，任何人都有权利拒绝缴纳。税款及其他应缴财政款的制定、征收、变更或注销都必须按照税收法规规定的程序和办法实施。但是当税收法规和哈萨克斯坦签订的国际条约不一致时，以国际条约为准。

哈萨克斯坦现行的主要税种包括个人所得税、企业所得税、增值税、财产税、社会税、消费税、土地税、法人不动产税、运输工具税以及矿产开采税和其他税费。

4.3.2　税收法律体系

哈萨克斯坦刚独立时，政府除了采取一系列加强经济建设的措施外，也开始着重建立起适应哈萨克斯坦市场经济需要的税收法律制度，先后颁布了《哈萨克斯坦共和国税法》《哈萨克斯坦共和国企业、联合体和组织税法》《关于企业、联合体和组织税收法实施程序》等税收法律制度。

哈萨克斯坦国内税收和其他强制缴纳费用的确立、征收和计算程序、纳税相关的比例，以及履行纳税义务的国家和纳税人（税务中介）之间的比例关系则是由 2008 年 12 月 10 日通过的哈萨克斯坦共和国《税收及其他强制缴纳费用法》（以下简称《税法》）确立的。2018 年，哈萨克斯坦执行新修订的《税法》。

《税法》适用于哈萨克斯坦境内，自然人、法人及其分支机构都必须遵守。一般所说的哈萨克斯坦税收法律法规则包括该《税法》及其衍生出来的其他规范性法规。根据《税法》，哈萨克斯坦承认的"居民"的定义为常驻哈萨克斯坦的自然人以及不常驻哈萨克斯坦境内，但是其主要收入来源于哈萨克斯坦境内的自然人。但有时拥有居民特征的外国人或者无国籍人士所在的国家有避免双重征税的国际条约，那么哈萨克斯坦也承认其为非居民。纳税人通常是指税收和其他强制缴纳费用付款人的个人（自然人或者法人，包括国外法人）和法人分支机构。非居民法人位于哈萨克斯坦境内经营活动的常驻地一般被称为哈萨克斯坦境内非居民法人的常设机构，其中包括代表处。根据外国法律建立的实体，包括不具有法人资格的外国实体，通常被视作非居民法人。

4.3.3 近三年重大税制变化

随着哈萨克斯坦经济的不断发展，税收制度也在进一步地变化。近三年税制的重要变化大致包括以下几点。

（1）根据哈萨克斯坦共和国税法典，以非居民经营的外资企业资产税税率由 2015 年的 4% 修改为 2016 年的 5%。

（2）2015 年 4 月 10 日，哈萨克斯坦政府修改了 2013 年 3 月 27 日第 279 号"关于决定实施风险管理体系用于确定所申请退还的增值税超出金额和风险标准"法案，简化了国内现行的出口退税手续。

（3）2015 年 11 月 24 日，欧亚经济委员会官方网站开始对中国的载重轮胎产品征收为期五年的反倾销税，税率为 14.79% ~ 35.35%。

（4）哈萨克斯坦的汽油消费税提高 1 倍，从 4500 坚戈（14.7 美元）和 5000 坚戈（16.3 美元）提高到 10500 坚戈（34.3 美元）和 11000 坚戈（35.9 美元）。这是哈萨克斯坦官方媒体 2015 年 11 月 16 日发布的哈萨克斯坦第 887 号政府决议做出的规定。

（5）从 2016 年 1 月 1 日起，非金属建材（水泥、石灰、石膏等原料）的地下资源使用税率设定为 5%。

（6）哈萨克斯坦在五年内免关税进口二氧化钛。从 2016 年 9 月 1 日起，到 2021 年 8 月 31 日止，二氧化钛都可以免关税进入哈萨克斯坦。除此之外，电脑、车辆和以天然气作为动力的部分交通工具的关税税率也会适当降低。

（7）2017 年 8 月 14 日，在哈萨克斯坦证券市场发行证券的公司在发行证券后，应按照较低的企业所得税率 18% 缴纳税款（代替常规的 20%）。

（8）个人所得税内不包含保险款项；在债务豁免案例中，个人无须缴纳个人所得税。目前，由于债务搁置被视为个人的应税收入，银行必须扣留并支付 10% 的个人所得税。

（9）对于中小型企业的税务管理，限制条例从 5 年降至 3 年。

（10）反避税规定在哈萨克斯坦国内不断得到更新。举个例子，如果境外非居民企业想要转让哈萨克斯坦公司股权，在 2017 年以前，对符合一定条件的股权转让行为，境外非居民企业没有设立在避税地且持股超过 3 年，被转让公司所属的行业与地下开采（即石油天然气和矿产等行业）无关，非居民转让股权所得到的收益可免征哈萨克斯坦预提所得税。相同的情况下，股息分配的预提所得税也可以减免。然而，2017 年 2 月 1 日，哈萨克斯坦实施了新修订的税法释义，新法中取消了部分免税优惠，如要有 3 年以上的持有期限。因此，新税法的颁布可能会加大境外投资者的税收负担，特别是投资哈萨克斯坦除地下资源采掘以外的行业。

（11）2018 年 1 月 1 日，哈萨克斯坦开始执行最新全面修订的税法，对实体税和税收征管法规进行了较大幅度的调整。这对中亚国家的税法修订产生了较大的影响，同时对赴哈萨克斯坦投资的企业和个人均产生了较大的影响。

4.4 劳动就业规定

4.4.1 劳动法的核心内容

1999 年 12 月 10 日，哈萨克斯坦颁布了《劳动法典》。随后，《劳动安全与保护法》也于 2004 年 2 月 28 日颁布，其他系列法规也在之后陆陆续续出台。《劳动法典》保护了在哈萨克斯坦工作的工人的合法权利和利益，其中规定了只有年满 16 岁才可以签订个人劳务合同，但在有父母（监护人）同意的情况下只需要过了 14 岁就可以签订。

签署个人劳动合同必须通过书面的形式。哈萨克斯坦劳动法规定了三种形式的劳动合同，分别是无期限合同、短期的一年合同和中期的一年以上合同，一般很少会签订短期合同。重复不断签订中期合同可以转化成无期劳动合同。除了个人劳动合同可以根据情况签订以外，集体劳动合同在哈萨克斯坦也是允许签订的，但是大部分情况下雇主不用专门签订集体劳动合同，只有在员工主动提出要求的情况下，雇主必须研究、审查和签订集体劳动合同。

员工有权随时终止劳务关系，唯一的要求是在解除劳务合同前一个月通知雇主。如果雇主想要主动终止劳务合同，需要出具内部标准清单，主要包括被裁减人员的编制、员工首次严重违反的工作责任、在一个工作日内无故缺勤三小时以上、拒绝工作安排等。因员工导致损失的民事法律责任义务保险，雇主也需要办理。

从员工实际参加工作之日开始十天之内，为法定的相关合同的签订日期。

哈萨克斯坦每周的正常工作时间是最多 40 个小时。如果是较繁重的工作且由 14 ~ 16 岁的未成年人参与，每周的工作时间则要减少到 24 个或 26 个小时。

带薪休假每年都必须要有，且每个员工连续休假的时间不能少于 18 天。部分工种要根据法律另行决定连续休假时间。

雇主也需要支付临时失去工作能力的员工的社会补助金，具体金额的大小根据该员工的月平均工资确定。

在国家预算法规中所规定的最低工资之上，雇主可以根据员工的各项情况自己决定其工资的多少。工资的发放时间不能晚于下个月上旬，且只能以货币形式支付。

4.4.2 外国人在当地工作的规定

外国人在哈萨克斯坦办理工作许可的要求和制度十分严格。外国公民要在哈萨克斯坦从事有偿的劳务活动，必须获得劳动部门颁发的工作许可证，否则将面临罚款、拘留甚至驱逐出境。哈萨克斯坦劳动部门会按州发放外国劳务工作许可证的数量，以控制总量。

哈萨克斯坦《劳动管理法》对要在国内申请劳动的外国公民提出了相关规定，详见附录3。

4.4.3 外国人在当地工作的风险

哈萨克斯坦对外来劳务人员的数量都会有一定的限制，主要是为了保证本国公民的就业机会不被剥夺，除非外来人员可以胜任的工种本国工人不能完全胜任或者本国没有相应的技术人员。因此，对外国劳务人员的配额要求十分严格，外国人员很难得到哈萨克斯坦的工作签证。但是，俄罗斯和白俄罗斯两个国家的公民不用遵守劳动配额的规定，因为三国为"统一经济空间"成员国，公民只要在该经济区域内都可以自由从业。

2014年，哈萨克斯坦只引进了占全国劳动人口0.7%的劳务配额，约6.3万人，而该配额在2013年12月31日颁发的第1508号决议中就已经确定。2013年政府决定的外国劳务输出配额为劳动人口的1.2%，2012年为1%，2011年仅为0.85%。

4.5 特殊经济区介绍

截止到2018年底，哈萨克斯坦一共签署建设了11个经济特区。其中10个经济特区根据其不同功能定位确定了不同的主导产业，以及工业生产型经济特区、服务型经济特区、技术运用型经济特区这三个不同的发展方向。其中工业生产型经济特区有7个，服务型经济特区有2个，技术运用型经济特区有1个，最后一个经济特区由于在2018年新建，还没有确定方向。11个经济特区的详情和发展方向见附录4。

5　投资注意事项

5.1　与东道国建立和谐投资合作关系

5.1.1　处理好与政府和议会的关系

宪法和法律是哈萨克斯坦国家政权的基础，国内立法、司法、行政三权分立，在相互制约的同时又相互作用，共同行使职能。国家的规划、法律和法规均由政府部门制定，然后提交议会审议，通过之后交总统签字生效。哈萨克斯坦国家最高行政机关是中央政府，政府的任何活动都是要对总统负责的。哈萨克斯坦的最高代表机构是议会，行使立法等职能。

由于哈萨克斯坦各级政府的行政权力很大，所以只有充分了解哈萨克斯坦政府事务，熟悉与政府沟通的技巧，无论在中央还是地方政府都建立起人脉关系，才能在当地顺利开展商业活动。对于影响当地社会发展的重大事件，比如经济、就业、产业等情况，议员可以针对其提出相对应的议案。因此，如果想要在哈萨克斯坦投资实施较大型的项目，得到议员的支持很重要，这就需要平时多和有影响力的议员保持沟通，建立联系。

5.1.2　与工会和当地居民的关系

哈萨克斯坦法律规定超过500名员工的企业必须成立工会。工会对解决劳资纠纷问题有较大的影响力。因此，熟悉《劳动法》，随时保持与工人的沟通，妥善正确处理和当地工会的关系，都可以有效地避免劳资纠纷。

同时，在哈萨克斯坦的中国企业应加强雇员的本土化，通过客户服务和政府关系融入当地社会，积极参与到当地的经济文化生活当中，与当地的居民建立和谐共处的友好关系。

5.1.3　尊重当地风俗习惯

由于是世俗国家，哈萨克斯坦的国民可以自由选择自己的宗教，但是大部分国民信奉的是伊斯兰教。同时草原文化特有的精神特质和价值观，比如英雄主义精神、乐观精神、自由开放以及重情重义等，也被哈萨克斯坦人民所保留，哈萨克斯坦整个民族呈现多元化格局。因此，投资者在哈萨克斯坦要注意尊重本国人民的文化信仰，了解本国人民的风土人情和礼仪规范，如正式场合衣着要求、对生日和节假日的看重等，做到真正融入当地。

5.1.4 依法保护生态环境

哈萨克斯坦十分重视环境保护和生态发展。2017 年实施的新《环境保护法》中严格禁止随意砍伐树木的行为，对于某些沿线或现场的树木因阻碍了施工需要清理，则必须按程序申请许可证。生产产生的垃圾和有害物质，以及生活垃圾都禁止随意放置或丢弃，禁止油气企业在天然气、石油开采作业中直接对天空释放有害气体。随着哈萨克斯坦对环保的要求日趋严格，中国投资企业需熟悉并遵守环保法律，在项目开始前根据当地的地质地形、水文、气候、交通等情况进行评估，制定切实可行的环境保护计划，将对环境的影响降到最低。生产产生的废水、生活污水和垃圾废料等都要得到良好的处理，不对当地的生态环境造成任何污染。

5.1.5 承担必要的社会责任

企业战略和行为中都应当包含对于社会责任的承担，从而使经营理念不再只是追求短期的利益最大化，肩负起树立民族形象、企业声誉和品牌印象的职责，对中哈两国长期友好关系负责。社会责任包括员工培训和职位提升、维护股东或投资人权益、改善工作条件、社会慈善募捐、维护生态环境、参与本地区发展项目、对消费者和商业伙伴的责任感、如实提交企业经营活动信息、反贿赂等。

5.1.6 与媒体和执法人员打交道

面对媒体企业态度应积极，使媒体作出客观公正的宣传报道。如果遇到歪曲事实的媒体宣传，企业要通过法律渠道捍卫自己的合法权益。

在面对执法人员时，中国企业必须保证所有生产经营活动都不违法，同时能够积极配合哈萨克斯坦执法机构及人员执行公务。执法人员搜查工作地点或住所时必须要出示证件和搜查证明，如若遇到可提出合法要求。如果证件或财物被执法人员没收，在这之前需要出具没收清单，并有权要求执法人员保护企业的商业机密，对于要缴纳的罚款也要索要罚款单据，必要时可以记下其警号和车号。当遭遇不公平公正的执法或待遇时，不要过激反应，不要直接和执法人员发生冲突，保持理智，及时与中国驻哈萨克斯坦领事馆保护热线取得联系。

5.1.7 传播中国传统文化

中国文化有着 5000 年的传统，是世界最优秀的文化之一，随着"走出去"的中国企业也逐步走进了哈萨克斯坦。在哈萨克斯坦投资以及进行经营活动时，中国企业员工在适当的条件和时机下可以加强中国传统文化的弘扬。

5.2 投资合作相关手续办理

5.2.1 注册企业的主要程序

详见附录6。

5.2.2 承揽工程项目

在哈萨克斯坦想要开展大型的项目建设或者采购活动，都必须通过政府招标程序。招标信息在政府各部门网站、各大集团官方网站等都可以查询，也可以查询政府采购网（goszakup. gov. kz、goszakup. gov. kz/index. php？lang = rus）、政府主办的"电子商务中心"网站（www. ecc. kz、www. ecc. kz/ru；www. tender. kz）。

招标的过程一般会经历三个步骤：第一步是审核投标申请的技术和法律资格，大概需要三天时间；第二步会根据招标文件进行投标；第三步是由评委来评判标书，最多 7 天时间。

评标的内容一般包括审查投标文件与标书是否符合要求，评判标书中提出的报价和付款条件是否合理可接受，检查交货日期的规定，查看保证的评审工程期限，以及确定技术服务中心的保证情况。任何有关评标事宜的信息评标委员会有权不对外发布，如果要通知投标人更改或延迟开标、评判日期，有权以书面形式进行通知。

如果是建筑领域，申请人需要准备好从事该项目所需要的全部文件，向国家授权机关"国家或地区建筑委员会"申请办理许可证，该委员会会在一个月内完成审批与决定，并负责签发许可证。

除了技术不复杂的建筑工程项目，其他项目结束的时候，会有国家验收委员会的人前来验收该项目是否合格，并出具验收结果报告，该报告是国家登记项目财产证明的基础文件。

5.2.3　专利申请和注册商标

为了保护发明和工业样品，哈萨克斯坦实行专利公开检验制度，有两种类型的保护许可证。第一种是根据公开体系颁发的初步专利证书，第二种是如果申请人想要继续对该项目进行保护，需要对项目申请实质性评估，专利证书会根据授权单位的评估结果来决定是否发放。

哈萨克斯坦可以直接对实用新型和育种成果发放专利证书。证明具体自然人的发明权、申请人的优先权以及被保护项目业主的使用特权的保护，都包含在这些保护证件的权能范围内。

知识产权事务所可以对专利注册进行登记，其程序和商标注册程序一样。知识产权事务所的联系方式为：

地址：ул. Казыбек би 65，офис 403

邮编：Алматы，050000

电话：007 - 727 - 2727709，007 - 727 - 2611847

传真：007 - 727 - 2503538

电邮：tagberg@ asdc. kz

网址：www. intellectual. kz

哈萨克斯坦的法律规定，如果外国人想要申请注册商标，需要准备注册费 300 ~ 350 美元，然后先向当地的知识产权事务所办理相关手续，办理手续之后凭借事务所出具的证明到阿斯塔纳知识产权局办理注册手续，而哈萨克斯坦的知识产权局一般不会直接受理该项业务。商标注册登记的办理时间为 12 个月。阿斯塔纳知识产权局的联系方式为：

地址：哈萨克斯坦阿斯塔纳市奥伦堡街内阁大楼 8 号楼 18 单元

г. Астана，ул. Орынбор，Дом Министерств，д. 8，подъезд No1

邮编：01000

电话：007 – 7172 – 502575

传真：007 – 7172 – 502566

电邮：kazpatent@ kazpatent. kz

必要的文件和已纳税证明在提交注册申请时也必须要同时提供，然后注册机构会对注册产品进行为期两个月的初验。对于其他具体的注册事项，可以登录哈萨克斯坦司法部知识产权局网站进行了解，具体网址为：www. kazpatent. kz；阿拉木图也设有知识产权局的分部，地址为：ул. братьев Абдуллиных，6 между Пастера и Гоголя。

5.2.4　企业报税相关手续

税务机关需要登记所有在哈萨克斯坦从事经营活动的人的税务情况，包括哈萨克斯坦法人和外国法人。报税的工作可以由企业的会计师来替整个企业完成，企业也可以委托会计师事务所来帮忙报税。纳税人有非侨民和侨民之分。未登记和逃税者会被相关机构处以罚款。

哈萨克斯坦的纳税方式是按季度纳税，即简易交税法，缴纳时间必须在下一个交税期前一个月的 20 天之前向当地税务机关缴税。报税手续详见附录 5。

5.3　其他注意事项

自 2008 年全球爆发金融危机以来，全世界经济增速放缓，哈萨克斯坦国内也遭受政策变化快、坚戈贬值等不利因素的影响，导致国内的市场环境、政策和行政环境等都存在一定的不可控性，使其投资环境的自由度和宽松度都有所变化。其主要表现在以下两个方面。

（1）重点行业和战略资源在哈萨克斯坦越来越被政府重视并掌控。在当今国际背景下，能源问题日益突出，哈萨克斯坦政府也开始明显意识到了石油、天然气等战略资源以及基础行业的重要性，对能源的国家控制和整合有了一定的重视。为了加快本国的经济发展、最大化经济利益，以及实现国有控股，哈萨克斯坦采用了政府支持、企业收购等方式，加强了对国有资产的管理和支配。整个国家的经济发展战略开始慢慢转变为以自我发展为主，而不再只是单纯地依靠外资引进。

（2）随着政府逐渐加大政策的调整力度，外资企业在哈萨克斯坦受到的政府管控也越来越多。哈萨克斯坦近年来针对外资企业出台的新政策和措施，包括税收、企业注册、采购、劳务许可等，一方面维护了本国的基本利益，另一方面也直接限制了部分外国投资。此外，对于外企，除了越来越严格的税收、安全等方面的管理，哈萨克斯坦对环保的要求也逐步提高，不断提高的环境排污费和无污染钻井费用等针对环保的收费进一步加大了企业的经济负担。

对于哈萨克斯坦本国的商品、工程和服务在外企采购的商品、工程和服务当中需要占的比重，在 2009 年通过的《哈萨克斯坦含量法》中确定了要达到的标准，其中对哈籍员工与外国员工的雇佣比例也做了相关规定，即外国员工的数量必须按照法律要求，"随着培训和提高哈萨克斯坦员工专业水平强制计划的实施而逐年减少"。哈萨克斯坦也在 2017 年 1 月 1 日修改了《劳务法》，新法中规定自 2017 年 1 月 1 日起，最低工资标准从 2016 年的 22859 坚戈调整为 24459 坚戈。如果平时需要加班或者节假日要上班，则工资至少要是平时工资的 1.5 倍。在员工本人愿意的情况下，节假日工作的加班补偿费可以用增加休假日期的形式来替换。晚上的加班工资也必须高于平时工资的 1.5 倍。外国劳务的申请所需手续费近几年也上涨许多，一般劳务工人的手续费超过 1 万元人民币。除此之外，哈萨克斯坦政府对《行政处罚法》也进行了修改和补充，一旦有违反《政府采购法》的行为，如使用不同的标准评价投标价格，都会受到相应的处罚。政府还增加了资源领域企业的税赋。2009 年 1 月 1 日新《税法》开始实施，规定中大幅提高了汽油等资源领域的税赋，用出口收益税取代了石油天然气的出口税，企业销售单价的高低决定了税率的高低，呈正比关系，税率的变化范围在 0% ~32%；原来只有 4% ~30% 的超额利润税税率也被相应提高为现在的 15% ~60%；税收稳定性条款也在新签合同中被取消。至于劳务许可，从 2008 年 6 月开始，引进外国劳务的标准也被哈萨克斯坦提高，在很多方面新增了新的要求，比如对外来劳务人员的工作年限要求、受教育程度要求、专业工作经验要求等，办理劳务许可的申请文件和办理程序也变得更加复杂。根据政府的要求，企业还必须履行以各种名目的捐赠义务和对社区公益事业的赞助义务，企业的降薪或裁员也会受到政府限制。

5.3.1 投资方面

哈萨克斯坦仍未走出国家经济萧条、财政收入缩水、居民生活水平提升不明显等尴尬局面。但随着国际石油价格稳中有进，呈小幅上升趋势，哈萨克斯坦经济逐渐趋于平稳。由于哈萨克斯坦经济结构单一，缺少增长新动力，因此，近年来哈政府一直致力于加大吸引外商投资力度，出台各类投资优惠政策。

（1）通信。哈萨克斯坦的《通信法》中对外国投资者在通信方面的投资有一定规定，其持有的经营城际和国际电讯干网的合资企业的股份必须低于49%。不仅如此，哈萨克斯坦政府还有权允许或禁止外国投资者经营电视和无线电广播，规划建设国家和国际的通信线路，对通信网络和线路进行技术维护等项目，其他属于通信领域的生产和服务也需要获得许可。哈萨克斯坦政府有时会以保障国家安全的名义拒绝部分外国投资者的许可申请，因此投资者想要进入通信行业的难度较大。

（2）建筑业。合资企业的形式是哈萨克斯坦《建筑法》中规定的外国投资者想要进入建筑业可以采用的形式，但是外资在建筑合资企业中最高只能有49%的持股比例。只有作为主体参与建筑合资的企业是哈萨克斯坦本地企业，并且该企业完全由外资控股，外资持股的比例才可以不受49%的规定限制。因此，该股权限制对于想要进入哈萨克斯坦建筑业的外资企业是不利的。

（3）银行业。外资银行在哈萨克斯坦也有准入的限制性规定，即外资银行资本份额最多不能多于国内所有银行总资本的25%。哈萨克斯坦规定，在外资银行的监事会中必须至少要有1名是哈萨克斯坦公民，并且具有3年以上银行工作经验，至于员工人数则哈萨克斯坦公民至少要占到70%。

（4）保险业。哈萨克斯坦对保险业的总资本份额也有确切规定，对于非人寿类保险公司，本国市场总资本的 25% 为所有合资企业的总资本份额的最大值；对于人寿保险公司，合资的总资本份额不得超过本国市场总资本的 50%。

（5）矿产投资壁垒。2005 年，哈萨克斯坦在新修改出台的《矿产法》中授予了能源部拒绝给准备转让矿产开发权或出卖股份的企业发放许可证的权力。另外，企业所转让的开发权或股份、能对该企业直接或间接作出决策影响的企业所转让的开发权或股份，哈萨克斯坦国家都享有优先购买的权力。在哈萨克斯坦这样的规定和限制下，无论是外国投资者想要收购国内矿产企业，或者想要退出或进入该行业，都有了实质性的障碍。矿费的征收也根据新《矿产法》规定，采用浮动费率的方式来对采矿企业征收，年开采量越高则矿费率越高。哈萨克斯坦对外国投资者在境内开发海上石油也出台了一定规则，即新出台的《海上石油项目产品分成协议法》，国家所占利润份额在外国投资的海上项目中，根据该协议法规定，投资收益回报期之前不得低于 10%，在投资回报期之后所占的利润份额必须高于 40%，投资回报的期限规定为 25 年或 30 年。

随着"哈萨克含量"的概念进入哈萨克斯坦的法律体系，该项目的开展受到了国家政府的高度重视，新版《地下资源及地下资源利用法》也于 2010 年 6 月 24 日正式签署通过。在新《资源法》中多次强调及规定利用地下资源的企业必须履行"哈萨克含量"的义务，各个国家机关也拥有对此进行监督的权力。在地下资源勘探过程中，政府会设定可以提供给外资企业使用的哈萨克斯坦本国产品和服务的比例，在管理层人员的配置方面外资企业也必须根据"哈萨克含量"的要求来进行配置，履行义务。然而有时候在实际操作的过程中，外国企业经常会发现很多需要采购的商品，比如工艺复杂的机械设备等，在哈萨克斯坦没有生产或缺少生产的经验，国内也经常缺少企业所需要的有相应丰富经验的技术人员，导致企业在生产过程中缺少相应的技术支持。因此，完成"哈萨克含量"对需要开发利用地下资源的企业来说是将要面临的一个挑战。

（6）土地投资壁垒。2003 年哈萨克斯坦实施了《土地法》，其中规定了外国人和企业不能拥有土地，只能租用，租期不超过十年，而农业用地、工业用地、商业用地和住宅用地只有本国公民才可以私人拥有。

（7）劳动许可。2001 年哈萨克斯坦建立起来的外国劳务进入国内的固定配额体系，加大了外国投资的难度，阻碍了人才的进入。

（8）法律保障方面。如果投资人的财产被收归国有或被征用，权利受到侵害，哈萨克斯坦宪法有明确规定："除法院的判决外，任何人都不能剥夺个人财产。在法律没有规定的特殊情况下，对用于国家目的的财产强制收归国有，可按其等价的条件予以赔偿。"在一般谈判无法解决的情况下，可以通过法院依据现行法规或者国际条约来解决投资纠纷，也可以通过双方在协议中商定的国际仲裁法庭来解决纠纷。

但是自 2015 年哈萨克斯坦加入世贸组织以来，部分外贸行业的外资准入限制在逐步取消。在电信行业，长途和国际固定通信企业外资参股必须低于 49% 的规定将在哈萨克斯坦入世 30 个月之后取消；对于金融行业，外资银行和保险公司在度过 5 年过渡期后，将可在哈萨克斯坦境内开设分行；原材料领域，在 2015 年 1 月 1 日前签署合同的矿产企业，在过渡期之后，即 2021 年 1 月 1 日之后，将不再承担商品本地含量的义务。相关限制取消后，对于在哈萨克斯坦的中国资本企业来说都会是极其重要的解放，以金融行业为例，没有了开设分行的限制之后，中国的银行在哈萨克斯坦开展业务可以以分行的形式，较之前的代表处形式在审批和自由度方面都会更加方便快捷。原料领域方面，商品本地含量限制的取消，对于中国企业来说就可以最大限度地使用自己国家的高端机械设备以及生产资料，大幅度提高工作效率，降低生产成本。

5.3.2 贸易方面

（1）建立平等共赢的贸易关系是在贸易谈判中非常重要的，对于互相的资信状况也要全面了解，坦诚相待，提出的条件都要建立在平等的基础之上，实事求是地介绍自己的产品和服务。谈判现场也可以准备哈语或俄语的翻译，并且要保证翻译也熟悉各种外贸业务。

（2）产品名称、型号、数量、包装、交货期等要在合同中准确注明，防止欺诈。可以要求对方开具保兑信用证，以保证安全收款。合同中也要明确写清楚出现问题时，其对应的补偿条款、惩罚条款，以及出现争议时的仲裁条款等，以防出现违约情况。

（3）随时保证以质量提升中国制造的地位和印象。哈萨克斯坦整体居民收入较高，其经济开放程度在独联体国家中是属于较高的。在进入哈萨克斯坦市场的大量欧美日韩品牌都收获了一定口碑的情况下，中国自主品牌长期以来在哈萨克斯坦都没有获得很好的评价和口碑，主要原因是其生产的日用纺织品基本都是在低价小商品市场销售，质量较差，品牌定位低，消费人群档次不高。然而由中国制造的外国知名品牌的贴牌产品，很多都会在哈萨克斯坦高级购物中心进行销售。因此，为了提升中国自主品牌在哈萨克斯坦人民心中的形象，企业可以进驻哈萨克斯坦的高档购物中心，提供高档的商品和优质的服务。

（4）对于营销策略，采用一个品牌只有一个代理、只做一个市场的模式。以机电产品的销售为例，中国企业基本都是在哈萨克斯坦委托当地代理进行销售。由于在境外代理时中国国内企业缺乏正规化管理，有时会出现一个代理同时代理多个中国品牌，或者一个中国品牌被多人同时代理的情况。

2015年，中国驻哈萨克斯坦使馆商务处曾多次收到国内贸易企业的诉求，希望商务处协助解决贸易合同纠纷问题（最主要的问题集中在买方未按时支付合同尾款上）。引发这一问题的根本原因在于，目前哈国内经济不景气，大量中小企业资金周转困难，处于亏损状态。建议中资企业在与哈企业开展贸易时多利用信用证、抵押支付、保理等能够规避风险的金融手段进行支付。对于新的贸易伙伴，其企业运营规模、运营状况等都需要认真考察，避免上当受骗。由于国际贸易争端案件耗时长、投入大、见效慢，建议中国企业在遇到贸易合同纠纷时，尽量通过谈判方式解决争端。

5.3.3　承包工程方面

（1）对可承包的工程项目要慎重选择。对项目的背景、具体要求、资金来源等细节，都要仔细调查。了解该项目对投资形式是否有特殊规定，投资比例的规定如何，以及对项目实施有无特殊要求。

（2）在哈萨克斯坦尽量雇佣当地的劳动力，如果需要雇佣外国劳动力，也要在这之前充分熟悉哈萨克斯坦对劳务许可的规定，因为申请劳务许可和商务签证的难度很大，规则复杂。哈萨克斯坦政府每年会固定可以引进的外国劳动力人数，实行配额许可制度。根据哈 2014 年 12 月 24 日第 1373 号政府令，规定了 2015 年哈萨克斯坦可以引进的外国劳务配额，仅为不到哈经济活动人口的 0.7%，与 2014 年相同。

（3）哈萨克斯坦的法律法规不能违反。

（4）哈萨克斯坦的冬天十分寒冷，导致了恶劣的施工条件。哈萨克斯坦北部地区的冬天十分寒冷，气温基本都在 -10℃ ~ -20℃，冰雪期长达半年之久，最低气温可以到 -40℃ 左右，为了防冻保暖，施工成本将会成倍增加。哈萨克斯坦的建筑业也有规定，只有在室外气温高于 -20℃ 的时候，才可以生产混凝土。

（5）哈萨克斯坦当地很难及时购买到建材，就算买到性价比也不高，大部分情况下都需要从其他国家进口。不仅如此，还要小心预防工地建材失窃，以及建材被抢劫、盗运等突发事件。

计划在哈萨克斯坦投资、开展合作的中国企业，可以多寻求本地有实力的企业作为合伙人，这样可以帮助中国企业更快更好地融入当地市场、开展活动。不仅如此，这种合作模式也可以解决执法部门不秉公执法、故意为难等问题，形成利益捆绑。最近几年，到哈开展投资和工程承包的中资企业数量增长明显，很多企业反映当地合伙人"拿钱不办事""身份造假"等问题。因此，建议中资企业应从自身做起，加大对当地法律、规则等的调研力度，通过合法、合规的方式达到商业目的，避免被合伙人"牵着鼻子走"。努力适应驻在国市场运行规则，遵守当地的法律法规，最大限度地实现属地化经营。很多中资企业在接受哈政府部门检查时（移民局、内务部门、税务局），主动送礼，企图通过行贿的方法逃避行政处罚，掩盖自身错误。在与中资企业代表交流的过程中发现，企业确实存在违反哈法律的情况，如员工使用商务签证或旅游签证在哈工作，达不到哈方要求的劳务配额比例等。作为外资企业，遵守当地法律是企业能够正常运转和盈利的基础。无论是国内政府还是驻外使馆只能维护中资企业在驻在国的合法权益。中资企业也要敢于争取自身利益，在遇到"黑色执法"时，需及时向使（领）馆反映实际情况，向当地监察部门进行投诉。

5.3.4　劳务合作方面

中国和哈萨克斯坦在经济贸易中的一个突出问题就是中国公民想要留下非常困难。由于哈萨克斯坦对外国劳务许可证的规定，许可证的办理审批一般需要 4~5 个月的时间，办理成本很高，使得中国企业很难获得及时、足额的工作人员。哈萨克斯坦驻华大使馆在办理商务签的停留期时有时还会出现时间被自动缩短的情况，对于想要去哈萨克斯坦的人员的背景调查，包括职业资格、学历、无犯罪记录证明等，审批程序复杂，所耗时间长，附加条件苛刻等。工作签证也限制了在哈萨克斯坦工作的员工的常驻场所。由于哈萨克斯坦对国内劳动市场的高度保护，在哈萨克斯坦工作的中国企业人员，首先一定要注意必须遵守当地法律，对其劳动合同严格履行，不能在没有允许的情况下擅自在外做其他工作，并且尊重当地人民的生活习惯。

2015 年中国外交部、中国驻哈萨克斯坦大使馆曾与哈萨克斯坦外交部、哈萨克斯坦驻中国大使馆多次进行领事磋商，就解决"黑中介"、行贿、受贿等问题达成共识。未来双方将加大力度打击类似于"黑中介"的劳务许可中介机构，简化手续，加强合作等，净化劳务市场。

5.3.5　防范投资合作风险

在哈萨克斯坦开展投资活动、国际贸易或者工程承包等劳务合作中，投资合作会产生的风险是中国企业一定要注意评估及防范的，具体措施包括事前要做好调查、分析和评估，合作过程中要随时注意风险规避和管理工作的检查及安排，注意自身的利益不会受到侵害。需要注意的内容包括对贸易或投资项目的相关客户或企业的资信调查以及评估，对该项目本身可实施性的了解和确定，以及了解当地的商业风险和政治风险以利于之后的管理和合理规避等。企业在哈萨克斯坦想要保障自身利益，可以利用各种专业风险管理机构的相关业务，也可以通过金融机构，如保险、担保、银行等，来进行一定的保障。中国企业在对外进行投资合作的过程中，可以使用中国出口信用保险公司提供的产品，该公司是中国政策性保险机构，提供的产品包括政治风险、商业风险在内的信用风险保障产品；也可使用中国的政策性银行提供的商业担保服务，如中国进出口银行。

如果企业在没有有效的风险规避的情况下，遇到了风险并且产生了损失，也需要尽快根据损失情况通过各种办法或合法手段尽量弥补。如果该业务是通过信用保险机构承保的，则风险损失的定损和赔偿可以由信用保险机构来承担，并且损失的追回可由相关机构协助信用保险机构来完成。

6　投资求助路径

6.1　寻求法律保护

在与哈萨克斯坦的企业合作往来当中，中国企业经常会遇到很多不同的问题或困难，除了要依法注册、依法经营，学会利用法律的途径来解决遇到的问题，还可以从当地聘请有经验的律师来协助处理法律相关事务。比如遇到通过协商无法解决的经济纠纷等案件，则可请企业或个人所聘请的律师出面解决，来保证自身合法权益不受侵害。

6.2　寻求当地政府帮助

哈萨克斯坦政府对国外的投资合作一向较重视，特别是非资源领域的投资合作。因此，中国企业在哈萨克斯坦进行投资合作时，可与当地政府相关部门建立密切联系。哈萨克斯坦投资发展部投资委员会为主管投资合作的机构，该机构下属还有很多分支机构，负责解决协调外国投资者在投资过程中遇到的法律、签证、税务、政策等问题，保护外国投资者的权益。

国家投资公司联系方式：

电邮：info@ invest. gov. kz

电话：007 - 7172 - 620620

网址：http：//invest. gov. kz/ru

6.3 取得中国驻当地使（领）馆的保护

中国驻外领事馆有责任及权力根据国际法及当地法律对中国公民的合法权益进行保护，因此如果中国公民的合法权益在当地受到侵害，可以向领事馆寻求帮助。具体相关事项，请查阅中国驻哈萨克斯坦大使馆网站领事服务栏目。

中国驻阿拉木图总领馆于 2008 年 12 月 23 日开馆，凡是其领区范围内的领事、科技、文化、经贸等事宜，均为总领馆的管辖范围。其领区包括阿拉木图市、阿拉木图州、东哈萨克斯坦州、南哈萨克斯坦州和江布尔州。总领馆的地址及联系方式为：

驻阿拉木图总领事馆（CONSULATE - GENERAL OF THE PEOPLE'S REPUBLIC OF CHINA IN ALMATY）总领事：张伟

地址：哈萨克斯坦阿拉木图市巴伊塔索夫大街 12 号，050010

值班：007 - 701 - 7292938（领事保护热线）

办公室：007 - 7272 - 700207

领事部：007 - 7272 - 700243

传真：007 - 7272 - 700227

网址：almaty. china - consulate. org/chn

电邮：chinaconsul_ alm@ mfa. gov. cn

哈萨克斯坦其他地区的领事、商务等业务，由中国驻哈萨克斯坦大使馆管辖。大使馆地址及联系方式为：

中国驻哈萨克斯坦大使馆大使：张汉晖

地址：哈萨克斯坦努尔苏丹市左岸卡班巴伊巴图尔街 37 号，010000

领事部：007－7172－793583，007－7172－793540/41/42/43

传真：007－7172－793565

值班：007－701－7470186（领事保护热线）

网址：kz. chineseembassy. org 或 kz. china－embassy. org

电邮：chinaemb_ kz@ mfa. gov. cn

6.4 建立并启动应急预案

在哈萨克斯坦的中国企业也需要建立自己的应急预案。每一项在哈萨克斯坦开展的经营活动或工程都需要客观评估其风险，并建立起相对应的预警机制和应急预案。如果遇到自然灾害或人为事件等突发事件时，有相应的应急预案可以及时启动，力争将损失控制在最小范围内。

投资前期也需要加强对安全意识的重视，包括对员工的安全教育、日常工作的安全保卫、安全设备的购置、员工的投保等。记住当地的火警（101）、匪警（102）和救护电话（103），在遇到火灾、突发事件或人员受伤等情况时应及时寻求帮助，并在之后立即反映给企业在国内的总部，以及上报至中国驻哈萨克斯坦使（领）馆。

6.5 其他应对措施

（1）在哈萨克斯坦，中国的企业和企业人员在自身合法利益受到侵害时，一定要学会利用法律的武器来保护自身利益，遇到困难或是不理解的地方要多咨询，保持镇定和冷静，寻找正规有效的渠道，切忌通过"走后门"等方式解决问题。熟记常用电话，通过正常渠道向中国驻哈使（领）馆，以及哈公检法或投资保护部门反映情况。

（2）在哈萨克斯坦没有正式登记的中资企业、协会、同乡会和部族协会等，赴哈萨克斯坦后请保持手机通畅，如遇问题且语言不通，勿轻易相信陌生人，请保持头脑冷静并及时拨打中国使（领）馆领保热线。

附　录

附录1　哈萨克斯坦政府部门和相关机构一览表

序号	中文	俄文	网站
	哈萨克斯坦政府	Правительство Республики Казахстан	www. government. kz
部（12个）			
1	内务部	Министерствовнутреннихдел	www. mvd. kz
2	卫生和社会发展部	Министерствоздравоохранения и социальногоразвития	mzsr. gov. kz
3	外交部	Министерствоиностранныхдел	www. mfa. kz
4	文化和体育部	Министерствокультуры и спорта	www. mk. gov. kz
5	国防部	Министерствообороны	www. mod. gov. kz
6	教育科学部	Министерствообразования и науки	www. edu. gov. kz
7	投资和发展部	Министерствопоинвестициям и развитию	mid. gov. kz/ru
8	国民经济部	Министерствонациональной экономики	economy. gov. kz
9	财政部	Министерствофинансов	www. minfin. gov. kz
10	农业部	Министерствосельскогохозяйства	www. minagri. kz
11	能源部	Министерствоэнергетики	energo. gov. kz
12	司法部	Министерствоюстиции	www. adilet. gov. kz
署（1个）			
1	国际事务和反贪污署	Агентство РК поделамгосударственной службы & противодей ствиюкоррупции	www. anticorruption. gov. kz
其他			
1	总统官方网站	Официальный сай тПрезидента Республики Казахстан	www. akorda. kz
2	议会	Парламент Республики Казахстан	www. parlam. kz

序号	中文	俄文	网站
3	中央银行	Национальный Банк	www. nationalbank. kz
4	国家福利基金会"萨姆鲁克—卡泽纳"	Фонднациональногоблагосо - стояния Самрук - Казына	www. samruk - kazyna. kz
5	政府采购网	Государственныезакупки	www. goszakup. kz
6	电子政府网		e. gov. kz
7	哈萨克斯坦国民经济部统计委员会		www. stat. gov. kz
8	哈萨克斯坦国家银行		www. nationalbank. kz

附录2 哈萨克斯坦颁发的相关投资法律

（1）《哈萨克斯坦共和国投资法》，主要内容包括投资人的权利和义务、投资人权力的具体保障政策、投资的各项优惠政策、税率征收办法等。

（2）《哈萨克斯坦共和国海关事务法》，主要内容包括进出口货物监管程序、海关工作要求、计算和支付海关税费、关税优惠与特惠等。

（3）《关于雇主向哈萨克斯坦共和国引进外国劳动力许可的限额确定、发放条件和程序的条例》，该条例主要对哈萨克斯坦的工作签证和劳动许可证的获取程序与方法做出了具体规定，对外企在投资活动中提供一定的指导。

（4）《哈萨克斯坦共和国办理外汇业务的条例》，该条例主要是对州外汇业务程序的具体规定和办理外汇业务所需要的文件。

（5）《哈萨克斯坦共和国对直接投资项目的国家优惠办法》，该办法列明了对于直接投资的优惠政策。

（6）《在哈萨克斯坦拥有优先发展地位的经济部门实施投资计划时向投资委申请国家优惠、特惠政策细则》。

（7）《哈萨克斯坦外资纳税优惠条例》，该条例对于投资优惠政策有具体的规定，包括了其种类、范围和期限。

（8）《哈萨克斯坦外资收购上市公司政策》，上市公司的收购，以及企业合并、兼并的概念在该政策中都有具体规定，还包括了其基本程序和特殊规定。

（9）《哈萨克斯坦向优先发展经济领域的投资者提供优惠和特惠条件的规则》，其主要内容是提供优惠和特惠政策的目的和条件、优惠和特惠方法等。

（10）《在哈萨克斯坦共和国各银行开立、管理和撤销银行账户的条例》规定了银行开办账户的手续。

附录3　哈萨克斯坦外国公民申请劳动许可的相关规定

哈萨克斯坦《劳动管理法》对要在国内申请劳动的外国公民提出了相关规定。除了要提供相应文件，申请者还必须提供文件证明符合从事该项经营所需专业要求，以及从事某个别行业所需费用的交款证明。

单位也可以代外国公民申请劳动许可，除了要获得批准，所需要的文件还包括：接收单位申请书；由接收单位签名、盖章的来哈萨克斯坦外籍专家、工作人员的姓名、出生年月、国籍、专业或文化程度、将任何职务等文件清单共5份；与雇佣单位签订的劳务合同；哈萨克斯坦卫生部所要求的体检证明（包括艾滋病检验证明）。

申请劳动许可应缴纳的费用：相当于20个月核算基数的许可费；在哈萨克斯坦工作的每个专家每月应缴纳相当于3个月核算基数的补偿费用；工作人员每月应缴纳相当于4个月核算基数的补偿费用；高于回程机票金额20%的保证金，如本人持有回程机票，则无须缴纳保证金，但必须提供回程机票复印件；每人应缴纳1000美元保证金（按当时比价兑换成坚戈），离开哈萨克斯坦国境时返还。

关于哈萨克斯坦对于劳务的其他具体规定，可以参考《办理哈萨克斯坦签证和劳务许可的有关情况》（kz.mofcom.gov.cn/article/ztdy/201305/20130500116905.shtml）。

附录4 哈萨克斯坦经济特区介绍

1. 七个工业生产型经济特区

（1）阿斯塔纳——新城经济特区（阿斯塔纳工业区）。该经济特区计划从2001年开始运营到2026年12月31日。位于首都努尔苏丹，占地面积7562.3公顷。特区建立的目的除了为哈萨克斯坦吸引投资，还包括加快推动努尔苏丹的发展，特区内会利用先进的建筑技术建立起现代的城市基础设施，以及提高产品生产的技术、效率、竞争力，并开发出新兴产品。特区重点发展建材生产、建筑、木材加工、机器制造、非金属矿产品、化工制品、家具生产、照明设备、电器设备、家用电器、交通运输工具、电子元器件、机车车头和车厢、航空航天飞行器、纸张、纸浆、纸板、橡胶塑料制品生产、制药业。特区对新区城市基础设施建设也较为重视，包括学校、幼儿园、中高等学校、少年宫、体育场、医院、剧院、博物馆、图书馆、办公楼和住宅等。

（2）国家工业石化技术园经济特区。该经济特区计划从2007年运营至2032年12月31日。位于阿特劳州，占地面积3475.9公顷。该特区设立的目的主要是石化技术的开发和产品生产，包括对创新科技的利用、原油深加工以及生产高附加值石化产品。特区内重点生产塑料薄膜、聚乙烯和聚丙烯、管材、包装袋、技术设备、配件、塑料瓶等。

（3）阿克套海港经济特区。该经济特区计划从2002年运营至2018年1月1日。位于曼格斯套州，占地面积2000公顷。加速曼格斯套州的经济发展，提高哈萨克斯坦生产模式的效率和技术，加强国际竞争力是该特区建立的主要目的。在特区内，新产品的开发和外国企业的投资都是被大力鼓励和支持的，运用现代经营和管理技术，同时也帮助解决就业等社会问题。主要发展化工、冶金工业、皮革制品、橡胶塑料制品、非金属矿产品、机械设备、家用电器、金属制品、石油化学产品生产，以及油气运输、物流服务等。

（4）奥恩图斯季克经济特区。该经济特区计划从2005年开始运营至

2030 年 7 月 1 日。位于图尔克斯坦州，占地面积 200 公顷。该经济特区的目标是发展成为哈萨克斯坦南部地区的棉纺织品基地，因此特区重点是发展本国的纺织工业。重点生产服装、丝绸面料、挂毯、地毯、无纺布及其制品、高级纸张、棉浆以及皮革制品。

（5）巴甫洛达尔经济特区。该经济特区计划从 2011 年运营至 2036 年 12 月 1 日。位于巴甫洛达尔州，特区占地面积 3300 公顷。石化和化学行业是该特区的发展重点，特别是要生产高附加值的出口导向型产品，并且使用安全、环保的现代高科技技术。重点生产石化产品和化工产品。

（6）萨雷阿尔卡经济特区。该经济特区计划从 2011 年开始运营至 2036 年 12 月 1 日。位于卡拉干达州，占地面积 534.9 公顷。该特区的作用是着力于冶金工业和金属加工业的发展，除此之外还希望能够吸引世界顶级品牌入驻该特区，开展制成品生产活动。特区主要生产机械和设备、化工产品、金属制成品、冶金产品、电子产品和光学设备、计算机、电器设备、交通工具、橡胶和塑料产品、拖车、半拖车、建材等。

（7）塔拉兹化学园区。该经济特区计划从 2012 年开始运营至 2037 年 1 月 1 日。位于江布尔州，占地面积 505 公顷。在该特区内主要是致力于高新技术的研究，以及能够利用这些新兴技术加强化工产品的生产。重点发展化学产品、橡胶和塑料产品、非金属矿产品、化学工业机械设备等。

2. 两个服务型经济特区

（1）霍尔果斯—东大门经济特区。该经济特区计划从 2011 年运营至 2035 年，位于阿拉木图州，占地面积 5740 公顷。在该特区内，政府着力于建设高效率的物流、运输以及工业中心，使贸易出口活动的利益能够得到保障，并且能够最大化实现哈萨克斯坦的转运潜能，促进哈萨克斯坦与各个国家之间的经济文化交流。主要发展皮革、纺织产品、仓储设施、其他非金属矿产品、金属制成品、化工产品、机械设备，建设展馆、仓储场所以及其他行政办公楼等。

（2）布拉拜经济特区。该经济特区从 2008 年开始运营，到 2017 年 12 月 1 日止，位于距离首都努尔苏丹市约 200 千米的阿克莫拉州，占地面积

370 公顷。该特区的重点是旅游基础设施的打造，形成强有竞争力的"哈萨克斯坦明珠"旅游胜地和休闲疗养区，吸引本国和国外的游客前来度假。重点发展宾馆、旅店、疗养院等旅游设施建设。

3. 一个技术运用型经济特区

创新技术园经济特区。2003 年设立，计划运营至 2028 年 1 月 1 日，位于阿拉木图州，占地面积 163.02 公顷。信息技术产业的发展是该特区的主要目的，主要是新信息技术的开发和信息技术领域新产品的研究。研究的重点包括硬件和软件的开发、设计以及生产，提供数据储存和处理服务，发展信息技术设备生产以及新材料的生产等。除了常规的特区优惠，企业在该经济特区内还会额外享受一些税收优惠政策，其中包括在遵守税收立法规定的前提下可以全部免缴社会税，以及在一般规定软件折旧率为 15% 的情况下，将软件折旧率提高至 40%。

4. 新兴经济特区

吐尔克斯坦经济特区。该特区于 2018 年 10 月 29 日由总理萨金塔耶夫正式签署其政府令。该经济特区占地面积 1338 公顷，地处吐尔克斯坦市城郊，计划运营到 2043 年。该特区的建立，能够加快吐尔克斯坦市的发展，特别是提高城市的旅游竞争力，逐渐打造出一个有自己特色的区域文化中心。特区重点发展的范围包括完善行政和居民设施、建设旅游疗养中心，以及发展建材、冶金等加工业生产。

附录5　哈萨克斯坦报税手续

哈萨克斯坦报税手续有以下要求。

（1）税务报单应当由纳税人、纳税代理人或其代表按照哈萨克斯坦国家授权机关依据本法规定的顺序和形式独立编制。

（2）税务报单应当以纸载体和/或电子载体且使用哈萨克语或俄语编制。在使用电子载体编制税务报表时，纳税人、纳税代理人应当按照税务机关的要求，递交该文件的纸载体副本。

（3）纸载体的税务报单应当由纳税人、纳税代理人（领导人和总会计师）签字并加盖纳税人、纳税代理人的印章。电子载体的税务报单应当由纳税人的电子数字签名证明无误。自然纳税人不在场或无行为能力的，税务报单应当由其代表签字并证明无误。

（4）在编制税务报单方面提供服务的纳税人、纳税代理人代表必须在税务报单上签字，加盖印章并标明其自身的纳税人注册编号。

（5）纳税人、税务代理人（包括其代表）编制税务报单时，纳税人、税务代理人应当对税务报单当中所载数据的可靠性负责。

（6）纳税人、税务代理人应当依据本法规定的顺序和期限，向有关税务机关递交税务报单。

（7）在纳税人（法人）重组、解散时，自纳税期开始至重组或解散结束，每个被重组、解散的纳税人均应当依据相应的分割、清算和交接平衡表编制单独的税务报单。该报告应当自重组或解散决议作出之日起15个工作日内递交税务机关。

（8）纳税人、纳税代理人有权按照下列方式选择递交税务报单：一是直接送达；二是使用通知挂号信邮寄；三是按照国家授权机关的有关规定，在对信息进行处理之后，使用电子邮件递交。

（9）向税务机关递交税务报单的日期为税务机关接收文件的日期或通知关于通过电子邮件送达文件的日期。于本法规定的最后期限日24时之前交付给邮政机构或其他通信机构的税务报单，根据邮政机构或其他通信机构加盖的时间和日期戳记，该报告视为已如期递交。

关于报税资料，哈萨克斯坦目前有彩色和黑色两种形式的税务报表。有条码纹标识的单据必须在使用纸质税务报表时使用。

选择纸质报税方式或者网上报税，纳税人（或税务代理）自由选择其中一种方式，有三种文件需要提交，即税务报表、纳税申请和税务登记证。

税务申报单、结算单和结算单附件（如缴纳养老金、社保及其他应扣款项单据等）是包括在税务报表中的。

税务登记证内容只有四项，分别为登记证号、纳税人（税务代理）识别码、登记证有效期以及登记证编制责任人姓名。

附录6　哈萨克斯坦注册企业的主要程序

1. 外国投资者在哈萨克斯坦当地注册有限公司的基本条件和程序

注册要求	内容
注册法规	1995 年 4 月 17 日第 2198 号《哈萨克斯坦共和国法人注册、分支机构和代表处登记法》、1995 年 5 月 2 日总统令《公司法》
注册管理机构	哈萨克斯坦共和国司法部及下属地区机构
法定资本构成条件	在进行国家注册时不少于注册资金的 25%，但不低于最低法定资本金
最低法定资本金	10 个"月核算基数"
公司创造文件	公司章程和创建协议（两个或两个以上的合伙者）
创建者数量	一个或数个
公司法定地址	在创建文件中须注明公司所在地和详细通信地址
进行国家注册所必需的文件	公司章程（俄语和哈萨克语） 创建协议（对两个或两个以上合伙者而言） 创建者关于创建公司的决议或全体合伙人会议纪要 关于公司法定地址的证明函 国家注册申请 公司经理的税务登记号 注册手续费缴纳收据
外国法人注册有限公司还应补充的文件	经过认证的外国法人创建文件的副本 经过认证的证明创办者外国人合法身份的工商登记注册或其他文件 哈萨克斯坦共和国税务机关出具的法人已纳、未纳税费或其他应纳费用情况的证明
外国自然人注册有限公司还应补充的文件	外国自然人护照复印件及经过公证的英语译文的其他能证明其身份的文件
注册费	20 个"月核算基数"
进行注册所需时间	司法部或下属地区机构——15 个工作日 税务登记——10 个工作日 统计登记——5 个工作日 对外经济活动登记——3 个工作日
应缴税款	公司所得税（税率20%，依照公司收入额计算） 增值税（税率12%，依照商品销售、工程、服务及进口流转额计算）

注：月核算基数：哈萨克斯坦财政部规定的用于税收和其他财政应缴费的核算单位，根据国家财政政策和居民收入水平的变化进行定期调整，并公布在国家预算案中。从 2016 年 1 月 1 日起，一个月核算基数为 2269 坚戈，约合 7.32 美元。

资料来源：中国驻哈萨克斯坦大使馆经商参处。

2. 外国投资者在哈萨克斯坦注册分公司或代表处的基本条件和程序

注册要求	内容
注册法规	1995 年 4 月 17 日第 2198 号《哈萨克斯坦共和国法人注册、分公司和代表处登记法》 《哈萨克斯坦共和国民法》
注册管理机构	哈萨克斯坦共和国司法部及下属地区机构
创建文件	分公司（或代表处）章程
法规地址	在创建文件中注明公司（代表处）所在地和详细通信地址
进行国家注册所需的文件	按照哈萨克斯坦共和国司法部规定格式填写的申请 外国法人盖章确认的创建分公司（代表处）的决定 经外国法人确认的分公司（代表处）章程文本，哈文、俄文各一份 章程合法副本及法人国家注册的证明 法人给分公司（代表处）负责人的委托授权书（社会及宗教社团除外） 法人缴纳国家注册缴费的证明文件 分公司（代表处）所在地的确认文件
注册费	20 个"月核算基数"
进行注册所需时间	司法部或下属地区机构——15 个工作日 税务登记——10 个工作日 统计登记——5 个工作日 对外经济活动登记——3 个工作日
应缴税款	公司所得税（税率 20%，依照收入计算） 增值税（税率 12%，依照商品销售、工程、服务及进口流转额计算）

资料来源：中国驻哈萨克斯坦大使馆经商参处。

中国法人或自然人想要在哈萨克斯坦登记代表处或者注册公司，必须持有关文件到哈萨克斯坦驻华使馆进行认证。哈萨克斯坦的律师或者律师事务所也可以接受委托，到司法部门登记注册。

登记注册公司需要的所有手续准备齐全后，可到 TRODAT – Казахстан 公司办理刻章手续。

联系方式如下：

公司名称：TRODAT – Казахстан 公司

地址：г. Алматы，ул. Аль – Фараби，19《Нурлы – Тау》，1Б，офис 201

集团部电话：007 – 727 – 2616909

007 – 727 – 2581305

批发部电话：007 – 727 – 3110108

007 – 727 – 3110109

007 – 727 – 3110335

集团部电邮：maket@ trodat. kz

批发部电邮：opt@ trodat. kz

公司电邮：info@ trodat. kz

俄罗斯投资便利化评价与分析

摘　要： 本部分从国家概况、政治文化环境、国家投资便利化水平、投资法律风险、投资注意事项和投资求助路径六个部分对俄罗斯进行国别投资便利化评价与分析。分析结果表明，俄罗斯国内总体政治局势较为稳定，社会秩序较为良好，经济也保持较为稳定增长态势。俄罗斯国土横跨两大洲，资源丰富，地大物博，特别是能源和矿产资源极其丰富；同时俄罗斯联邦政府也相继推出了吸引外商投资的优惠政策，这些均为俄罗斯吸引外资打下了良好的基础。

关键词： 俄罗斯　投资便利化　投资注意事项　投资求助路径

1　国家概况

1.1　俄罗斯的历史变迁

俄罗斯是俄罗斯联邦的简称。15 世纪末 16 世纪初，以莫斯科大公国为中心，多民族封建国家逐渐形成。伊凡四世（Ivan Leidi）于 1547 年被加冕为沙皇，并将"大公"的称号改为"沙皇"。1721 年，彼得一世（彼得大帝）正式成为皇帝并将国家改为俄罗斯帝国。1861 年取消农奴制。1917 年 11 月 7 日（俄罗斯历法 10 月 25 日），在列宁领导的十月社会主义革命之后，建立了世界上第一个社会主义国家——俄罗斯苏维埃联邦社会主义共和国。1922 年 12 月 30 日，俄罗斯、乌克兰、白俄罗斯、高加索联邦（阿塞拜疆、亚美尼亚和格鲁吉亚）组成了苏维埃社会主义共和国联盟，简称苏联。此后，中亚五国、摩尔多瓦和波罗的海三国先后加入苏联。苏联成为世界上最大的国家，由15个共和国组成。1991年，"8.19"事件在苏联发生。12月26日，苏联最高苏维埃共和国院最后一次会议宣布苏联解体。这时，俄罗斯联邦成为一个完全独立的国家，并成为苏联的唯一继任者。1993年12月12日，俄罗斯独立后的第一部宪法通过了公民投票，并于12月25日生效。该国的名称是"俄罗斯联邦"，即俄罗斯是共和制度的民主联邦合法国家，以及建立了总统制的国家领导制度。

在俄罗斯独立后，担任过俄罗斯联邦总统的有叶利钦（1991年12月~1999年12月）、普京（2000~2008年）、梅德韦杰夫（2008~2012年）、普京（2012年再次当选，2018年连任至今）。

1.2 俄罗斯的地理环境

1.2.1 地理位置

俄罗斯地处欧亚大陆的北部，面积1709.82万平方千米，占原苏联领土总面积的76.3%。目前是世界上土地面积最大的国家，横跨亚洲和欧洲两大洲，包括东欧和北亚，从东到西长9000千米，从北到南宽4000千米，占地球陆地面积的11.4%。俄罗斯国家国界线长60933千米，毗邻14个国家：南部和东南部与中国和朝鲜接壤，南部与哈萨克斯坦、蒙古国、格鲁吉亚和阿塞拜疆接壤，西南与乌克兰接壤，西边同芬兰、白俄罗斯、爱沙尼亚、拉脱维亚、立陶宛和挪威接壤。加里宁格勒毗邻波兰和立陶宛。东面与日本和美国隔海相望。俄罗斯领土的36%位于北极圈内，从北到南为北极沙漠、冻土、草原、森林冻土带、森林、森林草原和半沙漠地区。

俄罗斯东部和西部跨越11个时区，是世界上时区数量最多的国家。最东端是位于东12区的拉特马诺夫岛、阿纳德尔湖和堪察加半岛，最西端是位于东二区的加里宁格勒。2014年俄罗斯联邦委员会通过法案，从2014年10月26日开始，确定莫斯科时间比格林尼治标准时间早3小时，即莫斯科为东3时区。

1.2.2 俄罗斯的行政区划

俄罗斯是一个联邦国家，由 85 个平等的联邦实体组成，包括 22 个共和国、9 个边界地区、46 个州、3 个联邦城市、1 个自治州和 4 个民族自治地区。为了加强总统对当地的管理，维护国家统一，俄罗斯联邦的主体根据地理原则分为八个联邦区：中央区、西北区、南区、北高加索区、伏尔加河沿岸区、西伯利亚区、乌拉尔区和远东区。2014 年 3 月，位于俄罗斯西南部的克里米亚自治共和国通过公民投票决定加入俄罗斯联邦。同月，俄罗斯批准了克里米亚共和国加入俄罗斯联邦条约。

俄罗斯首都莫斯科，面积为 2560 平方千米，是俄罗斯的政治、经济、金融、科学、艺术、教育和商业中心。常住人口为 1260.05 万（截至 2018 年 1 月 1 日），它也是欧洲最大的城市。

俄罗斯的经济中心城市包括莫斯科、圣彼得堡、新西伯利亚、下诺夫哥罗德、叶卡捷琳堡、萨马拉、鄂木斯克、喀山、车里雅宾斯克、顿河畔罗斯托夫、乌法、伏尔加格勒、彼尔姆等。

1.2.3 俄罗斯的自然资源

俄罗斯位于高纬度地区，幅员辽阔，自然资源非常丰富，种类繁多、储量大，自给自足率很高。

【森林资源】俄罗斯的森林覆盖面积是世界上最高的，达到 8.67 亿公顷。森林面积占俄罗斯全国土地面积的 51%，木材储量为 820 亿立方米。

【矿产资源】俄罗斯的主要矿产资源包括煤炭、铁、泥炭、石油、天然气、铜、锰、铅和锌等。已探明的天然气储量为 48 万亿立方米，占世界探明储量的 21%，居世界首位；石油储量 252 亿吨，占世界探明储量的 5%；煤炭储量 1570 亿吨，居世界第 2 位；铁矿石储量 650 亿吨，居世界首位，占比约 40%；铝储量 4 亿吨，居世界第 2 位；铀储量占世界探明储量的 14%；已探明的磷灰石储量占世界已探明储量的 65%；镍矿储量为 1740 万吨，占世界探明储量的 30%；锡储量占世界已探明储量的 30%；已探明的铜储量为 8350 万吨。非金属矿如石棉、石墨、云母、菱镁矿、刚玉、冰洲石、金刚石和宝石的储量和产量也非常丰富。近年来，俄罗斯矿产资源和油气资源的探明储量每年都在增加，进一步巩固了俄罗斯作为世界最大资源国的地位。

【水力和渔业资源】俄罗斯水资源丰富，有大小河流 300 多万条，湖泊 280 多万个，贝加尔湖是世界上最大的蓄水淡水湖。同时，俄罗斯的渔业资源也非常丰富，生物总资源超过 2580 余万吨，其中鱼类资源为 2300 余万吨。

1.2.4　俄罗斯的气候条件

俄罗斯横跨亚欧大陆，整个国家的气候复杂且多样，总体上属于北半球温带和亚寒带的大陆性气候。由于大陆性的程度不同，叶尼塞河以西为温和大陆性气候，西伯利亚为强烈大陆性气候。西北沿海地区属于海洋性气候，远东沿海地区属于季风气候。俄罗斯大部分地区的春季和秋季季节短暂，夏天短而温暖，冬天长而寒冷。1 月平均气温为 $-37℃ \sim -1℃$，7 月平均气温为 $11℃ \sim 27℃$，年平均降水量为 530 毫米，山区降水较多，平原降水较少。

1.2.5　俄罗斯的人口分布

截至 2018 年，俄罗斯总人口为 1.47 亿，其中城市人口为 1.09 亿，占全国总人口的 74%，农村人口为 3800 万，占全国总人口的 26%。俄罗斯的人口主要分布在中心城市，中心城市聚集的人口约占全国总人口的 1/5。截至 2018 年 1 月 1 日，俄罗斯有 15 个城市的人口超过 100 万，有 22 个城市的人口在 50 万 ~ 100 万，有 134 个城市的人口在 10 万 ~ 50 万。

2　政治文化环境

2.1　政治环境

2.1.1　俄罗斯的政治制度

根据俄罗斯联邦的宪法和法律，俄罗斯实施联邦政府的总统制，它按照立法、行政和司法分立的原则运作，同时相互制约和平衡。《宪法》

规定，各个联邦实体的权利和地位均平等。只有俄罗斯联邦和俄罗斯联邦的主体根据联邦宪法举行相互协商后，俄罗斯联邦主体的地位才能改变。

【宪法】1993 年 12 月 12 日，俄罗斯独立后的第一部宪法通过全民公投，并于同年 12 月 25 日生效。《宪法》规定俄罗斯是共和民主联邦的法制国家，同时建立了俄罗斯总统制的国家领导体制。

【总统】俄罗斯的总统是国家元首，是对俄罗斯联邦的宪法、人民和公民权利与自由的保障；国家的内部和外部政策是总统根据俄罗斯联邦宪法和联邦法律确定的；总统拥有最高的行政权力，有权任命联邦总理、副总理和各部部长，主持联邦政府会议；总统领导国家安全会议，是国家武装力量最高统帅。若要弹劾总统，只能是议会指控总统犯有叛国罪或其他非常严重的罪行，需经最高法院确认后，才有权对其进行弹劾。2008 年 12 月 30 日签署的宪法修正案将总统的任期从 4 年延长至 6 年。现任俄罗斯联邦总统是于2018 年 3 月 23 日第四次当选的弗拉基米尔·弗拉基米罗维奇·普京，2018年 5 月 7 日宣誓就职，任期至 2024 年 5 月初。普京曾任俄罗斯联邦第二任总统，统一俄罗斯党主席，第七、第十一任总理。自 2000 年以来，他被认为是俄罗斯的实际最高领导人。尽管他多次改变立场，但他始终没有离开权力核心，在俄罗斯政府中享有很高的声誉。

【俄罗斯议会】俄罗斯联邦会议，也称为俄罗斯联邦议会，是俄罗斯联邦常设的代表和立法机构，总统有权解散议会。议会是一个由"上下两院"组成的常设机构，由联邦委员会（上议院）和国家杜马（下议院）组成，主要是行使立法和监督职能，其工作主要有三个方面：立法活动、政府监督和国家财政监督。联邦委员会目前共有 170 名成员，其中包括每个联邦主体行政机关的一名代表和每个联邦权力执行机构的一名代表。联邦委员会的主要职能是批准联邦法律，改变联邦主体的范围等。联邦委员会现任主席是于 2011 年 9 月 21 日当选的瓦莲京娜·伊万诺夫娜·马特维延科（女）。

俄罗斯国家杜马（下议院）拥有 450 个议会代表席位。自 2007 年 12 月第五届杜马会议以来，采用的制度是从各党派按比例代表制原则进行代表选举，规定该党的投票率要超过 7% 的政党才可以参加议会代表席位的分配。2011 年 12 月，国家杜马的选举法进行了修订：进入国家杜马的政党的"门槛"没有改变，但是选举得票率高于 5% 但低于 6% 的政党将获得 1 个杜马党席位；要想获得 2 个杜马党席位的选票比例应该至少处于 6%～7%；代表任期从 4 年延长到 5 年。俄罗斯国家杜马的主要职能是同意总统任命政府首脑、宣布大赦、通过联邦法律等。

2016 年 9 月 18 日，俄罗斯第七届国家杜马选举结束，统一俄罗斯党获得 343 个席位，俄罗斯共产党获得 42 个席位，俄罗斯自由民主党获得 39 个席位，公正俄罗斯党获得 23 个席位。除了以上席位外，还包括两名无党派代表和一名自我提名人进入了俄罗斯联邦新一届杜马。2016 年 10 月 5 日，原俄罗斯联邦总统办公室第一任副主任维亚切斯拉夫·沃洛金当选为俄罗斯第七届杜马国家主席，并成为俄罗斯联邦安全会议成员。

【政府】俄罗斯联邦政府是俄罗斯国家权力的最高执行机构，俄罗斯联邦政府总理、副总理和部长组成俄罗斯联邦政府；总理根据俄罗斯联邦法律、联邦宪法和俄罗斯联邦总统令，组织联邦政府的工作和确定俄罗斯联邦政府活动的基本原则方针。

【司法机构】俄罗斯联邦司法机关主要包括联邦最高仲裁法院、联邦宪法法院、联邦最高法院和联邦总检察院。联邦委员会根据总统对联邦最高仲裁法院、联邦宪法法院和联邦总检察长的提名，任命这些机构的领导。俄罗斯联邦由法院行使其境内的审判权，法院经费纳入联邦预算。法官是独立的、不可撤销的，只受俄罗斯联邦法律和联邦宪法的约束，法官不能被追究刑事责任，是不可侵犯的。俄罗斯联邦在民事、刑事、行政和其他案件方面的最高司法机构是最高法院；俄罗斯解决其他经济争端和仲裁案件的最高司法机构是最高仲裁法院。俄罗斯联邦宪法法院将应总统、政府、联邦议会和其他最高司法机构的要求审理案件。俄罗斯联邦各级法院将根据《俄罗斯联邦宪法》、《共和国宪法》、《刑法》、《民法》、《劳动法》和《法院组织法》，审理其各自管辖下的民事、刑事、行政和其他案件。瓦列里·德米特里耶维奇·佐尔金自 2003 年 2 月以来一直担任最高宪法法院院长。1989 年 7 月，维亚切斯拉夫·米哈伊洛维奇·列别杰夫成为联邦最高法院院长。安东·亚历山德罗维奇·伊万诺夫自 2005 年 1 月以来一直担任最高仲裁法院院长。自 2006 年 6 月 23 日以来，尤里·雅科夫列维奇·柴卡一直担任总检察长。

【军事】俄罗斯军队中最重要的部分是俄罗斯联邦武装部队，这是一支以苏联军队为基础的俄罗斯军队。俄罗斯联邦武装力量最高统领是俄罗斯联邦总统，他对俄罗斯联邦武装部队力量和其他军事部队力量实行全面领导，并通过国防部长和总参谋长指挥武装部队力量实施作战指挥、行动。俄罗斯联邦武装部队力量由行政机关、兵团、军团、部队、军事院校和后勤部队组成，其他未纳入武装部队的军事力量包括联邦安全总局、内卫安全部队、民防部队、联邦警卫局所属部队等。国防部长为 2012 年 11 月 6 日上任的绍伊古。据统计，2017 年俄罗斯联邦的军费开支约为 663 亿美元。

2.1.2 俄罗斯的主要党派

2012 年 4 月，俄罗斯联邦《政党法》在修订后正式生效。由于对政党登记注册要求的放宽，俄罗斯的政党数量急剧增加。到 2016 年，已有超过 77 个政党获准在俄罗斯司法部登记。俄罗斯的主要政党有统一俄罗斯党、俄罗斯联邦共产党、俄罗斯自由民主党和公正俄罗斯党，其中统一俄罗斯党是俄罗斯最大的政党。以下为俄罗斯主要政党的简要介绍。

（1）统一俄罗斯党：该党于 2001 年 12 月 1 日成立，由"统一"党、"祖国"运动和"全俄罗斯"运动合并而成。统一俄罗斯党支持俄罗斯联邦总统的各项方针和政策，在经济上倡导文明的市场经济和社会公正和谐；政治上提倡改革体制，提高政府工作效率。俄罗斯联邦的大多数领导者都是统一俄罗斯党的成员或支持者，因而被称为俄罗斯的"政权党"。

（2）俄罗斯联邦共产党：俄罗斯联邦共产党是苏联共产党的一部分，成立于 1990 年 6 月。1991 年 8 月 19 日事件后，俄罗斯联邦共产党被当局取缔，财产被没收。1993 年 2 月，俄罗斯联邦共产党恢复了其活动并召开了第二次代表大会。1995 年 1 月，俄罗斯联邦共产党第三次代表大会通过了新的党纲，规定俄罗斯联邦共产党的主要目标之一是主张以和平方式进行社会改革，建立人民的政权。直到 2008 年 11 月，俄罗斯联邦共产党才采纳了一个新的政党纲领，重申了该党作为强硬反对派的政治定位，并确定了当前的 20 项紧迫任务，包括理论创新、干部队伍年轻化和党内民主等。俄罗斯联邦共产党在国家杜马拥有 42 个席位，其中央委员会主席久加诺夫也是俄罗斯联邦共产党杜马议会党的领导人。

（3）公正俄罗斯党：它是由"祖国"党、退休党和生活党于 2006 年 10 月 28 日合并而成。公正俄罗斯党的主要目标是建立社会伙伴关系，实现社会民主和团结以及人道主义基础上的社会公正。公正俄罗斯党自称是一个具有社会民主主义取向的左翼政党。米罗诺夫目前是国家杜马的党主席和议会小组的领导人。

（4）俄罗斯自由民主党：俄罗斯自由民主党是苏联实行多党制后成立的第一个政党，于 1989 年 12 月成立。民族主义和极端主义的强烈混合造就了一个相对稳定的选民队伍，对内提倡集权，对重要部门实行国家垄断，建立单一制国家；对外主张在苏联时期的领土内恢复俄罗斯国家版图，主张俄罗斯国家边界只能外扩，不能内缩。美国"9·11 事件"发生之后，俄罗斯自由民主党主张与西方国家结盟，该党坚持奉行政治投机的路线。日里诺夫斯基目前是自由民主党的主席和杜马议会党团的领导人。

2.1.3 俄罗斯的外交关系

俄罗斯总统普京于 2013 年 2 月 18 日批准了新的"俄罗斯联邦外交政策构想"，并确定了俄罗斯外交的四个优先事项。该构想把发展与中国和印度的"友好关系"列为俄罗斯"最重要"的外交政策方向之一。亚太地区被视为是增长最快的地缘政治空间，世界经济和政治的中心都正在转向这里。

俄罗斯将前苏联的一体化列为外交政策的绝对优先事项。新构想特别重视独联体、欧亚经济共同体、集体安全条约组织、关税同盟和"俄罗斯—白俄罗斯"同盟，然后包括德国、法国、意大利和荷兰在内的一些欧盟国家，被定位为俄罗斯在欧洲最重要的伙伴。俄罗斯与欧洲合作的战略目标是"打造从大西洋到太平洋的共同人文经济空间"，同时它们也是俄罗斯最重

167

要的天然气合作伙伴。在对美国的外交中，俄罗斯要求美国遵守国际法准则，包括不干涉他国内政的原则，同时俄罗斯还寻求对美外交中的"反导弹系统不针对俄罗斯核威慑的法律保障"，俄方愿与美方发展平等互利关系，开展建设性合作。

与此同时，俄罗斯联邦新的外交政策构想提出了三个关键目标。第一，"俄罗斯将积极推动建立一个公平、民主的全球经济、贸易和货币金融体系"，帮助拯救世界经济，强调俄罗斯倡导的世界储备货币多元化的概念。第二，俄罗斯坚决反对干涉别国内政，将"确保尊重人权和自由"，并"考虑到每个国家的民族、文化和历史特点"，抵制在互联网上使用旨在以干涉别国内政为目的的新技术应用。第三，"保护责任"不应成为"军事干预或其他形式的干预"的借口，即坚持联合国的"不可替代性"。

俄罗斯联邦新的外交政策构想对世界形势做出了基本判断，指出以下世界更加"不稳定"的五个因素。一是全球经济危机，这是地缘政治格局深刻变化的有力催化剂。二是西方干涉别国内政，例如在"阿拉伯之春"中，西方国家将自己的价值观强加于他国意味着国际关系面临混乱和失控的危险。三是联合国地位的被削弱，即有的国家试图通过绕过联合国安理会"以单边制裁和武力行动来解决危机"、"曲解联合国决议"和"执行颠覆合法政权的目的的理论"来解决危机。四是跨境挑战和威胁增多，俄罗斯首次将"信息空间威胁"列为主要威胁之一。五是西方国家在国际关系中重新关注意识形态领域的倾向问题。

2.1.4 俄罗斯的政府机构

俄罗斯国家权力的最高执行机构是俄罗斯联邦政府。梅德韦杰夫于2012年5月8日被任命为俄罗斯联邦总理，并于2018年5月8日由普京总统再次批准连任。2020年1月梅德韦杰夫宣布俄罗斯政府全体辞职，米舒斯金成为普京总统提名的新任总理人选。

俄罗斯联邦执行权力机构的组织结构模式，也就是俄罗斯联邦的权力体制实行俄罗斯联邦各部、局和署三级管理。联邦部门分为两部分，一部分由总统直接领导，另一部分由政府领导。其余的联邦机构局、署管理分为三类，直接由总统领导、政府领导和联邦部领导。

俄罗斯联邦部的职能是制定相应分管领域的联邦国家政策，依法规范其所辖领域的活动，监督和协调其所辖联邦局、署的活动。与此同时，联邦部还管理调节国家预算外资金的活动。俄罗斯联邦局的职能是监督和管理分管领域的活动，并在国家安全、国防、国家边界保护、打击社会犯罪和在公共安全等领域履行专门的职能。俄罗斯联邦署，除了对所属领域的活动进行监管以及调控职能外，还为分管领域的活动提供国家服务（例如发放配额、许可证等），对国家财产行使管理职能和执法职能。

2.2 文化环境

2.2.1 俄罗斯的民族

俄罗斯联邦是一个多民族国家，有 194 个民族，其中 77.7% 的是俄罗斯族人，主要的少数民族有鞑靼、哈萨克、楚瓦什、阿塞拜疆、白俄罗斯、乌克兰、巴什基尔、车臣、亚美尼亚、阿瓦尔、摩尔多瓦等族。

俄罗斯人属于斯拉夫种族，斯拉夫种族的根源可以追溯到远古时代。斯拉夫种族的重要分支东斯拉夫人诞生于乌克兰沿岸著名的第聂伯河的沿岸，第聂伯河的一条支流被称为罗斯河，俄罗斯人的名字就起源于这条河流。

2.2.2 俄罗斯的语言

俄罗斯有大约 150 种语言（其中近 80 种是标准语言），主要有印欧语系（87.3%）、阿尔泰语系（6.6%）、乌拉尔语系（2.4%）和高加索语系（0.7%）4 种。俄语是主要语言，属于斯拉夫语族，这隶属于印欧语系。俄语是俄罗斯联邦的官方语言，也是一种国际语言。但值得注意的是，在俄罗斯大约 90% 讲俄语的居民是"非俄罗斯族"。

2.2.3 俄罗斯的宗教

俄罗斯联邦的宗教非常多元化，包括基督教、伊斯兰教、萨满教、犹太教和佛教（喇嘛教），具体如表 3 - 1 所示。

表 3 −1　俄罗斯联邦主要民族和宗教（2010 年统计数据）

单位：千人，%

民族	人口	占比	主要信仰
俄罗斯族	111000	77.71	东正教
鞑靼族	5310	3.72	伊斯兰教
乌克兰族	1928	1.35	东正教、天主教、联合教派
巴什基尔族	1585	1.11	伊斯兰教
楚瓦什族	1436	1.01	东正教
车臣族	1431	1.00	伊斯兰教
亚美尼亚族	1128	0.83	基督单性论教派、东正教
摩尔多瓦族	744	0.52	东正教
白俄罗斯族	521	0.37	东正教、天主教
阿瓦尔族	912	0.64	伊斯兰教
哈萨克族	648	0.45	伊斯兰教
乌德穆尔特族	552	0.39	东正教
阿塞拜疆族	603	0.42	伊斯兰教
马里族	548	0.38	东正教
德意志(日耳曼)族	394	0.28	新教、天主教
卡巴尔达族	517	0.36	伊斯兰教
奥塞梯族	529	0.37	东正教、伊斯兰教
达尔金族	589	0.41	伊斯兰教
犹太族	205	0.14	东正教、犹太教
布里亚特族	461	0.32	东正教、佛教、萨满教
雅库特族	461	0.32	东正教、萨满教
库梅克族	478	0.33	伊斯兰教
印古什族	445	0.31	伊斯兰教
列兹金族	474	0.33	伊斯兰教

资料来源：俄罗斯联邦统计局 2010。

2.2.4　俄罗斯的习俗

古罗马和古希腊都有右吉和左凶的概念。在这些文化的影响下，俄罗斯人形成了右为"尊重的、高贵的、吉祥的"，左为"邪恶的、卑鄙的、低贱的"观念。在俄语中，"右"也是"公正、正确"，"左"这个词的意思是

"否定的"或"反面的"意思。

以下有三个极具地方特色的习俗需要说明一下：①俄罗斯人在正式和非正式的宴会上都喜欢敬酒；②在俄罗斯送鲜花，这是很好的礼物，但有讲究：送花给亲戚、朋友、老师等，那一定是单数，只有送花给死者才是双数；③在俄罗斯，人们见面要避免问诸如收入、年龄、感情等个人隐私问题。

2.2.5 俄罗斯的科技、教育和医疗

【科技】关键科学和技术领域都是俄罗斯集中国家力量所开发的。受益于这种国家研发模式，俄罗斯在其基础研究、军事和航空航天技术方面都处于世界领先地位，比如俄罗斯科学院的超级计算机、天体物理学、化学、分子生物学、微电子学、纳米电子学、电绘图新技术、高温超导、气象等领域都取得了众多科研成果且都跻身世界先进行列。其中在高科技研究方面，俄罗斯同样在许多领域仍然保持着世界领先地位，并拥有许多原创技术。在决定当今世界国家实力的50项主要技术中，俄罗斯在其中的12~17项技术领域与西方发达国家不相上下，特别是新材料技术、航空航天技术等。

【教育】俄罗斯的教育分为两种，一种为基础教育，另一种为专业教育。学前教育、初级基础教育（小学1~4年级）、基本基础教育（初中5~9年级）、完全基础教育（高中10~11年级）构成基础教育，中等专业教育（类似于中国高等职业教育学院）、高等专业教育（大学本科、硕士）、大学后教育（副博士、博士）构成了专业教育。此外，俄罗斯的教育体系还包括各级别、各类型、各种形式的国立教育机构达14万家，研究机构、创新中心、技术车间等1500余家。

【医疗】俄罗斯被认为是世界上医疗卫生行业较发达的国家之一。在俄罗斯，有各种各样齐全的医院和诊所、医学科研机构，平均而言，50名医生负责10000名居民，医疗水平相对较高，特别是眼科医疗手术水平处于世界领先地位。2018年，俄罗斯联邦预算中有76亿美元用于医疗保健，而地方预算中有152亿美元用于医疗保健。

到今天为止，俄罗斯仍然保留了国家医疗保障系统，所有俄罗斯人都有

权享受国家医疗保障系统服务，大约95%的俄罗斯人持有医疗保险卡。这是一项强制性的国家保障制度，最初成立于1991年，全国范围的推广于1994年完成，俄罗斯国内的强制医疗保险法于1996年通过。俄罗斯的强制医疗保险基金由三部分组成：第一部分是企业、组织等缴纳的强制医疗保险费；第二部分主要用于支付儿童、残疾人、退休人员和其他未就业人员的国家预算拨付的医疗资金；第三部分是强制医疗保险费，这部分是由从事个体劳动和私营经济活动的公民缴纳的。

2.2.6 俄罗斯的工会及其他非政府组织

（1）俄罗斯独立工会联合会。俄罗斯独立工会联合会成立于1990年11月，是俄罗斯最大的工会组织，包括120个成员组织，其中42个产业工会、78个州级工会，有30多万个基层组织和大约4000万名成员。俄罗斯独立工会联合会以《俄罗斯联邦社会劳动关系管理三方委员会条例》的规定为工作依据。俄罗斯政府、俄罗斯雇主联合会和俄罗斯工会联合会已经成立了一个三方委员会来规范社会劳动关系。这个三方委员会将在劳动关系、经济政策、保险和社会福利等方面发挥重要的协调作用。

（2）俄罗斯联邦工商会。俄罗斯联邦工商会有180个地方工商会、178个企业联合会和37个联邦范畴的商业组织机构。450家企业和公司是由工商会参与组建的。它们向当地企业提供信息服务，在14个国家设有15个代表处，并与其他国家组建了6个合作性商会。俄罗斯联邦工商会通过其下属各部和委员会从事下列活动：法律、展览、价格评估、检查、信息和其他形式的服务。此外，商会还将提供产地证、法律咨询、商检、质检等服务，并组织企业家进行学习进修等。

2.2.7 俄罗斯主要的媒体

【通讯社】俄罗斯在国际媒体上具有重要影响力的主要新闻机构有俄通社—塔斯社、波罗的海新闻社、俄罗斯新闻社、国际文传电讯社等。

【主要报刊】俄罗斯有超过30000家报纸和杂志，主流报纸包括《俄罗斯报》、《消息报》、《星期周刊》、《共青团真理报》、《生意人报》、《七天》和《独立报》等。

【主要电视台】俄罗斯主要电视台包括俄罗斯国家电视台、"第一频道"电视台、非国家电视台（PEH）等。

【主要广播电台】有 5 种主要的俄罗斯广播媒体，包括俄罗斯广播电台、俄罗斯卫星广播电台、俄罗斯之声广播电台、灯塔广播电台和莫斯科回声电台。

【网络媒体】由于俄语语法的特殊性，网络搜索过程非常复杂。yandex 是俄罗斯最大的搜索引擎，可以满足俄语本地化的需求。

3　国家投资便利化水平

就投资便利化而言，APEC 的定义是，政府实施相应政策吸引外国投资并实现投资周期内管理效率与经济效益最大化，其涵盖市场准入、投资待遇、争端解决和投资保护等便利化措施；OECD 的定义则是，国际直接投资活动中能够为投资者及企业提供的便捷化程序和优质的投资环境。基于现有理论研究，本书定义投资便利化为，一国或一地区通过一系列的手段和措施，为实现国际资本流动快速化、便捷化、标准化而创造的一个协调的、透明的、可预见的环境。其主要受到国家市场经济环境、制度环境、基础设施及社会环境四方面的影响。

（1）市场经济环境是指东道国在市场经济规律中所形成的各种宏观与微观环境。本书中的市场经济环境是从一国或一地区的宏观层面出发，是包括一国国内生产总值、市场规模在内的经济环境与市场环境的整体表现。一国的市场经济环境为投资便利化创造了宏观的大环境，良好且稳定的市场经济环境能为投资便利化提供更多的宏观支持。

（2）制度环境包括规制性、认知性和规范性维度。规制性维度决定了在一个国家开展商业活动的难易程度，认知性维度是指与外国投资者有关的理所当然的做法，而规范性维度则涉及特定国家现存的主导价值观和信仰。本书中的制度环境主要包含政府稳定、腐败程度等要素，这些都与国际投资密切相关，影响了国际资本流动在该国的便利程度及竞争机制等，体现了一国政府的市场监管效率，良好的制度环境会为投资便利化带来更为优越的制度监管支持。

（3）基础设施是指国家或政府为了保证社会经济活动正常进行而建造的物质工程设施与公共服务系统。基础设施是国际投资产生与发展的基础物质条件。本书所提到的基础设施主要包括互联网、物流、电力、交通等方面，这些方面都是现代国际投资得以更便捷、更快速的根本所在。

（4）社会环境是一定时期内整个社会发展的一般状况，主要包括社会道德风尚、文化传统、人口变动趋势、文化教育、价值观念、社会结构等。本书中的社会环境主要指与人或社会活动息息相关的各个方面，主要包括居民消费支出、贫困人口比例、文化教育水平等。投资是以人为主的活动，人的基本素质及社会活动的便捷性都会影响投资便利化水平的高低。

基于以上定义，同时结合世界经济论坛（WEF）、世界银行（WB）、美国遗产基金会（HF）、透明国际（TI）等机构指标体系构建原理以及刘镇、陈继勇等（2018）学者的相关研究，本书构建了包含三个层级的中欧班列沿线国家投资便利化水平指标评价体系。第一层级为国家投资便利化水平。第二层级为市场经济环境、制度环境、基础设施和社会环境四个维度。第三层级共21个指标，其中以外资规模（FDI/GDP）、投资自由度、GDP总额、资本形成总额和贸易规模5个指标来描绘市场经济环境指标，以政府稳定、腐败程度、法律和制度、官僚质量4个指标来描绘制度环境指标，以铁路密度、公路密度、航空货运量、港口质量、安全互联网服务器（每百万人）、每百人中固定电话数量、电力供应量7个指标来描绘基础设施指标，以居民消费支出、总人口数、贫困人口比例、文化教育水平以及犯罪率5个指标来描绘社会环境指标，以此构建了具备一定科学性、完整性和可操作性的中欧班列沿线国家投资便利化水平的评价指标体系（见表3-2）。本书所需数据均来源于世界经济论坛"The Global Competitiveness Report，GCR"、世界银行数据库、美国遗产基金会、透明国际以及各国对应统计年鉴等相关的指标数据。

表 3 - 2　中欧班列沿线国家投资便利化水平指标评价体系

第一层级	第二层级	第三层级
国家投资 便利化水平	市场经济环境(ME)	外资规模(FDI/GDP)
		投资自由度
		GDP 总额
		资本形成总额
		贸易规模
	制度环境(IE)	政府稳定
		腐败程度
		法律和制度
		官僚质量
	基础设施(BI)	铁路密度
		公路密度
		航空货运量
		港口质量
		安全互联网服务器(每百万人)
		每百人中固定电话数量
		电力供应量
	社会环境(CE)	居民消费支出
		总人口数
		贫困人口比例
		文化教育水平
		犯罪率

需要说明的是，在按照指标体系对中欧班列沿线国家进行数据收集时，部分国家少量数据缺失，本团队有针对性地采取插值法或平滑法等数理统计方式来进行补全。基于此，考虑到数据的可得性和研究的科学全面性，本章选取俄罗斯这一中欧班列沿线国家作为研究对象，并以 2008 ~ 2017 年为时间样本周期全面考察其国内投资便利化水平。

3.1　市场经济环境

市场经济环境是指东道国国内在市场经济规律中所形成的各种宏观与微观环境。市场经济环境包括外资规模（FDI/GDP）、投资自由度、GDP 总额、资本形成总额和贸易规模几个分指标。

3.1.1 外资规模

外资规模即外国直接投资。外国直接投资（FDI）是投资者为获得在另一个国家经济体内经营企业的永久管理权益（超过10%的投票权）而进行的资本净流入。2008～2017年俄罗斯外资规模占GDP比重走势如图3－1所示。

在2008年全球爆发金融危机之后，俄罗斯吸引外资的能力就逐渐陷入低谷。从图3－1中可以看出，2008～2012年俄罗斯的外资规模呈现逐年下降趋势，从2008年的外国直接投资净流入占GDP的4.5%下降为2012年的2.3%。到2012年底，对俄投资累计较多的国家依次是塞浦路斯（767.4亿美元）、荷兰（614.9亿美元）、卢森堡（427.4亿美元）、中国（279.2亿美元）、英国（266.8亿美元）、德国（249.1亿美元）、爱尔兰（143.1亿美元）、维尔京群岛（125.1亿美元）、日本（107.8亿美元）、法国（98.2亿美元），来自这些国家的投资占俄罗斯外国投资总额的85.1%。

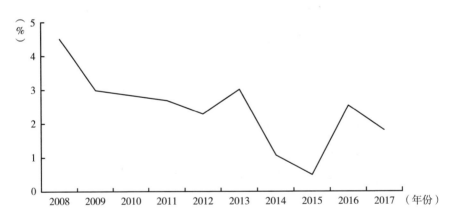

图3－1　2008～2017年俄罗斯外资规模占GDP比重

为了防止局面的进一步恶化，吸引更多的外国投资，从2012年到2013年，俄罗斯政府提出了"现代化战略"和国有资产私有化，通过修订相关法律法规、降低外商投资准入门槛、简化外商投资手续、设立

"俄罗斯直接投资基金"等措施,使外商投资呈现升温趋势。2013年,俄罗斯的外国直接投资净流入有所反弹(占GDP的3%)。但从2014年开始,俄罗斯外国直接投资净流入数值又开始继续下滑,2015年数值仅占国内生产总值的0.5%,为十年内最低点;2015年到2016年外资规模有所回升,2016外资规模实际占比为2.5%;2016年到2017年外资规模占比又呈现下滑趋势,2017年俄罗斯的外国直接投资净流入占GDP的1.8%。

3.1.2 投资自由度

投资自由度指数满分为100分,在该指标上分数越高,表明政府对区域投资的干涉水平越高,投资自由度越低。2008~2017年俄罗斯投资自由度如图3-2所示。

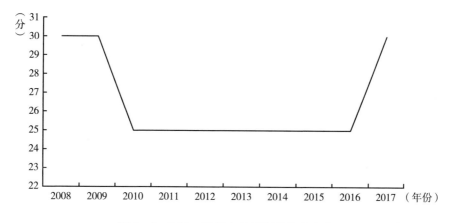

图 3 - 2　2008~2017 年俄罗斯投资自由度

从图3-2中可以看出,2008~2009年俄罗斯的投资自由度均为30,意味着政府对区域投资的干涉水平比较低,投资自由度受到的限制较少,投资自由度比较高;2009~2010年,俄罗斯的投资自由度和2008年相比,呈现较为明显的上升趋势,直到2016年俄罗斯政府对区域投资的干涉水平始终保持25这个分数不变;2017年投资自由度有所降低,从2016年的25上升到了2017年的30。

3.1.3　GDP总额

GDP总额是反映一个国家或地区经济发展实力的评价指标。单位为现价美元。2008～2017年俄罗斯GDP总额如图3-3所示。

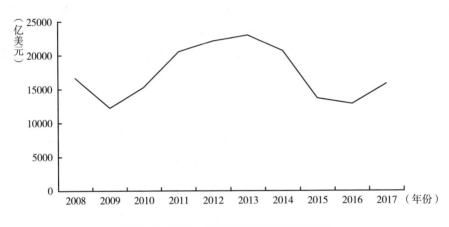

图3-3　2008～2017年俄罗斯GDP总额

从图3-3可以看出，2008年俄罗斯GDP总额为1660846387626美元；2009年相比2008年有所下降，为1222644282200.48美元；从2009年到2013年，俄罗斯GDP总额呈现逐年上升趋势，也就意味着在这5年间，其经济发展实力有逐年增强的趋势，2013年俄罗斯GDP总额达到2297128039058.16美元，但从2013年开始到2016年，俄罗斯GDP总额又呈明显的逐年下降趋势，特别是2014年到2015年间，下滑了699957399711.94美元；2016年俄罗斯GDP总额为1282663609770.69美元；2017年GDP总额相比2016年上升了295753602166.18美元，实际GDP总额为1578417211936.87美元。2017年相对于2016年而言，俄罗斯国内的经济发展实力又有所提升。

3.1.4　资本形成总额

资本形成总额即新的固定资产支出加上存货的净变动，包括土地改良（围栏、沟渠、排水沟等），购置厂房、机器及设备，修建公路、铁路、学校、办公室、医院、私人住宅和工商业建筑，以及企业为生产或销售中暂时需要或意外波动而储存的货物。单位为现价美元。2008～2017 年俄罗斯资本形成总额如图 3－4 所示。

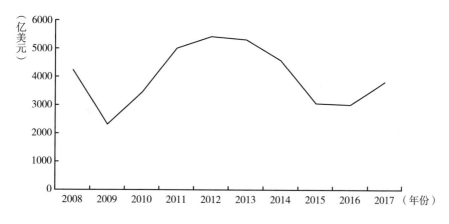

图 3－4　2008～2017 年俄罗斯资本形成总额

由图 3－4 可以看出，2008 年俄罗斯资本形成总额为 423536086331 美元；2009 年相较于 2008 年，有明显的下降趋势，资本形成总额为 231402250759 美元；自 2009 年以来，俄罗斯的资本形成总额呈逐年稳步增长趋势。到 2012 年，俄罗斯的资本形成总额为 542487305365 美元；从 2009 年到 2012 年，平均每年都有所增长；但自 2012 年以来，俄罗斯的资本形成总额又呈现逐年下降态势，2015 年为 305640022514 美元；2016 年持续下降到 301133830132 美元；2017 年相对于 2016 年有较为明显的增加，为 381522655751 美元。

3.1.5　贸易规模

贸易规模定义为，一国居民与世界其他地区之间的所有商品和服务进出口总额之和。2008～2017 年俄罗斯贸易规模如图 3－5 所示。

从图 3－5 中可以看出，2008 年俄罗斯贸易规模为 889662010000 美元；2009 年贸易规模相较于 2008 年有明显下滑，为 590272010000 美元；2009 年到 2013 年，俄罗斯贸易规模呈现增长态势；特别是从 2009 年到 2011 年，俄罗斯贸易规模增长趋势明显，2011 年达到 983498260000 美元；2013 年俄

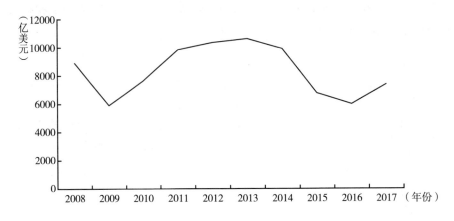

图 3 - 5　2008～2017 年俄罗斯贸易规模

罗斯贸易规模达到十年间最高值，为 1061609090000 美元；不过，好景不长，从 2013 年开始到 2016 年，俄罗斯贸易规模连续 3 年呈迅速下降趋势。2014 年相较于 2013 年，贸易规模跌落 70160880000 美元，实际贸易规模为 991448210000 美元；2015 年相较于 2014 年跌落 316624290000 美元，实际贸易规模为 674823920000 美元；2016 年俄罗斯贸易规模为 598447640000 美元；2017 年相较于 2016 年，俄罗斯贸易规模略有回升，为 738226960000 美元。

3.2　制度环境

制度环境包括规制性、认知性和规范性维度。规制性维度决定了在一个国家开展商业活动的难易程度，认知性维度是指与外国投资者有关的理所当然的做法，而规范性维度涉及特定国家现存的主导价值观和信仰。制度环境主要包括四个分指标：政府稳定、腐败程度、法律和制度、官僚质量。

3.2.1　政府稳定

政府稳定是指一个国家在稳定与崩溃之间的范围，这是衡量一个国家执行其宣布计划的能力，以及保持政权稳定的标准。政府稳定与否根据分数进行判断，满分为 12 分，分数越高则表明国家越稳定，反之就越动荡。2008～2017 年俄罗斯政府稳定情况如图 3－6 所示。

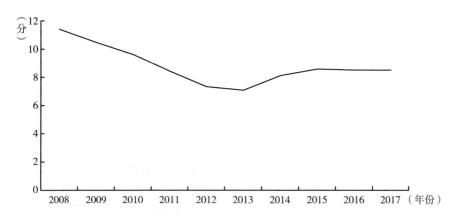

图 3－6　2008～2017 年俄罗斯政府稳定情况

从图 3－6 中可以看出，2008 年俄罗斯政府稳定指标为 11.42，根据政府稳定的基本概念，2008 年俄罗斯政府比较稳定；2008 年之后，俄罗斯也遭遇了经济危机，2009～2013 年俄罗斯政府稳定指标呈现逐年下降的趋势且趋势相当明显。2009 年俄罗斯政府稳定值为 10.46，2010 年为 9.63，2011 年为 8.42，2012 年为 7.33，2013 年降至这十年间的最低值 7.08。但是 2014～2017 年俄罗斯的政府稳定指标又有所回升，分别为 2014 年的 8.13、2015 年的 8.58，2016 年和 2018 年均为 8.50，这几年意味着俄罗斯政府的执政能力有所回升，政府有越来越稳定的趋势。

3.2.2　腐败程度

腐败程度与投资表现出反向相关性，一个国家腐败程度越高，则越不利于投资。就腐败程度指标而言，数值越高则表明国家越不腐败，数值越低则表明国家腐败程度越高。该指标满分为 6 分。2008～2017 年俄罗斯腐败程度如图 3－7 所示。

从图 3－7 中可以看出，2008～2011 年俄罗斯腐败程度指标皆为 2，2012 年开始则进一步下降，2013～2017 年则稳定在 1.5，这一系列数值表

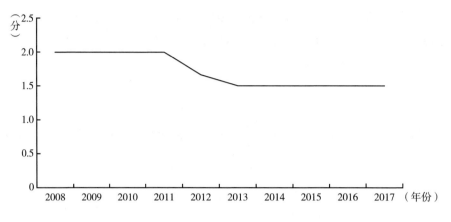

图 3 - 7　2008 ~ 2017 年俄罗斯腐败程度

明，十年间俄罗斯腐败程度更进一步加深。原因在于俄罗斯在发展过程中，随着国家联邦政策不断调整，导致执法不规范不透明，官员官僚作风明显，直接导致腐败问题的产生，连带反应就是办事效率低，国家发展正常进度受到影响。

3.2.3　法律和制度

法律和制度指标采用的是国家风险国际指南（ICRG）中的法律与秩序指标。"法律"部分是用来衡量法律体系的力量和公正性，"秩序"部分是用来衡量公众对法律的遵守程度。该指标满分为 6 分，分值越高代表该国法律体系完善程度和公众遵守程度越高，分值越低则代表法律体系的完善性、公正性以及公众对法律的遵守程度越低。2008 ~ 2017 年俄罗斯法律和制度情况如图 3 - 8 所示。

从图 3 - 8 中可以看出，2008 ~ 2011 年这四年当中，俄罗斯法律和制度指标一直保持在 4，意味着俄罗斯的法律体系较为公正、充满力量，同时公众对法律的遵守程度也比较好。但是从 2011 年到 2013 年，俄罗斯的法律和制度指标开始呈现逐年下降的态势，2012 年相较 2011 年，法律和制度指标有所降低，为 3.5；2013 年相较 2012 年下了 0.5，实际为 3.0；这意味着和 2007 ~ 2018 年这十年间的前四年相比，俄罗斯的法律和制度的权威性有所下降；2013 ~ 2017 年俄罗斯的法律和制度指标没有变化，非常稳定，皆

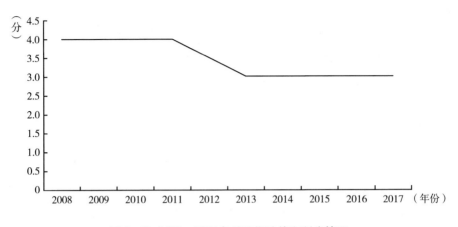

图 3 - 8　2008～2017 年俄罗斯法律和制度情况

为 3.0，意味着俄罗斯国内的法律和制度不够有力量，还需要加强。

3.2.4　官僚质量

官僚质量指标反映的是一个国家政府管理层面整体素质的综合指标，数值越高则表明该国政府管理层越清明，数值越低则表明该国官僚主义盛行。该指标满分为 4 分。2008～2017 年俄罗斯官僚质量情况如图 3 - 9 所示。

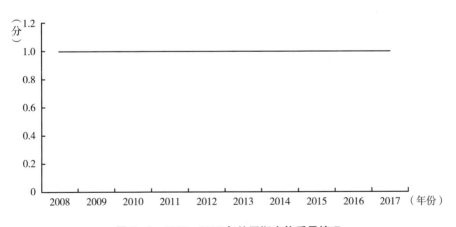

图 3 - 9　2008～2017 年俄罗斯官僚质量情况

从图 3 - 9 中可以看出，这十年间，俄罗斯国内官僚质量指标一直都维持在 1.0，数值相对较低，该结果表明俄罗斯整体官僚主义程度较高。从苏联开始，就是实行的计划经济，计划经济下的各种问题到目前为止仍然大行其道。例如，过去计划体制下的不工作、假工作今天依然存在。服务意识淡薄，顾客是仆人，制造商是上帝。俄罗斯的社会生活的运行效率低下，严重的官僚主义不仅在政府部门和国有企业存在，就是在私营企业也严重存在。

3.3　基础设施

基础设施是指东道国为社会生产和居民生活提供公共服务的物质工程设施。它是一种公共服务系统，用于确保国家或地区的社会和经济活动的正常运行。它是社会赖以生存和发展的普遍物质条件。基础设施情况包含七个分指标：铁路密度、公路密度、航空货运量、港口质量、安全互联网服务器（每百万人）、每百人中固定电话数量、电力供应量。

3.3.1　铁路密度

铁路密度指一个国家铁路总千米数除以国土面积的数值，它是衡量一个国家铁路发达程度的指标，即每平方千米内的铁路的千米数。数值越大，代表该国家铁路运输业越发达，反之则越落后。2008～2017年俄罗斯铁路密度如图3-10所示。

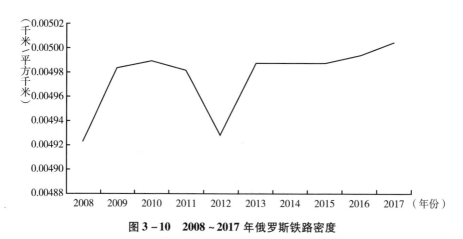

图3-10　2008～2017年俄罗斯铁路密度

从图3-10中可以看出，2008年俄罗斯的铁路密度为0.004922，2008年到2010年持续呈现上升态势，2010年为0.004988。从2011年开始，俄罗斯铁路密度开始呈现下滑趋势,而且下滑非常明显,2011年为0.004981,2012年为0.004927。正是由于铁路在俄罗斯经济生活中的重大作用,俄铁公司的改革问题在2012年普京再度出任俄罗斯总统后,引起了他的高度重视,他也积极为俄罗斯铁路的改革和发展出谋划策。在此背景下,从2012年开始,俄罗斯铁路密度开始呈现上升趋势,2013年俄罗斯的铁路密度为0.004987,这个密度数一直维持到2015年。从2015年开始,俄罗斯铁路密度继续呈现增长趋势,2016年为0.004993,2017年为0.005003。

3.3.2 公路密度

公路密度指标定义为,陆地每平方千米内公路的千米数。其用于衡量一个国家的公路运输发达程度,数值越高则公路运输业越发达,反之则越落后。2008~2017年俄罗斯公路密度如图3-11所示。

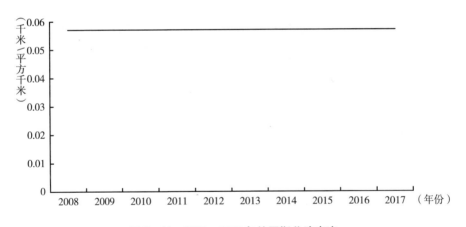

图3-11 2008~2017年俄罗斯公路密度

从图3-11可以看出,这十年间,俄罗斯的公路密度都维持在了0.057,说明俄罗斯国内的公路运输业相对不够发达。俄罗斯的公路密度不太高,一方面和其广袤的国土和寒冷的气候有关。它虽然拥有西伯利亚广袤的土地,但一年中大多数时间完全是冰封雪冻,一旦冻化遍地都是沼泽,这就意味着会花费很多的财力和人力去修建和维护公路。另一方面,俄罗斯很多地方人烟稀少,即便修建了公路,通行量也是很难保证,这就意味着投入的巨资很有可能会收不回来。根据相关统计，2000～2011 年，俄罗斯登记的轿车数量增长 78%，从 2040 万辆增加到 3640 万辆，而在最近 20 年间其数量增长了 2.6 倍。然而，硬面公路里程自 2000 年以来增长了 36%，而包括土路在内的道路总里程只增长了 12%，从 75.2 万千米增加到 84.1 万千米。显而易见，俄罗斯的道路建设没能跟上汽车的发展速度。在 2012 年预定新建和改扩建联邦级公路 366.5 千米，不及俄罗斯联邦级公路总里程的 1%，同时维修联邦级公路 5800 千米，约占总里程的 11.5%。地区干线公路的情况更糟。俄罗斯联邦公路署的资料显示，一些地区公路几乎是从 20 世纪中叶以来便没有进行过维修。一年中联邦公路署维修的联邦公路约为总里程的 10%。也就是说，这些高等级的联邦公路平均每 10 年才能维修一次，而有些地区的公路平均每 70 年才得到一次维修。

3.3.3 航空货运量

航空货运量是指各飞行阶段（飞机运行从起飞到下次着陆）所运送的货物、快递和外交邮袋的数量，以吨乘以飞行千米数度量，单位为百万吨/千米。2008～2017 年俄罗斯航空货运量如图 3 - 12 所示。

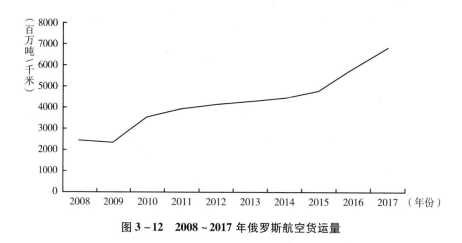

图 3 - 12　2008～2017 年俄罗斯航空货运量

从图 3 - 12 中可以看出，2008～2009 年俄罗斯受到了 2008 年世界经济危机的影响，航空货运量有下降的趋势，从 2008 年的 2399.59 百万吨/千米，下降到 2009 年的 2305.55 百万吨/千米；从 2009 年开始，俄罗斯的航空货运量开始逐年上升，从 2010 年的 3531.58 百万吨/千米，增长到 2017 的 6845.23 百万吨/千米，增长了近 1 倍。由此可以看出，俄罗斯这些年航空货运量在不断增加，与其他国家的贸易往来越来越频繁，国际贸易水平也在逐年提高。

3.3.4 港口质量

港口质量指港口基础设施的质量，质量越高则运输等效率越高，反之则越低。通过 1~7 七个评分标准反映一个国家港口质量的好坏，1 表示十分欠发达，7 表示根据国际标准，十分发达高效。2008~2017 年俄罗斯港口质量如图 3－13 所示。

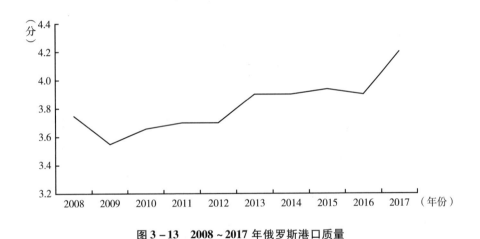

图 3－13　2008~2017 年俄罗斯港口质量

从图 3－13 中可以看出，这十年间，俄罗斯港口质量变化较为明显。2008 年，俄罗斯港口质量为 3.75，属于比较落后的范畴。不过从 2009 年开始到 2015 年，俄罗斯的港口质量呈缓慢上升的趋势。原因在于，2011 年 11 月，俄罗斯总理宣布，在未来十年，俄罗斯政府打算将大量的资金注入交通行业，加快现代化港口和机场等基础设施建设。因此在 2009 年俄罗斯港口质量降到最低点以后，从 2010 年开始缓慢上升，2015 年达到了 3.94，而从 2016 年到 2017 年，俄罗斯的港口质量又有明显的提高，并且更为接近高效发达的指标（2017 年为 4.2）。

3.3.5 安全互联网服务器（每百万人）

安全互联网服务器（每百万人）定义为在互联网交易中使用加密技术的服务器。2008～2017 年俄罗斯安全互联网服务器（每百万人）如图 3－14 所示。

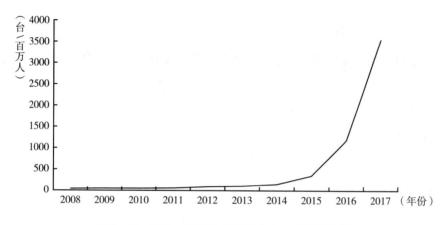

图 3－14　2008～2017 年俄罗斯安全互联网服务器

从图 3－14 中可以看出，2008～2017 年俄罗斯安全互联网服务器（每百万人）数量呈现逐年增加的趋势。从 2013 年开始，俄罗斯每百万人中在互联网交易过程中使用加密技术的服务器的数量呈急速上升态势，2014 年为 120.359；2015 年比 2014 年增长了近 2 倍，为 321.402；2016年比 2015 年增长了近 3 倍，为 1163.947；2017 年俄罗斯每百万人中在互联网交易过程中使用加密技术的服务器的数量为 2016 年的 3 倍多，为 3541.097。这个数据的增加，意味着俄罗斯越来越重视互联网交易过程的安全性。

3.3.6 每百人中固定电话数量

每百人中固定电话数量指标定义为，模拟固定电话线的有效数量、IP语音（VoIP）订阅、固定无线本地环路（WLL）订阅、ISDN 语音信道等价物和固定公共付费电话的总和。这个数量越高，则表明国家内的通信沟通越顺畅，有利于通信互联网技术的发展。2008～2017 年俄罗斯每百人中固定电话数量如图 3－15 所示。

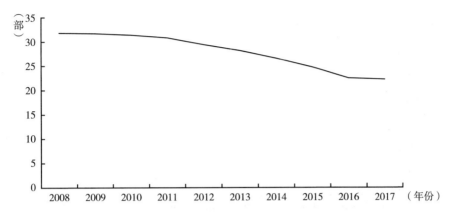

图 3 - 15　2008 ~ 2017 年俄罗斯每百人中固定电话数量

从图 3 - 15 中可以看出，2008 ~ 2017 年这十年间，俄罗斯每百人中固定电话数量呈现逐年下降的趋势。2008 年为 31. 827，2009 年比 2008 年略微有所下降，为 31. 713；2010 年比 2009 年又有小幅度下降，为 31. 375；从 2011 年开始俄罗斯移动通信的发展和固定通信市场的饱和导致固定电话设备的数量进一步减少，2011 年每百人固定电话数量为 30. 818；2012 年每百人固定电话数量比 2011 年有了较为明显的下降，为 29. 401；2013 ~ 2017 年持续下降，到 2017 年该数据为 22. 191。不过随着俄罗斯数字通信线路的设备升级和积极新建，这将大大增加俄罗斯国内通信线路的容量，为用户提供高质量的通信服务。

3.3.7　电力供应量

电力供应量即耗电量（人均千瓦时），用发电厂和热电厂的发电量减去输配电和变电损耗以及热电厂自用电量得出。2008 ~ 2017 年俄罗斯电力供应量如图 3 - 16 所示。

从图 3 - 16 中可以看出，2008 ~ 2017 年十年间俄罗斯的电力供应量多数呈增长趋势。2008 年俄罗斯的电力供应量为 6399 千瓦时；2009 年相比 2008 年有明显的下降，为 6095 千瓦时；从 2009 年起到 2012 年，俄罗斯的电力供应量呈不断增长态势；2010 年俄罗斯的电力供应量为 6409 千瓦时；2011 年俄罗斯的电力供应量为 6485 千瓦时；2012 年俄罗斯的电力供应量相

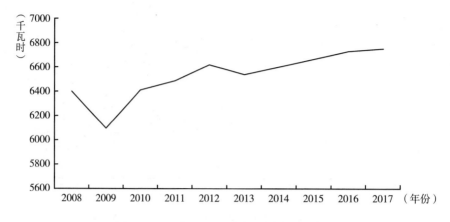

图 3 – 16　2008～2017 年俄罗斯电力供应量

比 2011 年有了较为明显的上升，为 6617 千瓦时；但是，2013 年相比 2012 年又有了较为明显的下降趋势，为 6539 千瓦时；然后从 2013 年开始到 2017 年，俄罗斯的电力供应量呈逐年上升态势。在"一带一路"沿线国家中，数据显示，俄罗斯的年发电量多年来仅次于中国，并于 2016 年首次突破 1 万亿千瓦时大关。根据俄罗斯政府预计，至 2040 年俄罗斯年发电量还将迎来 22%～48% 的增长空间，仅发电领域的投资需求就超过 1300 亿美元，输电领域的投资需求更是高达 4850 亿美元。

3.4　社会环境

社会环境是一定时期内整个社会发展的总体状况，它主要包括社会道德、文化传统、人口趋势、文化教育、价值观、社会结构等。社会环境在本书研究中主要包括五个分指标：居民消费支出、总人口数、贫困人口比例、文化教育水平、犯罪率。

3.4.1　居民消费支出

居民消费支出（以前称为私人消费）是指居民购买的所有商品和服务（包括汽车、洗衣机、家用电脑等耐用品）的市场价值，不包括住房费用，但包括自住住房的估计租金，向政府支付的许可证和执照费用也包括在内。

这里的消费者支出包括为居民服务的非营利组织的支出，无论国家是否单独公布，都是以现价美元计算的。2008～2017 年俄罗斯居民消费支出如图 3 – 17 所示。

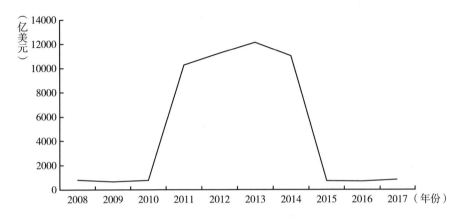

图 3 – 17   2008～2017 年俄罗斯居民消费支出

从图 3 – 17 中可以看出，2008～2017 年俄罗斯居民消费支出波动比较明显，2008 年为 81212300000 美元；2009 年比 2008 年有所减少，为 66801000000 美元，同时这也是 2007～2018 年这十年间俄罗斯居民消费支出最低的年份；2010 年较 2009 年俄罗斯居民消费支出有所回升，为 78514800000 美元；从 2010 年开始到 2013 年，俄罗斯居民消费支出大幅度飙升，2011 年达到 1027000000000 美元，为 2010 年的 13.08 倍；2012 年相比 2011 年增长 9.6%，达到 1126000000000 美元；2013 年持续增长，为 1216000000000 美元，是 2012 年的 1.08 倍；2014 年略有回落，实际为 1102000000000 美元；2015 年俄罗斯居民消费支出相比 2014 年，降幅十分明显，为 71644600000 美元；2016 年继续小幅度下跌，为 68237400000 美元。俄联邦总统直属国民经济与国家行政学院对俄社会经济状况的监测数据显示，2017 年上半年俄罗斯居民消费支出由于贷款增多，从上年同期的 74.2% 上升至 75.8%。即 2017 年俄罗斯居民消费支出相比 2016 年，又回升到了 83206800000 美元水平。

3.4.2　总人口数

总人口数是根据人口的实际定义计算的，也就是说，计算该国所有居民的人数，而不考虑他们的法律地位或公民身份。2008～2017 年俄罗斯总人口数如图 3 – 18 所示。

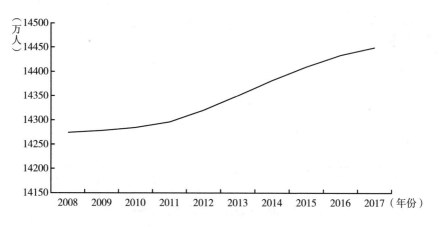

图 3 – 18　2008～2017 年俄罗斯总人口数

从图 3 – 18 中可以明显看出，2008～2017 年这十年间，俄罗斯总人口数是呈现出不断上升趋势的，2008 年为 142742350 人；2009 年比 2008 年增加 42992 人，为 142785342 人；2010 年比 2009 年增加 64107 人，为 142849449 人；2011 年比 2010 年增加 111419 人，实际为 142960868 人；2012 年持续快速上升为 143201676 人；2013 年为 143506911 人，比 2012 年增加 305235 人；2014 年为 143819666 人，比 2013 年增加 312755 人；2015 年增速稍微放缓，实际总人数为 144096870 人；2016 年比 2015 年增加 245526 人，实际为 144342396 人；2017 年俄罗斯总人口数虽然达到十年间最高点，为 144496740 人，但相比前几年增速放缓，2017 年只比 2016 年增长 154344 人，人口增长速度从 2014 年起就逐渐放缓。俄罗斯国土面积辽阔，拥有极为丰富的石油、天然气、淡水、森林等资源，但大部分国土位于寒温带和寒带，祖辈经历着严寒的考验。人口分布不均、性别比失衡、老龄化等人口问题，正成为深刻影响俄罗斯经济、社会、资源环境等多方面可持续发展的重要问题。

3.4.3　贫困人口比例

贫困人口比例即国家贫困率，是指生活在国家贫困线以下的人口的百分比。2008～2017 年俄罗斯贫困人口比例如图 3－19 所示。

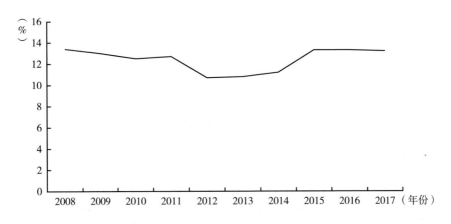

图 3－19　2008～2017 年俄罗斯贫困人口比例

从图 3－19 中可以看出，2008～2010 年俄罗斯贫困人口比例有所下降，2008 年俄罗斯生活在国家贫困线以下的人口比例为 13.4%；2009 年比 2008 年减少 0.4 个百分点，为 13%；2010 年比 2009 年减少 0.5 个百分点，为 12.5%；2011 年俄罗斯的贫困人口比例略微有所增加，为 12.7%；2012～2013 年，俄罗斯的贫困人口比例持续增加，2012 年为 10.7%，2013 年为 10.8%；从 2014 年开始，俄罗斯的贫困人口比例又有小幅度增加，为 11.2%；2015 年和 2016 年俄罗斯贫困人口比例都为 13.3%；2017 年基本保持不变，为 13.2%。十年间俄罗斯的贫困人口比例一直维持在 12.41% 这个数值左右，其还是存在相当一部分的贫困人口的。

3.4.4　文化教育水平

文化教育水平即大学总入学率，指不论年龄大小，大学在校生总数占中学之后 5 年学龄人口总数的百分比。2008～2017 年俄罗斯文化教育水平如图 3－20 所示。

图 3 - 20　2008～2017 年俄罗斯文化教育水平走势

从图 3 - 20 中可以看出，2008～2011 年俄罗斯文化教育水平呈逐年上升趋势：2008 年所占比例为 74.97%，2009 年为 75.44%，2010 年为 75.91%，2011 年为 76.5%。2012 年俄罗斯文化教育水平相比 2011 年有微弱的降低，为 76.14%；从 2013 年开始，俄罗斯文化教育水平呈逐年提高态势，一直到 2016 年；2014 年比 2013 年增加 0.69 个百分点，2015 年为 80.5%，比 2014 年增加 1.75 个百分点，增速相当明显；2016 年俄罗斯文化教育水平比 2015 年又增加 1.32 个百分点，为 81.82%；2017 年相比 2016 年有略微降低，为 81.14%。十年间俄罗斯文化教育水平达到了平均 77.92% 的高占比。

3.4.5　犯罪率

犯罪率是指对由于家庭纠纷、人际间暴力、为争夺土地资源的暴力冲突、黑帮团伙直接争抢地盘或控制权的暴力事件以及武装团伙的掠夺性暴力和杀戮而有意造成的非法谋杀犯罪的数值测算。2008～2017 年俄罗斯犯罪率如图 3 - 21 所示。

2008 年，随着经济危机的加剧，俄罗斯法制建设停滞不前，公众意识的潜在破坏，一些人道德观念的退化使得俄罗斯社会保障整体恶化，人们普遍缺乏安全感。2008 年俄罗斯犯罪率为 16.59%，为 2008～2017 年这十年间最高。从图 3 - 21 中可以看出，从 2008 年开始到 2013 年，俄罗斯犯

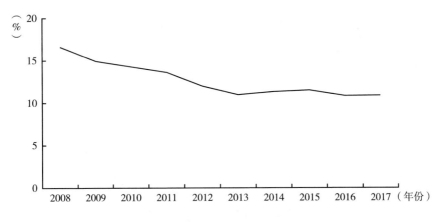

图 3 - 21　2008~2017 年俄罗斯犯罪率

罪率呈现逐年下降的趋势，2009 年下降 1.65 个百分点，为 14.94%，而 2013 年则降为 10.98%；2014 年和 2015 年俄罗斯犯罪率则略有回升，2015 年达到了 11.48%；2016 年和 2017 年俄罗斯犯罪率变化不太明显，2017 年为 10.85%。

3.5　总体评价

研究结论表明，俄罗斯在以普京总统为核心的政权控制下，国内总体政治局势较为稳定，社会秩序较为良好，经济也保持较为稳定增长的态势。俄罗斯国土横跨欧亚两大洲，资源丰富，地大物博，特别是能源和矿产资源极其丰富；同时，俄罗斯联邦政府也相继推出了吸引外商投资的优惠政策，这些均为俄罗斯吸引外资打下了基础。

3.5.1　便利化水平

俄罗斯的投资便利化水平总体呈现较好态势。特别是在加入 WTO 以后，政府慢慢放宽了对国内外投资领域的限制政策，吸引、鼓励外商及私有资金进入俄罗斯市场，特别是在国内推出了跨越式发展区和符拉迪沃斯托克自由港政策，陆续推出引资优惠政策。俄罗斯外资规模较好，资本形成总额保持稳定增长。虽然受到 2008 年世界经济危机的影响，但是俄罗斯市场经济总体表现较为稳定，人均 GDP 保持稳定增长（见表 3 - 3）。

表 3-3　2013~2017 俄罗斯宏观经济统计（按现行价格）

年份	GDP(亿卢布)	GDP 增长率(%)	人均 GDP(万卢布)
2013	661901	1.3	48.2
2014	714064	0.6	49.7
2015	808043	-3.8	52.8
2016	860436	-0.2	58.6
2017	920819	1.5	62.7

从俄罗斯制度环境上看，政府政权相对稳定，但是腐败程度仍然比较高；法律制度有待完善，意味着俄罗斯国内的法律和制度仍然有进步空间。俄罗斯政府对投资的干涉水平比较低，投资自由度比较高。但是，俄罗斯国内严重的官僚主义不仅在政府部门和国有企业存在，而且在私营企业也严重存在。

就基础设施建设而言，俄罗斯国内的基础设施建设较为完善，铁路、公路密度较高，电力供应量、航空货运量、港口质量、安全互联网服务器（每百万人）数量均保持较为稳定的增长态势。

从社会环境而言也较为稳定，俄罗斯居民消费支出波动较为明显，总人数呈现逐年上升趋势，贫困人口比例总体稳定，但是人口问题仍然是俄罗斯联邦社会环境中影响国家发展的主要问题。俄罗斯人民总体受教育程度比较高，这为外商进入俄罗斯投资打下了坚实的人力资源基础。

3.5.2　俄罗斯的投资吸引力

俄罗斯在基础科学方面具有较强的研究实力，特别是领先世界的尖端科技领域，如航天、军工、核能等工业。另外，石油、天然气工业在俄罗斯经济中长期发挥着核心作用。铝、铜、镍、铁等金属矿产资源相当丰富，矿产开采、冶金工业也很发达。值得一提的是，冶金工业产值占俄罗斯工业总产值的18%，占国内生产总值的5%，这些在俄罗斯的经济中都发挥了非常重要的作用。

俄罗斯联邦政府重视中长期社会经济发展纲要的制定，目前经由政府令批准的共有44个国家纲要，其中已审议通过并进入实施阶段的有41个，其他处于制订阶段的有 3 个。另有已由俄总统令批准的国家纲要 1 个。

2018 年世界银行发布的《营商环境报告》显示，俄罗斯营商便利度在全球 190 个经济体中排名第 35 位；2018 年发布的世界经济论坛《2017 ~ 2018 年全球竞争力报告》显示，俄罗斯的全球竞争力在 137 个国家和地区中排名第 38 位。

4 投资法律风险

4.1 俄罗斯对外投资法规和政策规定

4.1.1 俄罗斯主管贸易的部门

俄罗斯政府负责主管贸易的部门有经济发展部、联邦海关总署、农业部、工业和贸易部等。俄罗斯的经济发展部、农业部、工业和贸易部主要负责制定和管理对外贸易政策，发放进出口许可证，对进出口外汇业务进行管理，制定出口检验制度和审核批准对外贸易的协议。俄罗斯政府的外贸管理政策由联邦海关署执行，并且由其负责处理报关和关税业务的办理等。

4.1.2 俄罗斯的贸易规则体系

俄罗斯和贸易有关的法律包括《对外贸易活动国家调节法》《俄罗斯联邦海关法典》《海关税则法》《对外贸易活动国家调节原则法》《技术调节法》《关于针对进口商品的特殊保障、反倾销和反补贴措施联邦法》《在对外贸易中保护国家经济利益措施法》《外汇调节与监督法》等，还包括在欧亚经济联盟框架内的相关法律法规等。

4.1.3 俄罗斯贸易管理的有关规定

自 1991 年以来，俄罗斯彻底改革了外贸管理体制，废除了垄断性外贸管理体制。在俄罗斯注册的所有企业都有权从事包括中间业务在内的对外经济活动。大多数俄罗斯商品已经开放经营，仅有小部分商品受到许可证和配额的限制。

4.1.4 俄罗斯的海关管理规章制度

俄罗斯联邦海关署根据《欧亚经济联盟海关法典》《俄罗斯联邦海关调节法》《俄罗斯联邦海关税则法》及其他相关法律法规，实施对俄罗斯海关的管理。

【管理制度】俄罗斯、白俄罗斯和哈萨克斯坦的关税同盟于 2010 年 1 月 1 日正式启动。这意味着三国已经开始对进入该同盟关内的货物实行统一的进口关税税率，各国根据其国情需要，对货物设定了自己的出口关税税率。2010 年 7 月 6 日，《关税同盟海关法典》在俄罗斯、白俄罗斯和哈萨克斯坦全面实施。三国于 2011 年 7 月 1 日形成了统一的关税区域。欧亚经济联盟于 2015 年 1 月 1 日正式起航。《欧亚经济联盟海关法典》于 2018 年 1 月 1 日正式实施，同时废除了《关税同盟海关法典》。《欧亚经济联盟海关法典》的启动统一了包括俄罗斯在内的欧亚经济联盟成员国的海关管理，例如实施"单一窗口"、"电子申报"和"经授权的经营者"等制度。

【关税税率】自俄罗斯联邦于 2012 年加入世贸组织以来，它已承诺其进出口关税水平受世贸组织规则的约束。世贸组织 2013 年的统计数据显示，俄罗斯的简单平均最终税率为 7.7%，其中农产品关税税率为 11.1%，非农产品关税税率为 7.2%。俄罗斯承诺对世贸组织成员国的最惠国关税税率为 9.7%，其中农产品税率为 12.2%，非农产品关税税率为 9.3%。

俄罗斯的税目承诺共有 8.6% 的农产品是零关税（参见表 3－4）。事实上，最终实施零关税的税目只有 3%，最终税率低于 5% 的税目为 43.4%。占总数为 2.6% 的税目，关税税率大于 50%。此外，实行从量税的税目为 22.9%。对于非农产品，实行零关税的税目占比为 14.2%，实际上最终实现零关税的税目仅为总数的 3.4%；有 50.1% 的税目最终税率低于 5%。关税税率超过 50% 的税目量为 0。此外，实施从量税率的税目有 7%。俄罗斯加入世界贸易组织后，相应调整了进出口关税和关税配额标准。按照相关规定，以基本税率征收关税的货物为从享受最惠国待遇的国家进口的货物，被征收 2 倍基本税率的货物是从未享受过最惠国待遇的国家进口的货物。在俄罗斯可以享受关税优惠的国家包括与俄罗斯签订自由贸易协定的独联体国家和在联合国贸发会议上被批准的可享受普惠制的发展中国家。俄罗斯免除以上与俄罗斯签署自由贸易协定的独联体国家与最不发达国家的货物的进口关税。对来自发展中国家的货物按基本税率的75%来征收关税。

表3-4 俄罗斯主要商品的进口关税税率

单位：%

商品名称	关税税率	商品名称	关税税率
食品	5～20	电子产品	0～15
纺织品、服装	5～17.5	汽车	10～15
鞋	0.28～1.5 欧元/双	光学仪器	5～13
机械设备	0～15		

资料来源：《欧亚经济联盟统一关税税则》。

【进口关税】这是一项基于1996年商品名称和编码体系的货物贸易准入双边谈判。双边谈判的结果列入1996年商品编码（1996年国家标准）。但2007年采用的商品名称和编码体系被作为基础的（2007年国家标准）是基于2007年加入世界贸易组织工作组结束时所采用的。此列表清单中包括11682个税号。关税清单确定了初始和最终的约束税率和过渡期，以及过渡期内从初始税率到最终税率的过渡（见表3-5）。

表3-5 俄罗斯关税结构

单位：个

	统一海关关税（2011年6月）	初始水平	最终水平
所有税	11237	11682	11682
从价税	9261	10220	10270
综合税和特别税	1976	1462	1412

注：清单中确认的具体货物关税税率模式并不影响世贸组织成员根据货物约束税率使用另外一种税率模式。

资料来源：《俄罗斯海关税费法》。

自俄罗斯加入WTO后，90%以上的关税税率大于或等于目前关税同盟中统一的海关关税的税率水平。在过渡期结束时，不低于目前的关税同盟统一海关关税边际税率的约有 50%。从价税和综合税的税率中下调降幅不超过 5 个百分点的约有 30%。2015 年，俄罗斯调整了约 4000 项商品税率，约占欧亚联盟海关商品名录的 41%。从 2015 年 9 月开始，俄罗斯联邦政府降低了 3808 种商品的进口关税，还取消了包括农产品、木材、轻工业、机械制造、黑色金属和有色金属产品在内的产品的进口关税限制。

表 3-6　2013 年俄罗斯进口税目税率分布情况

单位：%

关税分布情况		零关税	0~5	5~10	10~15	15~25	25~50	50~100	>100	从量税
		税目占比情况								占比
农产品										
最终税率			3.0	43.3	21.5	24.5	4.2	0.8	2.3	0.3	22.9
最惠国税率	2013	8.6	37.3	8.4	33.9	7.8	1.9	1.8	0.3	25.0
非农产品										
最终税率			3.4	50.1	30.3	14.9	1.2	0.1	0	0	7.0
最惠国税率	2013	14.2	35.4	20.3	20.2	8.1	1.3	0.3	0.1	8.4

资料来源：WTO。

世界贸易组织的最新数据显示，俄罗斯畜产品的平均关税税率为 23.1%，这是俄罗斯进口类产品征收最高关税的产品种类。其次是烟草和饮料产品类，平均关税为 22.1%。棉布类产品完全实现零关税。在俄罗斯承诺的最惠国关税税率中，饮料和烟草类产品的承诺关税税率最高，平均为 26.1%。其次是服装类别，承诺的平均关税是 22.7%。棉布类产品承诺为零关税（见表 3-7）。

值得注意的是，2016 年 8 月，WTO 确认俄罗斯对纸张、冰箱和棕榈油的进口关税税率违反 WTO 规则。因为俄罗斯加入世界贸易组织时，它承诺对纸制品征收 5% 的关税，但实际征收 10% 或 15% 的关税。这个争端解决程序由欧盟于 2014 年 10 月发起，是 WTO 做出的第一项不利于俄罗斯的裁决。

表 3 - 7   2013 年俄罗斯进口税目按产品分类情况

单位：%

产品分类	最终税率		最惠国税率	
	平均关税	零关税占比	平均关税	零关税占比
畜产品	23.1	7.4	19.8	17.5
乳制品	14.9	0	16.1	0
水果、蔬菜、植物	8.7	0.2	11.3	4.6
茶、咖啡	6.4	4.2	8.1	20.8
谷物及制剂	10.1	1.3	11.5	3.5
油料、油脂	7.1	8.2	8.2	11.5
糖和糖果	12.3	0	12.6	0
烟草和饮料	22.1	0	26.1	4.4
棉	0	100	0	100
其他农产品	5.3	0	5.5	7.4
鱼及鱼制品	7.5	0	12.3	0.4
金属和矿物	8	0.1	9.5	6.4
石油	5	0	4.4	11.9
化学品	5.2	0.4	6.3	5.9
木材、纸张等	7.9	5	12.6	6.1
纺织品	7.8	0	10.8	0.6
服装	11.7	0	22.7	0
皮革、鞋类等	6.3	0	9.6	8.6
非电器机械	5.8	7.9	3.4	66
电气机械	6.2	23.3	7.2	25.2
运输设备	8.9	2.5	9.8	17.3
其他制造业产品	8.4	7.9	10.5	17.2

资料来源：WTO。

【关税配额】自俄罗斯加入 WTO 以来，对鲜肉、冷肉或冷冻肉类采取配额措施，包括牛肉（代码为 ТН ВЭД ЕАЭС 0201 或 0202）、猪肉（代码为 ТН ВЭД ЕАЭС 0203）和一些禽肉类型（代码为 ТН ВЭД ЕАЭС 0207）。对猪肉进口配额限制已于 2019 年 12 月 31 日截止，牛肉和禽肉暂时没有配额限制的实施期限。

配额取消后，俄罗斯牛肉（代码为 ТН ВЭД ЕАЭС 0202）进口关税不超过 15%，禽肉类（代码为 TH ВЭД ЕАЭС 0207）进口关税不超过 25%，普遍对猪肉（代码为 TH ВЭД ЕАЭС 0203）实施零关税。优质牛肉（代码为 TH ВЭД ЕАЭС0201300005，0202301005，0202309005）进口关税为 15%，不受配额限制。

【出口关税】俄罗斯仅对原木、动物皮、铝废碎料、废钢、铅锌废料等少数商品征收出口关税，意味着俄罗斯的出口产品基本上实现了零关税。

对海关关税的承诺包括在与欧盟的谈判中就出口关税达成共识。俄罗斯和欧盟之间达成的具有约束力的关税清单包括大约 700 种税目。约束清单包括自 2004 年 5 月起规定的出口关税涉及的所有出口产品。在协议书中规定，上述的这些商品出口关税在过渡期后的 1~5 年将完全取消，但油籽、矿物质燃料（石油、石油产品、天然气）、未经加工的木材以及一些珍贵树种加工的木材、未经加工的皮毛和皮革、废金属和铁路车辆车轴除外。以上提到的商品的关税，除燃料能源外，不能降至零关税，但可以降低或维持在初始限制水平。

4.2 俄罗斯对外国投资的市场准入规定

4.2.1 俄罗斯主管投资的部门

俄罗斯主要负责管理国内和外国投资的政府部门包括中央银行、财政部、工业和贸易部、国家资产委员会、司法部国家注册局、经济发展部、反垄断署、联邦政府对外国投资者咨询委员会、联邦政府对外国投资者监督委员会、联邦金融资产管理署等。

4.2.2 俄罗斯投资行业的规定

【鼓励的行业】外国直接投资领域在俄罗斯被政府鼓励的大多数是传统产业，包括天然气、石油、建筑、运输、煤炭、木材加工、建筑材料和食品加工、汽车制造、通信设备和纺织业等。

【限制的行业】俄罗斯议会的上下议院分别于 2008 年 4 月 2 日、2008 年 4 月 16 日通过经过多次修改的《关于外资进入对保障国防和国家安全具有战略意义的商业组织程序法》，目前共有 46 项商业经营活动被视为战略性产业，其中包括核反应堆项目的建设和运行，核材料生产，放射性物质、核装置、辐射源、核废料的处置、运输、储存、埋藏；开发、生产、销售、修理和销毁军事装备、武器和弹药，以及开发、生产和销售生产军事装备和武器所需的特种金属和合金；航空航天设施和航天器研究、维修等；密码加密设备的研发；还包括除了公共电信、公共邮政、供暖和供电、港口服务之外的一些自然垄断部门的服务；覆盖俄罗斯领土大多数的广播媒体、出版公司等。

为了避免外资对国民经济的不利影响，俄罗斯加强了对外国投资的限制。俄罗斯引入了新的法案来强化当前投资项目的审查机制，重点放在经济领域上。俄罗斯限制外国投资进入自然垄断行业，不允许外国公司设立合资企业，也不允许外商企业从事铁路运输设备的保养和维修服务。到目前为止，装卸、集装箱堆场、船舶代理和清关等服务均不允许外商参与。电网建设和运营领域以及石油和天然气管道运营尚未对外资开放。公路建设领域的外商投资开始逐渐有所放松，但经营领域尚未开放。此外，根据俄罗斯法律，俄罗斯中央银行有权就外资信贷机构的业务和最低注册资本问题向其提出额外补充要求；外国投资者不能参与航空业董事会和股东大会的管理。俄罗斯前总理梅德韦杰夫于 2017 年 9 月签署了一项政府决议，限制外国家具和木制品在两年内参与俄罗斯政府采购，但欧亚经济联盟成员生产的家具和木制品除外。

【禁止的行业】禁止外国投资经营俄罗斯人寿保险业和博彩业，禁止外资银行在俄罗斯设立分支机构，外国保险公司被禁止参加俄罗斯强制保险方案。

2011 年，俄罗斯修订了《外国投资法》。政府已通过一系列修订，简化外资进入食品、医疗、银行和地下资源使用的程序，以降低外国投资的进入门槛。

（1）简化注册公司的流程。2013 年 3 月，时任俄罗斯总理梅德韦杰夫批准了经济发展部拟定的"简化法人和个体工商企业登记注册程序"线路，并提议于 2018 年前缩短公司登记时间，从 30 个工作日缩短至 5 个工作日，同时将俄罗斯在全球商业排名升至第 20 位。为实现这个目标，计划采取的措施主要包括：公司登记材料可通过中介机构（公证处、律师事务所、银行）提交，注册资本金在支付期限上被放宽，提供注册人使用注册标准化公司，简化联邦税务局和预算外基金间信息交换时间，对公司注册前必须持有公章和对法人及个人户须向税务部门和非国家基金方面通报开设和关闭银行账号信息的规定予以取消。

（2）批准《公私合营法》。俄罗斯政府于 2013 年 3 月批准了《公私合营法》。该法允许私人投资者与地方和国家政府签订各种形式的合同，为私人投资、外资涉入俄罗斯垄断行业的投资、公共服务业以及参与政府采购奠定了相应的法律基础。这是一项改善俄罗斯投资环境的重要举措。

（3）禁止外国银行在俄罗斯设立分行的法律生效。2013 年 3 月，俄罗斯联邦委员会（议会上院）批准了一项法律，这项法律禁止外国银行在俄罗斯设立分行。该法是由俄罗斯政府根据俄罗斯加入世贸组织议定书和俄罗斯银行业 2015 年之前的发展战略所起草的。因此，"外资银行分行"一词将在未来有关外资信贷机构的注册登记的规定中被取消。只允许外资银行在俄罗斯境内设立子银行或外资参股和控股。

4.2.3 俄罗斯投资方式的规定

【投资方式的法律依据】俄罗斯的外资并购法律体系由若干部法律组成。法律分为多个层次，由多个机构分别实施，主要包括联邦层级的法律、各个自治共和国的法律、俄罗斯联邦参与的国际条约，以及俄罗斯政府相关的规章制度。

《俄罗斯联邦外国投资法》是俄罗斯现在执行的联邦级别的鼓励和调节外资的基础性法律文件；《俄罗斯联邦租赁法》、《俄罗斯联邦土地法典》、《俄罗斯联邦产品分成协议法》和《俄罗斯联邦经济特区法》都是俄罗斯联邦与外国投资有关的法律，其并购法律体系的基础是《俄罗斯联邦反垄断法》。

根据《外国投资法》第 1 条的规定，在俄罗斯国境内的外国投资者可以是外国公司、企业、自然人以及外国政府机构和国际组织。根据俄罗斯相关法律，外国投资者可以在俄罗斯设立外资企业、分公司、合资企业或外国公司驻俄罗斯代表处。外商投资的法人机构可以分为三类：有限责任公司、开放式股份公司和封闭式股份公司，其中外国资本要求不低于10%，创始人是外国自然人或法人。

【外资并购】俄罗斯允许外国公司收购本国公司。联邦反垄断局（FAS）是俄罗斯外资并购的主要管理机构。与此同时，俄罗斯央行（CBR）也在履行部分并购职能，主要承担监管银行和金融机构交易的任务。

（1）并购限制。俄罗斯加强了对外国投资的限制，以避免外国投资对国民经济产生不利影响。俄罗斯侧重于经济战略的领域，并已经出台了新的法案加强现有审查机制。俄罗斯已经于2008年5月7日开始实施《战略领域外国投资法》，旨在限制外资企业在俄罗斯战略领域的投资和并购活动。该法案增加了俄罗斯对外商投资并购范围的限制，具体表现为限制战略领域的清单由38部增加到了46部。除了传统的矿物地质勘探和研究、核能、武器生产和销售、渔业和航空航天工业等被列入《战略领域外国投资法》，它还限制了包括拥有全国一半以上观众、听众的电视和广播公司，每日发行量不低于100万份的印刷媒体、国家垄断资源和某些特殊服务行业（如与国家安全有关的产业服务业、邮政服务、大众电信服务、供暖和供电服务等）。俄罗斯对战略性企业的股权比重有明确的法律限制：具有外国政府背景的外国投资者对联邦地下资源公司的控股权不得超过5%，其他部门的战略性公司控制权也不能超过50%。外资企业需要经过向俄罗斯政府申请后，才能够取得在那些法律规定的具有战略性意义的行业中取得10%或以上的控制权。同时，俄罗斯还限制外资进入自然垄断行业。

（2）并购评审。根据新法律，俄罗斯加大了对外国资金并购审查的力度，审查程序更加严格规范。外国投资必须事先经相关机构提前的审查，才能在前面提到的战略领域进行投资并购。同时俄罗斯法律还规定，如果外资想在俄罗斯战略领域行业获得超过50%以上的股权，必须获得专门的许可，同时向俄罗斯政府的专门委员会（由政府的经济部门和国家安全机关的代表组成）提出交易申请。至此，在3～6个月专门委员会将做出决定。如未能在指定期限内做出决定，则须将申请交予政府审议，若遇到特殊问题，还需要交给总统审批。

【证券投资和股权】在证券交易和股权投资方面，根据俄罗斯《有价证券市场法》，外国投资者有权购买俄罗斯联邦公司的股份、股票和其他有价证券等。但是要求在交易之后，必须按照证券交易所的有关规定向俄罗斯联邦财政部或其他国家授权机构登记。

4.2.4 特许经营

目前，俄罗斯的公私合营主要基于特许协议进行。现行法律只能使用DBFO（设计—建设—融资—经营）和BTO（建设—移交—运营）模式，DBFO只适用于公路建设项目。2013年3月，俄罗斯政府批准了《公私合作伙伴关系联邦法》草案，该草案允许联邦和地方政府与私营企业家、国内外法人（俄罗斯国有企业除外）合作，建立俄罗斯的公共基础设施项目。这项法律是俄罗斯进一步扩大对外开放的重要举措，也是俄罗斯改善投资环境和提高私人投资热情的一项重要措施，为包括外国投资在内的私人资本进入俄罗斯垄断行业和公共服务领域奠定了法律基础。该草案规定，除俄罗斯目前的DBFO和BTO模式外，还包括DBOO（设计—建设—拥有—运营）、BOT（建设—经营—转让）、BOOT（建设—拥有—经营—转让）、BOO（建设—拥有—经营）、BOL（建设—拥有—租赁）、BBO（购买—建设—经营）、建设合资企业等。合同双方可以根据项目的具体情况实施各种模式的组合。除俄罗斯国家投资基金的预算拨款项目之外，该法律适用于道路建设、医院、住房保障和公用事业等多种项目。目前，俄罗斯计划在外资企业参与基础设施项目的建设中采用DBFO和BOT模式。

根据《特许权经营协议》（2005年7月21日，第115号），特许经营的客体可以是不动产，包括公路运输基础设施工程建筑、铁路运输工程设施、管道运输工程设施、电气及热力生产、输配工程设施等共计14大类。俄罗斯规定，特许经营协议的有效期将根据特许经营协议客体的建设和/或转换期、投资规模、资本回收期和特许经营协议规定的受让方的其他义务因素来确定。从2005年《特许权经营协议》生效以来到2014年，俄罗斯共申请了

595 个项目，实施了 70 个项目，其中包括 14 个公用事业领域、26 个社会性项目、15 个交通项目和 15 个能源项目。现在，在俄罗斯主要有来自挪威、芬兰、土耳其等国家的外资企业采用 BOT/PPP 模式，中国的企业暂时还没有采用此模式。

4.3 俄罗斯的对外投资优惠政策

4.3.1 俄罗斯优惠政策的框架

根据《俄罗斯联邦外国投资法》，外国投资者对俄联邦政府确定的涉及生产领域、交通设施建设或基础设施建设项目在内的优先投资项目进行投资且投资总额不少于 10 亿卢布（约 2857 万美元），将根据《俄罗斯联邦海关法典》《俄罗斯联邦税法》对外国投资者提供税收及进口关税的优惠。可免征进口关税的情况：外国投资者作为法定投入，而进口的技术设备及零配件属于生产性固定资产的物资免征进口关税。

若外商投资的是俄罗斯政府鼓励的优先发展项目，且外资占总投资的比例超过 30%，投资额高于 1000 万美元，则可以免缴利润税两年，第三年缴纳利润税的 40%，第四年缴纳利润税的 50%。

给予海关税费优待的情况：外国投资者和有外国投资的商业组织在实施优先项目投资时可以享受。

俄罗斯各地区根据各自不同的具体情况制定不同的法律政策措施，实施不同的优惠待遇吸引外商投资。

4.3.2 俄罗斯的行业鼓励政策

在俄罗斯被鼓励的外商直接投资行业多为传统产业，比如石油、煤炭、天然气、建筑材料、木材加工、建筑、通信设备和交通运输、食品加工、汽车制造、纺织等。

2011 年，为吸引外资，俄罗斯修改了《俄罗斯联邦外国投资法》，进一步降低了外商准入门槛。政府已通过一系列修订程序，简化了外国投资进入食品、银行、医疗和地下资源等行业的审批手续。2012 年 8 月俄罗斯加入 WTO，承诺 4 年后取消对外资在电信行业持股比例的限制，同意适用《世贸组织基本电信协议》条款，允许外资的保险公司在入世 9 年后在俄罗斯设立分支机构，同时同意外国银行在俄罗斯设立分支机构。在单个的银行业机构内，外国资本不受限定，但不能超过俄罗斯联邦整体银行体系的 50%。允许外资进入批发、零售和特许经营领域。

根据俄罗斯工贸部于 2014 年 2 月拟定的工业政策法案，俄罗斯计划向高新技术领域的投资者提供更多的优惠税收，以及包括电费、市政费、土地租赁费在内的其他优惠待遇等。

4.3.3　俄罗斯远东地区鼓励政策

【远东地区开发计划】远东和西伯利亚的开发工作直接由俄罗斯联邦政府指导，并建立了国家远东和西伯利亚地区社会和经济发展委员会。远东地区的发展事宜由俄罗斯副总理兼总统驻远东联邦区全权代表特鲁特涅夫专门负责。

俄罗斯已经在 2009 年出台《2025 年前俄罗斯远东和贝加尔地区社会经济发展战略》，首要任务是加强对外合作、推动经济发展、改善民生、调整结构。根据此战略，俄罗斯远东和贝加尔地区的居民收入水平从 2010 年的每月 19000 卢布（1 美元约合 29.5 卢布）增加到 2025 年的 66000 卢布，人均住房面积从 2010 年的 19 平方米增加到 2025 年的 32 平方米，创新产品在所有产品中的比例从 2010 年的 8.9% 增加到 2025 年的 16%。

俄罗斯政府分三个阶段计划发展该地区的经济。第一阶段为 2009 ~ 2015 年，在该地区推广节能技术，提高就业率，建立新的基础设施项目，涉及农业、工业领域等，主要是加快地区的投资增长速度。第二阶段为 2016 ~ 2020 年，通过增加过境客货运量，建立核心运输网络，对原材料进行精加工并增加出口等，主要是为修建大规模的项目。第三阶段为 2021 ~ 2025 年，对天然气、石油等进行大规模的开采、加工以及出口，完成对大型能源和交通项目的建设，主要以发展创新型经济为主。

【远东地区开发政策】俄罗斯政府已经出台了实现远东发展目标的政策，主要包括以下几个方面。

（1）2016 年 6 月，"远东一公顷土地法"生效。法律规定向远东地区的每一位俄罗斯公民（包括未成年人）免费供应一公顷土地，使用 5 年后产权归用户个人所有，但不允许将产权转让给外国人。俄罗斯国家杜马于 2017 年 7 月通过了"远东一公顷土地法"修正案。根据修正案，联邦政府将扩大可供俄罗斯公民无偿使用的土地范围，将防护林地也包括在内。获得此类土地的公民需要重新种植。除此之外，修正案对已有用途的土地的转让禁令被取消。

（2）俄罗斯领导人亲自监督实施并培育新经济增长点。梅德韦杰夫在远东地区举行了两次会议，并强调加强与中国等邻国的合作将有助于俄罗斯加速融入亚太经济一体化进程。普京也曾赴远东进行实地考察，敦促实施 APEC 峰会项目，指导东部经济特区建设，参加俄罗斯方的中俄原油管道落成典礼，启动建设"东方"航天发射场，推进如公路、铁路、电网等配套基础设施项目的建设发展，培育新的经济增长点。

（3）提供税收优惠。2013 年 5 月，俄罗斯国家杜马（议会下院）一致通过一项法案，为远东和贝加尔湖的新投资项目提供税收优惠。根据该法案，联邦中央政府的利润税将在 10 年内免除上交，前五年逐年降低缴纳地方政府的利润税直至第五年免缴纳，第二个五年内税率不高于 10%。该利润税优惠涉及在远东和贝加尔地区的工业基础设施项目，但不适用于矿产开发、加工以及银行保险业。与此同时，要求企业前三年的投资不低于 1.5 亿卢布（约合 500 万美元），或者前五年的投资不低于 5 亿卢布（约合 1700 万美元）。2016 年 5 月 23 日，俄罗斯颁布了第 144 号联邦法《关于对俄联邦税法第一和第二部分进行修改》。根据法律规定，将获得利润税优惠（2017 年 1 月 1 日起生效）和矿产开采优惠（2016 年 7 月起生效）的条件是，投资额从 2013 年 1 月 1 日起计算，远东投资者在 3 年内投资高于 5000 万卢布或 5 年内达到 5 亿卢布（约合 1700 万美元）。

（4）建立"符拉迪沃斯托克自由港"和"跨越式社会经济开发区"。自 2014 年底以来，俄罗斯政府积极推动远东地区跨越式发展区的建设。截至 2018 年，俄罗斯政府已正式批准滨海边疆区（5 个）、哈巴罗夫斯克边疆区（3 个）、阿穆尔（3 个）、萨哈林州（2 个）、萨哈（雅库特）共和国

（2个）、堪察加边疆区（1个）、楚科奇自治区（1个）、犹太自治州（1个）等在内的远东地区的18个跨越式发展区。俄罗斯自2015年7月批准关于建立符拉迪沃斯托克自由港的法律以来，政府积极推动自由港的发展建设。截至2018年，远东已将20个行政区（包括行政区内的海港和水域）纳入自由港区范围。

俄罗斯政府为自由港和跨越式开发区提供了很多优惠政策。截至2018年，适用于跨越式开发区和自由港的优惠政策包括：对于已进入跨越式开发区和自由港的企业，前10年统一的社会保险费率为7.6%，相比非入驻企业的30%，低了近75%；增值税返还期为10天，比非入驻企业的3个月期限明显缩短；企业进行计划检查不能超过15天；企业招聘的外国员工取消配额限制；企业可以享受自由关税区海关程序〔于2010年6月18日通过的《关于关税同盟关境内自由（专门、特别）经济区和自由关税区海关程序有关问题的协议》中规定的〕。企业进入跨越式开发区的优惠政策还包括：土地税前3年免征；矿产资源开采前4年免税；利润税和财产税前5年免税，第二个5年的利润税和财产税税率分别为12%和1.1%；前5年免征利润税，第二个5年缴纳的地方财政利润税率为12%；土地税在前5年免征，财产税在前5年免征，第二个5年为0.5%；自由港区的土地直接提供给企业而不需要经过拍卖，企业租赁土地价格参考所在地价格。

除此之外，俄罗斯于2017年3月7日颁布法律，对符拉迪沃斯托克自由港进出的外国公民实行简化签证制度，即外国公民可以在自由港的边防检查站直接免费获得8日的电子签证。从2017年8月1日开始，包括中国在内的18个国家和地区，可以享受免费的电子签证制度。

4.4 俄罗斯关于特殊经济区域的规定

4.4.1 俄罗斯的经济特区法规

俄罗斯经济特区设计的思路源自苏联时代，在20世纪90年代设立了一些自由经济区，但由于种种原因，它们并未取得成功。俄罗斯于2005年颁布了《经济特区法》，新一轮的特区建设由此开始。《俄罗斯联邦经济特区法》修正案于 2012 年 1 月 1 日生效。因此，俄罗斯经济特区的运行期限已从之前规定的 20 年延长到现在的 49 年。该法案还规定，可以在未来建立覆盖各类经济特区的活动产业链，进入特区的企业既可以在技术推广型经济特区开展生产工作促进科技成果产业化，又可以在工业生产型经济特区开展科研试验设计的同时享受所有优惠。另外，该法案还提到工业生产型经济特区的面积从不足 20 平方千米扩大到 40 平方千米。技术推广型经济特区可在 2018 年前享受免征利润税待遇，旅游休闲型经济特区可在 2023 年前享受免征利润税待遇。为了提高俄罗斯经济特区的运作效率，俄罗斯经济发展部于 2013 年 12 月拟定了《经济特区法》修正案草案，改革经济特区的管理，其中涵盖打破特区单一功能的限制，允许地方级经济特区在各个联邦主体设立等问题。

4.4.2 俄罗斯经济特区

俄罗斯经济特区成立于 2005 年。截至 2016 年 1 月 1 日，俄罗斯联邦 30 个主体中有 33 个经济特区，其中包括 3 个港口类、6 个技术研发类、9 个工业生产类和 15 个旅游休闲类。2016 年 8 月，俄罗斯经济发展部向政府提交了一份命令草案，要求关闭 10 个经济特区。这些特区主要是旅游休闲类和港口类；被要求关闭的原因主要是不涉及工业生产或技术研发类，没有投资商入驻。截至 2016 年 9 月，俄罗斯已关闭 8 个经济特区。俄罗斯 2018 年拥有经济特区 25 个，2019 年俄罗斯政府又按计划减少了俄罗斯经济特区的数量。此外，还规定在经济特区成立后的三年内，如果没有签署 1 项经营协议，那么经济特区则将被撤销。目前，俄罗斯的主要经济特区如表 3 - 8 所示。

表 3 - 8 俄罗斯主要经济特区

经济特区名称	类型	位置	优先产业	其他
阿拉布加经济特区	工业生产	鞑靼斯坦共和国叶拉布加	石油、化学、建筑材料、汽车及零部件生产和生活消费用品等	俄罗斯规模最大的经济特区之一，入驻企业 56 家（包括诸多大型国际公司，如福特、土耳其玻璃集团 Sisecam 等）

续表

经济特区名称	类型	位置	优先产业	其他
利佩茨克经济特区	工业生产	利佩茨克州	金属成品加工、机械设备制造、动力机械制造和建筑材料等	入驻企业22家（包括"横滨轮胎"等意大利、比利时、德国投资企业）
杜布纳经济特区	技术研发	莫斯科州	软件、信息技术和电子通信、核物理技术、纳米技术和医疗器械等	入驻企业131家
乌里扬诺夫斯克经济特区	港口物流	乌里扬诺夫斯克州	物流分拣中心、飞机组装和改造、飞机维修和零部件、材料生产等	入驻企业11家

资料来源：俄罗斯联邦经济发展部。

俄罗斯经济发展部数据显示，截至2019年，俄罗斯经济特区共有650家公司入驻，其中有100家外商企业来自35个国家和地区，比如诺基亚西门子网络公司、日本的三菱集团和美国当纳利集团（全球领先的整合传播方案服务商）、美国福特汽车公司、法国液化空气集团（全球最大的医疗气体、工业气体及相关服务供应商之一）、世界上最大的防火岩棉生产商丹麦的洛科威集团等大型外国公司。自经济特区成立以来，外资企业投资已超过8500亿卢布，实际投资已达到2600亿卢布，创造就业岗位超过25000个，纳税额超过670亿卢布。2014年10月13日，在中国、俄罗斯两国总理见证下，中国力帆集团与利佩茨克州在莫斯科签署了投资意向协议。中国力帆集团计划投资近3亿美元在利佩茨克州的利佩茨克经济特区建立一家汽车制造工厂。

在税收方面，根据特区法律，企业在5年内免征土地税，10年内免征财产税和交通工具税；入驻企业的利润税从20%降至13.5%；企业保险费率从34%降至14%；在进口用于入驻企业生产所需的货物原材料时，可以免征俄罗斯联邦的进口关税和增值税；免税出口特区区内生产的商品；生产的产品若在特区企业间流动，则免缴消费税；特区企业若属于技术推广型的，保险强制缴费可以享受过渡期优惠。根据各区域的特点，每个特区可向落户入驻企业提供低于市场平均价格水平的土地租赁费率。

加速并简化企业财务方面研发费用支出的手续。在优惠期内，特区企业在计算利润税时，成本可从研发费用中扣除，其中还应包括研发后没有实际结果所产生的所有费用。除此之外，旅游休闲型经济特区和工业生产型经济特区的相关企业可以按照高折旧率对固定资产加速折旧，但是折旧率要求不得超过法定折旧率的 2 倍。

在特殊行政制度方面，通过海关、税收、移民注册等"一站式"服务，降低了行政门槛。各区均设立有海关署、移民局、税务局、房地产局、国家建筑监管机构、商务中心、办事处、会展中心等联合办公机构。

4.5 俄罗斯关于劳动就业保障的规定

4.5.1 俄罗斯劳动法的核心内容

2001 年 12 月颁布的《俄罗斯联邦劳动法》是调节俄罗斯劳动关系的法律。该法的主要目的是为劳工权利和公民自由建立国家保障，创造良好的工作条件，并保护雇主和雇员双方的权利和义务。主要任务是为保护国家利益创造必要的法律条件，同时对有雇佣关系的双方或存在间接雇佣关系的情况（包括劳动的组织与保障、职业进修培训、劳动安置、解决劳动纠纷、监督劳动法和缴纳社会保险的情况）根据法律进行调节，最重要的是还要调节劳资双方的权利与义务。

【签订工作合同】劳动合同是雇佣员工的依据。劳动合同分为定期合同和不定期合同。没有规定期限的合同归属于不定期合同。试用期规定一般不超过 3 个月。企业负责人、总会计师及其副手、代表处负责人和组织分支机构的试用期一般不得超过 6 个月。劳动合同期满后，如果双方不提出解除合同，则合同自动顺延。

【解除工作合同】经双方协商一致，可以随时解除劳动合同。定期劳动合同应在期满终止的 3 日前以书面形式通知劳动者，方可解除劳动合同。受雇佣者提出解除合同的，应当提前两周书面通知用人单位解除劳动合同。雇员有权在辞职申请生效前撤回辞呈。在辞职申请生效后，员工有权根据合同内容申请终止工作。

【劳工报酬】根据《俄罗斯劳动法典》，职工劳动报酬受国家保护，并且有最低工资标准。2018年7月1日确定，俄罗斯的最低工资增加到每月9489卢布，但是补贴、补助、奖金和其他奖励不包括在最低工资中。

【法定工作时间】每周五天工作制，每周工作时间不超过40小时，每天不超过8小时。除此之外，应该为此外的加班工作支付额外的工资。员工在首年连续工作6个月后有权享受28天的带薪假期。

【职工社会保险】在俄罗斯，员工社会保险实行分类征收。员工的社会保险主要分为三类，即基本工资中退休保险的比例为22%，社会保险的比例为2.9%，医疗保险的比例为5.1%。

4.5.2 外国人在俄罗斯当地工作的规定

【外来劳务的基本政策】俄罗斯对外来劳务人员实施了配额限制。不需要申请劳务邀请和签证的是来自独联体国家的工人。因此，配额总量要除去独联体国家之外引进的其他国家的劳工数量。

根据俄罗斯劳动移民法，用工企业和部门应每年向移民和当地劳动就业部门申请下一年度使用的外籍劳务的数量。外来劳务人员使用配额（证）将于次年5月前发放完毕（补充配额除外）。根据俄罗斯联邦《外国公民法律地位法》，外国公民根据雇主与雇员签订的劳动合同可以在俄罗斯从事相关的劳动活动，但前提是必须获得俄罗斯的工作许可。

在俄罗斯外资信贷机构雇员人数中，本土雇员不应少于雇员总数的75%；在产品分成项目中，投资者雇佣的俄罗斯本土雇员人数不应少于雇员总数的80%。此外，可以雇佣外国专家和工人的情况仅限于按协议进行工程的初期或在俄罗斯缺乏具有相应专业专家和工人的情况。

在俄罗斯享有合法居留权的外国公民与俄罗斯公民享有同等的权利，承担相应的义务。根据《俄罗斯出入境法》，外国公民应向俄罗斯申请居留证和工作签证。雇主必须为每个外国工人提供外国工人劳动许可证，并提供相应文件（配额数据等）。

【外籍劳务工作许可和签证】外籍劳工的工作许可证和工作签证获得方

式主要有两个：针对高级别专家的程序（工作许可证和签证，一般 3 年一个期限）和针对常规职员的程序（工作许可和工作签证均以 1 年为一个期限）。高级专家不适用配额要求，可根据雇主的邀请获得三年多次工作签证。主要标准是年薪水平不应低于 200 万卢布（约合 29000 美元）。常规职员使用配额管理方法，雇主需要为外籍员工申请雇佣配额。根据俄罗斯劳动移民条例，对于用工企业和部门来说，应该每年向当地劳动就业部门和移民局申请下一年的外来劳务的数量，并在第二年 5 月前将劳务许可证配额发放完毕。

【政策措施和近期走向】俄罗斯近期的国内就业压力有所增加，俄罗斯对外劳务服务政策取向的变化，主要是受全球金融危机的影响。

（1）不断减少对外劳务配额。自 2006 年以来，俄罗斯政府已开始大幅减少除独联体国家外的外来劳务配额，并计划每年降低 50% 左右，2006 年为 439 万，2007 年为 205 万，2008 年为 108 万。然而，在实际运营过程中，这一数额不断被打破，无法按计划实施。2007 年，实际引进的外籍工人为 230 万，而 2008 年为 180 万。据俄罗斯政府令的草案，俄罗斯卫生和社会保障部 2014 年发出的外国劳务配额数量相比 2013 年减少了约 10 万份，实际约为 163 万份（占全国劳动力人口比例的 2.2%）。俄罗斯对外国技术工人的需求占总人数的 82.4%，而 2013 年这一数字仅为 79%。2018 年，俄罗斯政府发出的外国劳务配额为 140400，相当于 2017 年的 79%，在这其中高技能外国工人占 94.8%。

（2）为了解决国内的就业问题，在某些行业俄罗斯政府规定禁止或限制使用外国劳务。根据俄罗斯联邦政府于 2015 年 12 月 12 日颁布的第 1358 号法令，2016 年禁止使用外国劳工的行业包括：在蔬菜种植业务经营中，使用外国劳工的比例不得超过员工总数的 50%；在烟酒专卖店零售业务中，使用外国劳工的比例不得超过员工总数的 15%；药店完全禁止使用外国劳工；外国劳务在市场和售货亭等商店以外的地方进行零售贸易的人数不得超过员工总数的 25%；从事公路货运的企业，其外国劳务的人数不得超过从业人员总数的 35%；从事陆路运输的企业，其外国劳务的人数不得超过从业人员总数的40%。同时，根据俄罗斯联邦政府于2016年12月8日颁布的第1315号法令，2017年在陆路客运和公路货运中外籍工人数量不得超过其从业人员总数的30%，而其他行业在本年度使用外国劳工的限额与上一年度相同。俄罗斯劳动和社会保障部于2017年12月颁布了第848号法令，对使用外国劳务从事陆路客运和公路货运的经营者，要求将使用外国劳务人数的比例从30%下降到28%，其他行业使用的外国劳务比例同前一年一致。

（3）努力改善外来劳务结构。俄罗斯自2012年12月1日起实施了新的劳务移民法规。根据该规定，在俄罗斯所有从事公共服务业和零售业的外国劳务移民必须获得俄语水平测试证书，并且至少应掌握850个俄语单词。目前，俄罗斯有283个培训机构具有向外国劳务移民颁发俄语水平考试证书的资格。2013年4月10日，俄罗斯国家杜马修订了《外国公民法律地位法》和《俄罗斯出入境管理法》，生效时间为2015年1月。其主要内容有两个。第一，外国劳工必须拥有俄语综合考核证书才能向俄罗斯申请1年（含1年）劳工签证。第二，在下列情况下，外国移民将被驱逐和罚款：外国劳工违规进行跨部门和跨行业的工作活动，劳动许可证在到期后5天内未离开俄罗斯，被俄罗斯雇主解雇或受雇佣合同到期工资结算完成后5天内没有离开俄罗斯。

（4）严厉打击非法劳务移民。俄罗斯联邦移民局2007年的统计数据显示，俄罗斯联邦移民局2007年共惩罚了16万名非法劳工移民的雇主，罚款总额超过45亿卢布。移民局的年收入约为100亿卢布，这些所有收入都来自罚款、劳工许可证签发和各种证件的办理，所有这些都加入到了国家预算中。

俄罗斯移民局自2008年以来加大了对非法使用劳务移民的处罚力度。如莫斯科市，一旦发现非法用工，法人企业将被罚款25万～80万卢布，非法受雇的劳工个人将被罚款0.2万～5万卢布。自2013年以来，莫斯科市已经遣返了4000多名非法劳工移民。自2014年10月23日起，莫斯科内务总局、市移民局和安全局联合发起了一项名为《外来移民—2014》的综合预防行动。根据莫斯科市内务局的数据，目前有超过14000名移民被拘留，其中许多人有犯罪记录，10 人被列入通缉名单。

（5）2014 年 10 月，根据俄罗斯联邦政府颁布的有关法律法规，在俄罗斯远东跨越式开发区注册的企业有权直接邀请外国劳务工人，不需要申请外国劳工到俄罗斯的务工许可。此外，该地区的外国劳工数据不包括在俄罗斯移民的登记范围中。

（6）俄罗斯《新移民法》于 2015 年 1 月 1 日生效。新法律规定，同俄罗斯实行免签的国家，移民配额将被取消，以法人或个人工作许可替代。可在进入俄罗斯之日起 30 天内获得许可的相关文件，仅用于签发外国人的工作许可。基本费用是 1568 卢布，只能在许可区域工作。每个地区都可以设定自己的系数，所有移民必须通过俄罗斯的历史基础知识和俄罗斯法律考试，独联体国家的移民必须持有出国护照才能在俄罗斯入境。无须工作许可证的情况下免签入境的可在 180 天内停留 90 天；签订劳动合同时，雇主被要求必须支付工资总额的 1.8% 用来购买劳工医疗保险。申请新工作卡的花费大概为 14000 卢布。俄罗斯的技术人才不足是俄罗斯对劳务移民实行宽松政策的主要原因。

4.5.3 外国人在俄罗斯的工作风险

【交通风险】2011 年 7 月，"布加尔"号客船在鞑靼斯坦共和国伏尔加河沉没，造成数百人伤亡。在此提醒投资者务必提高安全意识。

【治安风险】有多起外国公民在俄罗斯被抢劫的案件。2013 年 3 月，一名外国公民在滨海边疆区被一名强盗杀害。2013 年 5 月，三名外国公民在俄罗斯哈卡斯共和国被歹徒抢劫后杀害。警方提醒，案件大多发生在清晨，提醒投资者加强安全防范措施，提高安全意识，尽量不随身携带大量现金，尽量结伴而行。

【签证风险】在俄罗斯发生了许多涉外劳务纠纷的案件。外国务工人员通过朋友和伙伴介绍来到俄罗斯，雇主和雇员没有签署正式合同或协议，结果外国务工人员的权益不受法律保护，无法有效地维护自己的权利。提醒外国投资者，应选择经商务部批准的具有对外劳务合作资格的机构，签订正式劳动合同，申请合法工作签证，出行前了解好工作要求、条件、待遇等，切勿轻信中介、个人。如果出国后合法权益受损，应及时向警方、当地大使馆或领事馆寻求帮助。

4.6 外国企业是否能在俄罗斯获得林地/土地

4.6.1 俄罗斯土地法的主要内容

2001 年俄罗斯国家杜马通过了《俄罗斯联邦土地法》，允许外国人和俄罗斯人出售和自由购买该国的城镇住宅用地和商业用地。《土地法》的颁布标志着 20 世纪 90 年代俄罗斯土地私有制改革获得最终确认，其基本原则和特点包括以下内容。

（1）充分保障私人土地所有者的权利。《土地法》强调，各种所有制土地形式受到同等保护对待，其内容或权利的实现不会因为主体不同而出现区别。换句话说，公共土地和私人所有者的土地受到同样的重视。

（2）限制私有土地权利的原则。该原则主要取决于土地作为自然资源的特殊性。《土地法》第 1 条第 11 款规定了"土地私有化国家管理调节的原则"，其内容如下。第一，私人获得土地的范围有限制，并非所有俄罗斯土地都可以私有化。第二，关于此类土地使用方法的限制。例如，按规定划定的专门用途的土地，不能破坏环境、污染水资源，同时还必须维持和提高土壤肥力（第 42 条）。

（3）权利和义务一致性原则。该原则的最佳体现是有偿土地使用原则。《土地法》第 65 条第 1 款规定，俄罗斯联邦的土地使用是有偿的。有偿体现在土地税和租金两个方面。该法还规定，土地私有所有者在法律规定的财产范围内行使土地所有权，并承担积极使用土地的义务。例如，禁止滥用土地、不得闲置土地、不得擅自改变土地的特殊用途、保护耕地面积等。出于同样的原因，当国家或市政需要土地时，权利持有人应得到补偿（第 57 条）。

《土地法》实施后，土地的使用权和所有权将通过拍卖获得。俄罗斯联邦会议通过的 98% 的农业土地使用法律将受到其他法律的管制，2% 的土地适用于《土地法》。法律还规定，具有战略意义的商业和住宅用地，禁止外国机构或个人购买。

4.6.2　外资获得俄罗斯土地的具体规定

《俄罗斯联邦外国投资法》规定，根据俄罗斯联邦和俄罗斯联邦主体的法律，外国投资者有权获得土地、建筑物、设施、其他自然资源和其他不动产的权利；在招标（拍卖）中，外商投资商业组织可以通过竞买、拍卖的方式获得土地租赁权，但前提是俄罗斯联邦法律没做出其他规定。

4.6.3　外资参与俄罗斯当地农业投资合作的规定

俄罗斯法律规定，外国资本在俄罗斯有权享受国民待遇，特殊情况除外。根据俄罗斯《土地法》，外国人和外商投资企业不得在边境地区和特定地区取得土地所有权，禁止外国公司和公民以及拥有 50% 以上外国股份的俄罗斯公司拥有俄罗斯的农业用地。外商投资企业和外国人在俄罗斯注册为法人后，可以根据俄罗斯有关法律法规，通过拍卖获得土地所有权和使用权。租用农地的上限不得超过 49 年。截至 2019 年，俄罗斯农业部门接受的外国投资仍处于较低水平。外国资本主要来自欧洲和美国，且大多集中在俄罗斯境内的欧洲部分领土。

4.7　外资公司参与俄罗斯当地证券交易的规定

《俄罗斯联邦证券市场法》规定，外国公司需要获得俄罗斯联邦证券委员会的批准，并在获得参与俄罗斯证券交易的许可后，才能参与俄罗斯证券市场交易的活动并享受与俄罗斯国内公司相同的待遇。根据《俄罗斯联邦税务法典》的规定，外国公司利润税应支付 30%，俄罗斯公司利润税应支付 15%。

4.8　对当地金融业的投资规定

4.8.1　对当地金融业投资的准入规定

2013 年 3 月，俄罗斯联邦委员会（议会上院）批准了一项法律，这项法律禁止外国银行在俄罗斯设立分行，但外资可持股控股。

4.8.2　对当地金融业监管的规定

2013 年 7 月 23 日，俄罗斯政府颁布了俄罗斯联邦金融监管改革的法律，由俄罗斯中央银行领导的混合业监管模式于 2013 年 9 月 1 日开始实施。金融市场的主要监管职责由俄罗斯中央银行承担，其他相关政府部门和行业自律组织则协助其行使一些监督职责。

4.9 俄罗斯对环境保护的法律规定

4.9.1 俄罗斯的环境管理部门

俄罗斯负责环境保护和生态安全领域制定国家政策和实施管理，协调自然生态领域的联邦其他权力执行机关工作的部门是俄罗斯自然资源和生态部。其下属单位还包括俄罗斯联邦林业资源署、俄罗斯联邦自然资源利用监督局、俄罗斯联邦水利天气和环境监测局、俄罗斯水资源署、联邦矿产资源利用监督署。

4.9.2 俄罗斯主要环境保护法律法规

俄罗斯的环境保护基本法有《俄罗斯联邦环境保护法》和《俄罗斯联邦生态评估法》。

4.10 俄罗斯反对商业贿赂的规定

俄罗斯于 2008 年 7 月 31 日推出了《国家反贪污贿赂计划》，于 2008 年 12 月 25 日启动《俄罗斯联邦反贪污贿赂法》，使俄罗斯联邦实现了从"权力反腐败"向"体制反腐败"的过渡。

【俄罗斯联邦反贪污贿赂法】该法中的第 8 条和第 9 条规定了俄罗斯联邦公务员的详细和系统的财产申报制度。该法案规定，在国家机关或地方自治机构任职的公职人员必须提供其本人、配偶和未成年子女的有关收入、财产和财产债务的信息（构成国家机密的信息除外）。国家机关和地方自治机关公职人员提交的上述信息不得用于其他目的或被故意披露。但是，按照俄罗斯联邦规范性法律文件规定的程序，大众传媒可以发布有关国家公务员和地方自治公务员的收入、财产和财产债务的信息，以便社会大众对其进行监督。

【审查公务员消费占收入比例法】2012 年 12 月 5 日，俄罗斯宣布了新的"反腐败法"《审查公务员消费占收入比例法》，并于 2013 年 1 月 1 日生效。该法案要求上述人员申报其本人、配偶和未成年子女的各项支出。该法案的重点为各级公务员和军人，包括其配偶、未成年子女。该法案禁止在境外拥有或者开立账户，禁止在国外拥有或购买房地产等不动产，禁止购买或持有外国公司有价证券。

4.11 俄罗斯对外国公司承包当地工地的规定

为了保护建筑物的稳定性，保护历史文物和城市建设，根据《俄罗斯联邦建筑法》，公民和法人的建筑活动应当获得许可。此外，根据 2008 年 7 月 25 日生效的俄罗斯建筑法修订条款，将从 2010 年 1 月 1 日起实施建筑部门准入制度，取消建筑领域的国家许可证制度。

4.12 俄罗斯对文化领域的投资规定

4.12.1 俄罗斯当地关于文化产业的主要法律法规

2014 年 4 月 15 日，俄罗斯政府批准《2013～2020 年文化和旅游发展》国家计划。计划中规定的任务包括保护历史遗产和民族文化，保障公民参与文化生活和欣赏历史文物，实现民族的创造潜力；提高国内和国际旅游服务的水平和质量；为实现文化旅游发展创造便利条件。该计划的实施分为三个阶段：2013～2014 年、2015～2018 年和 2019～2020 年。

4.12.2 外资企业投资俄罗斯文化产业的规定和限制

2008 年 4 月，俄罗斯议会上、下院分别通过并批准，普京总统 5 月 5 日正式签署了关于《战略领域外国投资法》的联邦法。该法第 5 条明确规定了 46 种经营活动涵盖 13 个类别被认为是战略性产业，其中包括了覆盖俄罗斯境内一半以上的大型广播、媒体、报纸、出版公司等。

4.13 在俄罗斯解决商业纠纷的主要途径和法律

【在当地解决商务纠纷的主要途径】目前，中国和俄罗斯联合执法机制有限。在俄罗斯投资合作发生争端时，可以向国际仲裁机构和双方认可的第三国提起诉讼，也可以向当地俄罗斯司法机关提起诉讼。在与俄罗斯签订投资合作合同时，必须明确界定争议解决的机制。

【适用哪国法律】在发生商业纠纷的情况下，如果合同中没有具体规定，则直接按照俄罗斯法律法规执行。

提示：重要的投资项目必须聘请俄罗斯律师来核对关键问题，但不要盲目信任俄罗斯合作伙伴或某些政府官员的建议，因为俄罗斯法律非常复杂。此外，即使不聘请律师，也必须聘请当地有信誉的会计师来处理公司的税务，因为俄罗斯是一个税负很高的国家，税法非常复杂。对于大型投资项目，应邀请专业会计师事务所提前进行税务筹划，尽量减少投资税负，尽量合理避税。否则，所有利润可能会被无偿地捐赠给俄罗斯税务部门。

【可否要求国际仲裁和异地仲裁】仲裁地和仲裁机构应当在合同条款中明确规定。

5 投资注意事项

5.1 与东道国建立和谐投资合作关系

5.1.1 处理好与俄罗斯政府和俄罗斯议会的关系

（1）与政府保持良好的关系。俄罗斯联邦共有包括莫斯科市、圣彼得堡市、共和国、边疆区、州、自治州和自治区在内的 85 个联邦主体。对于辖区内的经济活动每个联邦实体都拥有管辖权，特殊项目的立项以及项目设计审批的问题都需要获得联邦政府批准。

对于俄罗斯各级政府来说，它们拥有很强的行政权力。外国公司各个方面均要受到俄罗斯各级政府、部门的管辖。因此，中国企业在俄罗斯投资时，必须熟悉俄罗斯政府事务，熟悉与俄罗斯政府沟通的技巧，建立与俄罗斯联邦和地方政府之间的关系，以便在俄罗斯成功开展业务。

（2）建立良好的议会关系。俄罗斯议会由联邦委员会（上议院）和杜马（下议院）构成。议会议员可以就影响当地社会发展的产业就业问题提出议案。外资企业应该与国家杜马和各个地方经济政策委员会保持沟通和联系，向其汇报企业发展情况以及企业可为当地经济社会作出的贡献，及时汇报公司在发展中遇到的困难和问题。大型项目想要顺利实施必须获得立法者（议员）的支持。

5.1.2 妥善处理与工会的关系

一般来说，在俄罗斯遇到劳资纠纷的情况下，工会的影响力相对较大。因此，通过加强与工会和工人的沟通，了解俄罗斯劳动法，或通过企业文化建设使劳资沟通更通畅，是避免劳资纠纷的一个很好的策略。

5.1.3 密切与当地居民的关系

近年来，中俄关系发展迅速。政府各领域磋商机制逐步完善，人文交流不断深化，双边贸易额保持同比增长趋势。企业要多渠道营造良好的发展氛围，密切与当地居民的关系。中资企业要热心当地的公益事业，积极参与当地的经济文化生活，融入当地社区，妥善开展弘扬中国文化和企业文化的活动，使企业更贴近当地居民。

5.1.4 尊重当地风俗习惯

东正教是大多数俄罗斯人的信仰，其他也有一些重要的宗教节日被列为公共假日。企业要充分尊重教徒的信仰。进教堂时，妇女应该戴头巾和穿裙子。

俄罗斯送礼物必须是单数，如7是俄罗斯人最喜欢的数字，双数被认为是不吉利的。俄罗斯人热衷于参加社交活动，关注生日和节日，并且通常会赠送小礼品或鲜花。应该在葬礼或祭祀的时候送双数鲜花。同时，俄罗斯也有许多有趣的节日，如"秘书日""会计节"等。"三八妇女节"也是一个非常盛大的节日。

5.1.5 承担必要的社会责任

（1）遵守商业道德。作为对俄投资企业，应弘扬中国传统商业道德，树立诚信的企业形象，自觉遵守当地商业惯例和做法，适应当地商业环境，遵守商业习俗。

（2）需要注意安全生产。俄罗斯对工作的安全性有较为严格的规定，与安全生产有关的规定必须遵守。生产经营活动应以安全生产操作标准为基准，为员工提供良好的工作环境以及工作条件，注重员工职业健康。

（3）社会福利要求。中国企业若要聘请俄罗斯当地人员，应根据俄罗斯社会福利的有关规定，并为员工办理各种社会福利和保险。

（4）要求参加慈善捐款。慈善是企业社会责任的一个重要方面。企业应该竭尽全力帮助当地弱势群体，并根据自身能力协助当地社会经济发展。

5.1.6 要懂得与媒体打交道

通过与媒体保持适当的沟通，促进企业形象和产品的宣传，必须用公开、公正、公平的态度接受当地媒体的采访。对于企业不实的媒体宣传，必须通过法律途径来保护企业的合法权益。

5.1.7 与执法人员打交道

俄罗斯维护社会秩序的国家行政力量包括警察、税务、工商、海关、移民局、环境保护和其他执法部门，其职责都是维护俄罗斯的正常的社会秩序。俄罗斯执法人员有权对外国投资者的身份证件进行核查，并询问相关事项，搜查相关地点。中国企业和人员要学会同地方执法人员打交道，积极配合他们执行公务，遇到执法检查时，应注意核实执法人员的证件，询问清楚具体的检查项目，并配合检查，遇到在未出示身份证明的情况下的强制搜查，请及时联系驻地使（领）馆领事部门，申请领事保护。

5.1.8 传播中国传统文化

中国文化是一种具有鲜明民族特色、历史悠久、内涵深刻的传统文化。它是一种民族文化，反映了中华文明的演变和民族特点。随着越来越多的中国企业进驻俄罗斯，促进和传播中国传统文化，让俄罗斯人民更多地了解中国，已成为一个非常重要的方面。

中国企业进入俄罗斯后，应该把中国传统文化与"俄罗斯本土"结合起来，在投资当地社会的过程中接受中俄文化的差异，以更好的方式融入俄罗斯，并积极探索发现中国和俄罗斯共同的社会经济利益。

5.1.9 其他问题

积极与当地行业组织建立联系，与当地企业和谐共处，促进共同发展。

5.2 投资合作相关手续办理

5.2.1 在俄罗斯设立企业的形式

【分支机构种类】目前在俄罗斯从事经营活动的外资公司主要有三种组织形式：外资子公司，即外资企业或合资企业；外国公司的代表处；分公司。

外商投资企业或合资企业是外商投资的法人实体，分为有限责任公司、开放式股份公司和封闭式股份公司。其外资不低于10%，创始人可以是外国自然人或法人。

分公司和外国公司代表处的注册方式是存在区别的，若要注册必须咨询当地的服务机构或者律师事务所。这两种形式是不具有法人资格的。

【子公司】在俄罗斯，注册子公司分为两种形式：有限责任公司和股份公司。

（1）有限责任公司（OOO）：最受欢迎的法人形式就是有限责任公司，对公司股东的强制要求最低。①股份为有限责任公司的注册资本，与股票不同，根据俄罗斯联邦立法的规定，注册资本不能在有关机关登记为有价证券。公司每位股东的注册资本份额由其出资额来确定。②有限责任公司的股东仅在其出资的范围内对公司的债务承担责任。有限责任公司最重要的特征之一是，公司股东将公司的注册资本份额向股东之外的第三人出售，则其他股东有权购买注册资本的优先权。根据法律规定，此转让必须经过强制性公证。③有限责任公司的基本特征是，公司的股东可以是一个或几个，而股东的数量上限不得超过50个。若公司股东人数超过50人，公司在一年内应该重组为开放式股份制公司或生产合作社。此外，规定若是一人有限责任公司则不能再设立新的一人有限责任公司。最低注册资本至少为10000卢布，约220欧元。公司在国内注册前，注册资本的出资额不得低于50%，其他剩余的注册资本应在注册后四个月内支付。通过股东大会、董事会（根据股东的意愿）和总经理/管理委员会对公司进行管理。对于合资企业存在几个公司股东的情况，股东可以签署股东协议。

（2）股份公司（AO）：俄罗斯股份公司的企业较少，因为这些公司的法律规定更加复杂。股份公司以两种形式存在，即封闭式股份公司（不超过50名股东）和开放式股份公司（股东数量不限）。

【分公司】外国公司可以在俄罗斯设立分支机构开展经营活动。

（1）外国公司的分支机构不是独立的法人实体。

（2）分公司的负责人由公司指定，并按照授权委托开展活动。

（3）在俄罗斯设立的分公司是外国公司的分支机构，公司的全部或部分职能都可以履行，并有权独立开展业务活动。

（4）分公司的设立要求必须在俄罗斯联邦司法部国家注册局登记。

（5）除在国家注册局登记外，分支机构的登记还包括税务机关、统计机构和国家预算外资金的登记以及开户。

【代表处】外国公司可以通过代表处在俄罗斯开展业务。

（1）外国公司的代表处不是独立的法人实体，代表外国公司在俄罗斯的利益。由外国公司任命代表处的领导，活动按照授权进行。

（2）代表处的基本任务是开展业务活动，维护和代表外国公司的利益。代表处没有权力从事独立的商业活动。

（3）代表处在俄罗斯联邦司法部国家注册局登记。与此同时，俄罗斯工商会合作的外国企业协会和外国公司或组织的代表、外国商会也必须在俄罗斯工商会注册。

（4）此外，关于代表处的登记程序还包括统计机构、税务机关和国家预算外资金的登记，并开设银行账户。

5.2.2　注册企业受理机构

在俄罗斯联邦，联邦税务局的区域分支机构是法人（子公司）的登记机关。上述登记机关在区域基础上分布在整个俄罗斯联邦。俄罗斯联邦机构可能拥有1个登记机构，如圣彼得堡市或莫斯科市，也可能有几个登记机关，如莫斯科州。必要的登记机关根据子公司（居住地）的登记地点确定。

俄罗斯联邦工商会、俄罗斯联邦司法部国家注册局都是公司代表处或分公司登记机构。也就是说，若想要在俄罗斯联邦任何地点开设代表处，外资企业都必须前往俄罗斯联邦司法部国家注册局（地址：莫斯科市斯莫棱斯克林荫道 3/5 号）或俄罗斯联邦工商会（地址：莫斯科市依里因街 6 号）提交一套认定文件。除该认可外，还要求外国组织的代表处或分公司与代表处或分公司所在地的当地政府机构保持联络与互动。

5.3　其他注意事项

5.3.1　投资方面

（1）需要了解相关法规以及双边的协议。俄罗斯于 2008 年 5 月颁布了《关于外资进入对保障国防和国家安全具有战略意义的商业组织程序法》，在与国家安全有关的 46 个战略领域严格限制了外国投资的比例。投资方被建议向当地有经验的律师咨询项目的可行性和投资领域、规模、期限等的限制。基于俄中双方相互签订了保护投资者的协议，投资者被建议要充分了解其内容，以维护自身合法权益。

（2）合作伙伴的选择。在俄罗斯想要成功投资的关键是对可靠、强大的合作伙伴的选择。若是来自中国的企业或项目，则推荐聘请经验丰富的专业顾问来协调、解决与各级政府部门和企业有关的问题。

（3）区域差异的考虑。俄罗斯从东到西横跨 11 个时区，南北气候差异很大。俄罗斯各个地区都有不同的税收优惠政策。因此，投资者在俄罗斯应充分考虑公司税费、生产条件、交通运输、人文、气候、销售市场和民族风俗等各种因素，再来选择相应的行业进行登记注册。

（4）注册登记手册的办理，一切应遵循合同条款。在俄罗斯注册公司需要提供的文件较多，且文件都有相应的格式。最好雇用当地律师协助准备企业注册登记文件，妥善履行相关程序，严格遵守俄罗斯方面的合同条款。若没有准确地理解合同条款，最终很有可能会遭到算计而造成损失。

（5）成本的充分核算。俄罗斯财务会计的法律规定与中国有很大不同。在俄罗斯的投资/运营应充分了解其财务规定，以避免损失。由于基础建筑材料价格高，生产能力不足，导致原材料供应存在问题。例如在建筑行业，在提前全额付款的情况下无法保证交货期，并且砖、瓦、水泥和钢筋等基础建筑材料的价格是国内建筑材料的几倍。在成本核算过程中建议对当地价格和供应水平进行充分的研究。

（6）关于俄罗斯的基础设施建设合作方面，俄罗斯限制外国投资进入自然垄断行业。尚未开放铁路货运和客运市场。外国公司不得设立提供集装箱堆场、船舶代理、结关等服务的合资企业。俄罗斯的限制还包括国民待遇、市场准入、劳工配额、签证、土地使用、税收体系等在内的诸多领域，这些都是目前外资企业进入俄罗斯存在的问题。

（7）在投资或工程承包周期长的情况下，要注意俄罗斯的物价水平、汇率风险以及自身的通货膨胀率问题，并需要准备一定的风险准备金；卢布受欧美制裁影响，大幅贬值。俄罗斯银行外汇短缺，尤其是欧元和美元等。俄罗斯银行被一些欧洲和美国银行限制外汇同业拆借。

（8）其他事项。在俄罗斯的外资企业和个人必须严格遵守俄罗斯的相关法律法规。

5.3.2 贸易方面

（1）明确货物的性质。无论是供个人使用还是供销售的进口商品，监管条件都存在差别，应该在第一时间明确这些货物的性质并且向当地报关机构报告。

（2）明确货物信息。进口种类繁多的货物，必须指明货物的规格、名称甚至提供技术说明和图片等。俄罗斯的海关代码复杂多样，只有明确货物信息才能确定相应的海关代码。

（3）完整的证书。俄罗斯目前对进口机械设备和电气设备存在"技术规范证书"要求，必须明确进口商品是否涉及相应证书的办理范畴，如起重设备、压力设备等一些特殊商品，涉及当地"许可证"需要提前申请。

5.3.3 承包工程方面

（1）应借助当地的技术认证机构，对应国标理解当地的技术标准和要求转化。在俄罗斯承包工程必须根据俄罗斯完整的技术体系和标准体系来进行，外资企业应在短时间内适应当地技术标准的要求，掌握技术标准与国标之间的差异。

（2）了解包括地方政府机构、业主对工程项目监督的结构、实施、做法等是必要的。

5.3.4　劳务合作方面

按照俄罗斯法律规定，具体有五点需要注意，详见附录4。

5.3.5　投资合作风险的防范

关于在俄罗斯开展投资、贸易、承包工程和劳务合作过程中的合作风险防范问题，详见附录5。

5.3.6　其他应注意事项

俄罗斯有少数地方分裂分子、国家极端分子和少数反政府武装部队，主要活动在车臣共和国和鞑靼斯坦共和国。与此同时，图瓦共和国、楚瓦什共和国和北奥塞梯共和国也有种族极端主义活动。莫斯科和少数民族地区近年来时常发生恐怖袭击事件。为此，提醒在俄罗斯的中国商人和中资企业对劳工个人身份、投资法律文件和商业行为尽快进行全面自查，加强风险防范，及时完善相关程序，采取有效措施保护人员、财产和货物的安全，避免存在侥幸心理。已制定应急预案的中国商人和企业需要为启动计划做好准备，尚未制定计划的中国商人和企业应尽快起草。

6　投资求助路径

6.1　积极寻求法律保护

（1）防范漏洞。在俄罗斯开展商业和投资业务的中国企业，应在商业谈判前、谈判进行中以及投资业务的执行中，严格按照俄罗斯联邦法律和相关国际法进行评估和审查，并防范可能存在的法律漏洞。在与俄罗斯签署经济合同时，我们必须尽力依据中国法律解决贸易争端。在合作中出现矛盾和经济纠纷时，我们要努力按照中国熟悉的法律办事，把自己放在一个积极的位置。

（2）依据法律。中俄之间的商业纠纷主要有两种解决方式：诉讼和仲裁。前者是通过法院解决的：中国人民法院和俄罗斯仲裁法院。后者由一个双方商定的仲裁机构解决：中国通常是北京的中国国际贸易仲裁委员会，而俄罗斯通常是莫斯科的俄罗斯工商局的国际商业仲裁法院。仲裁作为解决国际经济争端的主要方式，比诉讼更具有优势，也更容易实施。

（3）关于律师的聘请。法律服务业在俄罗斯相对发达。在俄罗斯当地主要城市都设有律师事务网点。个别律师事务所也可以提供中文服务。一旦涉及经济纠纷，可以通过合法渠道聘请律师，保护自身利益。

俄罗斯工商会及其遍布俄罗斯的附属机构可以向外国公司提供法律咨询服务，还有其下属的国际仲裁法庭和商事仲裁法院。中国在俄罗斯的分支机构可以利用商会的资源和渠道解决遇到的实际困难，并作为会员加入俄罗斯总商会。

6.2　积极寻求俄罗斯当地政府的帮助

（1）建立联系。近年来，俄罗斯的各个联邦实体都非常重视外国投资工作，许多地方的行政长官和部门定期组织国内外投资和推广活动，对包括中国企业在内的外国企业到当地开展经贸活动非常欢迎。中国企业应积极与他们建立密切联系，及时通报公司发展情况以及发展中遇到的问题，并寻求当地政府的帮助和支持。

（2）协调关系。中国企业到俄罗斯去开展投资合作，必须加强与项目所在地政府主管部门的沟通和联系，特别是涉及中国在俄罗斯的大规模投资项目，有必要与俄罗斯地方政府协调处理好关系，确保对外投资的安全。

（3）寻求支持。如果在俄罗斯遇到紧急情况或不公平待遇，除了向国内有关部门以及中国驻俄罗斯使馆报告，还需要及时与俄罗斯当地政府部门取得联系，获得俄罗斯政府部门的支持和帮助。

6.3　获得当地中国使（领）馆的帮助和保护

（1）登记管理。在俄罗斯开展投资、承包工程和劳务合作，应先向中国驻俄罗斯使（领）馆经商参赞处征求意见，按期通报企业经营进度，保持与经商参赞处的联系。

（2）遭受殴打、抢劫和敲诈勒索的建议。当在俄罗斯遭到殴打、抢劫或敲诈勒索时，应向俄罗斯警方报案并通知中国驻俄罗斯大使馆；如果俄罗斯警方无端收费，应该记住他们的警号、身份证号码或车牌号，以此作为证据向俄罗斯内政机构投诉并通知中国驻俄罗斯大使馆。

（3）处理遗失护照的建议。如果在俄罗斯丢失了护照，要立即向当地警方报告并提供遗失证明。应该尽快向中国驻俄罗斯大使馆申请新的旅行证。申请必须以书面形式声明护照遗失，填写申请表，并提供警方证明和个人照片。

（4）关于违法拘留的建议。中国投资者在俄罗斯境内发生违法被拘留、被逮捕或者限制自由情况时，应当通知中国驻俄罗斯使（领）馆，领事官员将联系有关人员提供适当的领事保护。

（5）车祸、死亡和失踪。一旦发生交通事故或其他人身伤亡意外的，请立即向俄罗斯警方报告。中国驻俄罗斯使（领）馆将根据报告或俄方通报确认死者身份。如果确实是中国公民，中国使（领）馆将及时通知遇难者家属赴俄处理善后事宜。届时，中国使（领）馆将提供必要的领事协助。如在境外失踪，应立即向俄罗斯警方报案，并通知中国驻俄罗斯使（领）馆，使（领）馆将敦促俄罗斯当局寻找失踪人员。

6.4 应建立并启动应急预案

中国企业在俄罗斯开展投资合作和经营活动时，应认真、客观地评估各种潜在风险，并根据地区和行业的实际情况制定各种应急预案。提高安全意识，强化安全责任人制度；根据实际需要和可能，安装必要的安全设备，确保企业和员工的人身财产安全。在发生紧急情况时，应根据事件的性质及时启动相应的应急预案，将损失控制在最低范围内。

6.5 其他应对措施

贯彻商务部、外交部、住房城乡建设部、国有资产监督管理委员会和国家安全生产监督管理总局2012年3月的指示精神，做好海外企业和人员安全管理工作，引导在俄罗斯投资的中国企业加强海外安全风险防范。根据商务部颁布的《境外中资机构和人员安全管理规定》和《对外投资合作风险预警和信息通报制度》，结合驻俄罗斯中资机构在俄安全形势实际情况以及俄罗斯安全局势的实际情况，中国驻俄罗斯大使馆发布了《驻俄罗斯中资机构和人员安全管理办法》（试行）。详情可访问中国驻俄罗斯大使馆网站：ru. mofcom. gov. cn。

中国驻俄罗斯大使馆与各个中资机构建立了安全联络员制度。俄罗斯每家中资公司都指定了一名安全信息联络员和一名安全负责人，负责中资企业在俄罗斯的安全工作。俄罗斯中资机构负责人是海外安全的第一责任人。安全信息联络员和安全负责人应保持 24 小时通信畅通。若突发安全事件，俄罗斯中资机构应立即向当地警方报案，并向俄罗斯中国总商会、中国驻俄罗斯大使馆报告。

中国驻俄罗斯大使馆紧急救援电话：007 - 968 - 3799111；领事部值班电话：007 - 499 - 9518661；俄罗斯中国总商会电话：007 - 499 - 9730227。

俄罗斯的紧急援助服务电话：101（火警）、102（匪警）、103（急救）。另外，可以通过拨打 112 转接紧急援助服务电话。

附　录

附录1　俄罗斯政府部门和相关机构一览

（1）工业和贸易部：minpromtorg. gov. ru

（2）经济发展部：www. minfin. ru

（3）能源部：minenergo. com

（4）远东发展部：minvostokrazvitia. ru

（5）农业部：www. mcx. ru

（6）运输部：www. mintrans. ru

（7）教育部：暂无网站

（8）科学和高等教育部：暂无网站

（9）卫生部：www. minzdravsoc. ru

（10）文化部：www. mkmk. ru

（11）自然资源与生态部：www. mnr. gov. ru

（12）数字发展、通信和大众传媒部：www. minsvyaz. ru

（13）外交部：www. mid. ru

（14）内务部：www. mvd. ru

（15）国防部：www. mil. ru

（16）紧急情况部：www. mchs. gov. ru

（17）司法部：www. minjust. ru

（18）体育部：www. minstm. gov. ru

（19）海关署：www. customs. ru

（20）反垄断署：www. fas. gov. ru

（21）金融市场管理署：www. ffms. ru

（22）欧亚经济委员会：www. eurasiancommission. org

附录2　俄罗斯联邦政府主要职能部门

【俄罗斯联邦总统直接领导的部门】俄罗斯联邦内务部、俄罗斯联邦紧急情况部（联邦局）、俄罗斯联邦外交部（联邦局）、俄罗斯联邦国防部（联邦局）、俄罗斯联邦司法部（联邦局）、俄罗斯联邦国家机要通信局（联邦局）、俄罗斯联邦对外侦察局（联邦局）、俄罗斯联邦安全局（联邦局）、俄罗斯联邦麻醉品流通监管局（联邦局）、俄罗斯联邦警卫局（联邦局）、俄罗斯联邦总统专项规划管理总局（联邦署）、俄罗斯联邦总统事务局（联邦署）、俄罗斯联邦金融监管局（联邦局）。

【俄罗斯联邦政府直接领导的部门】俄罗斯联邦卫生部，俄罗斯联邦文化部，俄罗斯联邦教育部，俄罗斯联邦科学与高教部，俄罗斯联邦自然资源和生态部，俄罗斯联邦工业和贸易部，俄罗斯联邦数字发展、通信和大众传媒部，俄罗斯联邦农业部，俄罗斯联邦体育部，俄罗斯联邦交通部，俄罗斯联邦财政部，俄罗斯联邦经济发展部，俄罗斯联邦能源部，俄罗斯联邦远东发展部，俄罗斯联邦劳动和社会保障部。

【俄罗斯联邦政府直接领导的联邦局和联邦署】俄罗斯联邦反垄断局，俄罗斯联邦海关局，俄罗斯联邦价费局，俄罗斯联邦金融市场局，俄罗斯联邦航天署，俄罗斯联邦国界装备署，俄罗斯联邦酒类市场调节局，俄罗斯联邦生态、科技及核监督局，俄罗斯联邦移民局，俄罗斯联邦消费者权益保护和社会福利监督局，俄罗斯联邦国防采购局，俄罗斯联邦统计局。

【主要经济部门及职能】由三个部门组成。俄罗斯联邦经济发展部，主管宏观经济规划、预测、调控和经济改革；俄罗斯联邦工业和贸易部，主管工业政策、对外贸易政策制定，管理各大工业部门；俄罗斯联邦财政部，主管联邦财政预算政策制定，与央行共同制定中央银行法。

附录3 俄罗斯进出口贸易管理的有关规定

【进口管理】俄罗斯进口贸易管理的规定主要有以下几点。

（1）配额管理。俄罗斯对食用酒精、伏特加酒、烈性炸药、爆炸品、爆炸器材、烟火制品、原糖、肉类等实行进口配额管理。进口配额的分配主要通过招标和拍卖进行。

（2）许可证管理。对以下两大类商品实行进口许可证制度。第一类属于特殊商品，包括化学杀虫剂、工业废料和密码破译设备。第二类属于需要按俄罗斯总统和政府规定的特殊程序进口的商品、技术和科技信息，包括武器弹药、核材料、放射性原料、贵金属、宝石、麻醉剂、镇静剂、两用材料和技术、可用于制造武器装备的个别原材料和设备等。

（3）产品标识和认证。俄罗斯境内禁止销售无俄文说明的进口商品。对酒类制品、音像制品和计算机设备等产品，禁止销售无防伪标志及统计信息条的产品。对化学生物制剂、放射性物质、生产废料以及部分初次进口到俄罗斯的产品尤其是食品需在进口前进行国家注册；工业、农业和民用建筑等用途的进口产品需具备卫生防疫鉴定。俄罗斯联邦海关2005年1月发布的《需强制认证的进口产品名单》，后经数次修改，规定对动植物及其产品，食品、酒精和非酒精饮料，纺织原料及其制品，机器设备和音像器材等部分进口产品实行强制性认证。

【出口管理】俄罗斯出口贸易管理的规定主要有以下几点。

（1）出口配额和出口许可证。俄罗斯对国际协议规定要求限制数量的产品、部分涉及国家利益的特殊产品和国内需求较大的产品3类产品实行出口配额和许可证管理。出口配额的分配主要是通过招标和拍卖进行。配额如有剩余，亦可根据出口实绩进行增发。需持出口许可证的商品包括野生动物、药材、译码器件、武器装备、爆炸品、核材料、放射性材料、贵金属、贵宝石及半宝石、矿产资源及矿床信息、麻醉剂、精神心理药剂、毒性物质及某些可用于制造武器装备的原料、设备、技术、信息等。

（2）对军民两用产品出口实行监督。出口军民两用产品和技术需申领出口许可证，颁发依据为出口产品是否符合俄罗斯承担的有关国际义务。

（3）统一验证制度。俄罗斯对出口产品的数量、质量和价格实行统一的强制性验证制度，但从1996年3月起，这一制度不再具有强制性。目前，只对石油、成品油、天然气、煤、黑色及有色金属、木材、矿肥等产品进行验证。以上程序不适用于食品、兽医用品及壳类产品，此类货品的检疫及签证由国家检疫及卫生部门负责。

附录4　俄罗斯有关劳务合作方面的法律规定

（1）劳务合作务必避免非法打工，办理正规手续，否则，在出现安全或其他方面问题时，不仅个人权益得不到保证，企业形象也会受到很大程度的损害。据俄新网消息，中国劳动移民人数每年都在增长。每年进入俄罗斯境内的中国移民有数十万人，而其中只有数万人拥有合法的劳动许可。不过，随着俄罗斯取消免签国家的移民配额制度，更多中国移民有希望申请工作许可，得到合法身份。

（2）承包方要想引进外国劳务，需提前1年（即上一年的5月1日前）向所在州移民局提出申请，第二年2月才能获得审批。从递交配额申请，到劳动者本人具备在俄罗斯当地从事劳务的合法身份，要经过提交翻译公证手续，缴纳国税，办理打工卡、邀请函，办理签证，办理当地体检、落地签等很多道手续。如果劳动者需要办理延期，则要提前 3 个月开始做文件准备。因此，要求企业早做规划、早做申请。应加强内部管理，严格劳动纪律和规章制度，建立劳务人员与管理人员沟通机制，防患于未然，避免产生劳资纠纷和内部矛盾，保障人员和施工安全。俄罗斯为了调整经济结构，促进经济发展，亟须高技能人才。《俄罗斯 2020 年发展战略》起草专家小组负责人联合会议曾表示，俄罗斯转向创新发展道路需要高技能劳动移民。而新移民法中对于劳动移民的个人或法人工作许可制度，将会帮助俄罗斯吸收更多高技能人才而非普通工人，以调整移民结构，为俄罗斯经济发展服务。

（3）中国移民必须跨过语言关。据俄移民局提供的报告，在莫斯科市场抽检劳动配额的工作中，填表说明自身具备大学学历的华工由于语言障碍，只能被鉴定为半文盲状态。

（4）俄罗斯新移民法的变化，意味着中国劳务进入俄罗斯的机会更多。中国劳务人员要抓住有利条件，主动融入当地社会，维护自身合法权益。

附录5　在俄罗斯开展投资、贸易、承包工程和劳务合作过程中的合作风险

在俄罗斯开展投资、贸易、承包工程和劳务合作的过程中，要特别注意事前调查、分析、评估相关风险，事中做好风险规避和管理工作，切实保障自身利益。包括对项目或贸易客户及相关方的资信调查和评估，对项目所在地的政治风险和商业风险分析和规避，对项目本身实施的可行性分析等。企业应积极利用保险、担保、银行等保险金融机构和其他专业风险管理机构的相关业务保障自身利益，包括贸易、投资、承包工程和劳务类信用保险、财产保险、人身安全保险等，各类担保业务（政府担保、商业担保、保函）等。

波兰投资便利化评价与分析

摘　要：　本部分从国家概况、政治文化环境、国家投资便利化水平、
投资法律风险、投资注意事项和投资求助路径六个部分对波
兰进行国别投资便利化评价与分析。研究表明，波兰最近十
年来，在经济发展、制度完善、基础设施建设以及社会环境
改善等方面都有了明显的进步，对于海外投资者来说，不失
为一个好的选择。波兰地理位置优越、资源丰富，20 世纪 90
年代以来一直保持经济稳定增长，交通设施完善，人力资源
素质高且成本偏低，人口众多，市场潜力巨大，再加上优惠
政策的支持，其都为波兰吸引众多外来投资打下了坚实的
基础。

关键词：　波兰　投资便利化　投资注意事项　投资求助路径

1　国家概况

1.1　波兰的地理位置和气候条件

波兰，全称波兰共和国，现有国土面积为 31.27 万平方千米，位于欧洲
中部，与俄罗斯、立陶宛、白俄罗斯、乌克兰、捷克、斯洛伐克、德国等国
接壤。属海洋性向大陆性气候过渡的温带阔叶林气候。

波兰首都华沙位于东 1 时区，每年 3~10 月实行夏令时。

1.2　波兰的历史沿革

波兰国家起源于西斯拉夫人中几个部落的联盟，包括波兰、西里西亚、

马佐维亚等。随后部落联盟逐渐强盛，于公元 9~10 世纪建立了王朝，随后的四五百年进入最强盛时期。18 世纪下半叶，被沙俄、普鲁士和奥匈帝国瓜分占领，直至 20 世纪初才恢复独立。第二次世界大战后建立波兰共和国，11 月 11 日定为国庆日。

波兰于 1995 年 7 月 1 日加入世界贸易组织，1999 年 3 月 12 日加入北大西洋公约组织，2004 年 5 月 1 日加入欧盟，2007 年 12 月 21 日加入申根协定。2012 年，波兰与乌克兰联合承办欧洲足球锦标赛。2013 年，华沙举办第 19 届联合国气候变化大会。2014 年，波兰前总理图斯克当选为欧洲理事会主席。2015 年，波兰法律与公正党同时赢得总统、议会选举和单独组阁，新政府主要致力于波兰经济增长及提升本土企业竞争力，在欧盟经济治理、北约防务安全、东部伙伴计划、外部能源政策等方面发挥积极作用。2016 年，波兰承办北约峰会。2017 年，波兰前总理图斯克成功连任欧洲理事会主席。2018 年 1 月 1 日至 2019 年 12 月 31 日，波兰担任联合国安理会非常任理事国。

1.3　波兰的行政区域划分及重要城市

自 1999 年 1 月 1 日起，波兰政府将省份数量调整为 16 个，并设立县制，由省、乡两级改为省、县、乡三级，目前，波兰共设 16 个省 314 个县2479 个乡。

波兰首都华沙位于波兰中部的维斯瓦河两岸，是波兰最大的城市，同时也是政治、经济、文化中心。城市人口约 175 万，城市群人口约 280 万，城市面积 512 平方千米，是中欧各国通商贸易的主要通道，自古以来就非常繁华。市内拥有非常多的草坪和绿地，城郊森林环绕，被誉为"绿色之都"。

格但斯克市是波兰重要的海港城市，位于波罗的海沿岸，人口约 47 万，因工人运动盛行而成为第二大政治中心。

克拉科夫市作为波兰的故都，现在是波兰南部的重要工业城市，位于维斯瓦河畔，人口约 74 万。

1.4 波兰的自然资源

波兰自然资源丰富，主要矿产是煤（其中已探明硬煤 604 亿吨、褐煤 233 亿吨）、天然气（已探明 1180 亿立方米）和页岩气（超过 3460 亿立方米），其他资源还有硫黄、铜、银、锌、铅、天然气、盐、琥珀等。波兰森林覆盖率高（超过 30%），森林面积在 2018 年达到了 953 万公顷。

1.5 人口分布

截至 2018 年 1 月，波兰的全国人口数量为 3843.4 万，男女人口比例差距不大。城市人口占六成以上，农村人口接近四成。根据 2017 年的统计数据，波兰适龄劳动人口占总人口六成以上，老龄人口占总人口的 20.8%，注册新生儿数量为 40.3 万。人口分布较为集中在几个大城市。在波兰的华人约 1 万人。

2 政治文化环境

2.1 政治环境

2.1.1 政治制度

波兰宪法确立了三权分立的政治制度和以社会市场经济为主的经济体制。

【政府机构】总统是国家的最高代表，负责维护宪法和国家安全，由全民直接选举产生。波兰现任总统为安杰伊·杜达，是波兰雅盖隆大学的法律博士，来自法律与公正党，2015 年 8 月就职，任期 5 年。现任总理为马泰乌什·莫拉维茨基，1968 年出生，毕业于波兰弗罗茨瓦夫大学，长期从事财经领域工作，2017 年 12 月出任总理。本届政府于 2018 年 1 月完成改组。

政府机构主要由总理府及政府部门构成，主要政府部门包括外交部、财

Union "Solidarity"），该团体成立于 1980 年，拥有 40 万~68 万名成员（截至 2010 年），现已成为纯工会性质的社会组织，工会领导人不能担任政治职务。再如全波工会协议会（All - Poland Alliance of Trade Unions），该团体成立于 1984 年，约有 80 万名会员。它属于左翼工会组织，其目标是维护职工权益。

除了政党和工会以外，在波兰还有一些非政府组织，包括波兰罗马天主教会慈善组织、文化基金会、肖邦经济会、独立学联等。

2.1.3 外交关系

波兰于 1999 年 3 月 12 日加入北约，于 2004 年 5 月 1 日加入欧盟，并于 2007 年 12 月加入申根协定。政治和经济基于欧盟，安全和防务上依赖北约和美国，和邻国进行友好交往，积极地构建一个全方位的外交局面，努力在所处联盟中发挥更重要的作用。近年来，波兰也更加重视维护自身权益，通过次区域合作和域外外交，加强了自己在地区和国际事务中的影响力。目前，波兰和 195 个国家保持着外交关系。

【同欧盟关系】波兰将欧盟作为发展社会经济的主要动力，又希望能够提高波兰在联盟当中的地位和作用。波兰目前对欧盟的外交态度是，在保持独立自主的前提下主张加强欧盟内部团结和共同行动。波兰凭借良好的经济发展势头，已经得到欧盟 1195 亿欧元的资助。目前尚未加入欧元区。波兰前总理图斯克于 2014 年当选为欧洲理事会主席，2017 年 3 月连选连任。2016 年以来，欧盟对波兰国内司法、媒体等改革表示出担忧，2017 年底根据欧盟条约第七条正式对波启动审查程序。

【同欧盟大国关系】波兰将同德国的关系视为波兰外交中最重要的双边关系之一。德国是波兰最大的贸易合作伙伴，两国双边贸易要占到波贸易总额的近三成。法国是波兰的传统盟友，双方在各个方面的交流都非常频繁。重视"魏玛三角"（德国、法国、波兰）机制。波兰把英国作为北约中的重要盟友，和英国一直以来有着良好的传统合作基础，即使在英国脱欧后，依然致力于同英国继续保持良好的外交关系，高度重视维护英国的波兰侨民福利。

【同美国和北约关系】波兰将美国看作欧洲之外最重要的伙伴。在伊拉克战争中，波兰是第一时间派兵参战支持美国的三个盟国之一。2015 年 2 月，美军向波兰军方赠送 45 辆反地雷装甲车。9 月，波兰总统杜达前往美国出席联合国成立 70 周年系列峰会。2016 年 4 月，波兰总统杜达前往美国出席第四届核安全峰会。2017 年 7 月，美总统特朗普赴波兰出席第二届"三海（亚得里亚海—黑海—波罗的海）倡议"峰会。2018 年 9 月，波兰总统杜达对美国进行了正式访问。2019 年 2 月，波兰同美国在华沙共同举办中东问题部长级会议。

波兰将北约和美国看作波兰国家安全的重要支柱，赞成加深跨大西洋合作和北约向东扩张，秉持共同防御原则。在乌克兰危机爆发以后，波兰在增加本国军事投入的同时，也加强了跨大西洋安全合作，强烈要求北约增加东翼部队，要求北约能在波境内长期驻军。2016 年 7 月北约峰会在华沙举行。目前，正积极推动落实北约纽波特峰会和华沙峰会共识，2017 年上半年美军向波增派部队，部署装甲部队。2018 年上半年，波兰同美国签署购买爱国者反导系统合同。

【同俄罗斯及东部邻国关系】波兰同俄罗斯因历史问题，关系错综复杂，两国历来发生过多次摩擦。乌克兰危机严重破坏了波兰与俄罗斯在政治和经济层面的关系，双方外交关系恶化，陷入制裁与反制裁的恶性循环，但也因此双方都遭受了巨大经济损失。

波兰高度重视欧盟"东部伙伴关系"计划，同东部邻国关系密切，领导人互访频繁。波兰积极推动东部邻国进行政治、经济改革，加强民主体制建设，更好地融入欧洲。

【同中东欧国家关系】波兰把中欧和东欧国家看作在欧盟内部的战略支持者，重视与次区域组织以及多边机制合作，其中包括维谢格拉德集团、波罗的海国家理事会、"三海倡议"、"布加勒斯特 9 国"等组织，并一再主张召开中东欧国家领导人会议，提倡加强立场协调，维护自身和本地区各国的共同利益，同时强调新入盟国家要加强内部协调，努力争取做到在欧盟内发表一致意见。

【同其他国家关系】因为有民主转型的经历，波兰也密切注意西亚和北非区域的发展，并且十分看重同东亚、东南亚国家的关系，加大对该地区的投资，同时也积极开展与中东、拉美、非洲等地区的经济贸易往来和能源领域的合作。

【同中国关系】波兰同中国的关系历来友好。1949 年 10 月 7 日中波两国建立了大使级外交关系。波兰还与中方合作建立了新中国历史上第一家中外合资的企业。近年来，中波关系在相互尊重、平等互利、互不干涉内政原则的基础上发展顺利，于 2004 年确立了两国友好合作伙伴关系，2011 年建立了战略伙伴关系，2012 年启动了中国—中东欧国家"16 + 1"合作机制。2015 年 11 月，中波两国缔结了《共同进行"一带一路"建设备忘录》。2016 年 6 月，两国关系提升至全面战略伙伴关系。2017 年，中国副部级（含副部级）以上官员访波 40 次。2019 年 4 月，两国确立了进一步加深双方在经贸、农业、民航和基础设施建设等领域的合作。7 月，国务委员兼外长王毅在华沙同波兰外长查普托维奇举行会谈，双方意在提升中波多边合作的战略性，意在将中波全面战略伙伴关系推进到中国同其他中东欧国家外交关系的更高层面。

2.2 文化环境

【语言】波兰的官方语为波兰语，英语日益普及，不少民众也会使用俄语和德语。

【民族】波兰族占该国总人口的 98%，少数民族主要有德意志族、乌克兰族、俄罗斯族，还有少量犹太族、立陶宛族和斯洛伐克族等。

【宗教】波兰人对本国的宗教文化传统深感骄傲。在欧洲国家中，波兰还是一个依然对宗教保持着相当虔诚的国家，该国拥有许多教堂，宗教氛围浓烈，大多数居民依然保持每周去教堂的习惯。

波兰人 90% 都信奉天主教，超过七成的民众仍然虔诚地遵守天主教的传统。其余的 5% 人口大多信奉东正教或基督新教。

2016 年 11 月 19 日，波兰官方正式宣布耶稣基督为波兰国王。

【常见礼仪】波兰人与外人交往时非常重视称呼问题，通常都会称对方"您"，除非关系非常亲密并且认识了一段时日才会用"你"相称。

在波兰，握手礼和拥抱礼是最常用的见面礼节。当朋友或家人见面时，常会相互拥抱。在一些高雅的室内社交活动中，面对女士时偶尔会出现吻手礼。

在与别人交谈时，波兰人不喜欢别人用手指指点点来加重自己的语气，也不喜欢被别人指脸。伸懒腰、打哈欠则是代表着不耐烦或不再愿意继续交谈。

波兰人爱花。最喜欢的三色堇被定为波兰的国花。送花一般送奇数。

在日常社交中的建议：波兰人十分看重宗教信仰，交谈话题可以多围绕波兰伟人和对世界文明的贡献展开，非常看重待人接物礼数是否周到。

【习俗与禁忌】根据波兰的习俗，在所有的正式场合中都应穿保守式样的西装，妇女穿套裙。遇到重要活动，通常会在邀请函上标明来宾着装要求。参加音乐会和其他高雅艺术表演时，衣服必须整洁，一般而言，都应穿着正装，不能穿便服和便鞋。

波兰人的饮食与其他中东欧国家的饮食大致相似：以面食为主，喜欢吃烤、煮、炖的菜，喜饮酒。

在饮食禁忌方面，波兰人通常不会吃动物的内脏（除肝和牛肚），一些特殊身体部位也不会吃。对海鲜不太感兴趣，海鲜中，虾类相对来说更受欢迎一些。

波兰受宗教影响，周五天主教徒不吃猪肉，每个月的13号和星期五一般不举行任何仪式。

【教育】波兰在2017年开始实行新的教育体制。新体制下，义务教育包含小学（8年）和中学（4年），高等教育一般为4年或5年。波兰著名的高等学府有克拉科夫雅盖隆大学、华沙大学、华沙工业大学等。

【科技】波兰在历史上是一个科学文化比较发达的国家，诞生了哥白尼、居里夫人等著名科学家。

波兰政府近年来重视加大对研发活动的投入。政府通过采取激励和支持企业开展研发活动的举措使 2011～2013 年企业的研发投入增长了约 80%。波兰的科技投入目标是，到 2020 年 GERD/GDP 之比达到 1.7%。2017 年，波兰是世界知识产权等组织联合公布的全球创新指数第 38 名。

为了进一步促进国家创新体系建设，波兰政府十年前就开始实施一系列深化科技改革的法案，能源领域、新药研发、再生医学研究、信息技术、电信技术、机电一体化、现代材料技术等都属于优先支持方向。

【医疗】波兰医疗服务体系较为完备，全国共有综合医院 900 多家，诊所 2 万多家，病床 18 万多张，医生 14 万多人，一般拥有硕士以上学历，职业素质较高。医疗服务机构分公共和私立两类。

波兰实行强制性的普遍医疗保险——国家健康基金（NFZ）保险，被保险人享受的医疗福利也适用于不需另缴保险的直系家庭成员。没有能力参保的低收入人群，在得到所在乡政府批准后，可免缴保费。医疗保险的范围包括各种疾病的预防、诊断和治疗服务。

【媒体】波兰全国出版发行的报刊数目众多。全国性综合日报《事实》（Fakt）是发行量最大的报纸，内容包括政治、经济、社会等各个方面，受众群体主要是中产阶级读者。

波兰主要的新闻通讯社包括波兰通讯社（PAP）和广播新闻社。主要电台和电视台是波兰广播电台和波兰公共电视台（TVP）。波兰电视台、波兰广播电台和波兰通讯社现在属于国家管理。

网络媒体方面，上述主要报刊都有网络版，如果是英语用户，可以参阅华沙之声、华沙商务周刊等，想了解经贸投资类信息可参考波兰投资与贸易局等政府网站。在华人圈比较有影响力的中文网站是波兰华人咨询网，以及介绍波兰的微信公众号"波澜壮阔"。

3 国家投资便利化水平

投资便利化方面，亚太经合组织（APEC）的观点是，投资便利化是政府实施相应政策吸引外国投资，并在投资周期中最大限度地提高管理效率与经济效益，包括促进市场准入、提高投资待遇、争端解决和投资保护等措施；经济与合作发展组织（OECD）认为，国际直接投资活动中能够帮助投资者及企业简化程序和提高良好的投资环境就是投资便利化。基于现有理论研究，本书定义投资便利化为，一国或一地区通过一系列的手段和措施，为实现国际资本流动快速化、便捷化、标准化而创造的一个协调的、透明的、可预见的环境。投资便利化主要受到国家市场经济环境、制度环境、基础设施及社会环境四方面的影响。

（1）市场经济环境是指东道国国内在市场经济规律中所形成的各种宏观与微观环境。本书中的市场经济环境是从一国或一地区的宏观层面出发，是包括一国国内生产总值、市场规模在内的经济环境与市场环境的整体表现。一国的市场经济环境为投资便利化创造了宏观的大环境，良好且稳定的市场经济环境能为投资便利化提供更多的宏观支持。

（2）制度环境包括规制性、认知性和规范性维度。规制性维度决定了在一个国家开展商业活动的难易程度，认知性维度是指与外国投资者有关的理所当然的做法，而规范性维度涉及特定国家现存的主导价值观和信仰。本书中的制度环境主要有政府稳定、腐败程度等，这些都会影响国际投资尤其是国际资本流动在该国的便利程度及竞争机制等，体现了一国政府的市场监管效率，良好的制度环境会为投资便利化带来更为优越的制度监管支持。

（3）基础设施是指国家、政府为了保证社会经济活动正常进行而建造的物质工程设施与公共服务系统。基础设施是国际投资产生与发展的基础物质条件。本书所提到的基础设施主要包括互联网、物流、电力、交通等方面，这些方面都是现代国际投资得以更便捷、更快速的根本所在。

（4）社会环境是一定时期内整个社会发展的一般状况，主要包括社会道德风尚、文化传统、人口变动趋势、文化教育、价值观念、社会结构等。本书中的社会环境主要指与人或社会活动息息相关的各个方面，主要包括居民消费支出、贫困人口比例、文化教育水平等。投资是以人为主的活动，人的基本素质及社会活动的便捷性都会影响投资便利化水平的高低。

基于以上定义，同时结合世界经济论坛（WEF）、世界银行（WB）、美国遗产基金会（HF）、透明国际（TI）等机构指标体系构建原理以及刘镇、陈继勇等（2018）学者的相关研究，本书构建了包含三个层级的中欧班列沿线国家投资便利化水平指标评价体系。第一层级为国家投资便利化水平。第二层级为市场经济环境、制度环境、基础设施和社会环境四个维度。第三层级共21个指标，其中以外资规模（FDI/GDP）、投资自由度、GDP总额、资本形成总额和贸易规模五个指标来描绘市场经济环境指标，以政府稳定、腐败程度、法律和制度、官僚质量四个指标来描绘制度环境指标，以铁路密度、公路密度、航空货运量、港口质量、安全互联网服务器（每百万人）、每百人中固定电话数量、电力供应量七个指标来描绘基础设施指标，以居民消费支出、总人口数、贫困人口比例、文化教育水平以及犯罪率五个指标来描绘社会环境指标，以此构建了具备一定科学性、完整性和可操作性的中欧班列沿线国家投资便利化水平的评价指标体系，详细评价指标体系如表4－1所示。本书所需数据均来源于世界经济论坛"The Global Competitiveness Report，GCR"、世界银行数据库（WB）、美国遗产基金会（HF）、透明国际（TI）以及各国对应统计年鉴等相关的指标数据。

表4－1　中欧班列沿线国家投资便利化水平指标评价体系

第一层级	第二层级	第三层级
国家投资便利化水平	市场经济环境（ME）	外资规模（FDI/GDP）
		投资自由度
		GDP总额
		资本形成总额
		贸易规模
	制度环境（IE）	政府稳定
		腐败程度
		法律和制度
		官僚质量

第一层级	第二层级	第三层级
投资便利化水平	基础设施(BI)	铁路密度
		公路密度
		航空货运量
		港口质量
		安全互联网服务器(每百万人)
		每百人中固定电话数量
		电力供应量
	社会环境(CE)	居民消费支出
		总人口数
		贫困人口比例
		文化教育水平
		犯罪率

需要说明的是，在按照指标体系对中欧班列沿线国家进行数据收集时，部分国家少量数据缺失，本团队有针对性地采取插值法或平滑法等数理统计方式来进行补全。基于此，考虑到数据的可得性和研究的科学全面性，本章选取波兰这一中欧班列沿线国家作为研究对象，并以 2008～2017 年为时间样本周期全面考察其国内投资便利化水平。

3.1 市场经济环境

市场经济环境是指东道国国内在市场经济规律中所形成的各种宏观与微观环境。本书中的市场经济环境是从一国或一地区的宏观层面出发，是包括一国国内生产总值、市场规模在内的经济环境与市场环境的整体表现。一国的市场经济环境为投资便利化创造了宏观的大环境，良好且稳定的市场经济环境能为投资便利化提供更多的宏观支持。本书中，市场经济环境指标内包括外资规模、投资自由度、GDP 总额、资本形成总额和贸易规模五项指标。

3.1.1 外资规模

外资规模指标采用的是世界银行数据库中的外国直接投资指标，指的是投资者为了在另一经济体中获得运营的企业永久管理权（超过投票权 10%）

而进行的投资净流入。它是股权资本、收益再投资、其他长期资本和国际收支平衡表中显示的短期资本的总和。其单位为百分比（外国直接投资净流入占 GDP 的百分比）。

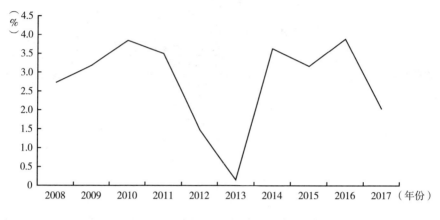

图 4－1　2008～2017 年波兰外资规模

从图 4－1 中可以看出，在 2008 年美国次贷危机过后到 2010 年，在整个欧洲范围，波兰受到的冲击并不算大，并且吸引外资的能力还在不断增强。直至 2011 年开始的欧洲金融危机，全球外商投资对欧洲经济失去信心，波兰外资规模连续 3 年不断下降，到 2013 年跌至最低的 0.15%。但在整个欧洲经济危机中，波兰政府出台的"抗衡危机的一揽子计划"保障了波兰经济的良好增势，让外资又重获信心。在 2014 年，波兰恢复到了以往的外资规模水平。而在 2017 年又出现了一次明显的下跌，根据波兰央行的调查研究，2017 年波兰吸引外国直接投资 347 亿兹罗提，比 2016 年（618 亿兹罗提）减少 40% 以上。产生这一结果的主要原因是 2017 年 6 月意大利 UniCredit 将 Pekao SA 银行以 106 亿兹罗提的价格出售给了波兰 PZU 和 PFR 公司，撤资额达 84 亿兹罗提；荷兰公司出售 Allegro 公司股权，撤资额达 72 亿兹罗提。这两项撤资造成了当年的波兰外资规模急速下降。但与此同时，其他国家在波投资额相对增加，如德国新增投资 128 亿兹罗提，卢森堡 124 亿兹罗提，塞浦路斯 55 亿兹罗提。2017 年，波兰的外国直接投资主要集中在工业加工业（44.9%）和金融保险业（35.8%）。由图4-1中可以看出，波兰在2008～2017年这十年间，除了有较大的外部经济环境冲击会产生明显影响以外，外资规模总体保持在一个相对稳定的水平上。未来波兰还有可能会受美国税收改革政策影响，美资企业将利润汇回美国，可能还会继续引起外资流动，对波兰外资规模造成影响。

3.1.2 投资自由度

投资自由度采用的是美国遗产基金会中的投资自由度指数，它代表的是在一个指标上分数越高，表明政府对区域投资的干涉水平越高，自由度越低。其单位为分（投资自由度指数，满分为100分）。

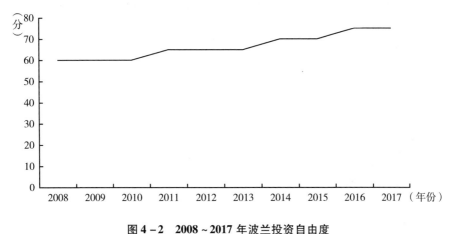

图4-2 2008～2017年波兰投资自由度

2008～2017年波兰的投资自由度水平在中欧班列沿线五国中处于较高水平，仅次于德国，属于政府干预较多的国家。

从图4-2中可以看出，波兰最近十年的政府干预区域投资的程度是持续走高。虽然2008年的美国次贷危机和2011年的欧洲金融危机都对世界主要国家造成了非常严重的冲击，但是波兰在这两次危机中受到的影响都不算大，其主要原因除了健康的国内市场以及相对保守的国内银行体制之外，还主要归功于波兰政府的有效干预。尤其是在应对全球金融危机时，波兰政府积极出台政策，加大对区域投资的干预力度，包括2014年修改交通运输法，调整铁路投资监管政策；2016年波兰政府帮助波兰国家航空公司LOT寻找投资者；波兰政府数字化部在2016年第一季度起草的修正案，是关于对电信建设支持法的修改，包括简化程序、消除法律障碍、降低投资成本等措施；并且受前一届政府完成的潘多利诺高速列车项目评价不高的影响，波兰政府在2016年表态在此之后投资昂贵的铁路项目会考虑项目的投入产出比以及对波经济产生的实际效果，加大政府监管。目前，波兰政府对最新的中央交通港项目的态度也十分谨慎。从近几年波兰的基础设施项目方面的投资成果来看，铁路集团子公司PLK、波兰航空公司LOT都在十年间扭亏为盈，近几年波兰的海陆空运输货运量和客运量都节节攀高，并且连欧盟委员会、欧洲投资银行都纷纷追加资金支持。可见，波兰政府这十年来提高地区投资干预力度取得了明显成效。

3.1.3 GDP总额

GDP总额采用的是世界银行的GDP指标，是反映一国或一地区经济发展实力的评价指标，其单位为现价美元。

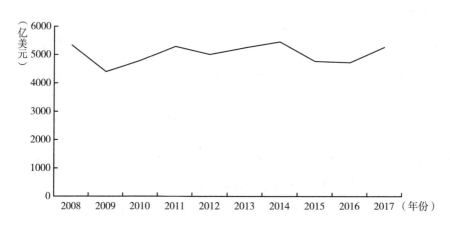

图4-3　2008~2017年波兰GDP总额

2008~2017年波兰的贸易规模在中欧班列沿线五国中处于中等水平，虽然同第一位的德国差距非常明显，但是在最近两三年同第2位的俄罗斯逐渐缩小了差距。

从图4-3中可以看出，波兰近十年的GDP值总体呈现平稳波动的态势，尽管在2009年、2012年、2015年、2016年出现了下跌的情况，但回升都非常迅速。波兰在加入欧盟后，经济蓬勃发展。2009年，世界经济因金融危机大幅下滑，但波兰在经济如此低迷的情况下仍保持了正增长。波兰被世界银行和国际金融公司称为自2005年以来营商环境改善速度最快的欧盟国家：2015年增速为3.6%，居欧盟第8位；2016年增速为2.8%，位居欧盟第10；2017年增速为4.6%，居欧盟第8位。而在2019年的上半年，波兰国内生产总值增长率同比约为4.7%，约是欧元区的4倍、欧盟的3倍。外资企业对波兰前景的看好，对波兰经济增长起到了非常关键的作用。

3.1.4 资本形成总额

资本形成总额（以前称为国内投资总额）由新增固定资产支出加上库存的净变动值构成。固定资产包括土地改良（围栏、水渠、排水沟等），厂房、机器和设备的购置，建设公路、铁路以及学校、办公室、医院、私人住宅和工商业建筑等。库存是企业为应付生产或销售的临时需要或意外波动而贮存的货物以及在制品。依照1993年SNA，贵重物品的净收入也被视为资本形成。其单位为现价美元。

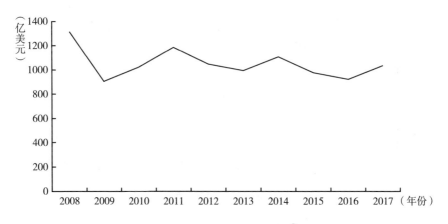

图4-4　2008~2017年波兰资本形成总额

在资本形成总额方面，2008～2017年波兰在中欧班列沿线五国中处于中等偏下的水平，相较于经济体量较大的德国和俄罗斯有一定的差距。

从图4-4中可以看出，十年间波兰的资本形成总额出现过几次明显的震荡，尤其以2009年的下跌最为明显。这几次明显的震荡基本上都与经济危机脱不了干系，导致当年或是后一年的资本形成总额较之前有明显减少。据统计，2008年和2011年经济危机爆发时，波兰仅上半年就有超过400家企业破产，其中受影响最为严重的是建筑行业，较为严重的领域还包括运输业、家具制造、矿业、冶金和贸易行业。企业破产还引发了财政和失业问题，但是依托政府财政拨款以及欧盟委员会的资助，加上经济保持增长势头依然吸引了不少外商投资，让波兰资本形成总额依然维持在一个相对平稳的水平。

3.1.5 贸易规模

贸易规模指标采用的是世界银行同一指标，指的是货物和服务进出口总和，是该国居民与世界其他国家之间的所有交易，包含普通商品从非居民到居民的所有权的变化、送到别处去加工或修理的货物、非货币黄金和服务，其单位为现价美元。

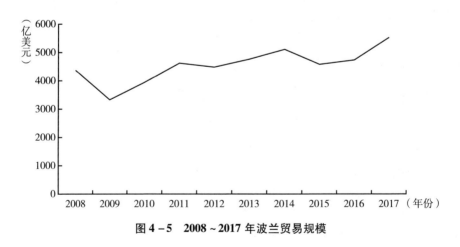

图4-5　2008～2017年波兰贸易规模

从图4-5中可以看出，除了2009年受经济危机影响出现了大幅度下跌以外，波兰的贸易规模总体呈现波动上升的态势。2012年和2015年虽然也出现了小幅下跌，但都在第二年恢复了上升势头。波兰作为连接东、西欧的交通要地，凭借优越的地理位置以及强劲的经济增长成为扩大贸易的主要动力。同时，波兰的主要贸易伙伴如德国、中国和俄罗斯也有着较强的经济实力和稳定的经济环境。波兰政府在制定财政预算时，把大量的资源集中提供给优势产业，是鉴于它们更有国际竞争力和有希望取得全球领导地位。比如家具制造业，波兰是全球第六大家具生产国和第四大出口国，也是欧盟第三大生产国和出口国；家电制造业，波兰是欧盟第三大家用电器生产国，并已成为电视机显示器、液晶显示屏和多数品牌家电的重要生产地；食品加工业，波兰食品已经出口到全球70个国家和地区；汽车制造业，波兰是欧洲第八大汽车生产国和全球第三大巴士制造国，波兰汽车工业产量、技术水平和出口规模都有了显著的提高，这完全是得益于政府大规模吸引外资、私有化和对产业进行了全面的结构调整，波兰也逐渐成为欧洲最主要的汽车制造业中心。凭借良好的经济增长势头和政府对优势行业的扶持，近几年波兰的外贸规模有了明显的扩大。

3.2　制度环境

制度环境包括规制性、认知性和规范性维度。规制性维度决定了在一个国家开展商业活动的难易程度，认知性维度是指与外国投资者有关的理所当然的做法，而规范性维度涉及特定国家现存的主导价值观和信仰。制度环境包括国家、社会和专业组织施加的规范和管理压力。这些压力可以是强制性的、直接的，并可通过法院和规章等机制加以执行。制度环境还可以通过创造组织必须遵守的期望和规范来间接影响组织，以便获得合法性和资源。本书中，制度环境包括四个指标：政府稳定、腐败程度、法律和制度以及官僚质量。

3.2.1　政府稳定

政府稳定指标采用的是国家风险国际指南（ICRG）中的同一指标，是指一个国家在稳定与崩溃之间的范围，是一个国家衡量政府执行其已宣布的计划的能力，以及它继续执政的能力。其由三方面组成：政府的团结、立法的力量和公众的支持。该指标满分为 12 分，分值越高，代表政府越稳定，反之则代表政局不稳。

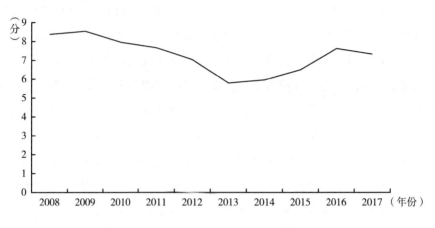

图 4 - 6　2008～2017 年波兰政府稳定指标

2008～2017 年中欧班列沿线其他四国政府稳定程度出现快速下降，而同期的波兰却一直处于一个相对平稳的状态，波兰在五国中从最初的最低水平到 2017 年居第三位，整体政府稳定情况有明显改善。

从波兰近十年的政府稳定指标来看，波兰总体水平比较稳定，十年的平均分为 7.28，属于中等偏上的分段。从图 4 - 6 中可以看出，从 2008 年开始，波兰的政府稳定指数就一路下跌，直至 2013 年达到十年来的最低水平，随后又开始回升。影响政府稳定指数的主要是三方面，政府团结程度、立法的权威性和民众的支持。在经历了 2008 年的经济危机以后，全国各行业的失业率居高不下，尽管波兰受经济危机冲击不大，且经济依然保持增长，但波兰政府却依然面临了巨大压力。受 2011 年不景气的影响，第二年波兰出现了大批企业破产、失业率升高、人均购买力下降等现象，政府随后多次提高最低工资标准，并采用货币宽松政策，而且还积极进行政府人员调整，包括增设和撤销一些部长职务。由于政府对财政问题的关注，于 2013 年 3 月还增加了副总理职位负责财政部门的管理。这一系列措施收到了良好的成效，政府的执行效率以及民众的支持程度都有所提高，同时这一结果也在政府稳定指标上得到了体现。

3.2.2 腐败程度

腐败程度指标采用的是国家风险国际指南（ICRG）中的同一指标，是政治体制内的一种腐败手段，它通过扭曲经济和金融环境，使人们能够通过任人唯亲而不是能力获得权力，从而降低政府和企业的效率，并给政治进程带来不稳定，从而对外国投资构成威胁。该指标满分为 6 分，分值越高代表腐败程度越低，分值越低则代表腐败程度越高。

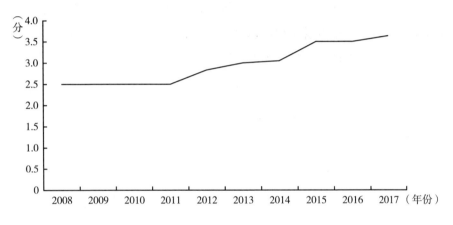

图 4 -7　2008～2017 年波兰腐败程度指标

2008～2017 年波兰政府腐败程度指标在中欧班列沿线五国中处于中上水平，并且五国中除了德国本身处于较高水平外，其余四国中只有波兰在近十年内有明显的提高。

从图 4 -7 中可以看出，波兰政府近十年的腐败程度指标得分越来越高，说明波兰政府的腐败现象是有明显的改善迹象的。从 2008 年的 2.5 到 2017 年的 3.63，对波兰政府的腐败程度从较为负面的评价转为了正面评价。值得关注的是，从 2013 年开始，波兰政府的腐败程度有了明显的好转。据 2013 年波兰媒体报道，波兰市场人士认为政府腐败现象有所减少。2014 年安永公司发布的全球商业欺诈调研报告显示，波兰的商业贿赂问题有所好转。根据波兰政府高层近十年的人员调动和安排，也能看出波兰政府在提高政府效率和执行力上做出了很多努力。在 2014 年 6 月曝出波兰新闻杂志泄露多名政府高官私人谈话录音之后，政府也快速采取了应对措施，替换了一大批部长级高官。这些都是波兰政府腐败程度改善的力证。

3.2.3 法律和制度

法律和制度指标采用的是国家风险国际指南（ICRG）中的法律与秩序指标。"法律"部分是用来衡量法律体系的力量和公正性，"秩序"部分是用来衡量公众对法律的遵守程度。该指标满分为 6 分，分值越高代表该国法律体系完善程度和公众遵守程度越高，分值越低则代表法律体系的完善性、公正性以及公众对法律的遵守程度越低。

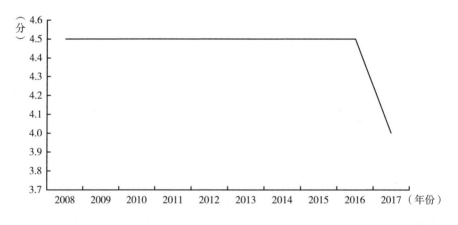

图 4 - 8　2008～2017 年波兰法律和制度指标

2008～2017 年波兰的法律和制度指标在中欧班列沿线五国中处于中上水平，仅次于德国。

波兰属于大陆法系，是成文法国家，因此，强制性规定在法典、法案和规章中都有体现，并成为大部分案件裁判的依据。法律领域的活动都由成文法规制。波兰法律渊源主要有宪法、法律、批准的国际协定和条例等。立法权属于议会，行政权属于波兰总统和部长会议，司法权属于法院和法庭。波兰的普通法院是上诉法院、省法院（okręg）和地方法院（rejon）。他们有权审理刑事案件、民事案件、家庭和监护法案件、劳动法案件和社会保险案件。行政司法机构属于最高行政法院，负责控制公共行政的执行。最高法院是波兰共和国最高的中央司法机关，也是最高的上诉法院，同时对下属法院的审判活动实行监督。

从图4-8中可以看出，波兰法律和制度指标得分一直稳定在4分以上，这表明波兰近十年都处于一个法律制度较为完善、公众比较守法的社会环境中，这与政府的执行力、整个社会民众的素质以及文化背景是分不开的。

3.2.4 官僚质量

官僚质量指标采用的是国家风险国际指南（ICRG）中的行政机构指标。官僚机构的制度力量和质量是一种减震器，当政府发生变化时，它往往会将政策的修订最小化。在低风险国家，官僚机构在一定程度上独立于政治压力。该指标满分为4分，得分越高说明当地政府机构管理水平越高，行政机构在日常运行中受到的政治压力的影响越小，越能够秉公办理，反之则越低。

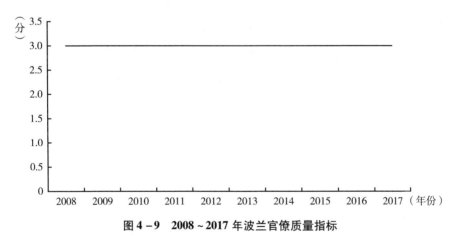

图4-9　2008～2017年波兰官僚质量指标

2008～2017年波兰官僚质量指标在中欧班列沿线五国中处于中上的水平，仅次于德国。

从图4-9中可以看出，波兰近十年的行政机构管理水平都稳定在一个较高的水平上，十年得分均为3分。结合前面的腐败程度指标和法律制度指

259

标分析，腐败程度的改善以及良好的法律执行力度，波兰的行政机构运行效率评价高是有迹可循的。

3.3 基础设施

基础设施是指政府为社会生产和居民生活所提供公共服务的物质工程设施，它是一种公共服务系统，用于确保该国家或地区社会经济活动正常进行。它是社会生存和发展的普遍物质条件，是国民经济各项建设活动开展的基础。在现代社会，在经济发展越是深入的情况下，对基础设施的要求越高；完备的基础设施在加速社会经济活动以及推进空间分布形态演变方面发挥着巨大作用。在本书中，基础设施包含7项指标：铁路密度、公路密度、航空货运量、港口质量、安全互联网服务器（每百万人）、每百人中固定电话数量和电力供应量。

3.3.1 铁路密度

铁路密度是基于世界银行中每个国家的铁路（总千米数）以及国土面积（平方千米）组成，将铁路总千米数除以国土面积而得出的结果。该指标是用于衡量一个国家或地区铁路运输的发达程度，即每平方千米内的铁路千米数。该指标数值越大，代表该国铁路网密度越高，其铁路运输越发达，反之则越落后。

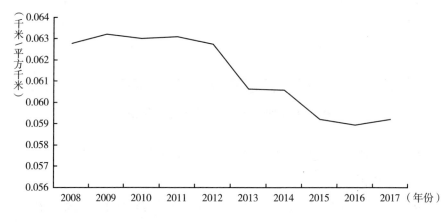

图 4-10 2008~2017 年波兰铁路密度

2008～2017 年波兰铁路密度在中欧班列沿线五国中处于较高水平，仅次于德国，与俄罗斯、白俄罗斯和哈萨克斯坦三国拉开了明显的距离。

截至 2017 年，波兰铁路总长 19209 千米，其中标准轨铁路 19209 千米（包括电气化铁路 11854 千米），客运量 3.03 亿人次，货运量 2.40 亿吨。波兰最重要的铁路企业——波铁集团创建于 2001 年，包括波铁有限公司、波铁货运公司、波铁 Intercity 等子公司，约有员工 8 万余名，规模列欧洲第 4 位。从图 4-10 中可以看出，波兰近十年在铁路方面进行了较大的改革，从 2011 年起，波兰的铁路密度不断下降，这是由于波兰铁路在进行升级改造，为了适应新标准，很多老旧的铁路都被废除或升级，这一指标一直到 2017 年才略有回升。近年来，波兰政府努力改善交通运输基础设施，对全国铁路网络进行了更新。但是铁路更新和建设都需要大量资金，波兰政府在寻求欧盟资助和基建招商方面都遇到了困难，包括提高欧盟资助上限。从 2013 年开始，波兰政府出台铁路法修正案，与欧盟法规接轨，对波兰的国际铁路运输发展意义重大，大大提升了波兰国际铁路客货运的竞争力。2014 年第二季度，波兰政府借助铁路基金和欧洲投资银行的资金加快了对铁路建设的投资，同年 7 月，波兰政府又通过了铁路运输方案的修改，通过缩短发放建设许可时间和简化相关规则来促进铁路投资。2016 年，波兰国家铁路公司支出近 2.98 亿兹罗提用于车站的现代化改造，欧洲投资银行为波兰铁路公司贷款 2.5 亿欧元用于铁路建设；波铁城际公司（PKP Intercity）计划用 4 年时间花费 25 亿兹罗提，实现机车现代化；欧盟基金也为波兰东部地区交通基础设施建设项目提供了 7.7 亿欧元的资金支持。

从铁路建设结果来看，虽然在里程数上没有得到明显提高，但是从货运量上看，波兰铁路运输依然得到了长足的发展，2015 年波兰铁路货运量为 2.24 亿吨，铁路运送旅客 2.76 亿人次；2017 年铁路货运量达 2.39 亿吨，客运量达 3.01 亿人次；2018 年铁路货物运输量达到创纪录的 2.5 亿吨，运送旅客数量超过 3.1 亿人次。到 2017 年为止，政府已经投资了超过 150 亿欧元用于铁路相关项目。随后，还有超过 100 亿欧元的欧盟基金、波兰财政预算和波兰铁路集团 PKP 自有资金用于铁路投资，其中，部分项目预计在

2023 年前完成，而余下的大量项目还会持续到 2030 年，波兰铁路建设有望成为波兰国民经济增长的火车头。

3.3.2 公路密度

公路密度指标采用的是结合国际统计年鉴、世界公路统计以及世界银行的数据计算得出的陆地每平方千米内公路的千米数。该指标是用于衡量一个国家或地区的公路运输发达程度，该指标数值越大，代表该国公路网密度越高，其公路运输越发达，反之则越落后。

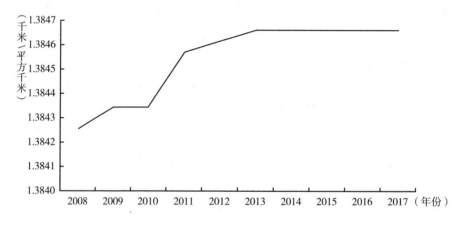

图 4 - 11　2008 ~ 2017 年波兰公路密度

2008 ~ 2017 年波兰公路密度在中欧班列沿线五国中处于较高水平，仅比处于发达国家较高水平的德国低了约 0.4，而与其余三国俄罗斯、白俄罗斯和哈萨克斯坦都拉开了明显的距离。

截至 2017 年，波兰公路总长 30.0 万千米；有 2167.5 万辆小轿车，354.1 万辆载重汽车；客运量 3.79 亿人次，货运量 17.5 亿吨。从图 4 - 11 中可以看出，波兰近十年的公路密度有了明显的提高，公路运输业有着良好的发展态势。2013 年 6 月，波兰内阁批准了 2014 年和 2015 年分别投资 51.8 亿兹罗提和 118.5 亿兹罗提用于高速公路建设，并在同年 11 月发布消息，计划在 2020 年前投资 7 亿兹罗提建设国家公路交通管理系统，该系统可以通过交通信号灯和 GPS 与驾驶员进行信息互换。2016 年初，波兰修改了道路法规，将欧盟决议 2009/750/WE 中的欧洲电子收费服务（EETS）引入波兰，欧洲电子收费服务可以在欧盟所有道路上使用单一缴费设备，从而简化高速公路收费手续。2016 年 10 月，欧盟基金提供 30 亿兹罗提资助波兰北部、东北部、中部和东南部四条共 100 千米高速公路建设。2017 年初，波兰东部计划建设六条新的公路，该建设项目获得来自欧盟 4.24 亿兹罗提的资金支持。同年 6 月，波兰政府表示要追加公路投资，并在 2017 年内新增 390 千米高速公路。与此同时，波兰政府还计划建设跨喀尔巴阡山走廊，出于战略目的，既带动波兰东部欠发达地区的发展，又能提升国家安全。2018 年，波兰政府启动了 50 亿兹罗提的道路基金，帮助县级、村级道路升级改造。

从公路建设情况来看，波兰的公路密度从 2008 年到 2017 年有了一定的提升。2015 年全年波兰公路货运量为 2 亿吨；2016 年仅 6 月份，公路货运量就达到 1870 万吨，同比增加 10.3%；2016 年 11 月，公路货运量达到 1960 万吨，同比增加 13.6%。可以说，波兰的公路建设成效还是非常可喜的。

3.3.3 航空货运量

航空货运量使用的是世界银行中的航空运输货运量指标，航空货运量是每个飞行期间（从飞机起飞到下一个着陆）运输的货物、特快专递和外交邮袋的数量总和，以吨乘以飞行千米数度量。单位是百万吨/千米。该指标用于衡量一个国家或地区的航空运输发达程度，该指标数值越高，代表该国航空运输承载货物越多，航空运输越发达，反之则越落后。

2008～2017 年波兰航空货运量在中欧班列沿线五国中处于中段水平，与德国和俄罗斯等航空大国比起来差距较大，而与哈萨克斯坦和白俄罗斯相差不远，略高于两国水平。

截至 2017 年，波兰开设的定期航班航线的飞机有 68 架，同 45 个国家、71 个城市有定期航班，国际航线 156 条；客运量 1184.5 万人次，货运量 5.3 万吨。从图 4-12 中可以看出，除了 2009 年、2011 年和 2015 年的航空货运量略有下跌以外，总体来看波兰的航空货运量在近十年有了一个快速的提升。波兰航空公司（LOT）作为波兰最大的航空公司从 2010 年起出现连

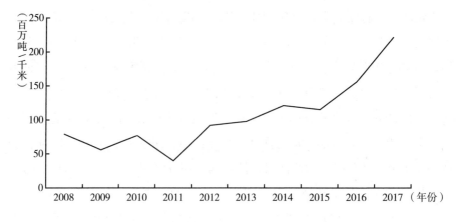

图 4-12 2008~2017 年波兰航空货运量走势

续亏损，政府于 2013 年开始了波兰航空公司私有化进程来摆脱财务困难，政府保持对 LOT 的控股，并寻找核心投资者，从 2015 年上半年起，波兰航空公司扭亏为盈。波兰政府于 2014 年获得了 7200 万欧元的欧盟基金用于空中交通系统的建设，提升安全性并降低对环境的不良影响，主要受益城市包括格但斯克、克拉科夫、罗兹、什切青、华沙、弗洛茨瓦夫和绿山城等。而作为波兰主要机场之一的华沙肖邦机场，近年来也在积极拓展航线，于 2014 年增加了 13 条航线，2017 年增加了 11 条航线，2018 年增加了 8 条国际航线，肖邦国际机场航线连接欧洲、非洲、亚洲和北美洲超过 50 个国家。2017 年 11 月，时任波兰副总理兼经济发展部和财政部部长的莫拉维茨基也表示，未来将增加专项资金用于航空产业研究和相关服务行业。

未来几年，波兰政府还预计要打造中央交通岗项目，整体提升各大机场以及主要交通枢纽的联动性，这会从根本上继续提高波兰的航空输运能力，不论是客流量还是货运量都会成倍增长。从波兰航空的扭亏为盈到机场航线的开通，以及相关的基础设施建设的投入力度都能看出，波兰政府近几年在航空基础设施建设以及相关行业发展上都做出了不少努力，并且获得了较好的回报。

3.3.4 港口质量

港口质量指标采用的是世界银行的港口基础设施的质量指标，其中用分值（WEF）表示港口质量，从 1 分（十分欠发达）到 7 分（根据国际标准，十分发达高效）。分值越高说明该国港口资源配置越有效，运行承载货物的效率越高，反之则效率越低。

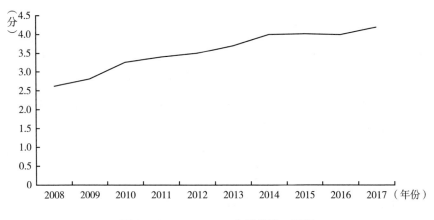

图 4 - 13 2008 ~ 2017 年波兰港口质量

2008 ~ 2017 年波兰的港口质量在中欧班列沿线五国中从初期处于较低水平（第 4 位），到 2017 年升至第 2 位，尽管同第 1 位的德国还有一定的差距，但是十年间波兰港口质量有了一个明显的提升，并且是五个国家中提升速度最快的。

从图 4 - 13 中可以看出，波兰的港口质量近十年处于稳步攀升的状态。波兰于 2014 年在格但斯克筹建新码头，使得格但斯克港的年吞吐量翻倍。同年，波兰国家粮食联盟计划在格但斯克建立一个粮食运输深水港，主要用于向阿拉伯和非洲国家出口粮食，此举主要是为了避免乌克兰加入欧盟对波兰粮食市场造成冲击。2015 年，格但斯克港迎来 G6 联盟首艘 1.3 万以上 TEU 标准集装箱货轮"香港快线号"，这是第二条停靠 DCT 港的亚欧航线。2016 年 6 月，波兰政府提出要重视波兰海洋工业以及内河航运业，并预计在埃尔布隆格（Elblag）建设新的海港，使大型船只不必绕道俄罗斯加里宁格勒地区的波罗的斯克海峡，这一举措具有非常重要的战略意义；同年 7 月，格但斯克港还获得了约 1.19 亿欧元的欧盟基金支持，该笔资金主要用于格但斯克港基础设施升级改造，包括港口航道和泊位的现代化改造、导航系统升级，以及与港口相连的公路和铁路扩建。同年，希维诺乌伊希切港液化天然气码头投入使用，带动了港口货物吞吐量的增加。2017 年，波兰政府计划在波兰北维斯瓦半岛附近兴建一条运河，将格但斯克湾与维斯瓦湾连接起来，预计在 2020 年完成，运河将改善从格但斯克湾到维斯瓦湾的交通现状，不再是只能经由俄罗斯控制的波罗的斯克海峡。2017 年上半年，格但斯克港吞吐量达 1850 万吨，什切青和希维诺乌伊希切港吞吐量为 2150 万吨，格丁尼亚港为 1030 万吨，港口吞吐总量创历史新高。同年 10 月，波兰格但斯克港务局签署了关于 12 个港口加强电子数据交换平台建设的合作协议。这 12 个港口分别是安特卫普、巴塞罗那、哥本哈根、汉堡、仁川、巴生、苏哈尔、泽布吕赫、鹿特丹、科伦坡、深圳和格但斯克。2018 年 3 月，波兰格但斯克海港管理公司计划投资 6 亿兹罗提用于基础设施建设，格但斯克港已经成为波罗的海第二大集装箱港；而根据 2018 年全年统计，该港口吞吐量达到 4900 万吨，约占波兰全部港口吞吐量的一半，成为波罗的海沿岸第四大港口。2019 年 3 月，波兰发展基金（PFR）收购波兰格但斯克深水集装箱码头 100% 股权。

波兰政府自从开始重视海洋工业、内河航运业以及港口建设之后，波兰的几个港口在货物吞吐量上有了质的飞跃，也迅速地提升了本国的港口质量，连带相关基础设施配置也一起得到了改善。

3.3.5　安全互联网服务器（每百万人）

安全互联网服务器（每百万人）指标采用的是世界银行中的同一指标，代表的是每百万人所拥有的安全互联网服务器的数量。其中，安全服务器是指在互联网交易过程中使用加密技术的服务器。该指标数值越大，代表每百万人中拥有的安全互联网服务器越多，该国互联网基础设施越健全，反之则越落后。

2008～2017 年波兰每百万人拥有安全互联网服务器的数量在中欧班列沿线五国中处于较高水平，在五个国家中排名第 2 位，仅次于发达国家德国，并且是除德国以外网络服务器数量提升速度最快的国家。

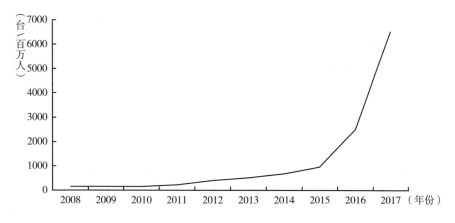

图 4 – 14   2008 ~ 2017 年波兰安全互联网服务器数量

从图 4 – 14 中可以看出，在 2015 年之前，波兰每百万人拥有的安全互联网服务器数量尽管有增长，但增长速度比较缓慢，从 2015 年开始，服务器数量有了一个明显攀升的势头，增长速度远超以往。2013 年初，欧委会批准欧盟地区发展基金向波兰发放 3470 万欧元（总预算为 5000 万欧元）援助，用于宽带基础建设。2014 年，根据普华永道发布的调研数据，相比于其他中东欧国家，波兰的平板电脑和智能手机普及率更高，并且呈加速趋势，2014 年底，近 400 万波兰人将拥有平板电脑。2015 年初，研究机构 Sociomantic 的调查结果显示，波兰的网上消费额仅为 50 亿美元，与第一名英国的 1120 亿欧元相去甚远，但这是因为波兰人口基数更小、收入水平更低的关系，但波兰依然有希望成为在线消费和网络广告的巨大潜力市场。2015 年国际电信联盟的报告显示，波兰在以互联网速度、网络用户数、家庭电脑普及率等作为指标编制的 ICT 发展指数排名中以 6.91 分列全球第 44 位（韩国以 8.93 分列全球第 1 位），可以看出，相较于国际领先水平，波兰还有相当明显的差距。为此，2016 年初，波兰政府提出了电信建设支持法的修正案，包括简化程序、降低投资成本，旨在鼓励电信投资市场，提升宽带网络和无线通信的普及率。2017 年初，波兰国家经济银行（BGK）还向波兰电信公司提供约 10 亿兹罗提用于支持电信网络建设、扩建或升级。

波兰政府近年来对网络宽带建设的重视有目共睹，包括网络基础设施建设、网络安全以及相关产业发展，从波兰民众使用网络终端设备数量的增加、网购人群数量的增长以及电商平台发展的情况来看，波兰现在已经拥有了一个比较舒适的网络环境。

3.3.6 每百人中固定电话数量

每百人中固定电话数量采用的是世界银行中的同一指标，是指每百人中固定电话数量，固定电话订阅数量包含模拟固定电话线、IP 语音（VoIP）订阅、固定无线本地环路（WLL）订阅、ISDN 语音信道和固定公用电话。该指标数值越高，说明每百人中固定电话使用人数越多，固定电话普及率越高，反之则越低。

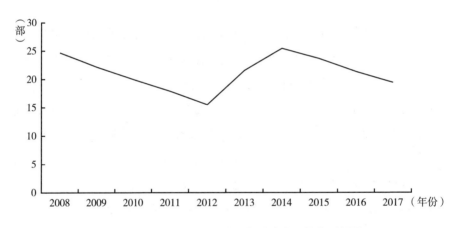

图 4 – 15　2008～2017 年波兰每百人中固定电话数量

2008～2017 年中欧班列沿线五国整体趋势是除白俄罗斯以外大部分国家的每百人中固定电话数量都在十年间出现了下降，但波兰 2008～2017 年每百人中固定电话数量在中欧班列沿线五国中始终处于较低水平，在初期五个国家中仅高于哈萨克斯坦，而根据 2016 年、2017 年的数据，波兰甚至是五国之末。

从图 4 – 15 中可以看出，波兰每百人中固定电话数量在 2012 年出现了明显的下降，在 2013 年又出现了回升。但是从整体来看，波兰的人均固定电话使用数量是在下降的，但这并不代表波兰的通信基础设施水平在下降，结合前面一个指标分析，从波兰在2014年普华永道发布的调研数据来看，相比于其他中东欧国家，波兰的平板电脑和智能手机普及率更高，并且呈加速趋势，使用网络移动终端人数的增加使得民众对固定电话的需求减少。

3.3.7　电力供应量

电力供应量指标采用的是世界银行中的耗电量指标，是用发电厂和热电厂的发电量减去输配电和变电损耗以及热电厂的自用量而得出的数值。单位为人均千瓦时。该指标数值越高，代表人均电力能耗越高，该国生产所需电力越多，该国电力供应能力也越强，反之则越弱。

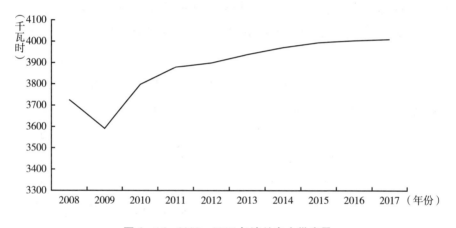

图4－16　2008～2017年波兰电力供应量

2008～2017年波兰电力供应量在中欧班列沿线五国中处于较低水平，仅高于白俄罗斯，列第4位。

从图4－16中可以看出，波兰电力供应量在2009年出现了大幅度的下跌，这是由经济危机导致的企业减产以及用电量下降，同样的情况在其他四个国家的数据中也有所体现。但随后就立即恢复到以往水平，继而持续上升。波兰政府这十年间在能源方面做出了不少的努力，煤炭一直是波兰电力的主要来源，而由此带来的环境问题也使波兰政府承受了欧盟方面的巨大压力，波兰目前仍然是以煤炭作为主要来源并逐步发展混合动力，包括核能、风能、太阳能以及海洋发电。从2013年开始波兰就计划要建设第一座核电

站，成立特殊目的公司 PGE EJ1 公司，2014 年初进行了招标，吸引了法国
Areva 核电公司和法国国有机构 EDF、英国阿美科核能公司、美国爱克森电
力公司等企业参与投标。与此同时，在波兰东部省份波德拉谢也计划投入
2800 万兹罗提用来建设当时波兰最大的太阳能发电场，寄希望于太阳能和
风能等可再生清洁能源逐步取代天然气和煤，而此项目一直持续到 2017 年
还在为选址发愁，并且因为造价高昂几经延迟。2014 年，政府花费了 116
亿兹罗提扩充奥波莱火电站，新增的两组发电设备达到了 1800 兆瓦，为
200 万户家庭供电，提供了超过 4000 个的就业机会，每年为政府新增 3000
万兹罗提收益，国家能源安全和维持采矿业的就业率得到了保障。2014 年
11 月，波兰大型电力集团 PGE 计划增加建设 218 兆瓦新风电场，整个风电
装机容量增至 529 兆瓦。2015 年，波兰与欧洲 12 国达成了一致意见，充分
利用已建成的电力网络，整合加强国内市场的可再生能源使用，并且还着重
强调衡量电力跨境供应的安全效果，加强国家电网的互联互通。同年 7 月，
波兰众议院通过关于建设输电系统的特殊法案，以加速对这一领域的投资。
新法律允许在建设中征占私人财产。输电线网络的建设对国家能源安全具有
重要的战略意义。而在同年 8 月出现的波兰全国电力危机，电力供应系统受
限暴露了波兰能源安全隐患，并由此影响了部分国际投资者的信心，波兰电
网表示决心要升级系统保障电力供应。2015 年 10 月，波兰能源集团
（PGE）在南部波兰 Mont Zar 附近正式启动建设第一座太阳能电站，年生产
电能 550 兆瓦。同年 12 月，克日什托夫·特霍热夫斯基被杜达总统任命为
新的波兰能源部长，主要负责国家能源政策制定及参与欧盟能源政策谈判等
工作，特霍热夫斯基上任以后继续推进核电项目。2016 年初，波兰总理希
德沃表示未来数年内煤炭仍然是波电力的主要来源，波矿业亟须转型升级，
而根据统计波兰在建的燃煤火电站的总装机容量在全欧范围内最大，达
4200 兆瓦，这与老欧洲国家更多采用燃气—蒸汽联合循环发电站以及风能
和抽水蓄能电站形成鲜明对比。同年 6 月，波兰总统杜达签署了修改后的可
再生能源法案，到 2020 年可再生能源在波兰能源结构中的比重要提高到
15%。从 2017 年开始，波兰政府持续受到欧盟在能源问题方面的压力，主

要原因就是波兰主要使用煤炭发电对空气质量造成严重影响，在欧盟国家中有 50 个空气质量差的城市，其中波兰占了 33 个，对此欧盟提出了高额罚款的警告，而波兰政府也在 2017 年底颁布了新的"反雾霾"电暖气税。与此相对应的，2018 年初波兰政府又将视角转向海洋风电场的建设。2018 年底，波兰总统杜达签署了一项旨在稳定 2019 年电价的草案，新法案引入了 75% 的电力消费税减免和 95% 的过渡费用削减，确定 2019 年最终用户价格锚定 2018 年 6 月 30 日电价，并将电价管理权从立法机构转移至波兰能源监管办公室（URE）。市场电价与最终用户价格间的差异将由价格差异监管基金承担，基金主要来源于二氧化碳排放权销售。

不难看出，波兰政府近年来在电力供应方面做出了巨大努力。尽管由于技术、能源和就业问题波兰政府依然采用煤炭作为主要能源，但是为了缓解用电高峰期的供电压力也在努力开拓新的供电方式，并且由于欧盟持续对空气污染的关注，波兰政府也必须要进一步解决在保证供电充足的同时减少对环境的污染，抓紧开发清洁能源。

3.4 社会环境

社会环境是一定时期内整个社会发展的一般状况，主要包括社会道德风尚、文化传统、人口变动趋势、文化教育、价值观念、社会结构等。本书中，社会环境包含 5 项指标：居民消费支出、总人口数、贫困人口比例、文化教育水平和犯罪率。

3.4.1 居民消费支出

居民消费支出使用了世界银行数据库中的相同指标。居民最终消费支出（以前称为私人消费）是指居民购买的所有商品和服务（包括耐用品，例如汽车、空调、家用计算机等）的市场价值。不包括购买住房的支出，但包括房主自己居住的房屋的估算租金。它还包含支付给政府许可证和执照的费用。这里，居民消费支出包括为居民服务的非营利性组织的支出，无论国家是否另行声明，数据均基于现价美元计算。该数值越高，代表居民消费支出金额越高，代表一个国家居民消费水平越高，反之则越低。

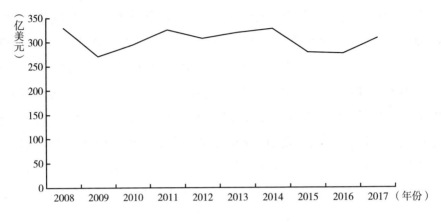

图4-17　2008~2017年波兰居民消费支出

2008~2017年波兰居民消费支出在中欧班列沿线五国中处于中等水平，位于德国、俄罗斯之后，在五国中排第3位。从消费金额来看，与德国差距较大，同其余几国比较接近。

从图4-17中可以看出，2008~2017年波兰居民消费受经济波动明显，总体呈现平稳波动的态势。居民消费与居民收入息息相关，不难发现，居民消费的走势同居民收入类似，近几年随着人均收入提高，波兰民众的消费也在提升。一些重大节日如圣诞节，民众的消费意愿也有所提升，根据2017年德勤的调查，波兰人均计划为圣诞节礼物、食品、与亲人聚会等支出882兹罗提，约合209欧元，比2016年增加2%。其中51%的节日预算用于购买礼品。2018年上半年，Kantar TNS研究显示，TNS消费者指数攀上自2008年4月以来的最高点。消费者乐观情绪高涨的主要原因是，地方选举临近，决策者正对不同群体做出具体财政支持承诺，如降低所得税和社会保障费、增加地方道路资金、学生补助300兹罗提、增加养老金等。但与此同时，波兰国家债务登记处也表示，最近4年来，波兰36~59岁中年人债务增加了2倍，贷款总额达285亿兹罗提（约合68亿欧元）。造成这一现象的主要原因是使用贷款购买诸如汽车、高质量视听设备、昂贵服装等物品；失业或突发疾病也迫使一些波兰人申请贷款。但尽管如此，根据债务登记局的民意调查，仍然有68%的波兰人对财务状况表示满意，其中有30%的人坦言当年财务状况有所改善，有15%的人是因为还清了贷款，而9%的人表示"家庭500＋"计划影响很大。另外，22%的波兰人表示手头拮据，他们中61%的人将原因归为国内生活成本上升，70%的被访者认为生活消费高或者很高，波兰家庭2018年月均消费额为1572兹罗提（366欧元），2015年只有976兹罗提（227欧元），支出比例最高的是租金，其次是供暖、电力、燃气、水、电话、有线电视和网络。即使生活成本提高，波兰民众的购物热情并没有减弱。网购在波兰越来越受欢迎，而2018年实施的周日营业禁令也推动了网络购物。同时，毕马威报告显示，2018年波兰奢侈品市场价值接近240亿兹罗提。与2017年相比，市场价值增长了13%，并且还有持续增长的趋势。在消费支付工具方面，根据波兰中央银行的统计，2018年第三季度末波兰人拥有各类银行卡4020万张，比6月末增加17.1万张，是2008年的近1.5倍、2004年的2.5倍。其中，借记卡3200万张，占银行卡总量的79%；信用卡587万张，占14.5%。免接触式银行卡在波兰越来越受欢迎，2018年第三季度末，带有免接触支付功能的银行卡数量为3350万张，比第二季度增加了58万张。

波兰民众消费支出的平稳上涨主要归功于政府加大宏观调控力度，保证了国内金融市场和国内劳动力市场的稳定。并且考虑到波兰老龄化趋势，波兰政府为增加劳动力供给出台了一系列政策措施，包括"家庭500＋"计划、降低退休年龄、提高所得税起征点、提高小时最低工资等福利措施，波兰经济的主要驱动力为波兰国内消费，而国内需求旺盛的主要原因，也正是由于政府进一步减税及其社会福利政策，这些政策增加了家庭的收入来源。

3.4.2 总人口数

总人口数指标采用的是世界银行数据库中的同一指标。总人口数是根据人口的实际定义计算的，即计算所有居民，不论其法律地位或公民身份。所示值为年中估计值，数值越高代表人口数量越多，但并不能表明劳动人口数量多。

2008～2017年波兰的总人口数量在中欧班列沿线五国中处于中等水平，低于俄罗斯与德国，排在第3位。

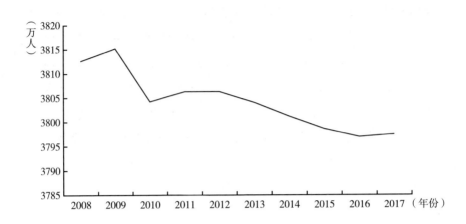

图 4 - 18　2008～2017 年波兰总人口数

从图 4 - 18 中可以看出，波兰人口十年间呈现波动下降的趋势，其主要是由人口老龄化和出生率低造成的。从 2012 年起，波兰的人口数量就在不断走低，一直到 2017 年有所回升。波兰统计局的数据显示，2017 年波兰有40 余万新生儿，超过了过去四年的最高水平。新生儿数量上升主要原因有两个：实施了"家庭 500 +"计划和稳定的社会劳动保障。2017 年 1 月的新生儿比前一年同期增加了 2200 人，具体为从 29800 人增至 32000 人，考虑到非公立医院的新生儿没有纳入统计中，实际数量应该超过统计数。"婴儿潮"的来临并不都归因于"家庭 500 +"计划，也包括较稳定的劳动就业市场因素。一般来说，大部分波兰民众选择减少生育数量是由于面对了较大的经济压力和就业压力，但这样一来，也带来了相当大的劳动力市场需求缺口。

近年来，波兰从其他国家获取的劳动力数量逐年上涨，用于弥补劳动力缺口，这也是波兰政府希望通过提高社会福利水平，鼓励本国民众生育的主要原因。

3.4.3　贫困人口比例

贫困人口比例采用的是世界银行数据库中国家贫困率指标，该指标是指生活在国家贫困线以下的人口的百分比。国家的估计值是根据住户调查中得出的人口加权的子群体的估计值得出的。指标数值越高，代表该国处于贫困线下的人口越多，反之则越少。

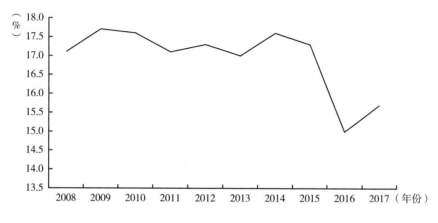

图 4－19　2008～2017 年波兰贫困人口比例

2008～2017 年波兰的贫困人口比例在中欧班列沿线五国中处于较高水平，排在五国之首，仅 2016 年略低于德国。

从图 4－19 中可以看出，波兰十年间贫困人口比例一直处于一个较高的水平，一直到 2016 年出现了明显的下跌。波兰国家统计局"2015 年生活质量区域差异"报告显示，波兰贫困省份的名单在加长，其中包括罗兹省和西滨海省也越来越多地出现贫困家庭。而根据 2017 年欧洲统计局的数据，欧盟 19 个最穷地区中波兰占据 4 席，分别是卢布林省、喀尔巴阡山省、瓦尔米亚—马祖里省和波德拉谢省，其人均 GDP 分别为欧盟平均水平的 47%、48%、49% 和 49%。而在 2016 年波兰贫困人口比例第一次出现了明显的下跌，这得益于波兰政府从 2016 年上半年开始实施的"家庭 500＋"计划，该计划覆盖了全国未成年人口的 55%，仅 6 个月，就约有 378 万名儿童获得了资助。其中，39% 以上的受益者居住在城市，36% 以上的受益者居住在农村。该计划最明显的成效是领取社会救济的人数减少了 13 万人。同时，受贫困威胁的 17 岁以下年轻人的比例从 23% 降到了 11%，波兰人口有望增加 170 万人。波兰政府出台的福利政策在一定程度上有效地减少了受贫困困扰的家庭数量，改善了民众生活水平。

3.4.4　文化教育水平

文化教育水平是指大学总入学率（不分年龄），即大学在校生总数占中学毕业 5 年后学龄人口总数的百分比。该指标体现了一国高校人才储备的动向。

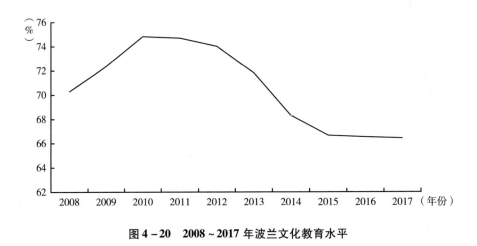

图 4 - 20　2008～2017 年波兰文化教育水平

2008～2017 年波兰的文化教育水平在中欧班列沿线五国中处于中等水平。

从图 4 - 20 中可以看出，2008～2017 年波兰大学在校生总数占中学之后 5 年学龄人口总数的比例出现波动下跌，从 70% 下降为 66%。说明近几年波兰高校入学比例有所下跌，这是受劳动力市场需求以及波兰政府培养人才储备的趋势影响。而波兰政府近年来也十分关注高校改革，2018 年 1 月，科学与高等教育部部长戈文公布了最新的高校改革方案，对地方高校要进行补贴。改革后，由学校民主选举出的校长将有更大的权力，鼓励广大高校成立校际联盟。波兰高校预计在 2018～2019 年欧盟资金项下获得 25 亿兹罗提拨款，到 2025 年科研及高等教育开支预计将占波兰 GDP 的 1.8%。而对师范院校，波兰政府也会提供支持。波兰国家研究与发展中心指出，将由政府拨款 2 亿兹罗提用于"教师培训项目"，设师范专业的院校可以申请，该项目拨款补助对象不仅包括公立大学，也包括非公立大学。而在初级教育方面，2018 年 7 月，波兰政府推出了"good start"项目，政府将为"good start"项目申请人的适龄入学子女每年一次性拨发 300 兹罗提教育补助，直到年满 18 周岁。对于在校学习的残疾儿童，补助则拨发至 24 周岁。据统计，约有 460 万名就学儿童会成为"good start"项目的受益者。

波兰政府近几年致力于教育方面的投入，从初级教育到高等教育，在未来十年内就会看到明显的效果，这一批受益者将会成为波兰的人力资本储备。

3.4.5　犯罪率

犯罪率指标采用的是世界银行数据库中的故意谋杀犯罪率，是指对因家庭纠纷、人际暴力、抢占土地资源的暴力冲突、黑帮团伙直接争夺领地或控制权的暴力事件，以及武装集团的掠夺性暴力和杀戮而有意造成的非法谋杀犯罪的估计。该指标数值越低，代表该国治安环境越好，反之则越差。

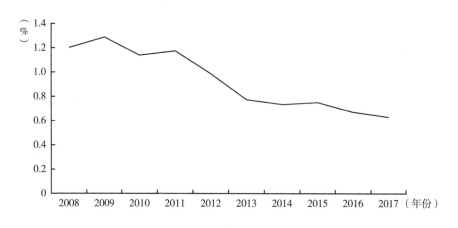

图 4 – 21　2008 ~ 2017 年波兰犯罪率

2008 ~ 2017 年波兰的犯罪率水平在中欧班列沿线五国中处于较低水平，同德国旗鼓相当，说明波兰的治安环境在五国当中是比较好的。

从图 4 – 21 中可以看出，波兰近十年的犯罪率是有明显下跌的。波兰政府对于种族歧视、难民问题的态度一直十分强硬。在 2016 年，华沙出现了一些殴打、辱骂其他肤色游客或市民的行为，华沙市长对此做出了强烈反应，向内务部长致信要求从国家层面提升对华沙市安全的关注。2017 年民意调查显示，89% 的波兰人认为波兰是一个很安全的国家。在迎来难民潮的同时，内务部为了保障民众的安全，还在部分中小城市恢复了许多已经关闭的警局，这也提高了波兰人民的安全感。而波兰政府在移民政策上也表示不会屈服于欧委会压力，不接收摊派难民。同时，波兰卫生部出台法令，禁止在公共场所饮用酒精饮料，禁令实施范围包括街道、广场和公园。政府的重视以及出台的政策在一定程度上都有效地降低了波兰的犯罪率。

3.5 总体评价

结合以上各项指标分析，波兰近十年来在经济发展、制度完善、基础设施建设以及社会环境改善等方面都有了明显的提升，对于海外投资者来说，不失为一个好的选择。波兰地理位置优越、资源丰富，自 20 世纪 90 年代以来一直保持经济稳定增长，交通设施完善，人力资源素质高且成本偏低，人口众多，市场潜力巨大，再加上优惠政策的支持，都为波兰吸引众多外来投资打下了坚实的基础。

3.5.1 投资便利化水平

波兰的投资便利化水平虽然与发达国家还有一定差距，但总体来说是较高的，并且还在持续提升。波兰市场环境是比较好的，尽管外资规模受到美国企业撤资影响而略有下降，但只是暂时现象；市场投资自由度在持续提高，也说明了政府对区域投资的重视程度在提升；GDP 平稳上涨；资本形成总额虽受到经济危机影响而有所下降，但目前来看已有回升迹象；在外贸方面，波兰近年来的贸易规模保持着持续上升的态势。在波兰政府的密切关注下，波兰的市场环境非常稳定，并且波兰政府一直保持着积极吸引外资的决心，加强同其他国家的经济合作，全面提升本国的投资便利化水平。

波兰的制度环境也十分稳定。波兰政府近几年来在稳定政局、消除腐败、完善法律法规和提高行政机构效率几个方面都颇有成效：政府稳定程度虽然受经济危机影响有所下降，但已有回升迹象；官僚腐败现象也在持续减少；法律和制度环境相对稳定；官僚质量一直保持较高的水平。

尽管经济危机使波兰民众对政府的信任造成了一定影响，但波兰政府顶住巨大压力，积极改善民众福利，在2013年以后，社会局势就有所改善。与此同时，波兰政府对政府重要人员适时做出调整安排，尤其是在2014年曝出了高官私人谈话录音问题之后，政府更换了大批官员，高效的执行力和办事效率获得了民众的支持，民众和商界人士对政府的评价也从负面转向了正面。并且，波兰一直以来都算是一个法律制度比较完善的国家，公众素质较高，社会风气良好，民众普遍比较守法。加上司法机构和执法机关中的贪污腐败现象减少，波兰近十年来的法制环境也得到了更进一步的提升。在官僚质量方面，波兰政府机构近几年频繁更换一些重要岗位的官员，让政府执行效率更上一层楼，同时也避免了腐败的产生。机构执行在一定程度上独立于政治压力。总体来说，波兰的政府机构管理水平是比较高的，制度环境的改善对于境外投资者来说无疑是个利好消息。

在基础设施方面，波兰保持在一个中上水平并且还在不断完善，尽管与其他一些先进的欧盟成员国相比还相对落后，但从近几年的数据来看，波兰政府明显在这方面增加了投入，极大地提高了交通运输网络和港口设施的效率。除了政府将此列为国家发展的首要任务以外，还得到了欧盟的大量资金援助。

公路方面，除了全国公路和高速公路总长度有明显的提升以外，波兰现已成功打造连通东西欧的A2高速公路，与此同时，波兰还计划尽快完成南北走向连接波罗的海国家和中欧国家的A1高速公路。铁路方面，现有4条重要国际运输铁路途经波兰。电气化线路占标准铁路和大型铁路线路总长度的62.1%。航空方面，波兰政府扩建和改造了空港基础设施和航空地面设施，其中导航设施是重点改造对象。港口方面，近几年波兰政府加大了港口基础设施完善的力度，港口质量在近十年内有明显提升，并且每一个港口提供的服务都有所侧重。通信设施方面，电信行业发展速度极快，互联网服务提升幅度最大，波兰电信市场已逐渐接近西欧市场水平。由于安装成本和上网价格大幅降低，上网人数不断增加。旅游景点、酒店、办公楼、饭店、咖啡厅等开通无线上网接入点的数量逐渐增加。能源设施方面，波兰目前依然是以煤电为主，但是受环境污染影响和欧盟委员会压力，波兰同时也在大力发展太阳能、风能、核能和海洋发电。波兰政府将对电网，特别是农村地区电网进行必要的升级和扩建，以确保当地能源安全。

波兰的社会环境良好，从居民消费、人口数量、贫困人口比例、教育水平和犯罪率五项指标来看也得到了体现。波兰在整个欧盟当中都属于受经济危机冲击较小的国家，而且也是唯一保持正增长的国家，GDP 的提高也让居民消费有所提高，波兰民众的消费意愿在近年来有了明显的提升，从实体商店到电商平台的消费金额都有所增加。波兰民众消费支出的平稳上涨主要归功于政府加大宏观调控力度，保证了国内金融市场和国内劳动力市场的稳定。并且考虑到波兰老龄化趋势，波兰政府为增加劳动力供给出台了一系列政策措施，包括"家庭 500 ＋"计划、降低退休年龄、提高所得税起征点、提高小时最低工资等福利措施，而这些措施也使得不断走低的波兰人口在 2017 年有所回升，波兰劳动力市场已经出现明显缺口，需要大量从国外引进劳动力，波兰政府的这一措施也是为了鼓励民众提高生育意愿。同时，"家庭 500 ＋"计划也在一定程度上减少了贫困人口比例，波兰十年间贫困人口比例一直在中欧班列沿线五国中处于一个较高的水平，一直到 2016 年出现了明显的下跌。这次下跌主要得益于波兰政府从 2016 年上半年开始实施的"家庭 500 ＋"计划，该计划覆盖了全国未成年人口的 55％，领取社会救济的人数减少了 13 万人，受贫困威胁的 17 岁以下年轻人的比例从 23％降到了 11％。

文化教育方面，波兰政府近年来也十分关注文化教育，尤其是高校改革，政府对地方高校进行补贴，学校民主选举出的校长将拥有更大的权力，鼓励广大高校成立校际联盟。波兰政府同时利用欧盟基金和政府财政拨款对文化教育提供支持，包括"教师培训项目"和"good start"项目。"教师培训项目"涉及师资培训，包含公立大学和非公立大学的师范专业，而"good start"项目针对的是初级教育中的适龄入学儿童直到年满 18 岁，对残疾儿童甚至延长到 24 岁，受益儿童将达到 460 万名。

治安方面，波兰近十年的犯罪率有明显下跌。波兰政府本身对于种族歧视、难民问题的态度就十分强硬。政府颁布的公共场所禁酒令以及增设警察局的行为让近九成的波兰民众认同波兰是一个很安全的国家。政府对犯罪行为的重视以及出台的政策对降低犯罪率起到了明显成效。

3.5.2 投资吸引力

波兰近年来在吸引外资方面建树颇丰，得到了国际社会的充分肯定，包括欧盟在内的一些国际组织机构都对波兰经济前景持乐观的态度，根据世界经济论坛《2017～2018 年全球竞争力报告》评价，波兰目前在全球最具竞争力的 137 个国家中列第 39 位。而由世界银行编写的《2018 年营商环境报告》显示，在 190 个国家和地区的营商便利度排名中，波兰列第 27 位。

让波兰具有外商投资吸引力的原因主要有以下几个方面。第一，波兰的地理位置非常理想，位于东西欧交汇处，境内穿越多条国际公路和铁路，交通路线延伸至整个欧洲。第二，波兰经济一直保持着良好的增长势头，从 20 世纪 90 年代初开始，波兰经济一直保持正向增长，并且让人眼前一亮的是，2009 年波兰是欧盟成员国中唯一克服全球金融危机负面影响的国家。2015 年 GDP 增速为 3.6%，2016 年 GDP 增速为 2.8%，2017 年 GDP 增速为 4.6%。第三，波兰人力资源素质高，人力成本相对较低。波兰拥有超过 147 万名大学生，其中 90% 的人熟练掌握外语，但人力成本不到西欧发达国家的三成。第四，政府的优惠政策支持。在经济特区投资可以享受所得税减免，在特定条件下还可以申请波兰政府资助或欧盟机构基金支持，并且政府正计划将经济特区政策扩大到全境。第五，国内市场较大。波兰人口有3843.4 万人，是中东欧地区人口最多的国家。近年来，国内消费也成为波兰经济增长的重要驱动力之一。

波兰在近十年因经济持续增长、社会环境良好稳定而成为外商投资的优先选择与波兰政府的努力是分不开的，政府在几次经济危机中当机立断，加大宏观调控力度，保证了国内金融市场和国内劳动力市场的稳定，包括在支持雇主的同时也保护雇员，引入弹性工作时间，保障企业用人需求，同时将固定期限的劳动合同限制为最长 24 个月等。并且，由于波兰人口老龄化趋势加剧，波兰政府为增加劳动力供给还出台了一系列政策，包括"家庭 500 ＋"计划、降低退休年龄、提高所得税起征点、提高小时最低工资等福利措施。尽管在执行初期并不被外界看好，但是根据 2019 年 7 月欧委会对波兰 2019 年经济增速的乐观预测，波兰经济增速仍稳居欧盟前三。波兰经济增长的主要驱动力是波兰的国内消费，而国内需求旺盛的主要原因是由于政府部门的进一步减税和社会福利政策的出台，这些政策增加了家庭的收入来源。此外，劳动力市场情况良好、消费者信心指数高也成为有利因素。波兰经济在未来几年还会继续保持良好的上升势头，届时将会吸引更多的外资进入。

4　投资法律风险

4.1外国投资市场准入规定

4.1.1　投资主管部门

波兰投资贸易局是波兰的外商投资促进机构，执行外商投资政策，提供法律和政策咨询信息服务，辅助选择合适的投资目的地及申请匹配的项目优惠，协助处理在投资过程中遇到的困难及问题。波兰驻外使（领）馆也有义务提供相关的投资咨询服务，并向波兰企业与技术部国际经济合作司及时汇报重要的投资项目。

4.1.2　投资行业的规定

【外国投资法律法规】2004 年出台的波兰《经济活动自由法》（Economic Freedom Act）是商业领域的基本大法。此外，关于市场竞争、建筑程序、国防采购、劳动雇佣、环境影响、知识产权、兼并收购、土地购置等方面均有专门的规定。2018 年 3 月，波兰总统签署了被称为"商业宪法"的 5 部法律，涉及企业权利、中小企业发言人制度、中央注册和企业信息中心、外国企业在波经营，以及新的经济活动管理政策。其中，最重要的是关于企业权利的法律，其中明确了"法无禁止即可为"的原则，对企业进行诚信推定，并以对企业有利的方式解决有关问题。该法还允许个人在未经注册的情况下开展小规模经营活动（月收入不高于最低工资标准的一半），也无须缴纳社会保险。同时，为鼓励年轻人创业，还规定起步企业在开始经营后的6个月内不必缴纳社会保险。"商业宪法"中的大部分规定将在宣布后的30天内开始执行。

法规详情可查询投资局网站：www. paih. gov. pl/polish_ law。

【限制和鼓励的行业】波兰政府对部分经济活动有所限制，主要涉及矿藏勘探和开采及其一系列涉及危险的活动、航空运输以及广播和电视节目放送等，需要政府特许；另外一些活动如银行、保险、旅行社、投资养老基金、货运、博彩业、仓储、电信、制酒等需要申请许可证或执照；波兰政府鼓励投资的行业主要是基础建设、能创造就业机会的行业、新兴行业、环保行业、技术创新行业等。目前，欧洲经济区内外的外国企业都能够在波兰从事经营活动，并与波兰公民享有同样的权利，没有明确禁止外国人经营的行业和领域。

4.1.3　投资方式的规定

【针对自然人的规定】在波兰的外国人只能合伙成立公司，包括有限股份合伙公司、有限责任公司和股份公司等。而已经获得定居资格的外国人和波兰公民享有同等权利。

【外商投资方式】外商作为法人实体可在波兰全境开设代表处、分公司、有限合伙企业、有限股份合伙企业、有限责任公司和股份公司，并且能以现汇、设备、技术和知识产权开展投资合作。

【外国投资者建设园区】允许外国投资者在波兰购买土地用来设立工业园区或开发区，区内外投资政策相同。如园区需要申请经济特区政策优惠，或出口保税等政策，需经政府主管部门批准。波兰政府还计划将经济特区政策扩大到全境。

【二手设备出资】允许外国投资者以实物方式出资，公司章程中应明确实物出资物品的性质、数量、对应的票面价值；二手设备进口需符合欧盟技术标准。

【并购相关法规及主要内容】波兰政府允许外资并购当地企业，但部分行业需要获得政府许可，如电信、航空、渔业、广播等。

相关法律可查询：www. uokik. gov. pl/competition_ protection. php。

【外资并购咨询机构】在波兰开展投资并购的程序，一是要选择好投资顾问并找到合适标的，二是初步谈判，三是尽职调查，四是最终谈判，五是交割。波兰咨询、会计师、律所等专业资源较为丰富，德勤、玛泽、普华永道均有专门中国组提供中文服务；毕马威、安永、麦肯锡等也在波兰设有机构；大成、Sanlans、DZP、安理都等是当地较为知名的律师事务所。2015 年海通证券完成对葡萄牙圣灵银行的收购后，其波兰分行更名为海通银行波兰分行，成为中东欧地区唯一的中资投资银行，在波拥有完全经纪人牌照，IPO 总值排名第 1 位，经纪人业务排名第 2 位。

4.1.4 BOT/PPP 方式

波兰政府准许私人企业通过 BOT/PPP 方式参与基础设施建设等公共项目，但大部分参与者都是波兰本地企业，部分是欧洲其他国家的外资企业，尚未出现中资企业。投资项目主要涉及的行业是体育娱乐、停车场、健身医疗设施等领域，期限多是 20～40 年。2017 年，波兰政府出台了促进 PPP 模式发展的指导意见。

4.2 波兰的企业税收规定

4.2.1 税收体系和制度

波兰的税收体系以所得税和增值税为核心，实行属地税法，即对企业在全球范围内的收入征收所得税。外企在波兰的子公司被视为居民并依据条例征税。对非居民公司的企业所得税征缴仅限于其产生于波兰的全部收入。对于非居民，即使在境内无常设机构，波兰政府也可代扣所得税。波兰政府与包括几乎所有发达国家在内的 80 多个国家签订了避免双重征税协定。

外国企业在波兰设立了分公司的情况下，被视为常设机构，营业收入的

19%用于缴纳企业所得税。未达到常设机构地位的分公司可不征税。

4.2.2　主要税赋和税率

【企业所得税】波兰对内外资企业实行统一的所得税，标准税率为19%，按年度缴纳。一般情况下，税务年度等同于日历年度，若企业另有安排需申报给税务局，波兰政府允许更改税务年度。缴税方式为年度预付税金，每月 20 日之前，将从年初截止到前一个月的实际应缴与同期预付税的差额补齐到指定账户。第二年的 3 月底之前，同税务局进行结算，多退少补。并且还有一个简便办法，纳税人每个月支付预付税金的 1/12。针对有限纳税义务人，利息收入、版税收入以及无形服务收入税率为 20%，股息收入所得税率为 19%。波兰对收入不超过 120 万欧元的中小企业的所得税从 19% 调低到 15%。2018 年 4 月，波兰总理宣布将对通过审核的中小企业所得税率从 15% 下调至 9%。在一定情况下，允许加速资产折旧（第一年新使用资产折旧 30%），无形资产分摊到 2 ~ 5 年。若出现亏损，以之后连续 5 个税收年度为期进行弥补，但每年弥补额不能超过亏损额的50%。

有关企业所得税的规定请参阅网址：www. paiz. gov. pl/index/？id = 9fe4e15b3924b1a78221734d0c063ae7。

【个人所得税】自 2009 年起，个税实行 18% 和 32% 两档税率（见表4 - 2）。

表 4 - 2　个人所得税税率

个人所得税税基（兹罗提）		应付税款
下限	上限	
0	85528	税基的 18% 减 556.02 兹罗提
85528	以上	14839.02 兹罗提 + 超过 85528 兹罗提部分的 32%

资料来源：中国驻波兰大使馆经商参处。

波兰的个人所得税征收有以下规定：自然人、在波兰定居或超过半年居留的，须缴纳个人所得税，而居住在国外的自然人，若收入来源于波兰，仍需缴税。红利、法人利润分配税率均为19%；个税缴纳方式为月度预付，次月20日前支付计算的上月税金，次年4月30日前结算。小企业经营者可以按季度缴纳。

有关个人所得税的规定请查阅网址：www. paiz. gov. pl/index/？id = 18a010d2a9813e91907ce88cd9143fdf。

【增值税】波兰目前增值税有四档，分别为23%、8%、5%和0%，包含境内销售的商品和服务。23%为增值税的基本税率。部分服务属于免征范围，如医疗、教育等。

有关增值税的具体规定请查阅网址：www. paiz. gov. pl/index/？id = 97e48472142cfdd1cd5d5b5ca6831cf4。

【房地产税】房地产税因是地方税，所以各地各省税赋略有不同，家用住宅较低，商用较高，按年缴纳。乡议会有权减免房地产税。

【农业税】农业税按以面积为主、土地等级为辅的方式核算。最低等级的土地免征税。山区可获得减免优惠待遇（1～15年）。

【林业税】林业税纳税人为森林所有人、占有人或者用益物权人，税额取决于森林面积和一定时期内木材的价格。

【印花交易税】波兰的印花税包括一系列民法活动，例如销售、物权修订、租借租赁、贷款、担保协议等。不同活动类别税率不等，为5～100兹罗提，购房许可的税费为1400兹罗提，属于比较高的印花税。

4.3　波兰对外国投资的优惠政策

4.3.1　优惠政策框架

波兰近年来积极吸引外资，在欧盟允许的范围之内，波兰政府积极采取多种方式来鼓励外资进入，激励措施主要包括以下四种：中央政府资助、欧盟结构基金资助、经济特区政策及地方政府资助，并且只对少数一些领域施加限制，外国投资者基本上能够在波兰自由地进行投资并拥有国民待遇。

4.3.2 行业鼓励政策

【中央政府资助】只要投资者满足特定条件，就可向中央政府申请资助，重大投资项目均属于资助范围，不受行业限制。而初次投资资助优先领域，如航空航天、生物科技、汽车、电子和家用电器、农业和食品加工、现代服务业及研发，可以选择申请资助。

中央政府资助分为两种资助模式：投资资助和就业资助。具体资助金额参见表4-3、表4-4。

表4-3　波兰就业资助金额

领　域	新工作岗位 （人）	新投资合格费用 （百万兹罗提）	资助金额
汽车、电子和家用电器、航空航天、生物科技、农业和食品加工	250	40	3200~15600兹罗提 （800~3900欧元）
现代服务业	250	1.5	
研发	35	1	
其他行业重大投资	200或500	750或500	

注：1. 失业率低于全国平均水平的75%不享受此补贴。

2. 合格费用不含办公室租金。

3. 投资波兰东部地区补助额提高20%。

资料来源：波兰信息与外国投资局。

表4-4　波兰新投资资助金额

领　域	新工作岗位 （人）	新投资合格费用 （百万兹罗提）	资助金额
汽车、电子和家用电器、航空航天、生物科技、农业和食品加工	50	160	合格费用的1.5%~7.5% （投资波兰东部地区资助增加5个百分点）
其他行业重大投资	200或500	750或500	
研发	35	10	最高为合格费用的10%

注：1. 失业率低于全国平均水平的75%不享受此补贴。

2. 合格费用不含办公室租金。

3. 投资波兰东部地区补助额提高20%。

资料来源：波兰信息与外国投资局。

波兰政府依据欧盟产业资助政策对敏感行业（采矿、钢铁、汽车制造、化纤、造船、邮政等）的投资项目可以实施公共资金资助。对一些投资项目（中小企业、研发、环保、劳工市场等）也能实施公共资助。2018年4月，波兰政府宣布将中小企业的企业所得税（CIT）由15%降至9%。

【新技术减免税】从2016年起，在波兰经营的所有实体（不包括在经济特区开展经营活动的企业）从事研发活动的费用可享受一项新的税收减免政策。满足条件的研发活动费用包括下列几项。

（1）从事研发活动人员的工资和社保福利。

（2）与研发活动直接相关的材料费用。

（3）与研发直接相关的咨询费用。

（4）专门用于研发活动的设备、机器。

（5）直接用于研发活动的固定资产和无形资产的折旧费用。

从2017年1月1日起，所有规模企业从事研发活动人员的工资和社保福利的50%，其他满足条件的研发费用的50%（适用于小微和中小型企业）或30%（大型企业），可额外在税基税前扣除。

此外，对研发活动的税收优惠政策期从3年延长至6年。当纳税人发生亏损或其收入额度导致其不能完全受益于税前抵扣或返现机制（例如公司成立超过3年）时，纳税人在未来6年仍有享受税收优惠政策的权利。

【欧盟基金】2014～2020年欧盟对波兰资金支持达825亿欧元，主要支持研发、基建和环境、教育扶持、东部地区开发、数字化项目、科技扶持等项目及16个地方项目。

研发项目基金资助重点包括：进一步增加研发项目的数量和质量；进一步完善体制环境，促进企业投资研发活动的积极性，以提升企业的研发潜力；通过金融工具支持创新企业，支持创新型出口企业进一步实现国际化；通过对战略性公共研发基础设施和波兰经济具有潜力的研究项目的投入，增强企业、公共研究和经济需求三者之间的联系。基建和环境项目基金用于进一步推动波兰发展更具竞争力和低碳的经济模式，更加高效地利用自然资源，主张低耗能和减少二氧化碳排放。该基金主要用于发展交通基础设施建设、低碳经济、全球气候变化的研究，风险防范和管理与环境保护。

教育扶持项目基金旨在缓解波兰在创造就业、社会包容、健康、教育和公共管理领域的各种矛盾，资助重点包括：促进可持续发展和提高员工素质，支持劳动力流动；促进社会包容和消除贫困；投资教育；增强机构能力和高效的公共管理。

【产能合作】对比我国着力推动的国际产能合作重点产业，汽车（特别是电动车）、轻工、航空航天、农业和食品加工、船舶和海洋工程等行业与波兰重点发展的方向相契合。

4.3.3 地区鼓励政策

【欧盟地区补贴】该补贴标准为：地区人均 GDP 低于欧盟平均水平的75%。波兰除了马佐夫舍省，其余地区均在此平均水平以下，对这些地区的投资项目欧盟将会给予公共资助。超过 5000 万欧元的投资项目（包括农渔矿、运输、汽车、造船、钢铁、化纤领域）不属于资助对象。

欧盟对企业在波兰投资给予财政补贴，也叫"公共资助"（Public Aid）。按照欧盟地区资助条例，公共资助限额根据当地发展程度而定。华沙地区作为波兰最发达区域，2017 年之前资助限额为合格费用（Eligible Expenditures）的 15%，以后只有 10%；而其他地区根据经济发展水平的差异，补贴资助限额被划分成 20%、25%、35% 和 50% 这四个等级。中型企业补贴资助限额可以在原限额基础上增加 10%，小企业的补贴限额可以增加 20%。

"合格费用"也称"符合条件的支出"，包括土地购置支出，新增的固定资产价格或费用，二手固定资产购置费，无形资产购买费用，固定资产的安装、材料和建设项目费用等。

上述补贴主要通过不同的运营项目（Operational Program）进行，包括基础设施和环境运营、创新经济、人力资本、波兰东部发展以及技术援助等。符合一定条件的企业可以申请资金支持。

详情可访问波兰欧盟资金网站：www.funduszeeuropejskie.gov.pl。

【地方政府资助】地方税减免、地方政府所属土地的价格优惠是地方政府资助的主要内容，具体优惠程度和内容由地方政府自定。

【地区发展资助】东部发展规划是波兰重要的地区发展规划，适用于波兰东部 5 省，主要用于增强当地投资吸引力、道路基础设施建设和技术援助等。波兰中央和地方共同资助项目实施。

波兰国家研发中心（National Research and Development Centre）将实施地区创新发展扶持计划，预算支出总额为 4 亿兹罗提。根据将要实施的地区创新发展扶持计划，每个省都可以根据本省实际确定重点经济发展方向并获得资金支持。4 亿兹罗提的扶持资金将有 3.72 亿兹罗提用于扶持欠发达地区，2800 万兹罗提用于马佐夫舍省。将在全国范围内设立 26 个研发区域，成立地区科研局（Regional Agencies of Scientific Research，RANB）。

政府将在中小企业创新扶持计划下对东部企业提供资金支持，资金总额为 1.35 亿兹罗提。根据该计划，波兰东部中小企业在创新产品或服务商业化过程中，最多可以获得 700 万兹罗提的资金支持。

4.4 特殊经济区的相关规定

4.4.1 经济特区法规

波兰经济特区的主要法律为 1994 年 10 月 20 日通过的《经济特区法》，及波兰入盟后对该法制定的一系列修正案。根据欧盟相关规定，波兰经济特区总面积不超过 200 平方千米。经济特区主要有两个特征：一是公司制运作，由发展部或地方政府占主要股份的公司管理，公司代表政府向企业发放特区经营许可；二是经济特区公司以提供咨询为主，不代办各类手续。

减免所得税和地方政府提供的房产税优惠是在波兰经济特区投资的主要优惠政策。投资激励措施基于投资额、提供就业人数和经济特区的地方经济发展水平。区内企业完成投资 5 年（中小企业 3 年）可逐年享受减税优惠。对产业无特殊限制，但享受经济特区政策的不包括贸易企业和物流企业。波兰经济特区按照欧盟和本国法规，优惠政策将于 2026 年到期。

截至 2016 年底，在波兰全境 14 个经济特区共设立了 387 个分区，吸引投资约 276 亿欧元，占波兰外资存量的约 16.8%，创造就业 32 万个，发放经营许可证 2816 个。

波兰政府于 2018 年初表示，计划将进一步增强本国投资吸引力。政策将偏向于增强地区竞争力和创新能力的项目，以及该项目对员工的友善程度。优惠门槛主要取决于公司的规模和投资地的失业率（企业规模小、失业率高，则优惠门槛越低）。新法律还延长了税收优惠年限，标准期限为 10 ~ 15 年（欧盟允许的当地援助金额越高，期限越长）。为了更好地推动企业使用税收优惠，现有经济特区管理部门将继续提供有关服务，各地区也会设立服务中心，各级管理部门将在企业技术部和波兰投资贸易局的指导下开展工作。新法案有待提交议会审议。

4.4.2　经济特区介绍

关于波兰的 14 个经济特区具体介绍，详见附录 1。

4.5　波兰劳动就业方面的规定

4.5.1　劳动法的核心内容

波兰的《劳动法》是该国劳动领域最重要的法律。内容涉及雇佣关系的法律基础、雇员的权利和义务等。除此以外，还有专门法律是关于大规模裁员、工会、雇用临时工等特殊情况的。

2016 年 6 月，波兰总统杜达签署劳动法修订案。根据修订后的《劳动法》规定，雇主必须在员工开始工作前与其签订劳动合同。而根据现行法律，雇主可以在雇员开始工作的第一天与其签署劳动合同。此前，雇主在被查出未与员工签订劳动合同时，经常辩称该员工是第一天开始工作。修订后的法律弥补了这一漏洞。如果被查出未签订劳动合同，雇主将被处以 1000 ~ 30000 兹罗提的罚款。修订后的《劳动法》于 2016 年 9 月 1 日开始实施。波兰国会网站可查看《劳动法》全文。网址：isap. sejm. gov. pl/DetailsServlet? id = WDU19980210094。

【签订劳动合同】波兰的劳动合同共分为 4 种：无限期、定期、试用及替代合同。几种合同签订前可以先签试用合同，试用期限不超过 3 个月。合同以书面方式签订，内容涵盖雇佣双方信息、合同类型、执行地点、生效期、工作内容和报酬等。

【解除劳动合同】解除劳动合同有两种情况：一是合同到期或工作完成，二是经协商提前解除合同。第二种情况下又分了两种情形：一是双方协商同意解除，则签订书面共同声明；二是若单一一方提出，须提前通知对方，法律允许无须通知的情况除外。提前通知的时限根据劳动合同划分：①无限期合同，工作时间短于 6 个月的提前 2 周通知，超过 6 个月但不到 3 年的提前 1 个月通知，3 年以上的提前 3 个月通知；②定期合同，合同期限超过 6 个月的须提前 2 周通知；③替代合同须提前 3 个工作日通知；④试用合同，试用期限为不超过 2 周的提前 3 个工作日通知，超过 2 周但不到 3 个月的提前 1 周通知，达到 3 个月的提前 2 周通知。

无须提前通知即可解除劳动合同的情形包括雇员严重违背其基本职责，在受雇期间违反法律、失去工作所需相关资质或由于疾病而无法胜任工作，但依照法律，应说明具体原因。雇员自行解除合同的也有相关法律规定。

根据 2017 年新修订的《劳动法》，不论签订的是何种劳动合同，雇主都有义务在解除合同后的 7 天内为其提供工作证明。

【工作时间和假期】波兰自 2001 年 5 月起，实行了每周 5 天工作制。连续 4 个月内，平均日工作不超过 8 个小时，周工作不超过 40 个小时。若需加班，周工作不超过 48 个小时。《劳动法》还规定，允许一些雇主根据他们使用的计时系统对上述原则性规则进行必要的更改。

工作满一年后，员工有权享受 20～26 个工作日的带薪休假，具体取决于服务年限和职位。

【劳工报酬】自 2018 年 1 月 1 日起，全职雇员月最低工资为 2100 兹罗提，合同以及自雇型劳动者最低小时工资提高到 13.7 兹罗提。欧盟统计局显示，波兰最低工资在欧盟国家中增速较快。

【职工社会保险】雇主有责任代表员工及其本人向社会保险公司支付保险费。波兰的雇主社保责任参见表 4－5。

表 4 - 5　波兰的雇主社保责任

单位：%

保险和社保基金种类	占工资额比重	支付责任
退休保险	19.52	雇主和雇员各承担一半
残疾补贴保险	8	雇主承担 6.5%，雇员承担 1.5%
事故保险	0.67 ~ 3.33	雇主全部承担
病假保险	2.45	雇员全部承担
劳动基金	2.45	雇主全部承担
职工福利保障基金	0.1	雇主全部承担

资料来源：波兰劳动和社会政策部网站。

在波兰工作的外国人必须支付医疗保险，费用全部由雇员支付，金额为收入的 9%，但其中的 7.75% 从个人所得税中扣除。

4.5.2　外国人在当地工作的风险

【风险】波兰的劳动法律法规严格，用人制度和劳动保障要求较高。中国和波兰尚未签署有关避免在双边劳动合作中重复收取社会保险和医疗保险的相关协议。目前，中国劳动者需要在波兰支付养老保险和失业保险。尽管波兰加入了《申根协定》，但这并不意味着中国工人可以在申根国家之间自由流动。一旦发现中国工人从波兰到邻国打工，他们将被遣返波兰。目前，波兰仅向欧盟其他国家、欧洲经济区其他国家和瑞士的劳动力开放了市场，俄罗斯、白俄罗斯、乌克兰等国只是部分有条件地开放，而针对中国等亚洲国家的劳动力却施加严格而复杂的工作许可，且他们的工作许可证通常会受到限制。但是由于波兰劳动力市场存在一定的结构性短缺，来自中国的企业因此也有了一定的机会。

【劳动援助机构】波兰国家劳动监察局及其位于各省的分局负责劳工权益保护有关事宜，具体联系方式如下。

（1）国家劳动监察局

地址：38/42，Krucza St.，00 - 926 Warsaw，Poland

电话：0048 - 22 - 4203731，4203730

传真：0048 - 22 - 4203725，6254770

电邮：kancelaria@ gip. pl

网址：www. pip. gov. pl/

（2）比亚韦斯托克分局

地址：15 - 483 Białystok，ul. Fabryczna 2

电话：0048 - 85 - 6785700

传真：0048 - 85 - 7422773

网址：www. bialystok. oip. pl/

（3）比得哥什分局

地址：85 - 012 Bydgoszcz，Plac Piastowski 4a

电话：0048 - 52 - 3214242，3202400

传真：0048 - 52 - 3214240

网址：www. bydgoszcz. oip. pl/

（4）格但斯克分局

地址：80 - 264 Gdańsk，ul. Dmowskiego 12

电话：0048 - 58 - 5201822，3400913

传真：0048 - 58 - 5201824

网址：www. gdansk. oip. pl/

（5）卡托维茨分局

地址：40 - 017 Katowice，ul. Graniczna 29

电话：0048 - 32 - 6041208，6041215

传真：0048 - 32 - 6041251

网址：www. katowice. oip. pl/

（6）凯尔采分局

地址：25 - 314 Kielce，Al. Tysiąclecia Państwa Polskiego 4

电话：0048 - 41 - 3438276，3444365

传真：0048 - 41 - 3403201

网址：www. kielce. oip. pl/

（7）克拉科夫分局

地址：31 – 011 Kraków，Plac Szczepański 5

电话：0048 – 12 – 4240450，4229082

传真：0048 – 12 – 4215011

网址：www. krakow. oip. pl/

（8）卢布林分局

地址：20 – 011 Lublin，Al. Piłsudskiego 13

电话：0048 – 81 – 5325918

传真：0048 – 81 – 5371161

网址：www. lublin. oip. pl/

（9）罗兹分局

地址：90 – 441 Łódź，Al. Kościuszki 123

电话：0048 – 42 – 6362313

传真：0048 – 42 – 6368513

网址：www. lodz. oip. pl/

（10）奥尔什丁分局

地址：10 – 512 Olsztyn，ul. Kopernika 29

电话：0048 – 89 – 5276082，5274275

传真：0048 – 89 – 5276082

网址：www. olsztyn. oip. pl/

（11）奥波莱分局

地址：45 – 706 Opole，Plac Piłsudskiego 11a

电话：0048 – 77 – 4700900，4700913

传真：0048 – 77 – 4574207

网址：www. opole. oip. pl/

（12）波兹南分局

地址：61 – 807 Poznań，ul. Św. Marcin 46/50

电话：0048 – 61 – 8599000，8599001

传真：0048 - 61 - 8599003

网址：www. poznan. oip. pl/

（13）热舒夫分局

地址：35 - 234 Rzeszów，ul. Gen. Stanisława Maczka 4

电话：0048 - 17 - 7172000，7172010

传真：0048 - 17 - 7172020

网址：www. rzeszow. oip. pl/

（14）什切青分局

地址：71 - 663 Szczecin，ul. Pszczelna 7

电话：0048 - 91 - 4311930，4311931

传真：0048 - 91 - 4311932

网址：www. szczecin. oip. pl/

（15）华沙分局

地址：00 - 973 Warszawa，ul. Lindleya 16

电话：0048 - 22 - 5831700，6289629

传真：0048 - 22 - 6219272

网址：www. warszawa. oip. pl/

（16）弗罗茨瓦夫分局

地址：51 - 621 Wrocław，ul. Zielonego Dębu 22

电话：0048 - 71 - 3710438，3710468

传真：0048 - 71 - 3710470

网址：www. wroclaw. oip. pl/

（17）戈茹夫分局

地址：65 - 722 Zielona Góra，ul. Dekoracyjna 8

电话：0048 - 68 - 4513900

传真：0048 - 68 - 4513911

网址：www. zielonagora. oip. pl/

为外国人提供法律援助的非政府组织：

（1）国际移民组织办公室（IOM）

网址：www. migrant. info. pl

（2）法律干预协会

电话：0048 – 22 – 6295691，0048 – 22 – 6215165

网址：www. interwencjaprawna. pl

（3）赫尔辛基人权基金会

电话：0048 – 22 – 5564466

网址：www. hfhr. org. pl

4.6　企业在波兰获得土地的相关规定

4.6.1　土地法主要内容

《波兰民法》对包括土地在内的不动产的含义、所有权种类以及获取途径做了详细规定。

（1）不动产是指土地和土地上的公寓、房屋等建筑设施。在波兰，不动产的使用方式主要有四种：所有、永久使用、抵押和租赁。所有权没有时间限制，所有者对该土地有完整的使用权。永久使用权一般设定为 99 年（最短为 40 年），也可延长，它主要是对于国有或地方政府所有的土地，使用人的权利范围等同于所有权，修建筑物以后对该建筑物拥有所有权，但必须符合国家地方政府要求，每年需缴纳土地年费。协议终止时，使用人有权获得补偿，价值等于所有建筑物的市场价值。

（2）租赁土地无须特别法律规定。分为两种类型的租赁方式：可使用而无获利，可使用也可用于获利。

（3）转让不动产须按照协议，并对权利和义务做出明确界定且有政府部门公证。签署协议即转让生效。若是永久使用权转让，协议签署后还需在法院登记。

4.6.2　外资企业获得土地的规定

根据规定，外国人或企业可购买私人非农业用地，小于 2 公顷的国有土地和用于住房、商业、物流中心或仓库等非农业用途的国有土地的所有权或永久使用权，国有土地在未来 5 年内暂停出售。须事先获得内政部购买许可才视为合法。交易在许可有效期（2 年）内办理完手续。购买私人土地是拥有所有权，向政府或政府管理的机构购买土地只有永久使用权。波兰边境地区的土地禁止外国人或企业购买。

4.6.3 外资参与当地农业/林业投资合作的规定

外资企业或自然人租赁土地无须特殊许可，期限也无特定要求。租赁类别根据是否盈利区分，如果涉及伐木，要向环境部申请许可。

根据新《土地销售法》规定，自 2016 年 4 月 30 日起，禁止国有土地在未来 5 年内出售，并规定大多数国有耕地可出租，但不得出售，小于 2 公顷的土地和用于住房、商业、物流中心或仓库等非农业用途的土地除外。私人耕地仅可出售给拥有不超过 300 公顷土地的私人农场主。买方须有足够的农业种植资格，且在其土地所属社区居住至少 5 年。农业产业署享有土地优先购买权，但近亲属土地继承不受此优先权限制。非农户可以购买小于 0.3 公顷的地块。

4.7　外资公司参与当地证券交易的相关规定

【股票收购】按照法律规定，波兰股票市场可以开放给外国人。但是对股票购买量和是否需要上报证券委员会有明确规定：占上市公司股份 10% 以下的，不需报告；占上市公司股份 10% 以上的，每增加购买 5% 都必须报告；超过上市公司股份 25% 及以上的，须得到委员会许可。

【股票上市】外企在波兰华沙证券交易所上市的一般流程是：提交上市申请报告给证券委员会，专家评估过后形成招股说明书，招股说明书再被证券委员会审核，通过后发表上市声明并公开招股，最后向证券交易所申请挂牌。最快 3 周，一般需 5 ~ 6 个月。

在波兰注册的外企参与交易（包括股权）与本土公司待遇等同。具体规定请见：www. gpw. pl/legal_ acts。

4.8　外资公司对金融业投资的相关规定

4.8.1 波兰金融业投资的准入规定

波兰加入欧盟后，金融业全面开放，特别是对欧盟另一国银行机构在波兰设立分行可以凭欧盟银行资质获得全能牌照。外资金融机构（银行、保险、券商、投资基金等）进入波兰，需向波兰金融监管局申请牌照，对外资股比、高管及管理层外籍员工比例等无特殊要求。波兰与欧盟、欧洲经济区、欧洲自由贸易联盟、经合组织成员国之间资金汇入汇出无外汇管制；与其他地区企业之间的某些交易或某些外币交易需要获得批准。

4.8.2　波兰金融业监管部门及规定

波兰金融业监管部门是于 2006 年成立的波兰金融监管局（KNF），KNF 由部长理事会主席监督。波兰金融业监管规定与欧盟整体规定一致，且更加严格。具体规定见金融监管局网站：www. knf. gov. pl/en/regulations/。

4.9　环境保护相关规定

环境部是波兰主管环境保护的主要部门，负责波兰水资源和环境保护与有效利用。波兰环境部网址：www. mos. gov. pl/index_ main. shtml。

《环境保护法》《水法》《废料法》是波兰在环保领域的基本法律，与欧盟环保方面的法律相通。

涉及投资环境影响评估的法规请查询网址：www. mos. gov. pl/kategoria/3134_ ustawy。

2008 年 10 月 3 日开始实施的《关于就环境及环保、环保公共参与及环境影响评估提供信息的法案》（简称"EIA 法案"）对需进行环境评估的项目及相关程序等做出规定，包括对环境有重大影响（43 种）或是潜在重大影响（92 种）的项目。

根据项目涉及的环保领域、影响范围等内容，地区环保局局长、省长、国家森林地区主管部门、市长等均有权依法在管辖范围内发布环境状况决定。投资者需根据具体投资项目向当地主管部门申请。具体参见网址：www. paiz. gov. pl/polish_ law/environmental_ impact_ assessment。

根据中资企业在波兰正在实施项目的实际经验，环评所需要的时间为 2～3 周，费用一般为 3000～5000 兹罗提，具体会根据项目合同额和规模不同略有差异。

4.10　商业贿赂相关法律

波兰未针对商业贿赂制定专门法律法规，而主要由《刑法》对相关行为进行约束。主要有《刑法》第222～231条"针对国家机构和当地政府部门的活动罪行"中被动贿赂（第228条）、主动行贿（第229条）、支付偏袒（第230条和230条A）、权力滥用（第231条），《刑法》第296～309条"打击经济犯罪"中第296条A经济腐败。

【约束对象】约束对象包括下列人员。

（1）公务员；

（2）行使公共职能的人员；

（3）国有企业管理层和对外代表企业的人员；

（4）住房合作社董事会主席（限定于处理公共资金的行为范围内）；

（5）地方政府设立的监督公共交通客、货运输的人员；

（6）能源企业内负责电力消费立法职责的人员；

（7）外国公共机构人员。

【犯罪行为界定】犯罪行为界定包括行贿、受贿，以公谋私、滥用权力，经济、体育和公共采购等领域腐败和洗钱等行为。

【惩处措施】法院根据认定的犯罪情节及认罪态度等减免处罚条件做出判决，包括：

（1）罚金；

（2）限制人身自由1个月至1年；

（3）有期徒刑1个月至12年（数罪并罚不超过15年）。

具体内容参见波兰反腐局的《反腐手册（企业家版）》。英文版地址：www. cba. gov. pl/ftp/zdjecia/A5 _ poradnik _ dla _ przedsie _ ang _ 21 _ 11 _ 2012. pdf。

4.11　外国公司承包当地工程的相关规定

没有明确规定限制外企参与公共项目招投标（除军工、石化等行业），但需具备相应的资质证书和文件、拥有专业设备和技术人员以及符合要求的经济实力。

波兰政府项目工程建设实行严格的招标制度，如不进行公开招标，需要特别说明。《公共采购法》规定的招标方式主要包括无限制招标、有限制招标、公开议标、竞争性对话、非公开议标。

4.12　波兰对中国企业投资合作的保护政策

中国政府与波兰政府前后经过 30 年左右的共同努力，签署了一系列保护性文件，详见附录 2。

4.13　波兰对文化领域投资的相关规定

4.13.1　波兰关于文化产业的主要法律法规

波兰通信、媒体和互联网行业自由开放、竞争激烈，该领域的外国投资和并购十分频繁。电信领域最主要的法规是 2004 年 7 月 16 日出台的《电讯法》及其后续修正案；2010 年 5 月 7 日出台了《支持电信业务和网络发展法案》，2012 年出台该法案修正案。传媒领域最主要的法律为 1992 年 12 月 29 日出台的《传媒法》及其后续修正案。此外，上述行业还受消费者和竞争法案、个人数据保护法案等规范。

4.13.2　外资企业投资文化产业的规定

外资企业进入波兰电信、传媒、互联网等行业，需向主管部门申请特许经营执照或获得注册批准。文化产业政府主管部门是波兰数字化部、波兰文化和国家遗产部。此外，电子通信办公室负责电信、媒体的注册和基础设施管理，国家广播委员会负责广播、电视特许经营审批和频道许可。

4.13.3　文化领域合作机制

2016 年 6 月，中国原文化部与波兰文化与国家遗产部签署了 2016 ~ 2019 年文化合作议定书。中国—中东欧国家部长级文化合作论坛每两年举行一次。目前没有中波文化领域的学会组织。

此外，关于波兰知识产权的相关规定，以及波兰商务纠纷主要解决途径和适用法律详见附录3、附录4。

5 投资注意事项

5.1 与东道国建立和谐的投资合作关系

5.1.1 处理好与政府和议会的关系

中国企业首先要了解波兰是三权分立的政体，议会、法院和政府相互之间的作用和关系，做到：关心政府换届和议会选举以及政策走向；清楚中央政府部门、地方政府部门、专业委员会的职能和对焦点问题的关注；同有影响力的议员保持沟通，告知企业近况和对当地社会发展作出的贡献，也及时反映企业面临的困难，积极听取政府议员意见。例如，华为波兰公司与波兰相关政府机构一直保持良好关系并成为其技术伙伴，取得了波兰政府部门的信任。

5.1.2 妥善处理与工会的关系

中国企业在波兰若想正确掌控工薪成本、减少摩擦，须妥善处理与当地工会的关系，做到：清楚《劳动法》和《工会法》等法律规定，熟悉当地工会制度规章和运行模式；遵守招聘雇佣、解聘和社会保障的规定；积极参加当地企业行业协会，了解劳工问题常规做法；日常与工会组织和员工充分沟通，了解问题，及时疏导、解决，若遇罢工，争取谈判和解，必要时寻求法律途径解决；建立和谐的企业文化，增强员工主人翁意识。

5.1.3 密切与当地居民的关系

中国企业要跨越文化障碍，与当地民众建立友好关系，需做到：了解波兰文化、禁忌和敏感问题；实现人才本土化，聘用当地人员参与企业管理，既能提高当地就业，又可借助于他们向当地民众传递友好互利共赢的理念；深入民间，设立企业开放日，参与社区活动，与当地民众拉近关系。

5.1.4 尊重当地风俗习惯

尊重当地居民的宗教信仰、民族自尊心和风俗习惯，不拿宗教开玩笑，不要谈及令其感到屈辱的历史。根据不同场合，恰当着装，行为举止恰当。

5.1.5 依法保护生态环境

波兰在加入欧盟后，对生态环境保护更加严格，中国企业需做到：要了解波兰环境保护法规，实时跟踪当地的环保标准。例如，波兰是森林覆盖面积较大的国家，建筑企业在森林或绿地旁修建道路时，需严格按照欧盟标准铺设青蛙防护网等，并在道路两旁修建动物通道等设施；事先进行生产造成污染的科学评估，规划解决方案；做好环保预算，根据规划方案选取适当的专业环保企业解决环保问题。

5.1.6 承担必要的社会责任

中国企业除了在当地开展经济活动，还需承担相应的社会责任，需做到：关注业务拓展造成的各种社会问题，以免引起民众反感和抵制；杜绝因贿赂而影响企业公众形象；重视安全生产，避免发生安全事故；遵守当地环境保护的法律法规，防止工业污染；要知法守法，提醒员工不做违法和违反社会公德的事情，维护企业声誉与品牌建设；根据自身经济条件，多为当地慈善事业出资出力，如为残疾儿童基金捐助等，既可以更好地树立企业正面形象，也可以得到当地社会的广泛了解和认可。

5.1.7 懂得与媒体打交道

近年来的实践表明，中国企业开始重视和逐步理解在波兰与媒体打交道的必要性和重要性，并借助媒体，正面宣传自己。中国企业需做到：建立正常的信息披露制度；重视宣传，遇到敏感问题、遭受舆论压力时，做好媒体公关预案，引导正面宣传；定期向媒体开放，欢迎媒体进行宣传、监督。

5.1.8 学会和执法人员打交道

中国企业相关人员要学会与警察、工商、税务、海关、劳动及其他执法部门打交道，积极配合其执行公务。中国企业需做到：聘请律师等对员工进行普法教育；提醒企业中国籍员工出门随身携带身份证明，妥善保管企业执照、纳税单等重要资料；如遇检查，礼貌应对，有问题可联络自己的企业，视情况可要求联络中方律师和大使馆，保留执法证据和凭证；理性应对不公正待遇，可通过律师维权。

5.1.9 传播中国传统文化

中国企业和中方工作人员在开展业务的过程中应注重弘扬中国传统文化。重视员工的跨文化交流，使员工了解和认可中国文化，增进对企业的感情。积极参加、推动或组织宣传中国传统文化的活动，重视中西方文化的互融互通，积极开展跨文化交流，配合和支持使馆举行的文化活动。

5.1.10 其他

中国企业在当地应该与同行和谐相处，保持有序、良性的竞争关系，避免因恶性竞争、相互压价而使业内其他企业利益受损。同行企业间可通过定期会晤机制或行业内论坛、研讨会等活动互通信息，了解本行业发展趋势，寻找竞争企业间的共同利益点，避免造成不必要的损失。

5.2 投资合作相关手续办理

在波兰进行投资合作的手续包含企业设立形式、受理机构等相关内容，详见附录5。

6 投资求助路径

6.1 寻求法律保护

（1）依法维权。波兰处理与经济活动有关的案件由普通法院的专门机构——经济庭审理。企业还可以通过调解庭和仲裁庭解决经济纠纷。调解庭和仲裁庭的裁决具有普通法院裁决的法律效力。波兰法院是独立的司法机构，实行两级终审制度。最高法院实行对审判的监督。

（2）聘请律师。由于法律体系和语言的差异，中国企业应视情聘请当地律师处理企业的法律事务，借助律师的力量寻求法律解决途径，以有效保护自身利益。

（3）咨询律师。有关具有信誉的律师事务所和愿意为中国企业提供服务的律师事务所，请查询中国驻波兰大使馆经商参处网站（网址：pl. mofcom. gov. cn）。

（4）中国律所。目前，在波兰注册挂牌的中国律师事务所有中国盈科律师事务所（网址：www. eudeco. pl）以及大成律师事务所（网址：www. dentons. com）。

6.2　寻求当地政府帮助

（1）密切联系。波兰地方政府重视外国直接投资。中国企业在投资合作当中，要与所在地政府相关部门建立密切联系，并及时通报企业发展情况，反映遇到的问题，寻求必要的支持和协助。

（2）寻求支持。遇到突发事件，除向中国驻波兰大使馆、驻格但斯克总领馆、公司总部报告外，还应及时与波兰所在地政府部门联系，取得支持。波兰主管外商投资合作的部门主要为信息与外国投资局（网址：www. paiz. gov. pl）。

6.3　取得中国驻波兰大使馆的保护

（1）保护责任。中国公民在其他国家境内的行为主要受国际法及驻在国当地法律管辖。遇有中国公民（包括触犯当地法律的中国籍公民）在当地所享有的合法权益受到侵害，中国驻外使（领）馆有责任在国际法及当地法律允许的范围内实施保护，具体内容请参见外交部领事保护服务网，网址：www. fmprc. gov. cn/chn/lsfw/lsbh/default. htm。

中国驻波兰大使馆领事部网址：www. chinaembassy. org. pl/chn/ls/。

中国驻波兰格但斯克总领馆网址：www. chinaembassy. org. pl/chn/2lg/t144266. htm。

（2）报到登记。在进入波兰市场前，企业应按规定征求中国驻波兰大使馆经商参处意见；投资注册之后，及时到经商参处报到备案；日常情况下，保持与经商参处的业务联系。中国驻波兰大使馆经商参处网址：

pl. mofcom. gov. cn。

（3）服从指导。遇到重大问题和事件发生，应及时向公司总部和使馆报告；在处理相关事宜时，要服从使馆的指导和协调。

6.4 建立并启动应急预案

（1）建立应急预案。中国企业到波兰开展投资合作，要客观评估潜在风险，注意生产、财产和人身安全，有针对性地建立内部紧急情况预警机制，制定应对风险预案。对员工进行安全教育，强化安全意识，指定专人负责安全生产和日常的安保工作；投入必要的经费购置安全设备，给员工缴纳保险等。

（2）采取应急措施。遇到突发自然灾害或人为事件发生，应及时启动应急预案，争取将损失控制在最小范围。遇有火灾和人员受伤，应及时拨打当地火警和救护电话并立即报告中国驻当地使（领）馆和企业国内总部。

波兰紧急救助电话：

火警：998

警察：997

急救车：999

煤气抢修：992

城管：986

水道维修：994

热力维修：993

电力维修：991

电梯维修：8641139

道路救援：8888888

紧急情况：112

6.5 其他应对措施

（1）咨询当地机构和部门。中国企业赴波兰开展商务投资合作，如需了解当地市场和行业情况，可寻求当地知名咨询公司帮助或向在波中资企业协会了解市场信息，亦可通过中国驻波兰大使馆经商参处咨询当地宏观经济形势。为中国企业提供投资合作咨询的机构详见附录6。

（2）聘请翻译。中国企业赴波兰开展业务，往往存在语言障碍。中国企业可通过当地华人旅行社或中国驻波兰大使馆、波兰驻华使（领）馆推荐，聘请当地波兰语译员。

附　录

附录1　波兰14个经济特区简介

（1）米尔莱兹经济特区欧洲园（Euro – Park Mielec SEZ）

米尔莱兹经济特区欧洲园位于波兰东南部，占地面积1643公顷，拥有32个子区域。已颁发304个经营许可证，累计投资额90亿兹罗提，主要来自美国、德国、奥地利等国。创造就业岗位接近3万个，主要投资领域为航空航天、汽车及零部件、木材加工、电子及家用电器等。湖北三环集团并购的克拉希尼克滚子轴承股份公司在此经济特区。

（2）苏瓦乌基经济特区（Suwalki SEZ）

苏瓦乌基经济特区位于波兰东北部，占地面积635公顷，拥有13个子区域。已颁发223个经营许可证，累计投资额30亿兹罗提，主要来自波兰、德国、丹麦、俄罗斯等国。创造就业岗位1万个，主要投资领域为木材加工、建材、金属制品、印刷、精密仪器等。

（3）卡托维兹经济特区（Katowice SEZ）

卡托维兹经济特区位于波兰东南部，面积2614公顷。已颁发290个经营许可证，累计投资额260亿兹罗提，创造就业岗位6.2万个，主要投资领域为汽车（占总投资的63%）、玻璃（6.9%）、电子及家用电器（6%）、建筑（5.1%）、钢铁（4.3%）、食品加工（2.9%）。主要投资来源地为美国（GE汽车，占比35.8%）、意大利（22.4%）、波兰（11.8%）、德国

（9.5%）、日本（6.8%）。

（4）卡米那古拉经济特区（Kamienna Gora SEZ for Medium and Small Business）

卡米那古拉经济特区位于波兰西南部，面积 373.83 公顷，拥有 15 个子区域。已颁发 43 个经营许可证，累计投资额 22.36 亿兹罗提，创造就业岗位 7083 个，主要投资领域为汽车零部件（德、美、日）、纺织（德、法、波）、金属制品（德、荷、波、意）、木材加工（德、波）、陶瓷（意、波）、印刷（德国）。

（5）考斯申—斯乌比采经济特区（Kostrzyn – Slubice SEZ）

考斯申—斯乌比采经济特区位于波兰西部，面积 2165 公顷，拥有 56 个子区域。已颁发 309 个经营许可证，累计投资额 69 亿兹罗提，创造就业岗位 3.2 万个，主要投资领域为汽车及零部件、电子及家用电器、造纸、木材加工、金属制品等。主要投资来源地为德国（大众等德系整车及配套企业）、丹麦、波兰、比利时、瑞典等。中国冠捷电子（TVP）在此特区内设厂。

（6）经济特区克拉科夫技术园（SEZ Krakow Technology Park）

经济特区克拉科夫技术园位于波兰南部，面积 866 公顷，拥有 32 个子区域，2 个科技孵化器和 1 个种子基金。已颁发 224 个经营许可证，累计投资额 41.9 亿兹罗提，主要来自美国、波兰、法国等国。创造就业 2.34 万个，主要投资领域为 IT、通信、商务流程外包、化学、汽车等。

（7）莱格尼察经济特区（Legnica SEZ）

莱格尼察经济特区位于波兰西南部，面积 1700 公顷，拥有 21 个子区域。已颁发 145 个经营许可证，累计投资额 77.2 亿兹罗提，创造就业 1.3 万个，主要投资领域为汽车和金属工业，超过七成投资来自德国（大众汽车及其产业链）。

（8）罗兹经济特区（Lodz SEZ）

罗兹经济特区位于波兰中部，面积 1339 公顷，拥有 44 个子区域。已颁发 300 个经营许可证，累计投资额 130 亿兹罗提，主要来自美国、日本、德国、法国等国。创造就业岗位 3.3 万个，主要投资领域为 IT、商业流程外包、医药和化妆品、电子及家用电器（吉列、保洁、博世、惠而浦等）等。中国山西运城制版公司（400 万美元）在此投资。

（9）滨海经济特区（Pomeranian SEZ）

滨海经济特区位于波兰北部，面积 2246.29 公顷，拥有 35 个子区域。已颁发 123 个经营许可证，累计投资额 114 亿兹罗提，主要来自美国、日本、波兰、丹麦、挪威、芬兰等国。创造就业岗位 2.2 万个，主要投资领域为电子（伟创力、金雅拓）、轮胎（普利司通）、塑料成型模具、造纸、金属制造等。

（10）斯乌普斯克经济特区（Slupsk SEZ）

斯乌普斯克经济特区位于波兰北部，面积 910 公顷，拥有 18 个子区域。已颁发 82 个经营许可证，累计投资额 14 亿兹罗提，主要来自波兰本国、瑞典、塞浦路斯等国。创造就业岗位接近 6000 个，主要投资领域为建筑材料、金属加工、塑料加工、冷链物流等。

（11）斯塔拉霍维斯经济特区（Starachowice SEZ）

斯塔拉霍维斯经济特区位于波兰东南部，面积 644 公顷，拥有 15 个子区域。已颁发 165 个经营许可证，累计投资额 21.3 亿兹罗提，主要来自波兰本国、瑞士、意大利、法国、德国等国。创造就业岗位近 7000 个，主要投资领域为办公设备、陶瓷、金属加工、化学、汽车及零部件等。

（12）塔诺波莱戈经济特区（Tarnobrzeg SEZ "Euro – Park Wislosan"）

塔诺波莱戈经济特区位于波兰东南部，面积 1868.2 公顷，拥有 22 个子区域。已颁发 329 个经营许可证，累计投资额 84.5 亿兹罗提，主要来自韩国、芬兰、日本、波兰等国。创造就业岗位近 2 万个，主要投资领域为电子及 LED（LG）、塑料制品、金属加工、印刷等。

（13）瓦布日赫经济特区投资园（Walbrzych SEZ "Invest Park"）

瓦布日赫经济特区投资园横跨波兰西南部 4 个省份，面积 3550.53 公顷，拥有 53 个子区域。值得一提的是，该区是波兰目前业界口碑最好的经济特区。已颁发 200 个经营许可证，累计投资额 235 亿兹罗提，创造就业岗位 4.8 万个。主要投资领域为汽车及零部件、电子及白色家电、IT 等。吸引了德国大众、奔驰、博世，瑞典伊莱克斯，美国 IBM，日本丰田、普利司通等大型跨国企业入区投资。由福建鸿博集团投资的波兰清洁能源欧洲有限责任公司在此经济特区。

（14）瓦尔米亚—马祖里经济特区（Warminsko – Mazurska SEZ）

瓦尔米亚—马祖里经济特区位于波兰东北部，面积 1057 公顷，拥有 30 个子区域。已颁发 79 个经营许可证，累计投资额 45 亿兹罗提，主要来自法国、韩国、德国、瑞典、波兰等国。创造就业岗位近万个，主要投资领域为轮胎、电子、木材加工、家具、汽车零部件等。

附录2　波兰对中国企业投资合作的保护政策

中国政府与波兰政府于 1988 年签订《双边投资保护协定》《避免双重征税协定》这两项主要的投资合作保护性文件。中国政府与波兰政府于 1995 年 5 月签订《关于植物检疫的协定》，1996 年 12 月签订《海运合作协定》，1997 年 11 月签订《动物检疫及动物卫生合作协定》，2004 年 6 月签订《经济合作协定》；2011 年 12 月，两国政府发表《关于建立战略伙伴关系的联合声明》；2012 年 4 月，两国政府签署《关于加强基础设施领域合作协定》；2012 年 4 月，中国商务部和波兰经济部签署《关于促进中小企业交流与合作的谅解备忘录》；2015 年，两国签署《关于共同推进丝绸之路经济带和 21 世纪海上丝绸之路建设的谅解备忘录》；2016 年 6 月，两国签署《关于共同编制中波合作规划纲要的谅解备忘录》，表达了双方在共建"一带一路"框架下共同开展双边合作规划编制工作的意愿。2017 年 5 月，波兰前总理谢德沃出席"一带一路"国际合作高峰论坛。论坛举行期间，谢德沃和李克强总理共同出席了《中华人民共和国政府和波兰共和国政府旅游领域合作协议》签字仪式。

附录3　波兰知识产权相关规定

波兰知识产权保护法适应现代国际标准，与欧盟通用。主要包括《著作权和相关权利法》、《工业产权法》、《反不正当竞争法》和《竞争和消费者保护法》，前两项更为重要。

波兰是下列国际工业产权和知识产权协议的缔约国：《巴黎工业产权保护公约》、世界贸易组织与贸易有关的知识产权协议、《世界知识产权组织表演和录音制品条约》、《关于授予欧洲专利的公约》。

发明、实用新型、工业样式、商标、地理标志、集成电路的拓扑图，地理标志、农产品和食品的名称与标识等在波兰均受法律保护。在保护发明和实用新型领域，波兰签署了华盛顿专利合作条约、斯特拉斯堡国际专利分类协定；在商标保护方面，波兰签署了马德里国际商标注册协定、国际货物和服务商标注册分类尼斯协定、商标图形要素维也纳协定。

专利保护期为 20 年，使用权保护期为 5 年，可申请延长 5 年。保护期间使用须支付费用。工业产权保护期限为 50 年。商标保护期为 10 年，可延长 10 年，连续 3 年不使用则解除保护。文学、科学、工业、建筑和城市规划设计图纸、电脑程序、音乐、舞蹈等著作权，从作者死亡或第一次出版之日起 70 年后失效。

波兰专利局网址：www. uprp. pl/polski。

附录4　波兰商务纠纷主要解决途径和适用法律

《民法》（1964 年 4 月 23 日）规定了波兰自然人之间、法人之间以及自然人和法人之间的财产关系，为私有财产提供保护。网址：Isap. sejm. gov. pl/KeyWordServlet？viewName_ thasK&passName = kodeks%20cywilny。

《商业公司法》（2001 年 1 月 1 日，2008 年 6 月 20 日修订）对商业公司的成立、组织、运作、解散、转让和变更做出了规定，对公司的类型进行了划分，对商业公司的章程进行了规范。修订后，允许波兰公司与部分根据欧盟成员国法律或欧洲经济区协定缔约国法律成立的并且总部或主要工厂在欧盟和欧洲经济区协定国家的公司合并。新修订将有限责任公司注册资本从 5 万兹罗提降低至 5000 兹罗提，将股份公司注册资本从 50 万兹罗提降低到

10万兹罗提。网址：www. kodeksspolekhandlowych. pl／。

《经济活动自由法》（2004年7月2日）对企业家以及微型、小型和中型企业做出界定，并详细规定了波兰本地企业和外国企业在波兰从事商业活动必须遵循的各项条款。网址：www. paiz. gov. pl／files／？id_ plik＝7316。

《竞争和消费者保护法》（2007年2月16日）旨在保护竞争和维护消费者利益。法律针对限制竞争的行为、企业及协会的反竞争性集中行为和侵犯消费者集体利益的行为规定了认定标准、调查程序和惩罚措施。网址：www. mouton. pl／promarka／pdf／OKiK. pdf。

《反不正当竞争法》（1993年4月16日）旨在保障企业之间以正当的方式开展竞争。违背法律和社会良好风俗、侵害其他企业或客户利益被列为不正当竞争行为。网址：www. uokik. gov. pl／download. php？plik＝7635。

《海关法》规定了商品进入波兰关境和运出波兰关境的原则和方式，以及进行商品外贸活动的人和海关机构的权利和责任。网址：isap. sejm. gov. pl／VolumeServlet？type＝wdu&rok＝2004&numer＝068。

《工会法》规定工会在工厂行政、国家机关面前代表会员利益，工会在劳动条件、工资等方面代表和捍卫职工权益。网址：isap. sejm. gov. pl／DetailsServlet？id＝WDU20060790550。

波兰投资与合作相关的主要法律文件有。

（1）经济活动基本法

《商业公司法典》、《民法典》、《民事诉讼法典修订》、《经济活动自由法》、《经济活动自由法实施规定》、《波兰经济活动分类（PKD）部长会议令》、《破产法》、《国家注册法院法》、《外国人法》、《公共援助诉讼法》、部长会议《关于确定欧共体条约公共援助规定适用程序的令》、《公共采购法》、《公共采购法及其他法修订》、《经济特区法》、《投资财政支持法》、《国家发展计划法》、《公共机关与企业间财政关系透明度及部分企业财政透明度法》。

（2）土地与不动产所有权

《不动产经营法》、《国有资产农业不动产经营法》、《外国人购置不动产法》、《波兰共和国当前边境外不动产遗留补偿权利落实法及其他法律修订》、内务部长令《关于外国人申请购置不动产许可必须提供的信息和文件细则》、环境部长令《关于销售国家林业局林地和其他不动产时进行公开招标的条件和方式及价格谈判的方法和条件的细则》。

（3）反垄断和不诚实竞争

《竞争和消费者保护法》《反不诚实竞争法》《反不诚实市场活动法》。

（4）知识产权保护

《巴黎保护工业产权公约斯德哥尔摩修订案》《伯尔尼文学和艺术作品保护公约巴黎修订案》《世界知识产权组织日内瓦表演和录像制品协定》《世界知识产权组织日内瓦著作权协定》《世界贸易组织与贸易有关的知识产权协议》《摩纳哥授予欧洲专利公约》《著作权和相关权利法》《工业产权法》。

（5）劳动关系

《劳动法典》。

（6）税收体制

《税法》、《纳税人和支付人证明和身份原则法》、《法人所得税法》、《自然人所得税法》、《商品和服务税法》、《消费税法》、《印花税法》、《商品粘贴消费税税票法》、财政部长令《执行商品和服务税及消费税法部分规定事》、《地方税费法及其他部分法律修订》、《企业部分公法债务重组法》、部长理事会令《关于给中小企业税收优惠帮助的条件细则》、部长会议令《关于在雇佣中提供部分税收优惠帮助的条件细则》。

（7）环境保护

《环境保护法》《环境保护法及部分其他法律修订》《能源法、环境保护法及一致性评价系统法修订》《水法》《废料法》《企业经营部分垃圾的义务及产品收费和存放收费法》《破坏臭氧层物质法》《环境保护监察法》《防止环境损害及其恢复原状法》。

（8）司法与仲裁

《普通法庭制度法》、《行政法庭制度法执行细则和行政法庭诉讼法》、波兰共和国总统令《关于建立省行政法庭事》、《民事诉讼法典》、《普通法庭制度法修订、军事法庭制度法及检察官司法》。

附录5　波兰投资合作相关手续办理

5.1　设立企业的形式

外国企业作为法人实体在波兰境内可注册的形式有代表处、分公司、有限合伙企业、有限股份合伙企业、有限责任公司和股份公司。外国公民作为自然人可根据不同情况在波兰注册公司，有永久居留权的外国人视为本国公民同等权利；没有永久居留权的外国人只能通过合伙入股的方式成立企业。中国企业和个人在波兰注册的习惯做法一般为代表处、分公司、有限责任公司和股份公司。

【代表处】注册主体为外国公司，业务范围只限于对母公司业务进行推介和宣传，不进行经营活动，也无权签署经营合同。

【分公司】注册主体为外国公司，经营范围不得超越母公司业务范围，但不必开展母公司的全部业务，可部分经营母公司业务，也可代表母公司签署经营合同。

【有限责任公司】外国公司和个人均可申请，可从事生产、销售、服务和进出口等任何商业活动。

【股份公司】外国公司或个人均可申请，可通过在波兰股市上市获得资金。

5.2　注册企业的受理机构

在波兰注册不同的企业形式，需要到不同的机构申请。

【设立代表处】由母公司或其委托人向波兰发展部外国企业登记处申请注册。

【设立分公司】由母公司或其委托人向地方法院经济庭注册处申请注册。

【设立有限责任公司】由公司股东向地方法院经济庭注册处申请注册。注册资金最低为5000兹罗提，须在登记前全额付清。公司名称可用各种语言表述，但末尾需有Sp. z. o. o（波文"有限责任公司"缩写）字样，公司名称不能重复。

【设立股份公司】由公司股东向地方法院经济庭注册处申请注册。外国公司或个人均可申请，可通过在波兰股市上市获得资金。注册资金最低为10万兹罗提，每股最低股价不得低于0.01兹罗提。以实物出资，必须在公司登记后一年内全部付清。用现金入股，必须在公司注册时先支付25%的注册资金。注册完毕后可随时使用注册资金。合资公司的股票在完成各项法律程序后可以上市交易。股份公司名称中注有S. A.（波文"股份公司"缩写）字样。

5.3 注册企业的主要程序

【注册申请】向上述指定机构提出申请。申请注册的企业形式不同，需要提供相应不同的文件。若提交材料为外文，则需译成波兰文。

5.3.1 注册代表处所需文件

①由波兰律师填写的设立代表处申请表（需经母公司负责人或其委托人签名）；

②母公司营业执照副本；

③母公司章程复印件；

④经母公司所在地公证处公证的并由波兰驻母公司所在国大使馆盖章确认的母公司营业执照、母公司授权委托书和母公司章程全套资料；

⑤由波兰公证处公证的代表处章程和代表处总代表签名样本，代表处章程应包含代表处名称（应为母公司名称后加波文的"驻波兰代表处"字样）、地址、业务范围、总代表姓名及其在波兰的住址等。

5.3.2 注册分公司所需文件

①由波兰律师填写的设立分公司的申请表（需经母公司负责人或其委托人签名）；

②母公司营业执照副本；

③母公司章程复印件；

④经母公司所在地公证处公证的并由波兰驻母公司所在国大使馆盖章确认的母公司营业执照、母公司授权委托书和母公司章程全套资料；

⑤由波兰公证处公证的分公司章程和分公司总经理签名样本。分公司章程应包含分公司名称（应为母公司名称后加波文的"波兰分公司"字样）、地址、业务范围、总经理姓名及其在波兰的住址等。

5.3.3 注册有限责任公司所需文件

①由波兰律师填写的需经公司董事会成员签名的公司注册申请表（需经波兰公证处公证）；

②如股东为法人，需提供该股东原法人注册证明材料（需经波兰公证处公证）；如股东为自然人，需提供在波兰公证的股东自愿成立公司说明书和护照复印件；

③公司章程和董事会成员签名样本（需经波兰公证处公证）。

5.3.4 注册股份公司所需文件

①由波兰律师填写的需经公司董事会成员签名的公司注册申请表（需经波兰公证处公证）；

②股东原注册证明材料、公司章程和董事会成员签名样本（均需经波兰公证处公证）。

【注册审批】注册申请受理后，注册机构将申请材料转递波兰外交部，由其通过波兰驻申请方所在国大使馆对该申请公司的情况进行核查，核查无误后，由波兰注册机构颁发注册证明。注册审批时间视企业形式而定，一般在2~12周。注册费为3500~8000兹罗提。

（1）设立代表处注册审批。波兰经济部受理注册申请后，将申请材料转递波兰外交部，由外交部通过波兰驻申请方所在国大使馆对该公司的情况进行核查，核查无误后再转回波兰经济部，由经济部发放注册证明。代表处注册无须注册资金，审批期限约2~3个月，总费用约8000兹罗提（约2000欧元），其中注册费6000兹罗提、律师费2000兹罗提。

（2）设立分公司注册审批。地方法院经济庭受理注册申请后，需将申请材料转递波兰外交部，由外交部通过波兰驻申请方所在国大使馆对该外国公司的情况进行核查，核查无误后，由地方法院颁发注册证明。分公司注册无注册资金要求，审批期限为 2～3 个月，总费用约 3500 兹罗提，其中法院注册费 1500 兹罗提、律师费 2000 兹罗提。

（3）设立有限责任公司注册审批。地方法院经济庭在受理注册申请后一般在 2～3 周核发注册证明。目前有限责任公司最低注册资本金为 5 万兹罗提，注册完毕后该资金可作为公司的流动资金使用。总费用约 5500 兹罗提，其中注册费 1500 兹罗提、公证费 2000 兹罗提、律师费 2000 兹罗提。

（4）设立股份公司注册审批。地方法院经济庭受理注册申请后一般在 2～3 周批复核发注册证明。总费用约 5500 兹罗提，其中注册费 1500 兹罗提、公证费 2000 兹罗提、律师费 2000 兹罗提。

【申请统计代码】获准注册后，需向当地统计局申请统计代码（REGON），一般 2 小时即可申办完。

【刻制公司印章】企业获准注册后需在指定机构刻制公司印章，一个合法的印章必须刻有公司名称、地址、增值税号（NIP）和统计代码（REGON）。

【开立银行账号】企业获准注册并取得统计代码后，须立即在波兰银行开立公司银行账号，需提供注册证明和统计代码复印件，一般需 1～2 天。

【申请增值税号（NIP）】企业获得注册后，需向所在地税务局申请增值税号（NIP），一般需 2～3 周可获得。

【申报社会保险】公司在雇佣首名员工后 10 天内须向公司所在地社保局申报雇员情况，交付社会保险金，并获得公司的社保金支付代码。

【申报劳动安全检查】公司在雇用员工后应立即向当地劳动监察局申报检查，由该局对公司雇员进行 2～3 小时安全培训讲座，并对公司的工作环境、工作时间进行检查，检查合格后为每个员工发放安全工作证明。同时，公司须为每位雇员在规定的体检单位做健康检查，获得体检证明的雇员方可上岗工作。这两个证明缺一不可，必须随时存放在公司，以备劳动监察局检查，若被查出无安全证明和健康证明上岗，公司将被罚款。

【网上注册】自 2011 年 7 月起，投资者可在波兰经济活动注册与信息中心网站（CEIDG）注册公司，并可申请税号、社保号等，网址：prod. ceidg. gov. pl/ceidg. cms. engine/？F；1886f97b – 43a9 – 4b16 – b197 – cc969b6917ba。

附录6　为中国企业提供投资合作咨询的机构

中国驻波兰大使馆经商参处

地址：Ul. Bonifraterska 1，00 – 203 Warsaw，Poland

电话：0048 – 22 – 8313861，或 0048 – 22 – 6358333 转 3117、3118、3119、3120、3122

传真：0048 – 22 – 6358079

电邮：pl@ mofcom. gov. cn

网址：pl. mofcom. gov. cn

波兰中资企业协会

波兰中资企业协会正在注册中。

波兰驻中国大使馆

大使：Mirosław Gajewski

地址：北京市朝阳区建国门外日坛路 1 号，100600

电话：010 – 65321235、65323567（领事处）

传真：010 – 65321745

电邮：polska @ public2. bta. net. cn，polamba @ public. bta. net. cn 或 pekin. amb. sekretariat@ msz. gov. pl

网址：www. PolandEmbassyChina. net 或 www. pekin. msz. gov. pl

波兰驻中国大使馆贸易投资促进处

电话：010 – 65321235、65321236、65321237、65321888

传真：010 – 65324958

电邮：polska@ public2. bta. net. cn，polamba@ public. bta. net. cn

网址：www. PolandEmbassyChina. net

波兰驻上海总领馆

总领事：Piotr Nowotniak

地址：上海市建国西路 618 号，200031

电话：021 – 64339288、64334735

传真：021 – 64330417

电邮：cgpl @ polandshanghai. org，commoff @ uninet. com. cn 或 shanghai. info@ msz. gov. pl

网址：www. polandshanghai. org 或 www. szanghaj. msz. gov. pl

波兰驻广州总领馆

总领事：Joanna Skoczek（领事语言：英语、法语、俄语）

地址：广东省广州市沙面大街 63 号，510130

电话：020 – 81219994、81219993

传真：020 – 81219995

电邮：plcgeca @ pub. guangzhou. gd. cn 或 kanton. kg. sekretariat @ msz. gov. pl

网址：www. kanton. msz. gov. pl

波兰驻成都总领馆

总领事：Katarzyna Wilkowiecka（领事语言：英语、德语、西班牙语）

地址：四川省成都市锦江区东御街 18 号，610016

电话：028 – 84592585/2581/2582/8459

传真：028 - 84592586

电邮：chengdu. kg. sekretariat@ msz. gov. pl

网址：www. chengdu. msz. gov. pl

预约：www. e - konsulat. gov. pl/

波兰共和国驻香港总领馆

总领事：Mirosław Adamczyk

地址：香港皇后大道东 183 号 25 楼 2506 室

电话：00852 - 28400779、93663262

传真：00852 - 25960062

电邮：hongkong. kg. info@ msz. gov. pl

网址：www. hongkong. msz. gov. pl

中国商务部研究院海外投资咨询中心

地址：北京市东城区安外东后巷 28 号

电话：010 - 64515042、64226273、64515043

传真：010 - 64212175

电邮：kgjyb@ 126. com

网址：www. caitec. org. cn

UNDP 中国企业海外可持续发展办公室

地址：北京市朝阳区亮马河南路 2 号联合国开发计划署

电话：010 - 85320733、85320776

南南合作促进会海外投资项目信息中心

地址：北京市东城区白桥南里甲 2 号

电话：010 - 65280465、56765617

网址：www. china - ofdi. org

波兰投资促进机构

波兰投资与贸易局（Polish Investment and Trade Agency），该局与中国商务部投资促进局签署了《投资促进合作协议》。

地址：Ul. Bagatela 12；00 - 585 Warsaw

电话：0048 - 22 - 3349800

传真：0048 - 22 - 3349999

电邮：invest@ paiz. gov. pl

办公时间：每周一到周五，09：00 - 17：00 经预约可与投资促进代表会面，联系方式：

电邮：post@ paiz. gov. pl

电话：0048 - 22 - 3349875 （外资处）

其他主要管理和促进机构请见"波兰政府和其他机构一览表"。

网址：www. paiz. gov. pl

波兰投资与贸易局驻上海办事处

地址：上海市南京西路 993 号锦江向阳大厦 1406 室

电话：021 - 22111586

传真：021 - 62727355

电邮：china@ paiz. gov. pl

波兰国家商会

地址：00 - 074 Warszawa, ul. Trębacka 4

电话：0048 - 22 - 6309600

传真：0048 - 22 - 8274673

电邮：kig@ kig. pl

波兰工业发展局

地址：ul. Pańska 81/83，00 - 834 Warszawa

电话：0048 – 22 – 4328080、4327125

传真：0048 – 22 – 4328620、4328404

电邮：biuro@ parp. gov. pl

波兰企业发展局

地址：ul. Lord 81/83，00 – 834 Warszawa

电话：0048 – 22 – 4328080、4327125

传真：0048 – 22 – 4328620

波兰雇主联合会

地址：Brukselska 7 St，03 – 973 Warszawa

电话：0048 – 22 – 5188700

传真：0048 – 22 – 8288437

电邮：office@ pracodawcyrp. pl

附录7　波兰政府部门和相关机构一览表

中枢机构：

（1）总统府，www. prezydent. pl

（2）总理府，www. kprm. gov. pl

各部委、局：

（1）数字化部，mc. gov. pl

（2）农业和农村发展部，www. minrol. gov. pl

（3）投资与发展部，www. miir. gov. pl

（4）企业与技术部，www. mpit. gov. pl

（5）环境部，www. mos. gov. pl

（6）文化和国家遗产部，www. mkidn. gov. pl

（7）财政部，www. mf. gov. pl

（8）外交部，www. msz. gov. pl

（9）卫生部，www. mz. gov. pl

（10）内务部，www. mswia. gov. pl

（11）司法部，www. ms. gov. pl

（12）家庭、劳动和社会政策部，www. mpips. gov. pl

（13）国防部，www. mon. gov. pl

（14）教育部，www. men. gov. pl

（15）科学和高等教育部，www. nauka. gov. pl

（16）体育和旅游部，www. msport. gov. pl

（17）基础设施和建设部，www. mib. gov. pl

（18）海洋经济与内河航运部，www. mgm. gov. pl

（19）能源部，www. mg. gov. pl

（20）波兰金融监管委员会，www. knf. gov. pl

（21）波兰投资与贸易局，www. paih. gov. pl

（22）波兰国家计量总局，www. gum. gov. pl

（23）波兰专利局，www. uprp. pl

（24）波兰能源管理局，www. ure. gov. pl

（25）国家公路和高速公路总局，www. gddkia. gov. pl

（26）铁路交通局，www. utk. gov. pl

（27）公路交通监管总局，www. gitd. gov. pl

（28）大地测量和制图总局，www. gugik. gov. pl

（29）建筑监督总局，www. gunb. gov. pl

（30）民用航空局，www. ulc. gov. pl

（31）波兰电信局，www. uke. gov. pl

（32）国家档案总局，www. archiwa. gov. pl

（33）农业社会保障基金会，www. krus. gov. pl

（34）兽医监督总局，www. wetgiw. gov. pl

（35）国家消防总局，www. kgpsp. gov. pl

（36）波兰国家警察总局，www. policja. pl

（37）边防总局，www. sg. gov. pl

（38）外国人事务局，www. udsc. gov. pl

（39）公共采购局，www. uzp. gov. pl

（40）国家采矿局，www. wug. gov. pl

（41）环境保护监督局，www. gios. gov. pl

（42）国家原子能机构，www. paa. gov. pl

（43）药品监督管理总局，www. gif. gov. pl

（44）卫生监督总局，www. gis. gov. pl

（45）国内安全局，www. abw. gov. pl

（46）国家情报局，www. aw. gov. pl

（47）中央统计局，www. stat. gov. pl

（48）竞争和消费者保护局，www. uokik. gov. pl

（49）农业重建和现代化局，www. arimr. gov. pl

（50）国家农业支持中心，www. kowr. gov. pl

（51）工业发展局，www. parp. gov. pl

（52）波兰科学院，www. pan. pl

（53）波兰认可中心，www. pca. gov. pl

（54）波兰标准化委员会，www. pkn. pl

（55）社会保险局，www. zus. pl

商会：

（1）波兰国家商会，www. kig. pl

（2）英国—波兰商会，www. bpcc. org. pl

（3）捷克—波兰商会，www. opolsku. cz

（4）斯堪的纳维亚—波兰商会，www. spcc. pl

（5）荷兰—波兰商会，www. nlchamber. pl

（6）波兰—阿塞拜疆商会，www. paig. bigduo. pl

（7）波兰—德国工商会，www. ihk. pl

（8）波兰—瑞典商会，www. psig. com. pl

（9）波兰—乌克兰商会，www. chamber. pl/ukraina

（10）意大利—波兰工商会，www. italpolchamber. pl

（11）波兰—法国工商会，www. ccifp. pl

（12）波兰—美国商会，www. amcham. com. pl

（13）波兰—俄罗斯工商会，www. prihp. com. pl

（14）日本贸易振兴机构，www. jetro. go. jp/poland

（15）波兰农业协会，www. krir. pl

（16）波兰银行协会，www. zbp. pl

（17）外国投资工商业协会，www. iphiz. com. pl

（18）进出口商会，www. igei. pl

（19）波兰进出口及合作商会，www. pcc. org. pl

（20）波兰化学工业商会，www. pipc. org. pl

（21）建筑设计商会，www. ipb. org. pl

（22）波兰钢铁工业商会，www. piks. atomnet. pl

（23）波兰国防工业商会，www. przemysl – obronny. pl

（24）波兰警报系统商会，www. pisa. org. pl

（25）波兰电子和通信业商会，www. kigeit. org. pl

（26）波兰信息和通信业商会，www. piit. org. pl

（27）波兰电子通信业商会，www. pike. org. pl

（28）波兰电力能源业商会，www. sep. com. pl

（29）波兰液体燃料协会，www. paliwa. pl

（30）波兰石油工业贸易组织，www. popihn. pl

（31）波兰海洋经济协会，www. kigm. pl

（32）波兰工商业采矿协会，www. giph. com. pl

（33）波兰冶金工业协会，www. hiph. com. pl

（34）波兰铸造业商会，www. oig. com. pl

（35）波兰学校和办公用品行业协会，www. ipbbs. org. pl

（36）波兰印刷业协会，www. izbadruku. org. pl

（37）波兰制药和医疗产品协会，www. polfarmed. pl

（38）波兰药房商会，www. igap. pl

（39）波兰琥珀商会，www. amberchamber. org. pl

（40）波兰纺织服装协会，www. textiles. pl

（41）波兰皮革业商会，www. pips. pl

（42）波兰内衣业商会，www. pib. org. pl

（43）波兰汽车工业商会，www. pim. org. pl

（44）波兰城市交通协会，www. igkm. com. pl

（45）波兰公路工程商会，www. oigd. com. pl

（46）波兰汽车运输商会，www. pigtsis. pl

（47）波兰国际公路货运协会，www. zmpd. pl

（48）波兰铁路设备和服务协会，www. izba – kolei. org. pl

（49）波兰供水业商会，www. igwp. org. pl

（50）波兰木材工业协会，www. przemysldrzewny. pl

（51）波兰家具制造业协会，www. oigpm. org. pl，www. meble. org. pl

（52）波兰木工机械、装置和工具协会，www. droma. com

（53）波兰能源传送和分布协会，www. ptpiree. com. pl

（54）波兰汽车协会，www. pgm. org. pl

德国投资便利化评价与分析

摘　要： 本部分从国家概况、政治文化环境、国家投资便利化水平、投资法律风险、投资注意事项和投资求助路径六个部分对德国进行国别投资便利化评价与分析。研究表明：德国的投资便利化整体处于较高的水平值，是一个值得关注的合作对象国。中国已是德国最大贸易合作伙伴，但在促进投资方面双方还有巨大潜力，未来可期待进一步推进中德经贸关系，与德国保持密切沟通、加速高层互访，同德国一道积极倡导多边主义，共同维护以规则为基础的多边贸易投资体制，促进贸易和投资自由化便利化，为世界和平与发展作出贡献。

关键词： 德国　投资便利化　投资注意事项　投资求助路径

1　国家概况

1.1　德国的昨天和今天

公元 919 年，萨克森公爵亨利一世建立了萨克森王朝，即早期的封建德国。13 世纪中期，以日耳曼民族为中心的神圣罗马帝国建立。18 世纪初，普鲁士崛起，与奥地利和众多小邦组成了德意志邦联。1871 年，德国宣布完成统一，建立了德意志帝国，又称"德意志第二帝国"。

1914～1918 年，德国在一战中战败，并且作为战争的发起国受到了严厉的经济和军事制裁。1919 年，德国建立了魏玛共和国。1933 年，希特勒成为德国元首，魏玛共和国名存实亡。1939 年，在希特勒的带领下，德国挑起了二战。1945 年，德国投降。美、英、法、苏四国占领了德国，并建立了盟国控制委员会，接管德国政府。1949 年，德意志联邦共和国和德意志民主共和国成立，德国正式分裂为两个主权国家。1990 年，联邦德国统一德国全境，德国重归统一。

二战后德意志联邦共和国总理分别是：康拉德·阿登纳（1949～1963）、路德维希·艾哈德（1963～1966）、库尔特·格奥尔格·基辛格（1966～1969）、维利·勃兰特（1969～1974）、赫尔穆特·施密特（1974～1982）、赫尔穆特·科尔（1982～1998）、格哈德·施罗德（1998～2005）、安格拉·默克尔（2005 年 11 月 22 日至今）。

德国著名的历史人物有歌德、爱因斯坦、巴赫、贝多芬、莫扎特、俾斯麦、马丁·路德、卡尔·马克思、威廉·康拉德·伦琴、尼采、高斯、亚瑟·叔本华等。

1.2 德国的地理环境

1.2.1 地理环境

德国位于欧洲中部，领土面积为 357167 平方千米，东西边境最长约为 628 千米，南北边境最长约为 1060 千米。德国与波兰、捷克、奥地利、瑞士、法国、卢森堡、比利时、荷兰和丹麦 9 个国家接壤，是欧洲邻国最多的国家，又是欧洲的"十字路口"。

德国地形地貌变化多端，有起伏的山峦、高原、丘陵，有美丽的湖泊和广阔的平原。德国地形可分为五个地区：德国北部低地、中段隆起带、西南中段梯形带、南部高山边疆带和阿尔卑斯山。德国北部低地以丘陵、滨海、旱地、黏土和草地为特征，平均海拔不到 100 米。在中段山体隆起地区，沼泽和黄土之间有许多湖泊向南延伸。中部为丘陵和中等山区，将德国分为南北两部分。德国南部是巴伐利亚高原和阿尔卑斯山，该地区的拜恩阿尔卑斯山主峰是德国最高峰，海拔 2963 米。

德国的主要河流有莱茵河、多瑙河、易北河、威悉河等。主要的湖泊有博登湖、基姆湖、阿莫尔湖、里次湖等。

1.2.2 行政区划

德国是联邦制国家。德国的行政区划分为联邦、州、市镇三级，共有16 个州 12229 个市镇。其中，东部有柏林市（州级市）、勃兰登堡州、萨克森州和萨克森—安哈尔特州，西部有萨尔州、莱茵兰—普法尔茨州和北莱茵—威斯特法伦州，北部有不来梅市（州级市）、汉堡市（州级市）、梅克伦堡—前波美拉尼亚州、下萨克森州和石勒苏益格—荷尔斯泰因州，南部有巴伐利亚州和巴登—符腾堡州，德国中部有黑森州和图林根州两个州。其中柏林市是德国首都，柏林市与汉堡市、不来梅市是德国的城市州。

首都柏林市，面积虽小，但却是德国政治、经济和文化交流中心。柏林是德国人口最多的城市，常住人口大约有 350 万，也是德国经济最发达的城市，其中第二产业发达，工业总产值达到了柏林 GDP 的 2/3。

汉堡市是德国北部最大的城市，它拥有德国最大的海港——汉堡港，是欧洲最大的外贸中心和第二大金融中心。

慕尼黑是巴伐利亚州的首府，德国南部最大的城市，也是德国主要的经济、文化和技术中心。

法兰克福是德国中部最大的城市，它是德国的金融中心，有 200 多家信贷机构，欧洲央行和德国央行都设立在该城市。该城市也是德国最大的航空和铁路枢纽中心。此外，德国还有科隆、斯图加特等大城市。

1.2.3 自然资源

德国自然资源比较丰裕，但是不能满足德国高度的工业化所需，所以相对比较贫乏。除了硬煤、褐煤和盐储量丰富外，其他原材料和能源 2/3 需要进口。德国森林面积占全国面积的 30%（1076 万公顷），水域面积占全国面积的 2.4%（86 万公顷）。

1.2.4 气候条件

德国位于大西洋东部大陆性气候地区，温度波动非常罕见，全年都有降雨，夏天清凉，冬天多雪。由于不同地区的地理条件不同，德国最高气温在20 ~ 30 摄氏度，最低气温在 1.5 ~ 10 摄氏度。德国北部是海洋性气候，比南部温暖。7 月份平均气温为 14 ~ 19 摄氏度，1 月份为 – 5 ~ 1 摄氏度。年降水量 500~1000 毫米。

1.2.5 人口分布

截至 2018 年底，德国总人口数达到了 8293.00 万人，近年来呈稳定增长的趋势。德国人口老龄化情况比较严重，65 岁及以上人口占总人口数量的 1/5。

德国的人口密度位于世界前列，平均每平方千米人口超过 200 人。德国的人口分布不均衡，在柏林、法兰克福、莱茵河密集区和鲁尔河沿岸的工业区等现代都市和工业区，人口密度相当高。特别是鲁尔，每平方千米有1000 多人，而在德国北部低地和南部巴伐利亚高原的草原和沼泽地人口稀少，故德国人口分布具有稠密而不均衡的特点。

德国的人口主要聚集在柏林、汉堡、慕尼黑、科隆、法兰克福、斯图加特等大城市。截至 2018 年 1 月 1 日，德国人口超过 100 万的城市有 4 个，人口在 50 万~100 万的城市有 10 个，人口在 30 万~50 万的城市有 7 个，10 万人口以上的城市共计 80 余个。

德国有 922 万名外籍人员，约占人口总数的 11.12%，其中最多的是土耳其人，共 300 万人。其中华侨华人约 15 万人，华侨、华人各占一半，主要聚集在大城市。

2 政治文化环境

2.1 政治环境

2.1.1 政治制度

德国的国体是议会共和制，国家元首由议会选举产生，并无实权。联邦政府行使行政权，议会行使立法权，联邦宪法法院行使司法权。

【宪法】《德意志联邦共和国基本法》又称《基本法》，是德国的根本大法。该法确定了德国五项政治原则：共和、民主、联邦、社会保障和法治。

【议会】议会由联邦议院和联邦参议院组成。联邦议院行使立法权，监督执法。每届议会议员的任期为四年，共选出 598 名代表，在联邦选举中赢得 5% 以上选票的政党可以进入联邦议院。还可根据选举结果设立更多席位。第 19 届联邦议院选举于 2017 年 9 月 24 日举行，共有 709 个议席，其中联盟党 246 席（基民盟 200 席，基社盟 46 席），社民党 153 席，选择党 92 席，自民党 80 席，左翼党 69 席，绿党 67 席，还有 2 位议员不属于任何议会党团。联邦参议院由各州政府任命，按人口比例共选出 69 名代表组成。他们参与立法，在联邦中代表各州的利益。各州州长轮流担任联邦参议院主席。

【政府】德国政府实行内阁制。内阁通常由联邦议院中最大的政党领导，其领导人由联邦议院选举为总理。总理负责制定和执行国内外政策，并直接对议会负责。联盟党在第 19 届联邦议院选举中获胜。2018 年 3 月，联盟党与社民党组建联合政府。

【选举】德国实行两票制选举制度。在德国，年满 18 周岁、具有德国国籍的公民都有选举权，每位选民有两张选票。第一张选票用于选出选民所在州的议员代表；第二张选票用于选举政党。每一政党在联邦议院的席位数量由所获得的第二张选票决定，对执政党上台执政很重要。

【司法】联邦宪法法院是最高司法机关，拥有最高司法权，它的主要职责是解释《基本法》，监督《基本法》的实施，决定是否违宪。该法院共有 16 名法官，由议员选举产生，由总统任命，任期 12 年。此外，还有联邦法院、联邦行政法院、联邦纪律法院、联邦金融法院、联邦劳动法院等。

2.1.2 主要党派

德国实行多党制，在选举中获得最多选票的政党可以上台执政，各政党依据获得选票的比例在议会获得对应的席位数量。其主要政党如下。

（1）德国基督教民主联盟：又称基民盟，1945 年成立。该党在 1949～1969 年和 1982～1998 年执政，拥有 42.6 万名党员（2017 年），且自 2005 年以来一直是主要执政党，党主席是安格拉·默克尔。

（2）基督教社会联盟：又称基社盟，1945 年成立。该党只在巴伐利亚

州发展组织活动，并与基民盟组成联合议会小组，现有党员 14.1 万人
（2017 年），党主席是霍斯特·泽霍夫。

（3）德国社会民主党：又称社民党，1863 年成立。该党的前身是全德
工人联合会和德国社会民主工党，是世界上早期的工人党之一，现有党员
45.7 万人（2018 年）。

（4）德国选择党：2013 年成立，现有党员 3 万人（2018 年），党主席
为亚历山大·高兰德、耶尔格·默尔腾。

（5）自由民主党：又称自民党，1948 年成立。该党曾与联盟党、社
民党联合执政，现有 6.3 万名党员（2017 年），党主席为克里斯蒂安·
林德纳。

（6）德国共产党：1968 年成立，现有党员 3500 人（2017 年），党主席
是帕特里克·科波勒。

2.1.3　外交关系

德国致力于构建与西方国家的友好外交关系。其外交政策的重点是深化
和扩大欧盟的作用和影响力，保持和美国的紧密关系，发展与俄罗斯的密切
关系，强化与发展中国家的友好关系，努力在国际组织中发挥作用。

德国外交政策始终保持着积极开放。随着外交政策的完善，德国的国际
影响力也在持续上升。外交政策的重点是，深化欧洲一体化进程，鼓励北约
的改革和转型，加强与俄罗斯的能源合作，维护中东地区的利益关系。加强
对中印等发展中国家的战略支持，在非洲和拉丁美洲地区推广德国的政治经
济体制和价值观。

德国支持以联合国为中心建立全球合作体系，支持和平解决国际争
端，支持国际贸易自由化和全球化发展，致力于消除世界各地区的贫困
现象。

【与中国的关系】1972 年，联邦德国与中国建交。同其他欧盟伙伴国一
样，德国坚持一个中国原则。在亚洲，中国是德国最重要的经济伙伴；在欧
洲，德国是中国最重要的贸易伙伴。2013 年 5 月，李克强总理在上任后的
首次对外访问中到访德国，并值访德之际与默克尔总理一起为"中德语言

年"拉开帷幕。2014年3月,习近平主席出访德国。2017年7月4~8日,习近平主席再次出访德国,确立中德全方位战略伙伴关系。近年来,中德关系发展密切,进入历史最好时期。

【与英法两国的关系】德国高度重视与英法合作。德法关系是德国欧盟政策的核心。二战后,德国主动与法国和解,共同致力于欧洲一体化进程。德法成为欧盟一体化的"引擎"。德国高度重视英国在跨大西洋关系中的特殊作用,两国在气候变化问题上方向一致,但双方在应对金融危机的思路上分歧严重。

【同美国的关系】德美关系是德国的外交重点问题,德国注意保持和发展与美国的紧密关系,尤其是在面对贫富分化、资源匮乏、气候变化和国际恐怖主义等挑战时尽量保持一致。德国前政府曾公开反对美国对伊拉克发动武装攻击,导致德美关系出现裂痕。美国国家安全局2013年被曝监听德国总理默克尔的手机,再次冲击德美互信。2017年美国特朗普总统上台后,德美双方在政治、经济、外交和文化等各领域都出现了分歧,从而加速了德美关系的疏远。近期民调显示,85%的德国民众认为德美关系"糟糕"或"非常糟糕",希望远离美国。

【同俄罗斯的关系】俄罗斯是政治和军事大国,德国高度重视俄罗斯在欧洲地区和全球的作用和地位。从地缘政治角度考虑,德俄具有战略意义。默克尔总理上任后,致力于继续发展和深化与俄的战略伙伴关系,推动政府间的政治交流和民间经济文化交流,推动双方在贸易和能源方面的合作,同时重视俄民主、人权等问题。

【同亚洲国家的关系】德国认为,亚洲的迅速崛起使其在未来的世界舞台上的作用不容小觑。德国高度看好亚洲的市场潜力,积极加强与亚洲国家的双边关系,共同发展。同时,亚洲市场存在不确定因素,亚洲的政治、经济和安全等一系列问题都面临着重大挑战。德国认为中印两国的崛起将对全球经济产生重要影响。默克尔总理在任的15年间先后12次访问中国,在最新的德国5G基带建设中,也没有听从美国的鼓吹,禁止中国华为参与竞标,由此可见德国对中德关系非常重视。

【同非洲、拉美国家的关系】德国非常重视同非洲的关系，增加对非洲的投资和发展援助。德国视拉美为全球治理伙伴，德拉伙伴关系应进一步提升。

2.1.4 政府机构

德国政府机构分为三级：联邦政府、州政府和地方政府。联邦总统是国家元首，联邦政府拥有最高行政权力，联邦议会行使立法权，联邦宪法法院行使司法权。联邦总理和联邦各部部长组成德国联邦政府。联邦政府共有 15 名联邦部长。15 个部分别是外交部、国防部、财政部、司法部、内政部、经济部、粮食农业和林业部、劳动和社会秩序部、青年和家庭部、卫生部、交通部、经济和能源部、教育和科学部、经济合作与发展部、环境部。此外，联邦政府还设有统计、环保、车辆、航空等部门。联邦政府各部门均有一位部长。

【德国联邦经济和能源部】德国联邦经济和能源部是负责对外经济工作的主管部门。联邦经济和能源部的部领导由经济部长、议会国务秘书和国务秘书组成，全部职员约 1500 人。此外，该部还负责管理联邦卡特尔局、联邦经济与出口管制局、联邦（电、气、电信、邮政、铁路）网络管理局、联邦地质和原材料研究院等部门。

【德国联邦经济合作与发展部】该部门负责制定和贯彻执行联邦政府的发展援助政策。主要任务是参与塑造全球框架条件，发展双边和多边促进战略，资助伙伴国家的发展计划和项目，促进非国家组织发展政策性合作，考察援助物资使用效果，监督物资使用情况。

2.2 文化环境

2.2.1 民族

德国全国的总人口有 8293 万人，目前德意志人在德国仍然占有非常稳固的主体民族地位，占到了 80% 左右，约有 6600 万人。而在历史上，德国现版图所在地区长期是德意志人的传统聚居区，因此其境内的民族构成相对比较简单，主要就是德意志人和少量其他民族，其中主要是一些其他日耳曼民族和斯拉夫民族。

在二战之前，德国境内分布着大量的犹太人，据估计人数大概有 52.5 万人。其实许多犹太人和德国人因为长期混居，语言已经完全一样，和其他德国人通婚而且混血的人也不少，但因为犹太人的宗教信仰和德国人不一样，而在欧洲社会长期是宗教信仰的界限高于民族界限，所以犹太人也始终被视为异类，因此也一直被视为一个单独的民族。不过在二战之后，德国境内的犹太人人数大幅减少，据估计现在的人数应该在 11 万人到 25 万人。

除了犹太人，德国境内还始终生活着一个斯拉夫民族，叫索布人。他们在历史上曾经广泛生活于今天德国的东部地区。但在 17 世纪，大部分索布人被日耳曼人同化，只有数量很少的一部分保留了自己的民族身份。目前索布人大约有 3 万人，大部分人会说索布语，主要生活在德国的萨克森州和勃兰登堡州。

此外，在德国的石勒苏益格州，还生活着一些丹麦少数民族，也就是说丹麦语的人群。这个主要是历史上这个地区就是丹麦人和德意志人混居，后来通过公民投票，石勒苏益格州北部因为丹麦人占多数，所以并入丹麦，而南部则因为德意志人占多数，所以并入德国。目前这些丹麦少数民族大约有 5 万人，其中大部分人说德语。

在 1950 年之后，随着德国经济的发展，各个国家的移民不断地涌入德国境内，其中最主要的移民来自土耳其。后来在苏东剧变之后，大量东欧人也进入德国工作生活，使德国的民族构成开始向比较复杂的局面发展。

目前德国最多的少数民族是土耳其人，其人数有 300 万左右，占到德国总人口的 3.62%。其实早在奥斯曼帝国时代，当时占据了巴尔干地区的土耳其人就开始陆陆续续进入德国。但德国真正大规模的土耳其移民还是始于 1960 ~ 1970 年，当时因为西德地区出现了严重的劳工短缺，所以从土耳其等国引进了大量的劳工，后来相当一部分劳工就生活在了德国，成为德国公民。因为进入德国时间很短，所以德国的土耳其人多数还保留了自己的语言和文化。

德国的第二大少数民族是波兰人，占到了德国全国人口总数的1.9%，人数也有100多万，另外还有300万左右是德国人与波兰人的混血，不过这些人基本已经德国化。波兰人进入德国主要是因为普鲁士曾经参与瓜分波兰，因此波兰的领土曾经有一部分是德国的一部分，在那个时期有一些波兰人移居到德国其他地区，特别是19世纪发展迅速的鲁尔工业区。

德国的第三大少数民族则是俄罗斯人。自20世纪苏联经济崩溃后，大量俄罗斯人移居海外，而德国则成了其首选地之一。据统计，目前在德国生活的俄罗斯人也有100多万，占德国全国人口总数的1.5%左右。但俄罗斯人因为来到德国的时间最短，所以融入德国社会的程度也最低，同时也经常成为德国针对少数民族犯罪的目标。

除此之外，德国的意大利裔和非洲裔（黑人）都占到其人口比例的1%，阿拉伯裔、罗马尼亚裔和希腊裔则占到0.6%左右。此外，还有9.3%的德国人是其他族裔，包括华裔等亚裔。总体来说，德国仍然是一个德意志人占绝大多数的国家，但其民族构成却也在变得日益复杂。

2.2.2 语言

德国的官方语言是德语，德国国内有十几种德语方言。德语分为高地德语和低地德语，书面语言以高地德语为准，文字用拉丁字母。

德语的方言差异明显，词汇不同，语法也不一样，彼此无法通话。德国南部山地丘陵地区主要说高地德语，北部沿岸地区主要说低地德语。另外，索布人、弗里森人和丹麦人在说德语的同时，也保留了本民族语言。

2.2.3 宗教

2016年的德国宗教人口比例：天主教28.6%、新教（主要为路德宗）26.6%、东正教2%、其他基督徒1.5%、无宗教35.4%、穆斯林4.9%、其他宗教1%。

2.2.4 习俗

【服饰礼仪】德国人不习惯穿得太鲜艳，所有的衣服都很整齐。如果你穿西装，必须打领带。在出席正式场合时，男人通常穿深色礼服，而女人则穿长裙。在德国东部，如果是已婚人士，出门在外多佩戴金质戒指。

【相见礼仪】德国人在社交场合和他人会面的时候基本上行握手礼。对朋友或家人，主要行拥抱礼。在和客人交流时，更偏好称呼对方的头衔。多数德国人对别人的恭维会比较反感，如果你和对方刚认识的话，除非他同意可以直接称呼其名字，否则不宜直呼其名。

【餐饮礼仪】德国人在餐桌上时，需要多注意两个礼节，分别是以右为上和女士优先。德国人在举办宴会的时候通常情况下都需要在两个星期之前就要把请帖发出去，宴请宾客时，餐桌上的摆盘有一定的讲究，在使用刀叉时要注意吃鱼的刀叉不能用来吃别的食物。

【忌讳】对传统和权威非常尊重；饮食上忌食核桃；和德国人打招呼的时候最好是要带上对方的头衔，他们的名字不能直呼，可以称呼他们的姓。

2.2.5 科教和医疗

【科研】在科学方面，德国取得了显著的成就，德国联邦统计局 2018 年 4 月的数据显示，2016 年，德国投入 922 亿欧元（约占 GDP 的 2.9%）用于科技研发，其中高校科研机构研发投入 166 亿欧元（占 18%），非高校科研机构研发投入 127 亿欧元（占 13.8%），企业研发投入 627 亿欧元（占 68.1%）。就诺贝尔奖得主而言，已有 103 位德国人获颁诺贝尔奖，在 20 世纪，在物理、化学、生理学或医学等领域的诺贝尔奖得主大部分来自德国。

德国在环境科学技术方面比较成熟。企业在该领域的投资超过 2000 亿欧元。德国环境科技专注于发电、原料效率、能源效率、废物管理、资源回收和水资源再利用等方面。

【教育】德国的教育体系为 12 年义务教育，而各州的教育制度各不相同。学前教育主要依靠父母和家庭，托儿所完全是非强制性的。小学持续四年，只有几个州是六年（如柏林）。中学阶段前被称作"定向阶段"，有两年时间可以依据老师的建议和学生与家长的意愿，决定未来的发展。中学阶段采用"一本三科"制，是指中学阶段有主要学校、实科中学以及文理中学三种不同类型的学校可供选择。一般来说，大学入学不需要参加全国统一的高考，主要考察中学最后几年的成绩评估和期末考试，但具体情况因州、大学和学科而异。德国大学的国际知名度不高，这是因为德国独特的教育科研体系。在社会的巨大需求下，德国高等教育人口迅速扩大。1976年，根据《联邦教育法》，德国放宽了对高等教育机构的认证范围，将含Hochschule之名的学校都称为大学。截至2019年初，德国大约有286万名注册学生，他们分布在大学、专科学院和艺术音乐类学校。在德国，硕士学位本不存在，它是与欧盟其他国家合作设立的，研究所是为博士生而设。

【医疗】德国的医疗保险体系闻名世界，其中最早的法律是俾斯麦在1883年颁布的社会保障法。德国政府在全德范围普及健康保险计划，特定人群也可选择私人保险。这种高效、公平的医保制度以公共医疗保险为基础、以私人医疗保险为补充，适合广泛推广实施。根据世界卫生组织统计，2005年，政府和个人在医疗卫生系统支出中分别占77%和23%，约占国民生产总值的11%；德国男性的预期寿命为77岁，女性的预期寿命为82岁，位列世界第20；德国婴儿死亡率约4‰，属于比较低的。据德国联邦统计局数据，2016年德国全国医疗卫生总支出3565亿欧元，占GDP的11.3%，人均医疗健康支出4330欧元；2016年，德国人均寿命为81岁。

2.2.6　工会及其他非政府组织

【工会】德国工会历史悠久，具有广泛的影响力，在德国已经存在了140年之久。德国工会联合会成立于1949年的慕尼黑，这是由8个行业工会组成的，涵盖了全国85%的劳工。工会负责工资增长和工作时长等问题的讨论决策。德国的工会模式在调整劳动关系方面很特别，这些特点也是值得其他市场经济国家研究的，其特性主要表现在以下几个方面。

（1）有利于完善法律体系。除《民法典》中有关雇佣双方权利和义务的原则以外，德国另外颁布了70多部国家法律和条例来规范雇佣双方的劳动关系。主要法律有《劳动法》、《集体合同法》和《德国劳动法院法》等，其中明确规定了雇佣双方的权利和义务。这些法律对所有在德经营的公司都有约束作用，是协调劳资关系的重要依据。

（2）有利于获取谈判优势。德国的工会仅代表工人，没有企业，所以在劳资谈判中，雇主需要自己选出代表。这种谈判模式的特点是国家干预不了劳资谈判。通常的做法，一是工会要动员各行业的研究机构，针对该行业经营现状和前景给出权威性的报告，如行业前景、经营利润和收入分配等，拟制定不同标准的谈判计划若干。二是民主决策，畅所欲言，将所达成的协议寄送到相关企业，征求意见，不断完善，最终达成双方都满意的协议。

经劳资双方谈判达成的劳动协议，主要内容有劳动条件和标准，核心问题是工资。总的来说，它是一个兼顾雇佣双方利益的框架。协议文本在获得双方一致认可的情况下，须报政府工商部门登记备案，方可生效。协议一旦生效，就具有法律效力，必须遵守和执行。据统计，德国目前约有 5 万份各行各业的劳动协议。

（3）工会组织的工人斗争。德国法律赋予了雇员团结权和罢工权。在劳资协议有效期内，双方应遵守协议，维护和平的伙伴关系。劳资协议到期后，如果工会提出的新的诉求被雇主否决，工会可以组织工人斗争、游行示威或罢工等。

工会有权罢工，雇主有权解雇。根据德国的规定，政府对罢工者和下岗人员不提供失业救济金补助。如果罢工失败，工会将承担罢工的费用。

【非政府组织】德国的非政府组织主要有四类。

（1）主游说的组织，如拯救受威胁群体协会。

（2）关注绿色环保的组织，如绿色和平组织。

（3）与第三世界和发展中国家有关的组织，如德国发展援助委员会和第三世界医生组织。

（4）各类基金会，如阿登纳基金会（CDU）、艾伯特基金会（SPD）。

此外，世界跨境非政府组织也在德国设有分支机构，如世界银行、国际货币基金组织等。在全球化的背景下，德国的政治、经济和外交中都有非政府组织的身影，扮演着不可替代的角色。一方面，非政府组织致力于保护公民的合法权益，拉近政府和人民间的关系；另一方面，非政府组织是缓和政党关系、提高人民政治参与水平的重要组织。

2.2.7　主要媒体

【通讯社】德国的主要通讯社有德意志新闻社、德意志电讯社、中型日报通讯社、进步通讯社、基督教通讯社、天主教通讯社、联合经济通讯社、施普林格通讯社等。

【主要报刊】德国报纸分为日报和周报，其中《图片报》是发行量最大的日报，《西德报道》是地区性发行量最大的日报。有9份全国性周报和17份地区性周报。主要的国家周刊有《时代》、《周报》和《莱茵信使报》。另有7家日报有周日版，其中《周日图片》的发行量最大，大约有240万份。

德国的杂志业也很受欢迎，杂志种类繁多，其中以《明镜》《焦点》《明星》三家最为出名。

【主要电视台】德国公共电视台主要有德国电视台、德国公共广播联盟和德国广播电台。

【网络媒体】德国地区常用的搜索引擎有 voodoo‐it. de、suche. info、google. de 等。

【对华舆论】德国人对中国缺乏一定的认识，存在认识不对等、意愿不对等、影响不对等和条件不对等四重焦虑，德国媒体对中国的负面报道也较多。其中墨卡托中国研究中心发表的关于中国的研究文章，负面的占到八成。

2.2.8　社会治安

近年来，德国的公共秩序总体是安全稳定的。盗窃案件案发率有明显下降，刑事案件破案率则大幅提高。德国联邦内政部报告显示，2017年德国犯罪案件数量约576万起，为1992年以来最低，较上年减少5.1%。

德国联邦刑警局（BKA）发布的2016年犯罪统计数据显示，2016年的柏林超过法兰克福"荣登榜首"，案件数高达193542件，紧随其后的是汉诺威、莱比锡、不来梅、法兰克福、科隆。2016年刑事犯罪明显增多，其中一方面有政治动机的犯罪增加，极右翼势力犯罪达 15 年来峰值，达 2.35 万件，而极左翼犯罪减少；另一方面暴力、强奸、性侵类案件也明显增加，引发公民关注和担忧。此外，网络作案比同期也明显上升了 1/3，共超过 10 万件。

由于受到欧洲难民潮的影响，德国的犯罪率飙升。根据德国联邦检察院 2017 年 10 月公布的数据，2017 年，德国司法部门处理超过 900 起与恐怖主义有关的案件，是 2016 年（250 起）的 3.6 倍，其中逾 800 起涉及伊斯兰极端分子。德国政府已逐步收紧难民政策，2017 年新接收难民数量也在持续减少。德国公民合法持枪的最低年龄为 21 岁，25 岁以下的申请人必须出示身心健康证明。德国有近 800 万件合法私人枪支，近 1/10 的人合法拥有。

2.2.9 节假日

德国有着丰富多彩的传统节日，但有许多与宗教相关的节日都不属于全国性节假日。德国主要节假日参见表 5 - 1。

表 5 - 1 德国主要节假日

主要节假日	放假日期	放假地区
元旦	1.1	全德范围
三圣节	1.6	仅限巴符州、巴伐利亚州及萨克森—安哈尔特州
耶稣受难日	4.19	全德范围
复活节星期日	4.21	仅限勃兰登堡州
复活节星期一	4.22	全德范围
五一劳动节	5.1	全德范围
耶稣升天节	5.30	全德范围
圣灵降临节	6.9	仅限勃兰登堡州
圣灵降临节星期一	6.10	全德范围
基督圣体节	6.20	仅限巴符州、巴伐利亚州、黑森州、北威州、莱茵兰—普法尔茨州以及萨尔州
和平节	8.8	仅限巴伐利亚州的奥格斯堡
圣母玛利亚升天节	8.15	仅限萨尔州及巴伐利亚州的部分地区
德国国庆节	10.3	全德范围
宗教改革纪念日	10.31	仅限勃兰登堡州、梅克伦堡—前波美拉尼亚州、萨克森州、萨克森—安哈尔特州、图林根州、不来梅、下萨克森州、石勒苏益格—荷尔斯泰因州及汉堡

续表

主要节假日	放假日期	放假地区
万圣节	11.1	仅限巴符州、巴伐利亚州、北威州、莱茵兰—普法尔茨州及萨尔州
忏悔节	11.20	仅限萨克森州
圣诞节第一天	12.25	全德范围
圣诞节第二天	12.26	全德范围

备注：每周六、周日为公休日。

3 国家投资便利化水平

投资便利化方面，按亚太经合组织（APEC）的观点，投资便利化是政府实施相应政策吸引外国投资，并在投资周期中最大限度地提高管理效率与经济效益，包括促进市场准入、提高投资待遇、争端解决和投资保护等措施。经济与合作发展组织（OECD）认为，对于国际直接投资活动中能够帮助投资者及企业简化程序和提高良好的投资环境就是投资便利化。基于现有理论研究，本书定义投资便利化为，一国或一地区通过一系列的手段和措施，为实现国际资本流动快速化、便捷化、标准化而创造的一个协调、透明、可预见的环境。投资便利化主要受到国家市场经济环境、制度环境、基础设施及社会环境四方面的影响。

（1）市场经济环境是指东道国国内在市场经济规律中所形成的各种宏观与微观环境。本书中的市场经济环境是从一国或一地区的宏观层面出发，是包括一国国内生产总值、市场规模在内的经济环境与市场环境的整体表现。一国的市场经济环境为投资便利化创造了宏观的大环境，良好且稳定的市场经济环境能为投资便利化提供更多的宏观支持。

（2）制度环境包括规制性、认知性和规范性维度。规制性维度决定了在一个国家开展商业活动的难易程度，认知性维度是指与外国投资者有关的理所当然的做法，而规范性维度涉及特定国家现存的主导价值观和信仰。本书中的制度环境主要有政府稳定、腐败程度等，这些都会影响国际投资尤其是国际资本流动在该国的便利程度及竞争机制等，体现了一国政府的市场监管效率，良好的制度环境会为投资便利化带来更为优越的制度监管支持。

（3）基础设施是指国家、政府为保证社会经济活动正常进行而建造的物质工程设施与公共服务系统。基础设施是国际投资产生与发展的基础物质条件。本书所提到的基础设施主要包括互联网、物流、电力、交通等方面，这些方面都是现代国际投资得以更便捷、更快速的根本所在。

（4）社会环境是一定时期内整个社会发展的一般状况，主要包括社会道德风尚、文化传统、人口变动趋势、文化教育、价值观念、社会结构等。本书中的社会环境主要指与人或社会活动息息相关的各个方面，主要包括居民消费支出、贫困人口比例、文化教育水平等。投资是以人为主的活动，人的基本素质及社会活动的便捷性都会影响投资便利化水平的高低。

基于以上定义，同时结合世界经济论坛（WEF）、世界银行（WB）、美国遗产基金会（HF）、透明国际（TI）等机构指标体系构建原理以及刘镇、陈继勇等（2018）学者的相关研究，本书构建了包含三个层级的中欧班列沿线国家投资便利化水平指标评价体系。第一层级为国家投资便利化水平。第二层级为市场经济环境、制度环境、基础设施和社会环境四个维度。第三层级共21个指标，其中以外资规模（FDI/GDP）、投资自由度、GDP总额、资本形成总额和贸易规模五个指标来描绘市场经济环境指标，以政府稳定、腐败程度、法律和制度、官僚质量四个指标来描绘制度环境指标，以铁路密度、公路密度、航空货运量、港口质量、安全互联网服务器（每百万人）、每百人中固定电话数量、电力供应量七个指标来描绘基础设施指标，以居民消费支出、总人口数、贫困人口比例、文化教育水平以及犯罪率五个指标来描绘社会环境指标，以此构建了具备一定科学性、完整性和可操作性的中欧班列沿线国家投资便利化水平的评价指标体系，详细评价指标体系如表5-2所示。本书所需数据均来源于世界经济论坛"The Global Competitiveness Report，GCR"、世界银行数据库（WB）、美国遗产基金会（HF）、透明国际（TI）以及各国对应统计年鉴等相关的指标数据。

表 5 - 2　中欧班列沿线国家投资便利化水平指标评价体系

第一层级	第二层级	第三层级
投资便利化水平	市场经济环境（ME）	外资规模（FDI/GDP）
		投资自由度
		GDP 总额
		资本形成总额
		贸易规模
	制度环境（IE）	政府稳定
		腐败程度
		法律和制度
		官僚质量
	基础设施（BI）	铁路密度
		公路密度
		航空货运量
		港口质量
		安全互联网服务器（每百万人）
		每百人中固定电话数量
		电力供应量
	社会环境（CE）	居民消费支出
		总人口数
		贫困人口比例
		文化教育水平
		犯罪率

需要说明的是，在按照指标体系对中欧班列沿线国家进行数据收集时，部分国家少量数据缺失，本书有针对性地采取插值法或平滑法等数理统计方式将其补充完整。在此基础上，基于对数据的可得性和研究的科学全面性的考虑，本章选取德国这一中欧班列沿线国家作为研究对象，并以 2008 ~ 2017 年为时间样本周期全面考察其国内投资便利化水平。

3.1　市场经济环境

市场经济环境是指东道国国内在市场经济规律中所形成的各种宏观与微观环境。本书在此用外资规模（FDI/GDP）、投资自由度、GDP 总额、资本形成总额和贸易规模 5 个指标来描述德国的市场经济环境。

3.1.1 外资规模

外资规模指的是外国直接投资（FDI）净流入在本国 GDP 中所占的比重，外国直接投资（FDI）是指投资者为获得在另一经济体中运作的企业的永久性管理权益（10% 以上表决权）所做的投资的净流入。它是股权资本、收益再投资、其他长期资本以及国际收支平衡表中显示的短期资本之和。该数据来源于世界银行数据库。在过去十年间德国外资规模如图 5 - 1 所示。

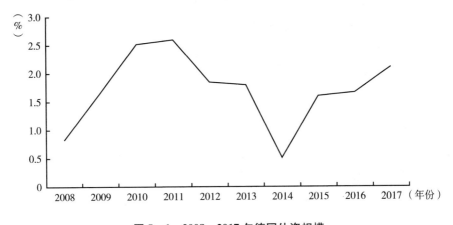

图 5 - 1　2008 ~ 2017 年德国外资规模

从图 5 - 1 中可以看出，德国在过去十年中所吸收的 FDI 整体而言还是轻微上升的，从 2008 年的 0.82% 上升到了 2017 年的 2.11%。但是这种上升显示出强烈的波动趋势，受欧盟地区经济长期低迷的影响，德国对海外投资的吸引力也在下降，在 2014 年，德国所获海外投资额减少了 21 亿美元，跌到了史无前例的谷底。但德国并不是唯一的吸引海外投资下降的国家，这段时期，全球经济体系脆弱，消费需求萎缩，货币市场震荡，以及地缘政治局势紧张，导致全球海外投资规模都有所缩减。2014 年，全球海外投资额整体减少至 1.26 万亿美元，同比下降了 8%，为 2009 年以来的最低水平。幸而从 2015 年开始，这一颓势开始扭转，2015 年，全球 FDI 同比增长 36%

至 1.7 万亿美元，为 2007 年以来的最高年份，尤其是全球并购额达到 2007 年以来的历史高点。在欧盟国家中，德国对于 FDI 的吸引力还是较大，仅次于英国。在过去十多年间，德国的外资规模在波动中增长，从 2008 年的 0.82% 上升到了 2017 年的 2.11% 左右，尤其是近两年，由于受到脱欧的影响，英国吸收 FDI 有所回落，德国在欧盟国家中表现最为良好。例如 2017 年，整个欧洲的 FDI 流入量大幅缩减，从上一年的 5410 亿美元骤降到 3970 亿美元，缩减了 1400 多亿美元，其中流入英国的 FDI 减少了 90%，而流入德国的 FDI 不减反增，从 100 亿美元增加到 350 亿美元。德国吸引外国投资的优势包括其欧洲中心的战略位置、稳定的政治环境、高度发达的基础设施、强大的制造业、先进的技术和专业知识等。中国投资者一直非常青睐德国，视其为在欧洲投资的首选国家之一，因为中国投资者赞赏德国营商的便利、对外来投资的开放性以及良好的商业监管环境。

然而，横向来比较，在哈萨克斯坦、俄罗斯、白俄罗斯、波兰和德国五个中欧班列沿线国家中，德国的相对外资规模并不算高，这主要是因为在此用的是 FDI 占 GDP 的比重来代表外资规模，德国虽然 FDI 的绝对流入量并不低，但德国的经济总体规模较高，因此这一相对的外资规模却并不高。这也说明德国还有潜力进一步改善自身的投资环境，以吸引与自身经济总体规模相当的外资大军来本国进行投资经营，进一步增强德国的国际竞争力。

3.1.2 投资自由度

投资自由度指的是政府对投资的干涉水平，是由美国遗产基金会调查统计得到的。这个指标总分是 100 分，在这个指标上分数越高，表明政府对投资领域的干涉水平越低，相对的投资自由度就越高。投资自由度是属于经济自由度总体指标中的一个次级指标，经济自由度是美国传统基金会等在一次年度报告中提出的，全世界近 70% 的国家和地区对此都表示认可，是全球权威的经济自由度评价指标之一，通过把各个指标加总，再求出它们的平均值，就可计算出总体系数，即总体的经济自由度。美国传统基金会认为，经济自由度愈高的国家或地区，其经济也会长期保持高速增长水平，并且会更加繁荣。在过去十年间德国的投资自由度如图 5 - 2 所示。

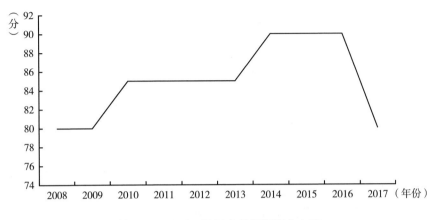

图 5 - 2　2008～2017 年德国投资自由度

从图 5 - 2 中可以看出，德国 2008～2017 年的投资自由度得分整体而言是在波动中保持平稳，2008 年投资自由度为 80 分，到了 2017 年依然还是 80 分，但中间年份曾高达 90 分，近年才跌回到 80 分。这一得分水平在五个中欧班列沿线国家中居于首位，在全球来说也位于较高的水平，说明德国政府对于投资基本保持比较宽松的态度，是一个力推投资自由化的国家。2018 年在布鲁塞尔举行的亚欧会议上，德国总理默克尔坚定地强调"自由贸易"的重要性。德国也是自由贸易和自由投资的受益者。通过大量接受外国投资，德国获得了丰厚的资本和更多的发展机遇。外国投资者积极融入德国经济、社会生活，努力创造并保障了就业岗位，承担了企业的社会责任，推动了社会良性发展和地方经济的稳步增长。然而，德国并不是在所有领域全部放任自由，在有些领域德国一直都保持着高度的控制，如德国自始至终对金融保持高度的监管力度，德国将金融监管强化为"金融控制"。

3.1.3　GDP 总额

国内生产总值（GDP）是指一定时期内一个国家（或地区）所有常住

单位按市场价格计算的生产活动的总值，常被公认为衡量国家经济状况的最佳指标，能够较好地反映一国或地区的经济发展实力。2008～2017 年德国 GDP 总额如图 5-3 所示。

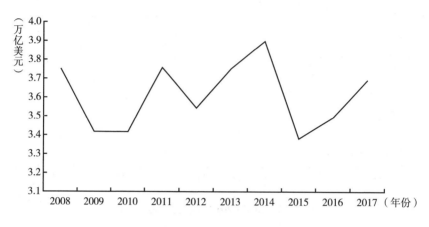

图 5-3　2008～2017 年德国 GDP 总额

从图 5-3 中可以看出，德国近十年经济综合水平在波动中略有下降，从 2008 年的 3.75 万亿美元下降到了 2017 年的 3.69 万亿美元，降幅为 1.6%，这与全球整体经济增长乏力相关。但是德国并不是每一年都呈下降态势，将十年数值进行平均的话，德国还是处于正的增长状态的，只是增速比较低。欧洲整体的经济增速都不高，德国在 2017 年的 GDP 增速为 2.2%，2018 年增速为 1.5%，创下近 5 年新低，但德国 GDP 总量依然稳居欧洲第 1 位，属于增速较高的发达国家。数据显示，德国在 2018 年全年 GDP 总量首次突破 4 万亿美元，居世界第 4 位，排在美国、中国和日本之后。

横向比较来看，在哈萨克斯坦、俄罗斯、白俄罗斯、波兰和德国五个中欧班列沿线国家中，德国的 GDP 总额是最高的，说明在沿线国家中德国的经济总体规模是最大的。德国总人口为 8293 万人，人均 GDP 达到了 4.8 万美元，达到了高度发达国家水平。因此，德国的经济发展对中国、对世界都具有举足轻重的影响。二战后的德国一片废墟，德国凭借独特的经济模式和良好的经济政策快速发展起来，堪称是经济发展的奇迹。尤其是德国的制造业可以说是德国经济发展的一大基石，在全球都享有盛誉，德国在制造业上的研发投入占到 GDP 的 3%。强大的科技投入、优质的人才储备以及坚持对制造品质的追求使得德国在制造业上获得巨大成功。此外，德国的经济模式也是德国经济发展良好的原因之一。德国并不一味追求经济的增长，而是非常注重社会的相对公平。德国不像其他资本主义国家一样，对私有经济十分开放，而是注重公私同步发展，使得国有企业能够促进相对落后地区的发展，而不会造成富者愈富、贫者愈贫。

3.1.4 资本形成总额

资本形成总额（以前称为国内投资总额）由新增固定资产支出和库存变动净额组成，数据来源于世界银行数据库。固定资产包括土地改良，厂房、机器和设备的购置，建设公路、铁路以及学校、办公室、医院、私人住宅和工商业建筑等。库存是企业为应对生产或销售中的暂时性需求或非预期波动而储存的货物和产品。根据 1993 年国民账户体系，贵重物品的净收入也被视为资本形成。德国近十年的资本形成总额如图 5-4 所示。

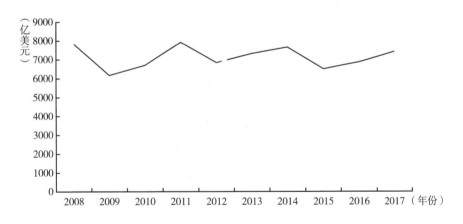

图 5-4 2008~2017 年德国资本形成总额

从图 5-4 中可以看出，德国近十年的资本形成总额也处于波动中略有下降的态势，与经济总量的变化趋势基本保持一致，从 2008 年的 7827 亿美元下降到了 2017 年的 7421 亿美元，下降了 5.2%。资本形成总额是支出法

GDP 的重要部分，一定时期（通常为 1 年）内资本形成总额占支出法 GDP 的比重称为投资率。投资对经济增长的重要作用不言而喻，经济学鼻祖亚当·斯密就非常强调在经济发展中资本积累扮演着至关重要的角色，认为资本积累是社会分工的先决条件。罗伊·哈罗德甚至说，资本积累是经济增长中唯一决定性的因素。德国的资本形成总额虽然呈现一个略微下降的趋势，但德国资本总量与其他国家相比依然是规模庞大，不仅高于中欧班列其他四个沿线国家，也高于大多数发展中和发达国家，仅次于美国和中国这些大国。庞大的资本规模为德国经济的坚挺提供了基础的重要的资源，德国前经济部长加布里尔就曾经发表言论认同加强基建投资的必要性，他表示："德国也需要大规模增加在基础设施方面的投入。对于长期增长和繁荣而言，投资至关重要。"莱比锡大学经济学教授乌尔里希·海勒曼也曾在德国经济放缓时表示，德国国内投资放缓是德国经济放缓的重要因素，特别是装备制造投资规模的缩减。可见，各种投资形成的大量资本积累是德国经济发展的支柱。但这种依靠投资拉动的经济增长是否可以长期保持下去，还需要德国执政者在复杂多变的世界经济局势中保持清醒的头脑，灵活调整政策。

3.1.5 贸易规模

贸易规模指的是国家进口额与出口额之和（包括货物贸易和服务贸易），是一国居民与世界其他国家之间的所有交易，包括一般商品从非居民向居民的所有权变更、送去加工或修理的货物、非货币黄金以及服务。该数据也来源于世界银行数据库。2008～2017 年德国贸易规模如图 5－5 所示。

从图 5－5 中可以看出，德国 2008～2017 年的进出口贸易总额呈现波动上升的态势，从 2008 年的 30531 亿美元上升到 2017 年的 32059 亿美元，上升了 5%。这一水平无论是在中欧班列沿线国家中，还是在全球所有国家中来看，都是比较可观的。德国国民经济的对外贸易依存度高达 60%，其中 50% 的工作岗位来自出口外向型企业，对外贸易的收益占到企业收益的 1/3，由此可见，德国是一个明显的经济外向型国家。

德国较高的对外贸易额主要来自其货物贸易的贡献，贡献率高达 80%。

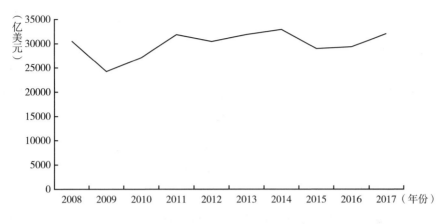

图 5 - 5　2008~2017 年德国贸易规模

2018 年全年德国货物贸易总额为 2.4 万亿欧元，折合 2.7 万亿美元，其中进口额为 1.22 万亿美元，出口额为 1.48 万亿美元，贸易顺差为 2278 亿欧元。除了 2009 年金融危机造成的下跌外，在过去的十年里，德国制造业占 GDP 的比重始终超过 20%。"德国制造"在全球都是品质与技术的象征，全球 230 个国家和地区都愿意与德国签约，这使德国成为世界贸易顺差大国。近年来，德国出口占 GDP 的比重维持在 46% 左右，制造业出口的稳定增长大幅拉动了德国 GDP 的增长。德国大量出口汽车、机械、化工和电气等高端产品，77% 的德国本土制造的轿车出口到世界各地，大众、宝马、戴姆勒等汽车及其零部件在全球都非常受欢迎；德国本土制造的机械设备和产品有 75% 销往国外，使德国成为世界上最大的机械设备产品和化工产品出口国，同时电子电气工业也处于世界领先地位。出口为德国提供了近 1/3 的就业和岗位。

德国的贸易额中大约有 20% 来自服务贸易。德国在服务贸易出口方面仅次于美国和英国，在进口方面仅次于美国，这是因为近年来德国的贸易、金融、保险、旅游等行业的迅速发展。随着市场管制逐步放宽，电信、邮政、交通运输、物流等行业的相关企业的活力不断增强。数据显示，2014 年德国第一、第二、第三产业占 GDP 的比重分别为 0.7%、25.7% 和 73.6%。优良的服务业环境为服务贸易奠定了基础，使德国的服务贸易占对外贸易总额（货物贸易＋服务贸易）的比重高于其他发达经济体，2014 年为 18.42%。

如今，面对欧洲购买力下降和美国贸易保护主义的困境，德国作为出口大国开始将注意力转向发展中国家，尤其是中国市场。因此，面对"一带一路"的大好机遇，德国需要牢牢把握。2011～2018 年，中德政府先后进行了五轮磋商，中德高层会晤发挥了"超级引擎"的作用。经贸方面，中国在 2016 年已成为德国最大的贸易伙伴。德国作为中欧班列的终点和必经之地，与中国的铁路货运为杜伊斯堡注入了全新动力。集装箱到达杜伊斯堡港后，将通过德国铁路公司的专用平台运往欧洲各地，杜伊斯堡毫无疑问成了欧洲的集散中心。2017 年，中国与杜伊斯堡港之间每周约有 25 列火车往返，每年运输超过 10 万个标准集装箱。数据显示，杜伊斯堡港 2017 年销售额增长 2.5 亿欧元，增长率为 9%，创历史新高。

3.2　制度环境

制度环境包括规制性、认知性和规范性维度。规制性维度决定了在一个国家开展商业活动的难易程度，认知性维度是指与外国投资者有关的理所当然的做法，而规范性维度涉及特定国家现存的主导价值观和信仰。制度环境包括国家、社会和专业组织施加的规范和管理压力。这些压力可以是强制性的、直接的，并可通过法院和规章等机制加以执行。制度环境还可以通过创造组织必须遵守的期望和规范来间接影响组织，以便获得合法性和资源。本书从国家风险国际指南（ICRG）里的政治风险指标中选取政府稳定、腐败程度、法律和制度、官僚质量四个指标来描述德国的制度环境。

3.2.1　政府稳定

政府稳定是指一个国家在稳定与崩溃之间的范围，是一个国家衡量政府执行其已宣布的计划的能力，以及它继续执政的能力。该指标由三方面组成：政府的团结、立法的力量和公众的支持。2008～2017 年德国政府稳定得分情况如图 5－6 所示。

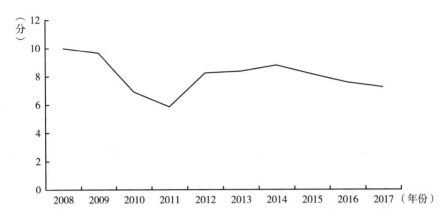

图5-6　2008～2017年德国政府稳定得分情况

从图5-6中可以看出，2008～2017年德国政府稳定呈现波动下降的态势，从2008年的10分下降到了2017年的7.25分，这一指标的总分为12分。德国在这一项上的得分情况一般，历年平均值为8.09分，在中欧班列沿线五个国家中居于中间位置。虽然德国经济发展较为平稳，投资环境也属于优等，是欧盟的领头国家，但德国由于政治体制和历史等原因，也面临着难民、伊斯兰化、福利民粹主义等一系列问题。如2018年，强硬派的德国内政部长泽霍费尔就警告默克尔总理，只给默克尔两周时间达成一份控制新难民的欧洲协议，如果不能达成协议，他将下令边境警察遣返难民，有可能把德国拖入一场搅动欧洲的政治危机。默克尔立即驳斥了这一威胁，称如果没有达成所谓的欧洲协议，就不会允许"任何各自为政的行为"，并警告泽霍费尔及其所属的巴伐利亚州基督教社会联盟，自己才是政府的最终负责人。政党之间的意见不合让民众对政府的支持摇摆不定。德国由获得议会多数席位的政党单独或者联合执政，而绿党和社会民主党的兴起，导致了联邦议会中五党的共存。虽然联盟党和社民党的地位没有变，但扩大了他们与第三方结盟的选择。

3.2.2　腐败程度

腐败评估的是一国政治体制的腐败程度，它通过扭曲经济和金融环境，使人们能够通过任人唯亲而不是能力获得权力，降低政府和企业的效率，并给政治进程带来不稳定，从而对外国投资构成威胁。政治体制腐败对外来投资的负面影响表现在以下几个方面：影响经济金融环境，降低政府和商业的效率，形成政治进程不稳定风险。最常发生腐败的部门是商业部门，主要在进出口许可证、外汇管制、税收评估或贷款等方面。商业腐败会降低商业效率，严重的会使外国投资终止。其他腐败形式（如超额赞助、裙带关系、政治与商业之间可疑的密切关系等）也应纳入评估范围，腐败的最大风险是导致一个国家政治体制的重组，致使国家的法律和社会秩序崩溃，使国家处于失控状态。2008～2017 年德国腐败程度指标得分情况如图5－7 所示。

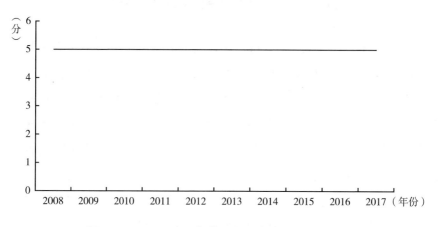

图 5－7 2008～2017 年德国腐败程度指标得分情况

从图 5－7 中可以看出，2008～2017 年德国政府腐败程度呈现十分稳定的态势，一直得分都为 5 分，这一指标的总分为 6 分。德国在这一项上的得分情况在中欧班列沿线五个国家中居于首位，也就是说，在沿线五个国家中德国的腐败程度是最低的，腐败风险最小。这一分值在全球来看也是非常高的，证明德国政府的腐败控制情况在全球都表现优秀，值得信赖。德国是"透明国际"公布的 16 个世界上最清廉的国家之一。

德国反腐败较为成功有三大原因。第一，各州都设立了反腐部门。如北威州设立了 4 个反腐部门，警察局也设立了 2 个反腐专门部门，重点调查官员家属腐败。第二，通过立法推动全国范围内的廉政建设。德国反腐败法律体系主要法律有《刑法典》《反腐败法》等。此外，还有《公务员法》《公务员廉洁法》等规范公职人员的法规。比如在德国慕尼黑，公职人员不得收受价值超过 15 欧元的礼物。第三，有效严格的舆论监督体系，又被称为"第四势力"。德国有 100 多家电台、25 家电视台、27 家通讯社、380 多种报纸和 9000 多种期刊。德国新闻总署会整理公共媒体对政府的报道评价，每周召开三次有政府高官出席的记者招待会。法律规定，德国的媒体可以在不泄露国家机密的情况下合法报道政府和政党的内部运作情况。

3.2.3　法律和制度

在这个指标里，"法律"分评估法律体系的力量和公正性，"制度"分评估公众对法律的遵守程度。这个指标得分越高，表示这个国家在法律体系设计和民众遵纪守法方面表现越好，机构和个人钻法律的空子、违反法律等风险较低。2008～2017 年德国法律和制度得分情况如图 5-8 所示。

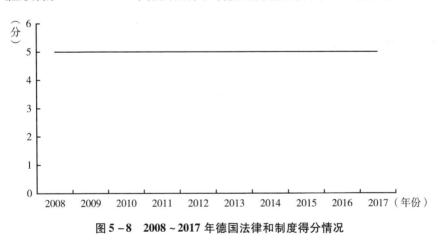

图 5-8　2008～2017 年德国法律和制度得分情况

从图 5-8 中可以看出，2008～2017 年德国法律和制度情况呈现十分稳定的态势，一直得分都为 5 分，这一指标的总分为 6 分。德国在这一项上的得分情况在中欧班列沿线五个国家中表现最优，在全球来看也是排名十分靠前，仅次于北欧几个国家，说明德国整体的法律体系非常完备，公正性也很高，公众对于法律的遵守程度也很高，在法律设计和依法治国方面德国是一个风险很低的国家。

德国法与法国法同为大陆法系的两大分支。德国法是至高无上、不可侵犯的，无论是公法还是私法。贯穿近代以来德国法发展过程的、使得德国法更加引人关注的是它的法治国理论。法治国的理论和实践不是某一位法学家的发明创造，它凝聚了这个民族的法律传统。"法治国"即"通过法律的治理"，代表一种理性的治理方式，对抗17、18世纪的警察国家而产生。法治国所提倡的个人自由发展和人人平等，已经在德国的各种法律程序中有所体现。

在健全的法律治理体系下，德国人也同样以遵纪守法著称。德国是一个秩序井然的国家，与德国接触或访问过德国的人对此印象深刻，从庆典、展览到家庭主妇的购物、旅行，都井然有序。维持秩序的标志牌和禁令牌随处可见，每件事都有详细的规定，人们会自觉遵守相关规定。在德国，人们把服从秩序视为最高原则，人们追求稳定、反对无序。在企业里，下级绝对服从上级，一切按规章办事。这得益于德国人民遵纪守法、诚实守信、敢于担当的优良品质。这种教育模式是从未成年开始培养孩子抵制腐败的能力，家庭教育中则注重培养子女的诚实、勤奋、正直等品格和责任心，以及动手能力和批评能力。正是这种文化教育和家庭教育的完美结合培养了严谨、认真、守法的德国人，从而抑制了腐败思想的产生。宗教传统和特定的历史积淀也在一定程度上抑制了德国腐败的发生。在宗教的广泛传播下，人们会对自己的犯罪和腐败行为感到内疚，这对社会稳定和惩治腐败是有利的。

3.2.4 官僚质量

官僚质量指的是官僚机构的执政能力和行政水平，执政能力和行政水平越高，得分越高，风险越低。官僚质量是一种减震器，当政府发生变化时，它往往会将政策的修订最小化。在低风险国家，官僚质量在一定程度上独立于政治压力。腐败衡量的是政府服务的效率，而官僚质量衡量的是政府服务的质量。2008～2017年德国官僚质量得分情况如图5-9所示。

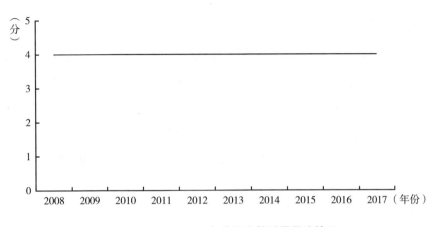

图 5 - 9 2008 ~ 2017 年德国官僚质量得分情况

从图 5 - 9 中可以看出，2008 ~ 2017 年德国官僚质量得分呈现十分稳定的态势，一直得分都为 4 分，这一指标的总分为 4 分，德国为满分。德国在这一项上的得分情况在中欧班列沿线五个国家中表现最优，并且位于世界前列。德国政府分为联邦、州、地方三级，共有 16 个州。德国《基本法》中明确规定了各联邦州的权力范围，各州拥有一定的立法权，同时简化了立法和审批的程序，进一步提高了政府的立法效率。首先，德国为了提高地方政府的执政能力，对政府机构进行组织整合。其次，德国作为世界上法制较为完善的国家，非常重视政府信息公开立法。德国在《基本法》中明确了政府和公民的权利和义务，成为公民获取政府公开信息的法律依据。近年来，在法律的敦促下，德国政府从"电子政府"（E - Government）建设和网状式信息公开渠道建设两方面推进透明政府的建设，成效显著。再次，德国对政府采购非常重视，管理非常严格。德国政府认为，政府采购是服务型政府的重要衡量标准之一。德国审计署负责监管政府采购，该机构直接对议会负责，法官有权直接签署逮捕令。最后，德国重视公共服务模式创新，德国的公共服务机构主要有四种模式：政府主导和非市场导向型机构、政府主导和市场导向型机构、地方自由企业和股份两合等形式的公司制企业（政府可以持一定比例的股份）。

3.3 基础设施

基础设施是指政府为社会生产和居民生活提供公共服务的物质工程设施，它是保障国家或地区正常社会经济活动的公共服务体系，是社会赖以生存和发展的一般物质条件。本书在此用铁路密度、公路密度、航空货运量、港口质量、安全互联网服务器（每百万人）、每百人中固定电话数量和电力供应量7个指标来描述德国在水、陆、空等交通基础设施以及通信和能源基础设施方面的情况。

3.3.1 铁路密度

铁路密度是用铁路总千米数除以国土面积得到的，数据来源于世界银行数据库，在此用铁路密度来替代表征德国的铁路基础设施情况。铁路密度是一个国家或一个国家内一个行政地区、省（州）的疆土面积内所分布的铁路线路通车里程长度，反映一个地区铁路运输条件和路网水平的指标，一定长度的铁路线是地区物资运输和旅客往来的物质基础，也反映了各地区铁路分布的疏密程度，用以判明其分布的合理性。2008～2017年德国铁路密度如图5-10所示。

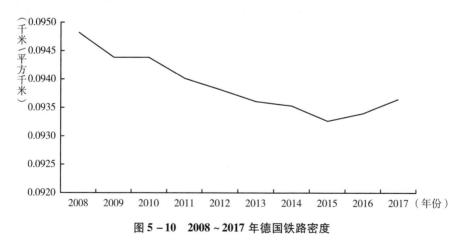

图5-10 2008～2017年德国铁路密度

从图5-10中可以看出，2008～2017年德国铁路密度整体走势持续下降，从0.09482下降到0.09365，降幅为1.23%，这是因为20世纪初，德国铁路路网已基本形成，到 1964 年德国铁路路网扩建改造，之后就基本没有扩建过，现在更加注重货物的多式联运与铁路运输的质量。但总体而言，德国这一基建水平在中欧班列沿线五个国家中是最高的，说明德国铁路路网在沿线国家中相对而言是比较密集的，具有很好的依靠铁路来联通的潜力。

德国的首列火车于 1835 年 12 月 7 日首发，被称为阿德勒（"鹰"），它将 9 辆客运大巴从纽伦堡拉到附近的菲尔特城。最初，由于煤炭短缺，火车每天只开两次车，通常由马拉而不是蒸汽驱动。如今，德国铁路公司——德国最大的铁路运输公司和欧洲最大的铁路企业，负责德国所有铁路的运营，在德国提供客货运输服务，并连接其他欧洲国家。德铁路网铺设密集，其服务面非常广，有人聚居的地方几乎就有德铁。如果把所有的德铁铁轨相加，总长度超过 3.30 万千米。在 2017 财年，德铁公布的收入（调整后）约为 427 亿欧元，员工超过 31 万人，其中约 40% 在德国。德铁每天约有 4 万列火车正常运营。

德国有 5600 多个火车站，如德国的欧洲第三大城市法兰克福，其中央火车站是欧洲最繁忙的火车站之一，每天有 1100 多列国内外列车进出。这个新文艺复兴和新古典主义相结合的车站于 1888 年运行至今，经历了多次修扩建，现已拥有 25 个站台和 5 个出发大厅。从这里出发的火车可以到达德国大部分城市和直达很多国际目的地，如布鲁塞尔、巴黎、阿姆斯特丹、苏黎世。再比如莱比锡火车站建成于 1915 年，是欧洲占地面积最大的火车站，有 24 个站台，平均每天有 15 万乘客，一年的运输量达到了 5400 万人次。它是欧洲最宏伟的火车站之一，体现了德国强大的国力与新兴强国的气魄。几十条铁道线一字排开，堪称德意志乃至整个欧罗巴最大的终端式火车站，车站里还能看到精致的铁路沙盘模型。还有科隆火车站，科隆是德国西部的著名城市，工业发达，历史悠久。这座城市的火车站就在科隆大教堂的旁边，科隆火车站将德国和欧洲的主要城市连接起来，是重要的铁路中转站，更是德国西部最大的车站。纽伦堡火车总站是 Intercity – Express（ICE）、InterCity（IC）和 EuroCity（EC）火车线路的交叉点。长线火车从这里出发直达德国 4 座魅力名城：慕尼黑、莱比锡、斯图加特和汉堡。作为重要的铁路城市，纽伦堡还拥有世界上最古老的铁路博物馆——德国铁路博物馆。

与中国不同，德国的火车站就像公交站，不设检票进站，直接上车。火车平稳安全、便捷舒适，沿途风景优美，多人结伴出行还有特价优惠，所以，乘坐德铁是个很好的选择。德国人将认真和严谨在铁路上发挥到了极致，每班车几乎只在站台停留三五分钟，但换乘依然可以实现无缝对接。

3.3.2 公路密度

公路密度是陆地每平方千米内公路的千米数，数据来源于世界银行数据库、OECD 数据库、IRF 官网、国际统计年鉴和世界公路统计年鉴，在此用公路密度来替代表征德国的公路基础设施情况。公路密度是指在一个国家或地区的行政区域或省（州）境内的公路线路长度。公路密度代表区域公路发达程度，可以直观反映出公路作为社会经济发展中满足交通需求的程度。公路密度是描述公路网与其服务的社会系统环境之间相对关系的比率。2008 ~ 2017 年德国公路密度如图 5 - 11 所示。

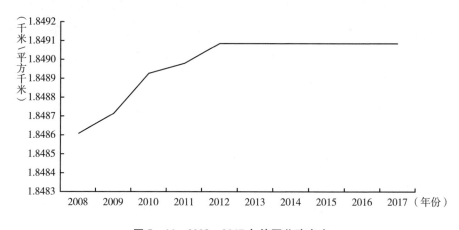

图 5 - 11　2008 ~ 2017 年德国公路密度

从图 5 - 11 中可以看出，2008 ~ 2017 年德国公路密度水平整体呈轻微上升趋势，从 2008 年的 1.8486 上升到 2017 年的 1.8491，升幅为 0.03%。德国地理位置优越，位于欧洲中部，是欧洲的交通要道，因此德国公路网的建设对整个欧洲的交通运输的作用不言而喻。并且德国这一水平在中欧班列沿线五个国家中是最高的，说明德国公路路网在沿线国家中相对而言是比较密集的，具有很好的依靠公路来联通的潜力。

德国公路分为联邦级、州级、县级和乡级。公路总里程约 65 万千米，公路面积约占全国面积的 4.8%。德国是世界上第一个修建公路的国家。目前，它是世界上拥有最长高速公路网的国家之一，仅次于中国、美国和加拿大。德国高速公路的快速发展主要得益于德国高速公路通信信息管理系统的发展，该系统分为专用通信网、应急电话系统、信息采集系统等几个部分。德国传统高速公路是全线不限速的，但是随着车辆的增加，大约 50% 城镇周边的公路路段都相继有了速度限制。《德国道路交通法》第三节是对行驶速度的规定，其中规定在非城市道路，不重于 3.5 吨的小轿车的最高限速为 100 千米/小时，但这限速规定不适用于高速公路和通过中央分隔带将双向车流分离的道路。由此可见，《德国道路交通法》未对高速公路上的小轿车进行限速。德国高速虽然不限速，但是事故率却是全世界最低的国家之一。

3.3.3 航空货运量

航空货运量是指每一飞行阶段（从起飞到下一次着陆）运输的货物、快递和外交邮袋数量，以吨数乘以飞行千米数计算。数据来自世界发展指数。航空货运以其安全、快捷、方便和优质的服务，赢得了相当大的市场，缩短了交货期。航空货运主要运送贵重物品、鲜活货物和精密仪器等货物。2008～2017 年德国航空货运量如图 5－12 所示。

从图 5－12 中可以看出，2008～2017 年德国航空货运量水平整体走势下滑，从 2008 年的 8352 百万吨/千米下降到了 2017 年的 7391 百万吨/千米，降幅为 11.51%，这与近年来全球经济不够景气有着密切的关系。全球消费者信心减弱，订单减少，不仅德国，全球航空货运都处于较为低迷的境地。但德国这一水平在中欧班列沿线五个国家中依然是最高的，在全球大部分国家中也处于较高的位置，说明相对而言德国的航空货运物流还是很有竞争力的，在运输物流中扮演着重要角色。

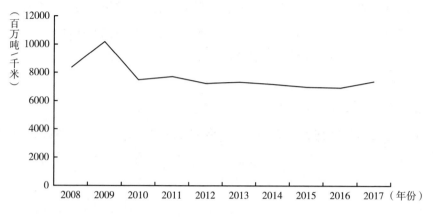

图 5 – 12　2008～2017 年德国航空货运量

3.3.4　港口质量

港口质量是一个主观打分的指标，分值在 1 分到 7 分之间，表示企业高管对本国港口设施质量的感受等级，世界经济论坛和 150 家合作研究机构对各国港口设施质量进行了为期 30 年的高管意见调查。2008～2017 年德国港口质量如图 5 – 13 所示。

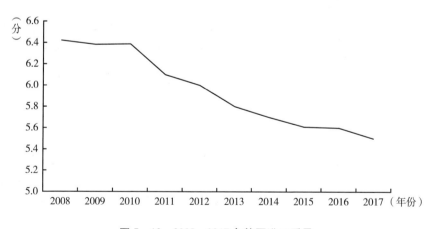

图 5 – 13　2008～2017 年德国港口质量

从图 5 – 13 中可以看出，2008～2017 年德国港口质量整体呈明显下降趋势，从 2008 年的 6.4 分下降到了 2017 年的 5.5 分，降幅为 14.06%。首先，这和德国的自然地理环境有关。德国的海岸线不长，还不到 1000 千米，并且海岸线全部集中在北方。此外，德国的海岸线不连贯，被日德兰半岛隔成东西两个部分，东部的主要港口有基尔和罗斯托克，西部则有威廉港，所以，德国是非常缺乏沿海深水良港的。德国的第一大港口是汉堡港，但是汉堡不是海港，而是河港，坐落在易北河河畔，第二大港口不莱梅也是这样。

其次，这也和全球贸易不景气、运力过剩、竞争加剧有关。德国港口的这一水平在中欧班列沿线五个国家中是最高的，在全球大部分国家中也处于较靠前的位置，但与荷兰、比利时等国相比，竞争优势不明显。近年来，汉堡和不来梅由于输给了对手荷兰的鹿特丹和比利时的安特卫普，继续在北欧范围内失去业务。据最新数据显示，汉堡港的日用品，特别是集装箱吞吐量正在急剧下降。而由于航道的施工建设，导致通航延误，更使汉堡港的竞争力持续下降。而与之竞争的特大型船舶港口的专业化服务，也使汉堡港的货运量大为减少。2018 年第一季度，德国汉堡的货物吞吐量为 3270 万吨，较上年同期下降 7.5%。德国第二大港口不来梅港在货运量和集装箱吞吐量方面也有一定的下滑。

3.3.5 安全互联网服务器（每百万人）

这一指标指的是国家每百万人所拥有的安全互联网服务器的数量，安全服务器是指在互联网交易过程中使用加密技术的服务器，是计算机局域网的核心部件，其效率直接影响整个网络的效率，因此用这一指标来表征国家的网络基础设施情况。数据来源于世界银行数据库。2008～2017 年德国每百万人拥有的安全互联网服务器数量如图 5 - 14 所示。

从图 5 - 14 中可以看出，2008～2017 年德国每百万人拥有的安全互联网服务器数量呈明显上升趋势，从 2008 年的 1004 台上升到 2017 年的 34169 台，增长了 33 倍，上涨趋势主要集中在近几年，这一水平在中欧班列沿线五个国家中也是最高的。这表明德国非常注重网络信息基础设施的建设与运营，注重网络安全，能够为个人和机构投资者提供良好的网络使用环境。

但放眼全球，德国的网络基础设施只能算是处于比较靠前的位置，还没

3.3.7 电力供应量

电力供应量指的是耗电量（人均千瓦时），耗电量用发电厂和热电厂的发电量减去输配电和变电损耗以及热电厂自用电量得出。本书在此用一国电力供应量来替代表征该国的能源基础设施建设情况，一般认为这一数值越大该国能源供给能力越强。数据来源于世界银行。2008～2017 年德国电力供应量情况如图 5－16 所示。

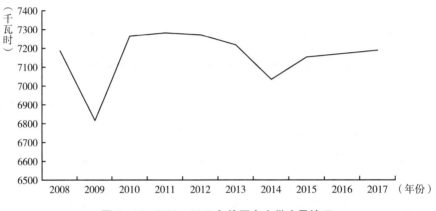

图 5－16　2008～2017 年德国电力供应量情况

从图 5－16 中可以看出，2008～2017 年德国电力供应量波动较为频繁，整体基本保持平稳，从 2008 年的 7187 千瓦时增长到 2017 年的 7189 千瓦时，数量基本没有发生变化，有 8 年在这一水准上下轻微浮动。德国工业发达，经济实力居欧洲第一。电力在经济发展中起着不可替代的作用。德国国内能源资源有限，能源进口量大，是欧洲电力生产和消费大国。根据 Fraunhofer 数据统计，2011～2017 年，德国发电量整体维持小幅增长势头；2018 年，德国发电量出现轻微下滑，为 5455 亿千瓦时，同比降幅 0.78%。德国电力供应的四大垄断集团为 E. ON、RWE、Vattenfall 和 EnBW 四家公司，火电和核电加起来超过发电的九成，近年来获利和市场占有率都在大幅缩水，排前两名的 E. ON 和 RWE 连续 5 年股价的跌幅都超过 2/3。在亏损严重的 2016 年，作为德国最大能源集团的 E. ON 就损失了 160 亿欧元。德国电力供应面临转型。

从电力结构来看，德国主要用燃煤、可再生能源和核能来发电。2018年德国发电总量中煤电占比37.4%，可再生能源发电占比40.6%，核电占比13.2%。从装机规模来看，德国在风电、光伏发电、煤电等领域进行了大量投资，而核电的累计装机有所下降。2018年，陆上风电、海上风电累计装机增量达2.72GW、0.98GW，太阳能累计装机增量达2.95GW。可以看出，德国电力行业非常注重可再生能源和控制温室气体排放。德国是可再生能源发展最活跃的国家之一。德国是传统的工业国家，相对于其发达的工业水平资源储备匮乏，每年消耗的石油、天然气等能源90%依赖于进口。而进口商品主要来自中东、北非国家，这些国家的政局稳定性较低。因此，德国能源转型的主要方面之一就是降低传统能源进口比重。

不过，在各类可再生能源中，核能正被德国抛弃。2011年5月，随着日本福岛核事故的发生，德国政府承诺，在2022年关闭德国所有的核电站。在2022年提出弃核后，德国核电发电量已从2011年的1022亿千瓦时减少至2018年的723亿千瓦时。经过几年的不懈努力，德国"能源方案"成效显著。据统计，德国40%的发电量由可再生能源提供，核电站的关闭并没有影响电力的供应。

根据德国能源发展战略目标，与2008年相比，2020年的全国用电量力争下降10%，2050年力争下降25%。到2020年，电力需求会随着能源效率的提高而下降。德国力图实现能源战略的低碳目标，而交通工具和家庭用电却会相应增加，致使电力供应负担增加。此外，德国的电网建设滞后，因为沿海地势优势，风力发电迅猛发展，德国北部成为主要的电力生产中心，而西部和南部是主要的用电中心。由于输电网建设不完善，北方风电运输到南部地区有一定的困难，尤其是大风天气。欧盟委员会预测，德国将在2020年后由电力出口国转变为电力进口国，且进口量不断增加。德国将从周边国家进口电力，因而跨国电网的建设会进一步得到完善。

3.4　社会环境

社会环境是一定时期内整个社会发展的一般状况，主要包括社会道德风尚、文化传统、人口变动趋势、文化教育、价值观念、社会结构等。本书在此用居民消费支出、总人口数、贫困人口比例、文化教育水平和犯罪率五个指标来描述国家的社会环境状态。

3.4.1 居民消费支出

居民最终消费支出（以前称为私人消费）是指居民购买的所有货物和服务（包括耐用品，例如汽车、洗衣机、家用电脑等）的市场价值。不包括购买住房的支出，但包括业主自住房屋的估算租金，以及为获得许可证和执照向政府支付的费用，为居民服务的非营利机构的支出。无论国家是否另行公布，数据均基于现价美元计算，来源于世界银行。2008～2017 年德国居民消费支出情况如图 5-17 所示。

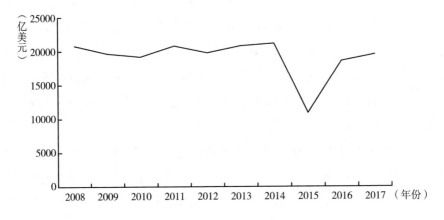

图 5-17　2008～2017 年德国居民消费支出情况

从图 5-17 中可以看出，2008～2017 年德国居民消费支出在波动中呈现轻微下降态势，从 2008 年的 20750 亿美元下降到 2017 年的 19520 亿美元，下降幅度为 5.93%，下降主要集中在近几年，这与近几年全球经济放缓、贸易纠纷和英国脱欧等有关，不确定性令德国人担心工作和收入，德国的消费者信心指数从 2019 年 7 月的 9.8 降至 8 月的 9.7，这是自 2017 年 4 月以来的最低值。衡量消费者经济预期的 GfK 分项指标降至负 3.7，这是自 2016 年 3 月以来首次降至平均值 0 以下，创 2015 年 11 月以来的最低水平。

消费者支出意愿也恶化至近 4 年来的最低水准。尽管德国政府的财政紧缩政策有效地应对了欧债危机，但国内消费能力下降，导致内需不足和居民消费水平增长缓慢。

2019 年，德国经济形势严峻，内外部环境的不稳定性不断增加。首先，中美贸易摩擦导致国际贸易环境的不稳定性增加，德国作为出口大国，受到持续的负面影响。随着全球经济增长预期的下降，德国经济环境也不容乐观。其次，由于英国脱欧事件，欧盟内部的不稳定性增加。德国作为欧盟的主要成员国，所受到的影响和损失不可估量。最后，德国企业方面的压力也在不断增加。随着中美两国创新能力的提高，德国在人工智能、智能驾驶等领域的发展已经相对落后，从而削弱了德国在创新领域的竞争力。种种因素导致德国民众对于未来经济预期较低，影响了消费支出。

尽管如此，德国的居民消费支出水平依然是中欧班列沿线五个国家中最高的，在全球也并不算低，这说明德国市场潜力还是比较大的，有着较为强劲的内部需求支撑。

3.4.2 总人口数

总人口数是根据人口的实际定义计算的，即计算所有居民，不论其法律地位或公民身份。所示值为年中估计值。2008～2017 年德国总人口数量变化情况如图 5-18 所示。

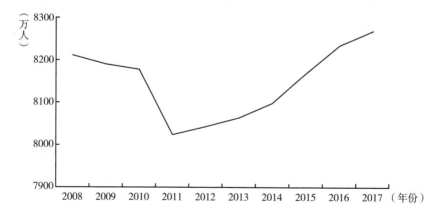

图 5-18　2008～2017 年德国总人口数量变化情况

从图 5－18 中可以看出，2008～2017 年德国总人口数量在波动中呈现轻微上升态势，从 2008 年的 8211 万人增加到 2017 年的 8268 万人，总增长幅度为 0.7%。德国最新人口数据显示，2018 年德国总人口数约为 8315 万人，这一数量在中欧班列沿线国家中仅次于俄罗斯。德国人口为德意志人和少量丹麦人和索布人，除此之外还有约占人口总数 8.9% 的外籍人。2018 德国人口数量世界排名第 16 位，占世界总人口的 1.09%。其中男性占 49.0%，女性占 51.0%。据统计，德国自 1972 年以来，人口始终呈负增长态势。但随着移民的涌入，德国人口开始呈上升趋势。其中人数增长最多的州是巴登符腾堡州，这个数字是 71500 人，排第 2 位的是巴伐利亚州，有 66500 人。德国人口明显是西德人口增长远超东德，东德人口还呈现下降趋势，2018 年总人口比 2017 下降了 0.4%。难民方面，2016 年共有 72.2 万人首次提出避难申请，这也是德意志联邦共和国历史上的最高纪录。在 2017 年，避难申请下降为 19.8 万份；而在 2018 年前 11 个月，又进一步下降了 12.1%，共有 17.4 万人提出避难申请。德国现在仍旧是人口净移入国家，但是移民进入和离开德国的差距进一步缩小。在 2017 年，约有 150 万人移民德国，但是同一时间有 137 万人离开德国。同时，德国移民的最大来源地是欧洲国家。2017 年，德国移民中有 67% 的来自欧洲国家（欧盟国家移民约占欧洲移民的 80%），15.4% 的来自亚洲国家。总体来说，德国是欧洲的一个人口大国。尽管移民人数有所增加，但联邦统计局预测，德国人口在 2060 年将下降到 7310 万人，人口老龄化趋势将不断扩大，20 岁以下的青年将仅占总人口的 16%。

3.4.3　贫困人口比例

贫困人口比例是指生活在国家贫困线以下的人口的百分比，国家的估计值是根据住户调查中得出的人口加权的子群体的估计值得出的，数据来源于世界银行。2008～2017 年德国贫困人口比例变动情况如图 5－19 所示。

从图 5－19 中可以看出，2008～2017 年德国贫困人口比例呈现明显的上升趋势，十年间从 14.4% 上升到 15.8%，上升幅度为 9.72%。贫困人口比例反映的是收入不足中位收入的 60% 的人口所占的比例——这一标准明

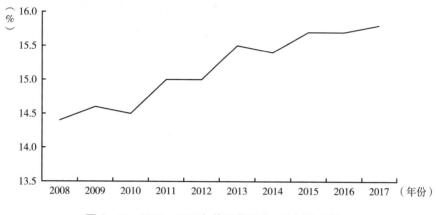

图 5 - 19　2008～2017 年德国贫困人口比例变动情况

显低于平均收入。2015 年，德国单身居民的月收入贫困线为 942 欧元，一个四口之家的月收入贫困线为 1978 欧元。德国贝塔斯曼基金会发布的《2018 城市可持续发展监测》报告显示，2016 年德国全国贫困人口比例为 10.1%，而在人口超过 10 万人的大城市中，贫困人口比例达 14%。报告说，德国传统工业区鲁尔区 13 个拥有 10 万以上人口城市的贫困率与 10 年前相比有所上升，德国东部 10 个 10 万以上人口城市的贫困率比 10 年前有所下降。报告认为，鲁尔区贫困率上升与当地尚未完成结构调整有关。研究人员还就居民对贫困的实际感知做了问卷调查，结果显示，2018 年德国有 34% 的民众认为贫困问题在过去 10 年间有所加重，有 46% 的城市居民认为所居住城市贫困现象在不断加重。根据德国平等慈善协会的数据，单亲父母、失业者和退休人员是贫困人群的主体。社会学者 Dorothee Spannagel 认为，工资分配不公是造成高贫困率的主要原因。平均工资在逐年增长，最低工资却止步不前。此外，资本所得增长率胜于工资所得也是原因之一。

德国这一贫困水平在中欧班列沿线国家中排名第 2 位，排名第 1 位的是波兰，其余国家的贫困情况都好于德国。这说明，尽管德国整体经济态势良好，但仍然有一部分人民的生活水平低下，发展不平衡的问题还有待解决。

3.4.4　文化教育水平

文化教育水平用总入学率来衡量，即大学入学的百分比，是指不论年龄大小，大学在校生总数占中学之后 5 年学龄人口总数的百分比。数据来源于世界银行。2008～2017 年德国文化教育水平变化情况如图 5－20 所示。

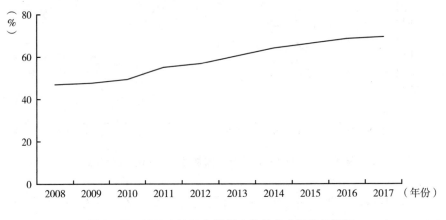

图 5－20　2008～2017 年德国文化教育水平变化情况

从图 5－20 中可以看出，2008～2017 年德国文化教育水平呈现明显的上升态势，从 2008 年的 47% 上升到 2017 年的 69%，上升幅度为 46.8%。这一高水平主要是由于德国政府非常重视教育。德国教育是世界一流的，尤其是职业教育和素质教育。德国有 300 多所公立大学，任何人都有受教育的权利。德国没有大学入学考试，且多数德国大学已经免除了学费，学生通过申请（由教师推荐）就能上大学。留学生在德国读大学也会享受与德国学生同等的待遇。在德国，老师和家长不会密切关注名牌大学。此外，德国政府的教育经费十分可观。自 1989 年以来，德国教育经费占 GDP 比重就相当高，且每年以大约 8% 的增幅在持续增长。十多年来，教育经费的增长是经济增长速度的 3～4 倍，是国防经费的 3 倍多，且二者的差距在持续拉大。

3.4.5　犯罪率

犯罪率，即故意杀人罪的犯罪率，是指对家庭纠纷、人际暴力、土地资源暴力冲突、团伙争夺地盘或控制权的暴力事件、武装团伙的掠夺性暴力和杀人等故意的非法犯罪的估计。数据来源于世界银行。2008～2017 年德国犯罪率变化情况如图 5－21 所示。

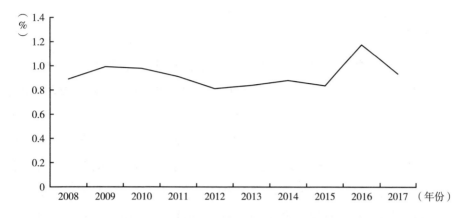

图 5 - 21　2008 ~ 2017 年德国犯罪率变化情况

从图 5 - 21 中可以看出，2008 ~ 2017 年德国犯罪率在波动中呈现轻微上升的态势，从 2008 年的 0.89% 上升到 2017 年的 0.94%，上升了 5.6%。大多研究将德国犯罪率的上升归因于难民。研究表明，男性难民的暴力犯罪倾向增加，尤其是年龄段在 14 ~ 30 岁的男性。2015 年和 2016 年，德国的暴力犯罪率增加了 10%，涉案年轻男性难民约占 90%。犯罪学专家克里斯蒂安·普伊弗在接受媒体采访时表示，难民犯罪率与他们的国籍、在德国居住的时间、能否获得合法地位有直接关系，不同的难民群体的犯罪倾向也不同。研究结果表明，来自战乱国家的难民，会更倾向于遵守德国的法律，避免制造额外的麻烦。如来自像叙利亚这类战乱国家的难民，暴力犯罪较少。但在下萨克森州，大约 17% 的暴力犯罪是由来自北非的难民造成的。这些难民在该州登记人口的不到 1%，且有很小机会获得合法地位。研究表明，这些难民的家人如果能来德国团聚，暴力犯罪就能减少。

德国这一犯罪率水平在中欧班列沿线国家中是最低的，也就是说，相对于其他沿线国家，德国是相对安全的。2018 年德国犯罪报告称，2018 年德国共记录 556 万起犯罪案件，比上年减少 3.6%。其中，抢劫、强奸和性骚扰案件数量下降明显，但传播色情内容和毒品案件增多。德国内政部长泽霍费尔在报告发布会上表示，2018 年德国的犯罪率降至 20 多年来最低水平，无愧于"世界上最安全的国家"之称。

3.5 总体评价

基于上述分析，可以发现，德国在市场经济环境、制度环境、基础设施和社会环境四个方面都表现得可圈可点，大多数指标在与其他中欧班列沿线国家比较时都居于优势地位。在市场经济环境方面，德国可谓一个经济体量宏大、政府干预较少、能吸引大量国外投资、拥有巨额资本积累支撑经济增长、对外贸易尤其是出口非常活跃的大国、强国；在制度环境方面，德国是一个政治相对较稳定、政府腐败程度很低、法律体系完备且公民很遵纪守法、政府服务质量相对较好的国家；在基础设施方面，德国拥有密集的铁路和公路网络，航空运输和水路运输受到世界经济局势的影响以及竞争者的挑战表现有些低迷，但仍在沿线国家中表现最好，且其网络通信和能源基础设施非常发达，总体来看基础设施条件较好，但还需要进一步改进；在社会环境方面，居民消费支出有所弱化，充满一些不确定性，由于难民与移民问题导致总人口增加且犯罪率也有所增加，贫困人口占比较高，经济发展平衡度还有待改善，但是德国文化教育水平表现很好，重视教育的传统与实践以及严谨求实的品格使其国民素质整体较高，具有很好的人力资本储备。

因此，德国的投资便利化整体处于较高的水平值，是一个值得关注的合作对象国。中国已是德国最大的贸易合作伙伴，但在促进投资方面双方还有巨大潜力，未来可期待进一步推进中德经贸关系，与德国保持密切沟通，加速高层互访，同德国一道积极倡导多边主义，共同维护以规则为基础的多边贸易投资体制，促进贸易和投资自由化、便利化，为世界和平与发展作出贡献。

4 投资法律风险

4.1 对外国投资的市场准入规定

【概况】早在联邦德国成立初期，就主张社会市场经济体制，实质上是由国家调节的资本主义市场经济。德国政府在此基础上，制定了一系列经济法律法规，对国民经济进行改革、调整和管理，成效显著，极大地提高了德国经济发展速度。

在众多法律法规中，《对外经济法》（AWG）和《对外经济条例》（AWV）是最重要也是最基本的法律依据。《对外经济法》实施40年来，德国已成为世界上最发达的经济体和贸易强国之一。德国作为欧盟成员国，将欧盟有关对外经济的法规本土化，并严格执行和遵守。在这样的情况下，德国《对外经济法》的作用被削弱，有可能被欧盟统一对外经济立法所取代。

在德国，其他与经济活动相关的主要法律有《有限责任公司法》《股份公司法》《商法典》《民法典》。在德国并购税务方面最重要的法律是《企业所得税法》《个人所得税法》以及相关法律和实施条例。由于德国税制以其复杂性而闻名于世，专业建议是必不可少的。并购方面的监管法主要包括《德国对外贸易和支付法》（简称AWG）和《德国对外贸易和支付条例》（简称AWV）以及《反限制竞争法》（ARC）。德国联邦司法和消费者保护部的"法律在线"网站上有德国最重要的法律的译文。

4.1.1 投资主管部门

在国外投资方面，德国政府没有直接负责的部门，由德国联邦银行代理负责，主要是外国投资流量和存量变化的统计。有意向的投资者可以向德国联邦贸易与投资促进署（GTAI）和各州经济促进公司咨询相关信息。

德国主管有关外商投资的政府部门是联邦经济事务和能源部。

4.1.2 投资行业的规定

【外国投资法律法规】德国是一个对外国投资者比较开放的国家，它没有对外资企业颁布专门的法律法规，企业无论来自哪一个国家，都会受到同等待遇。德国政府不会对外资企业的所有权、组织形式和资本流动等有特殊限制。

【禁止投资的行业】德国对外国企业和本国企业一视同仁，本国投资者可投资的领域，外国投资者也可以投资。随着德国私有化进入新阶段，水电供应、能源、医药等原禁止投资者涉足的行业现在也解除了投资禁令，投资者只需要经过有关部门调查，确认符合投资要求即可投资。核电站和核垃圾处理项目是德国目前唯一明令禁止投资经营的项目。

【需要特殊批准的行业】外国企业在德国进入某些行业和经营某些项目是需要向有关部门申请获得经营许可的。这项制度是为了确保企业有足够经济实力和经营能力，这种做法对投资者来说也是一种保护措施，以免不必要的损失。需要审批的行业有银行、保险业，武器和弹药的生产与销售，炼油和蒸馏设备的生产和销售，发电和供热厂，运输和租赁公司等。相关的法律法规有《药品法》《武器法》《监理法》等，不同的行业审批规定也有差异，外国投资者在投资前要做好万全准备。

4.1.3 投资方式的规定

【外国"自然人"投资】任何人，不论国籍或居住地，均可在德国设立公司。就投资公司而言，自然人和法人是平等的。德国公司法对外国投资者投资德国公司在一般情况下是没有限制的。但特殊情况除外，比如在特殊敏感领域投资，如国防工业。因此，任何外国人（自然人或法人），无论国籍，都可以成为不同公司形式的股东。

【投资方式】外国投资者在德国投资的方式包括入股、兼并和收购等。德国对外资的准入政策较为宽松，在建设开发区、出口加工区或工业园区以及凭借二手设备出资开展投资合作方面没有明确规定。

【法律依据】目前德国还没有专门的并购法。相关法律条例主要分布在《民商法》《公司法》《反限制竞争法》《对外经济法》等经济法规之中。2017 年德国内阁通过了《外国经济法条例》第九修正案。在能源、水资源、食品、信息技术、医疗等关键基础设施行业以及为这些行业提供软件、通信、云计算服务的产业所涉及外资的并购都将受到严格审查。

【外资并购审查】修正案规定非欧盟投资者收购德国关键基础设施和安全相关技术 25% 以上的股份时，须告知德国联邦经济和能源部。经济和能源部将在签订并购合同的 3 个月内决定是否发起正式审查，审查期限也从 2 个月延长至 4 个月，并有权对过去 5 年内订立的相关协议进行审查，其潜在后果是这些协议可能被认为无效。如德经济部决定对该项并购合同进行审查，则企业会被要求递交有关收购的材料，包括一般材料和补充资料。一般材料包括以下 14 项。

（1）并购涉及方名称、地址；

（2）并购前和并购后的占股比例说明；

（3）并购涉及方的营业范围；

（4）被收购企业是否属于涉密单位的说明；

（5）被收购企业过去 5 年内与国家及州政府的商业往来说明；

（6）并购涉及方的组织机构；

（7）并购涉及方对第三方企业的直接和间接投资说明；

（8）并购协议；

（9）联合体协议（如有）；

（10）并购后企业的近期、中期、长期经营战略计划，须包括关于德国公共秩序及安全方面的计划；

（11）并购涉及方的商业注册文件；

（12）并购涉及方近三年的财务报表及经营状况报告；

（13）并购涉及方上级集团的近三年财务报表及经营状况报告；

（14）并购涉及方授权代表的被授权证明文件。

如经济部认为材料不齐，可要求企业补交材料。德国经济部须在企业递交全部项目材料后的 4 个月内做出是否进行干预的决定，并将审查结果汇报至联邦政府。

【重大并购项目审批】在德国，外资并购除了有行业领域的限制外，还存在并购规模的限制。重大并购项目须遵循以下审批流程。

（1）申报。法律规定，若在收购并购时发生下列情况，有义务向联邦卡特尔局申报，具体情况详见附录 1。

（2）审批。法律规定，在审批并购项目时，须考虑到并购后是否会形成垄断。如果并购涉及的企业全球总销售额达到 5 亿欧元，在国内总销售额分别达到 2500 万欧元和 500 万欧元，则该并购须经联邦卡特尔局审批。若并购仅涉及两家企业，其中一家为独立企业，且其全球总销售额低于1000万欧元，这种情况不需报批。若企业的市场份额低于20%或者购买的份额低于25%，一般都会被批准。

（3）欧盟标准。针对欧盟成员国内的重大并购，欧盟理事会也出台了相关法律法规。欧盟规定，如果参与并购的企业规模超过欧盟规定的以下标准，则须经欧盟委员会批准：①参与并购的各方全球总营业额超过50亿欧元，在至少两个欧盟成员国拥有超过2.5亿欧元的资金；②参与并购的各方全球总营业额超过25亿欧元，在至少三个欧盟成员国的营业额都在1亿欧元以上，或至少两个缔约方在欧盟三个成员国中的营业额超过2.25亿欧元。若缔约方总业务的2/3来自同一欧盟成员国，则不需要欧盟批准。欧盟的并购限制政策不仅在欧盟范围内有效，只要收购并购对欧洲共同市场产生重大影响，就须经欧盟批准。

【收购上市公司】在收购德国上市公司时，要遵循德国法律中对要约、接受、申报等流程的规定，具体规定详见附录2。

【外资并购的基本流程与步骤】并购的基本过程：明确并购动机，制定并购战略，选择并购顾问，成立并购集团，寻找和确定并购目标，聘请法律和税务顾问，联系目标公司股东，签订并购意向书。制定并购目标公司的业务整合计划，开展尽职调查，谈判起草并购协议，签订合同，完成交易。并购过程一般可分准备阶段、谈判阶段和签约、成交阶段。

4.1.4　BOT/PPP方式

【BOT方式】BOT融资方式是当前国际经济合作中逐步为各国重视并采用的最常见的一种方式。传统BOT方式分为三大步骤。

（1）东道国政府与外国投资者合作，政府出面担保，投资企业负责项目具体的筹资和建设工作；

（2）投资企业有权在协议期间通过收取相关费用，取得合理利润，同时要保证设施的正常运营；

（3）投资企业在协议期结束后将项目无偿移交给东道国政府，完成BOT项目营运。

20 世纪 90 年代初德国统一后，国内基础设施建设发展迅猛，为 BOT 项目的发展创造了有利的客观条件。德国 BOT 项目融资涉及的领域不仅包括交通、空港、港口等传统基础设施领域，还发展到地面建筑等。只要是由政府公共投资的领域，就可以采取 BOT 方式，吸引私人资本进入公共投资领域。

【PPP 方式】政府通过公私合作的方式将部分政府责任转移给企业。双方建立互惠互利、共担风险的关系，既减轻了政府的财政负担，又降低了企业的经营风险。

在公共服务业方面，PPP 模式在德国得到了广泛运用，即地方企业与政府部门通过签订一系列协议，向公共部门注入私人资本，从而实现合作。为降低项目建设成本，通常采用招投标的方式选择投资商。PPP 项目的主要资金来源有政府补助和贷款、国家扶持、企业贷款和投资者自有资金等。PPP合作模式可采用 BOT、租赁、特许经营等多种运营模式。虽然 PPP 模式成功的例子不在少数，但在公私合作中仍可能遇到一些问题，如竞价圈地。这意味着所有参与公司都同意以高于合理价格的价格提前投标，以便在同一投标中赚取额外利润，并在所有公司之间平等分享利润。为了提高操作过程中的透明度，提高公共服务质量，政府部门引入了标杆管理的绩效评估方法。此外，德国各城市成立了管理联合会，并建立起"公共互动指标网络"。该机构不依赖于政府部门，资金来源独立，监督更加高效。各城市之间可以通过交换业绩数据相互配合，吸取丰厚经验。此外，政府也加强了对公共服务的监督。近年来，在德国许多城市，市民在接受政府的公共服务后，通常会对政府的服务进行满意度调查，对市民不满意的地方进行整改规范。

4.2 德国关于贸易的政策规定

4.2.1 贸易主管部门

德国主管贸易的是联邦经济和能源部（简称经济部），成立于 1917 年，驻地柏林。1998 年与 2002 年称为联邦经济与科技部。2002 年，该部与德国其他部门合并，组建联邦经济与劳工部。2005 年，德国政府重新组建联邦经济和科技部。2013 年，联邦经济和科技部撤销，调整组建经济和能源部。

现任部长是阿尔特迈尔。经济和能源部内设机构有中央司、欧洲政策司、经济政策司等 8 个机构。特殊机构有联邦企业综合管理局、联邦经济与出口管制局等 6 个。

【管理目标】

（1）通过政策激励提高就业率；

（2）扶持中小型企业发展；

（3）提高科技创新能力；

（4）注重生态环境保护；

（5）推进经济全球化，深化国际分工；

（6）加快德国工业结构的优化和转型；

（7）确保德国能源供应价格合理稳定。

4.2.2　贸易法规体系

《对外经济法》是德国在贸易管理方面最重要的法律。

【《对外经济法》的基本结构】德国《对外经济法》分四章，共计 52 条。具体结构如表 5 - 3 所示。

表 5 - 3　德国《对外经济法》的具体结构

章节	内容
第一章 总则(24 条)	第 1～4 条规定了《对外经济法》的立法原则及其所用概念的含义
	第 5～7 条规定了国家对涉外经贸往来进行干预的可能性
	第 8～14 条规定了国家对货物贸易的基本管理和干预
	第 15～21 条规定了国家对视听产品、航空、海运、内河航运及保险等服务贸易往来的管理和干预
	第 22～23 条规定了国家对货币和资本往来的管理
	第 24 条规定了对黄金的管理
第二章 对外经济管理(8 条)	规定了企业须履行的义务、办理有关申报和审批手续的程序,对外经济管理机构等
第三章 罚则(14 条)	对违反该法律的行为和实施处罚时所应遵循的原则做了规定
第四章 附则	罗列了一些已经被修改或废止的条款,并规定了该法生效时间和有效期等

【主要内容】德国《对外经济法》是为了减少对对外经济活动的限制。其明确指出"对外经济交流原则上自由"。但在这一基本原则的基础上，外国经济法也允许德国政府在特定情况下保留干预的权力。

"进口清单"是《对外经济法》的附件。该清单列出了所有可能的进口商品，以及每种商品进口的条件和要求。其中，98%以上的商品不需要任何批准。也就是说，绝大多数德国进口商品是自由和不受限制的。对于部分受调控或受限的商品，联邦政府主要有如下管理手段。

（1）配额分配：德国主要以配额方式控制商品进口，除极少数商品进口是禁止的。主要方式有：①总量限制，按需发行；②申请金额按比例分配：按照各企业申请金额占总申请量的比重发放；③关系模式，即给予商品原有优先权，新出口商按基本配额发放配额；④进出口许可证方式，也是目前普遍使用的方式。

（2）被动加工进口：是指从德国出口原材料、零部件等，并向德国转售加工品和半成品。对此，德国按照在国内同类产品销售额的比例批准进口。

（3）主动加工进口：条例规定，如果进口商品是为了加工后再出口（主动加工），那么进口商品就不用审批。

4.3 德国关于企业税收的规定

4.3.1 税收体系和制度

如果在德国进行投资，投资者应该对公司所在地的税收环境政策有深入了解。

【分税制】德国是联邦制国家，其行政体制分为联邦、州和地方三级。各级政府分工明确，履行职能的过程中产生的费用由政府自行承担。德国政府缴收的税费分为两类：共享税和专享税。共享税由联邦、州和地方政府按规定的比例分配。专享税是联邦、州或地方政府的专属收入。随着欧盟经济一体化，欧盟被认为是德国税制的第四层次。在上述四个层次的分税制中，联邦所占比例最大，其次是州、地方，欧盟位列最后。德国 GDP 中的 21%～25% 来自税收收入，呈平稳下降趋势。德国的税种繁多，约有 30 多种。但所得税和增值税是主要税种，重点明确，这两个税分别占德国总税收的 30% 和 40% 左右。其余的税收约占 30%。

【税务机构】德国政府税务管理机构有三层，分别是高层、中层和基层。高层机构是由联邦和各州的财政部组成的德国税务管理部门，负责税收规划和管理。这些部门每年会通过联合会议确定税收政策和份额比例。这些部门没有上下级关系，是同级机构。

中层机构是高等税政署，它负责执行其管辖范围内的税法和相关法规，并协调联邦政府和州政府之间的税务问题。其管辖权和管辖范围由政府协商确定。

基层机构是地方税务局，负责除关税和消费税之外的其他税收。企业和个人须向登记或者住所地的地方税务局申报、缴纳和申请减税、免税、退税。

4.3.2 主要税种

【个人所得税】《所得税法》是个人所得税的法律依据。根据法律规定，德国的常住居民有无限纳税的义务，这类居民按照他们国内外的收入纳税；而非德国常住居民只需要按照他们在国内的收入纳税即可，这类居民成为有限纳税人。税法规定，个人所得税的征收范围包括农林所得、工商所得、就业所得、投资所得、租金和专利等收入。除去法律规定的免税数额，便是应该缴税的收入。2018 年个人所得税起征额（全年收入）为 9000 欧元，最低税率 14%，年收入超过 260532 欧元时，累进税率最高 45%。

【公司所得税】其法律依据是《公司所得税法》，属于联邦税。纳税主体是有限责任公司。总部和机构设立在德国境内的公司被称作无限纳税人；反之，总部和机构设立在国外的公司被称作有限纳税人，仅就其在德境内所得纳税。税率一般是企业应税利润的 15%，且公司所得税与个人所得税的征收方法类似。

【增值税】是德国主要的税种之一，属于共享税。主要涉及商品生产、流通和服务等领域。增值税是由消费者承担的，并不给企业增加经济负担。

增值税税率一般为19%，部分商品为7%。原则上，德国所有国内产品和服务交易都要征收增值税，但一些出口、银行和保险等行业会有免税的优惠。德国所有商品和服务的交易都须开具发票，发票须注明商品或服务的价格（净价）、适用的增值税税率、税金和最终成交额（总价）。

【预提税】是指按照规定，公司必须从税源预扣以下类型的费用支付，并向税务机关纳税。盈利分红应缴纳26.38%的预提税（含团结附加税），对从债券分红、参与贷款等获得的利息征收预提税，公司（非银行）提供的标准贷款（plain vanilla loan）无须缴纳预提税。按照现有的双重税收协定（DTA），预提税税率可能会被降低。根据现行有效的《中德避免双重征税协定》，适用的分红预提税税率可减至10%（新协定生效后将进一步降至5%），特许权使用费的税率可减至10%，但必须满足《德国收入税法》下的《德国反协定滥用规则》的实质性要求。

【地产税】是指政府对其行政区内的房地产所有者征收房产税。房地产税分为农林用地"A"和其他用地"B"。税率是由房地产的评估价值和联邦政府发布的税率指数来确定的。

【地产购置税】是指在买卖房地产时需缴纳的税费。它是以地产交易标的物的实际交易价格为基础而确立的，由各联邦州自行确定。目前房地产购置税税率，巴伐利亚州和萨克森州均为3.5%，汉堡州为4.5%，巴登符腾堡、不来梅、梅克伦堡前波莫瑞、下萨克森、莱茵兰—普法尔茨、萨克森安哈尔特州及图林根州均为5%，柏林和黑森州均为6%，赫布兰登堡、北莱茵—威斯特法伦及石勒苏益格—荷尔斯泰因州均为6.5%。

【其他有关税种】除上述税种外，外国企业在德国投资时还会涉及机动车税、油税和保险税等。

在德国，公司作为纳税实体，应缴纳企业所得税（CIT）、地方营业税（TT）和团结附加税。在有明确规定的情况下，预提税（WHT）必须在税源预扣。私营企业较多以有限责任公司（GmbH）形式存在，而上市公司多以股份公司（AG）或欧洲公司（SE）为组织形式。对于外国投资者来说，德国最重要的合伙企业形式是有限合伙企业（简称KG），这种组织形式被多数德国家族企业采用。有限合伙企业也常常被外国投资者用于税收筹划。从德国税收的角度来看，合伙企业在缴纳企业所得税时，是透明的纳税实体，企业所得仅停留在合伙企业的层面；有限合伙人的收入来源于资产和经营的收入，所以合伙企业经营的额外收入也包括其中，将完全被算作合伙人的收入，合伙人应对此缴税。

4.4 德国关于劳动就业的规定

德国劳动法规定，在德国，雇佣关系的基础包括如下三大支柱：雇佣合同、适用的集体谈判协议（CBA - 集体合同）以及工作协议（企业员工代表委员会与雇主之间签订的协议）。

4.4.1 劳动法规核心内容

【劳动合同】雇佣双方达成一致后，一般会签署纸质劳动合同。口头的协议在出现争议时则很难得到证明。劳动合同主要内容如下。

（1）具体工作内容；

（2）合同有效期；

（3）每周工作时间；

（4）薪资待遇；

（5）员工福利；

（6）违约措施；

（7）保密义务的结束；

（8）允许从事的附加工作。

【报酬】联邦德国《最低工资法》规定，最低工资标准为每小时税前8.5欧元。这是两德统一以来第一次在全德国范围内实行统一的最低工资标准，意义深远，影响巨大，与在德国经营的华人企业家和在德工作的华人雇员切身利益休戚相关。从 2017 年起法定最低工资标准提高至 8.84 欧元/小时。

【工作时间】一般情况下，遵循八小时工作制，对于工作时间达到 10 小时的雇员，必须给予一定补偿。工作 6 ~ 9 小时的雇员可以休息 30 分钟。

一般周日和节假日不工作（特殊行业例外），每年有 24 个法定休假日。

【社会保险】德国社会保险包括医疗保险、护理保险、退休保险、失业保险和事故保险，雇员和雇主共同承担前四个保险的费用，而事故保险则由雇主承担。

4.4.2　德国关于外国工人的规定

【相关法规】德国为引进外国劳动力颁布了相关法律条例，如《就业促进法》、《外国工人工作许可证发放条例》、《停止招募外国劳工条例》和《例外安排条例》等。

【具体程序】在引进劳动力的过程中，用人单位需要向劳动局登记外籍人员的情况，引进的外籍劳动者的工资要求与德国同等职业的工资持平，引进的劳动者只能由用人单位根据就业合同直接雇佣。不得随意变更用人单位，应接受德国有关劳动法律法规的监督。外籍工人应遵守劳动合同，被发现违反劳动法律和政策的雇主将受到起诉、制裁和取消雇佣外籍工人的资格。

4.5　资产的审查与监管

【不动产】在德国，企业通常通过所有权、继承建筑物权或者租赁持有属于企业资产的土地。土地所有权在德国具有完全私人所有权的特征，通常无期限限制，并且包括对地上的房屋和建筑物的所有权。对地上建筑物的所有权和对土地的所有权仅在特殊情况下才能被合法地分离，例如建筑物区分所有权或涉及继承建筑物权的情况。继承建筑物权是一项对抗所有第三方而不仅仅是合同相对方的绝对权力。它赋予权利人长期使用其他方所有土地的权利（75~99 年的使用期限是很正常的），并且权利人有权在土地上建设房屋和建筑物。此外，企业可以仅依据租赁合同而使用不动产，但在用益权租赁的模式下，除了常规使用之外，承租人还可获得因使用而产生的利润或收益。土地所有权以及在不动产中的第三方权利（如担保权益），一般被认作债务担保抵押或土地债务和地役权（通行权或管道地役权），必须记录在土地登记簿中才有效力。就土地登记簿中的所有权记录以及未在其中登记的绝对权利而言，善意的买方是受保护的。然而，需注意的是，这种保护不适用于股权交易的情形，因为不动产本身并未被转让而仍由目标公司拥有。同样地，目标公司赋予第三方的纯粹合同权利（相对于绝对权利），例如租赁或其他使用权，不能登记到土地登记簿中，并且通常不受上述善意买方规则的保护。因此，关于产权和无第三方权利及其他权利负担的充分陈述与保证通常是交易合同框架的重要内容。除了土地登记簿摘录之外，为了确定相关地块，尤其是其位置和大小，还可要求卖方提供地籍图。地籍是由不动产测绘局保存的一份公共登记簿。但是，其中的信息仅供参考，而不享有善意保护。

【动产】在德国，并没有关于动产权利和权利负担并且可以使用善意保护规则的公共登记簿（例如类似于中国的生产设备抵押登记簿）。而且，占有某项动产并不能可靠地表明拥有其所有权或其他利益。尽管通常可以善意收购动产的所有权，但就买方间接"取得"相关动产而言，善意保护并不适用于股权交易的情形（参见上述的"不动产"章节）。因此，对动产的深度审查通常限于对目标企业的业务延续非常重要的资产。除此之外，买方将依赖于卖方提供的信息以及股份购买协议中的陈述与保证。此外，在德国相当普遍的一个做法是，尤其对于大宗货物，供货通常在所有权保留的规则下进行。在这种情况下，供货方保留所供货物的所有权，直至买方支付了购买价格或满足买卖合同或成文法规定的条件。为确保企业估值的真实性，有必要审查目标公司在日常销售或采购过程中是否有此类安排。另外，对于动产收购，尤其是固定资产投资，交易的完成通常需要基于担保目的而转让资产的所有权。该等所有权转让是为了担保某项债务——通常是为各动产融资而产生的债务，并且使债务人可以使用该动产而不是要求将该动产的占有转让给债权人（类似于抵押的情况，因此在德国的实践意义很小）。为了分析目标公司对这类安排的使用情况，应该要求卖方提供所有的借贷合同、其他的融资协议以及担保协议以供审查。

【租赁协议】如果重要的企业资产（不动产或动产）是由目标公司租赁所得，那么需对相关租赁合同进行彻底审查，以确定影响企业业务延续的潜在问题和财务风险。此类审查的重点为租金条件（包括增加租金的权利）、特定使用限制、保养和维修义务、终止后的权利和义务（例如，移除固定装置和附属装置、恢复原始状态、补偿等）、租赁期限以及终止权。对于所有的长期合同，最重要的是审查是否包含允许合同相对方在目标公司因股权交易发生所有权变更时终止合同（或行使其他特殊权利或期权）的控制权变更条款。这种控制权变更条款可能对业务的延续造成特定的风险，应通过与合同相关方的安排或在交易合同中规定适当的保障措施予以解决。

【批准情况】基于对相关业务和资产的风险预测，可能有必要在尽职调查过程中对批准情况进行深度调查。对不动产，如果适用，应该核实目标公司是否遵守了包括规划方案在内的有关区域规划的规定。目标企业在从事经营活动之前，必须已经取得适当的土地规划（例如，将土地规划为商业用地或工业用地）。买方也可审查现存的建筑物是否符合建筑许可的条件。如计划扩大企业规模，则需根据建筑许可、规划方案和其他相关规定仔细审查是否存在可能影响该计划的建筑限制或其他监管条件。此外，特别是对生产设施和机器设备，应审查目标公司的所有必要的运营许可（尤其是《联邦排放控制法》或《建筑法》规定的许可），以及这类资产运营是否遵守适用的消防或其他安全规定和监管要求。

4.6　与环境保护相关的法律规定

4.6.1　环保管理部门

德国联邦环境、自然保护、建设与核安全部是德国主管环境保护的部门，该部门负责制定德国与环保有关的政策法规，共设 6 个职能部门，办公场所分布在柏林和波恩等城市。

4.6.2　主要环保法律法规

德国环保法律完善，德国政府颁布了 82 部环保领域的法律和 177 份法规和法律性文件，是世界上环保法律最全面、最详细的国家。德国成文法项下有关环境责任的规定仍然分散在不同的法律中，包括《联邦土壤保护法》、《水资源法》、《环境破坏法》和《德国民法典》。除此之外，欧盟还有 400 部环保法规。具体法律法规可参照德国联邦环保部网站（www. bmu. de）。

4.6.3 环保评估的相关规定

在德国，建设工程均须开展环境评估。德国专门制定了《环境影响评估法》（UVPG），所有环评工作均依该法进行。环评工作由项目所在地环保部门联合建筑主管部门负责。一般而言，建设工程项目在发包之前均已进行环境评估，建筑承包商按招标要求进行投标即可。德国各级政府都设立了环保部门，很多地区还有跨国家的环保研究机构。在德国，环境影响评估不是一项独立的行政程序，而是发证程序的一个组成部分。环境影响评估提供项目对环境影响的说明和评估。在确定项目对人类、动植物、土壤、水、空气等有影响时，环境影响评估还必须在项目结束时对这些方面做出评估。环境影响评估的程序被分为筛选过程和决策阶段。

筛选过程：确定范围过程—建议人提交文件（环境影响说明）—主管部门和公众的参与；决策阶段：准备项目环境影响概要说明—评估环境影响—就颁发项目许可证事宜做出决定，项目许可证的申请人在提起申请之前可将所规划的项目通报主管部门。

主管部门应当与申请人及其他选定机构和第三方（包括环境协会）就所要求的环境影响评估主题、范围和方法进行讨论。许可证申请和环境影响评估文件在提交之后必须予以公示，并在听证会上与提出异议的人士进行讨论。随后，负责机构必须草拟环境影响概要介绍。必须对环境在没有所规划项目情况下的实际状况、环境在项目正常运转和在意外事故情况下所经历的变化，以及由于申请人所考虑的项目替代办法所造成的环境变化提供数据。在对环境影响和其他（如经济）利益作出权衡之后，部分不利环境影响可以被接受。如果环境影响不能被其他利益所抵消，负面的评估结果将是拒发许可证。在程序结束时，主管部门将所做决定通知开发者、受影响的公众和所有那些对项目提出异议的人士，并就其决定作出解释。

5　投资注意事项

5.1　与东道国建立和谐的投资合作关系

5.1.1　建立并保持与政府和议会的密切关系

议会共和制政体和联邦制是德国两大基础政治制度，且各州政府自主权很大（国防、外交除外）。外国企业如果希望在德国稳步发展，与各州政府、联邦政府和议会都要积极建立良好的政企关系。

（1）关心德国时政。关注政府换届、议会选举等重要事件，尤其是州议会的选举，另外还应关注公司所在州的政府和联邦政府的经济政策和引导趋势。

（2）了解各政府机构职责。外国企业需要弄清联邦政府、各州政府和各市政府的职责范围，尤其是与投资有关的经济主管部门、商会、投资促进机构等。

（3）了解议会组成情况和关注热点。了解各级议会的组成情况，关注外商投资热点问题，特别是吸引外资、税收、知识产权保护等重大问题，及时掌握最新情况，评估对投资的影响。

（4）注重与议员的沟通。外国企业应与区议员保持联系，特别是与经济方面有话语权的议员的联系。要大方地展示企业对当地经济发展的贡献，也要及时与议员沟通企业发展中面临的困难。议员通常能有效地帮助企业解决问题，是不可忽视的角色。

（5）重视议员和政府官员的意见。外国企业在开展大规模的经济活动时，应先征求政府人员的意见，争取得到官方的支持，以免不必要的冲突和麻烦。重大投资项目建议事先与当地各主要政党充分交流，争取跨党派的广泛支持，避免因换届选举带来不确定性。

5.1.2　建立并保持与工会的密切关系

随着中国企业在德国的深入发展，在成本和薪酬方面须加强管理，减少劳资纠纷，确保企业的有序经营，谨慎对待工会组织，他们会最大限度地维护雇员的权利。

（1）了解和运用法律。外国企业应充分理解德国《民法典》中与职工权益有关的法律规定，尤其要关注其中与本国的差异之处，特别是《社会法》、《集体合同法》、《劳动保护法》、《罢工法》和《最低工资法》等，拿不准的问题及时咨询专业律师。

（2）掌握工会工作动态，加强与职工的沟通。外国企业要认真了解本行业和地方工会组织的特点，也要在日常的生产经营中，加强与员工的沟通联系，争取问题早发现、早解决。

（3）加入雇主协会，学会与工会谈判。外国企业应主动加入本行业的雇主协会，了解业内整体水平和处理有关问题的常规措施。面临困难时，要学会通过雇主协会与工会谈判。掌握一定的谈判技巧，满足工会提出的合理要求，同时维护企业的合法利益。

5.1.3　建立并保持与当地居民的密切联系

在德国，外国企业如果希望稳步发展，须尊重当地风俗习惯，建立并保持与当地居民的密切联系。

（1）了解当地文化，尊重当地风俗习惯。外国企业在选派管理人员时，要注意两国之间在语言、文化和思维上的差异性，求同存异，入乡随俗。同时德国是一个宗教信仰自由的国家，外国企业应该多了解员工的宗教信仰，以及各宗教的禁忌，避免敏感话题，尊重不同的宗教信仰，树立优良的企业形象。

（2）人才本土化。外国企业要实现企业本土化，首先要实现人才本土化，消除不同思维方式带来的管理问题。随着德国政府积极吸引外资，外国企业在德投资规模也更加庞大，更应该充分利用在德国投资的优势，比如优质的人力资源，为企业的本土发展打下基础。此外，聘用本地员工、增加本地就业岗位也是外国企业获得地方政府和公众认可的重要途径。

（3）积极参加社区活动。外国企业要注重当地社区的建设发展，积极关注当地政府和民众关心的热点问题，投入人力与资源，参与社区公益活动。树立合作共赢理念，以实际行动努力融入当地经济和社会发展，与所在社区共享发展红利，这样既能够树立良好的企业形象，赢得尊重和认同，长远来看也是降低投资风险的有效办法。

案例1：2013年8月，华为成为德甲球队多特蒙德的官方合作伙伴。2014年7月，华为成为另一支德甲球队沙尔克的正式合作伙伴，为沙尔克提供技术支持，实现其主场免费无线网络全覆盖。

案例2：2015年2月，为增进中德经济的友好交往，树立中资企业在德国社会的正面形象，北威州中资企业协会积极响应杜塞尔多夫市政府的号召，参与城市捐款植树活动，向市政府捐款5万欧元，全部用于重新种植在暴风"Ela"中受损的树木。北威州中资企业协会希望通过"中国力量"，为这座城市添上新的绿色，为中资企业在北威州的未来发展种下永恒的希望。

5.1.4 积极传播中国优秀传统文化

中国企业在德国要注重宣扬中国优秀传统文化。中国传统文化是世界文化的瑰宝，随着中国企业走进德国，中国文化也走进了德国，许多德国人和企业更好地了解了中国文化，对中国文化产生了浓厚的兴趣。中国企业既要做到入乡随俗，也要主动展示中国文化。还可以与当地居民共度中国传统佳节，增进彼此的感情，营造优良的外部发展环境。

5.2 投资合作相关手续办理

5.2.1 企业设立形式

在德国，企业形式主要包括人合公司和资合公司。

【人合公司】指以股东的个人信用为公司信用基础，债权人对其承担无限连带责任。公司类型主要有无限责任贸易公司、两合公司、有限责任两合公司等形式。

【资合公司】指以达到法律规定的最低注册资本为公司信用基础的公司，公司类型主要为有限责任公司和股份公司。

5.2.2 企业注册流程

【营业申报】在德国开展经营活动，必须向有关部门申报。申请者可以在当地的经济与秩序部门进行登记，领取营业执照。扩展营业范围时，也需要申报。经济与秩序部门将分别向当地税务局、职业合作社和工商会发送申报表复印件一份，申请人不必单独申报。如有违反规定，未及时申报的会被处以罚款。不同类型的企业申报人也有所不同，股份公司由董事长申报，合资公司由无限责任股东申报，有限责任公司由总经理申报，无限责任公司由股东申报，个体企业由企业所有者申报。

【商业注册】公司的商业名称，须以业务对象，或至少一名股东的名义加上注明公司形式的说明。除股东外，公司的企业名称中不得使用他人的姓名。资合公司应注明"有限责任公司"或者"股份公司"的字样。公司名称应与已注册的公司名称相区别，不应引起对公司经营范围的误解。注册费通常包括法庭费、公证费、登报费和咨询费等，费用随着注册资本和公司类型的不同而有所差异。人合公司、有限责任公司和股份公司的最低注册费分别为 250~400 欧元、750~1000 欧元、1500~1750 欧元。如果注册时接受了律师咨询服务，也需要包括在注册费用中。

按照《德国商法典》，必须在地方法院以公开可信的形式成立公司，即通过公证进行商业登记注册，以载入商业登记簿。商业登记簿分 A、B 两类。A 类有个体工商户和人合公司，B 类有资合公司。股份公司登记手续复杂，需要咨询专业的经济和税务顾问等。在公证师向当地法院提交登记申请时，还需要以下材料。

（1）经公证的母公司营业执照副本；

（2）公司章程（德文版）；

（3）股东名录和授权书；

（4）公证师证明材料；

（5）护照；

（6）居留许可与工作许可。

公司商业登记注册需在德《联邦公报》和地方报纸等全国性报纸上发表公告，才算完成正式注册。

5.3 其他注意事项

随着中国企业进入德国，两国企业开展兼并收购活动比较频繁。鉴于两国的公司在各个方面的情况，并购中常会遇到一些问题。在德国并购，中方企业应特别注意以下事项。

（1）多方面分析并购目标。在确立并购目标时，要从经济、法律和税收等多方面来考量目标公司是否达到并购后的预期目标。既要重视目标公司有形资产的价值，也要重视公司商业信誉、技术水平、客户资源和业界口碑等无形资产的价值。要多听取专业投资顾问和相关人员的意见，避免不必要的决策失误。

（2）组建专业的并购团队。并购团队对于企业并购的整个过程非常重要，并购团队不仅要对并购的每个步骤负责，而且要确保能够随机应变，做出最优决策。并购团队不需要多大，但是要稳定，团队成员的专业素质一定要过硬，比如语言交流、专业技能和知识储备等方面。

（3）仔细审视并购合同条款。并购合同是法律文件，一旦签订便具有法律效力。中国企业在签订合同前务必对合同内容条款、风险分担等陈述斟酌再三。

（4）对破产撤销权、税负补偿等并购后风险的审慎思考。在并购德国破产企业时，应了解破产撤销权风险。法律规定，在申请破产至破产程序启动期间（一般不超过 3 个月），发生损害债权人整体利益的行为的，破产管理人或者特定债权人可以向破产法院申请撤销该行为，并要求赔偿因该行为而产生的财产权益，即破产撤销权。还应注意纳税和承担责任的风险。《税收征管法》第 75 条规定，并购破产公司时，并购方应当承担破产公司未履行的纳税义务。《德国商法典》第 25 条规定，合并和收购，如收购破产公司的股份，应承担相应的债务。

（5）完善基础保障措施。首先，在中德社会保险协定已经免除的养老和失业保险义务中，除了第一条中可以投保的险别之外，不得投保其他私人保险。其次，中德社会保险协定规定的免除范围不包括医疗、护理和工伤事故等保险，中国企业的人员仍须依照法律规定投保。

6 投资求助路径

6.1 寻求法律保护

（1）熟悉法律程序。在德国，企业在遵守当地法律法规的前提下，也要学会通过法律手段来维护企业的正当利益。德国是大陆法系国家，设立了五大专业法院体系，分别是普通法院、行政法院、劳动法院、社会法院和财政法院。德国普通法院又分为四级：初级法院、州法院、州高等法院和联邦法院。普通法院负责企业民事和经济纠纷的调解和裁决。如果当事人对裁决不满意，可以层层上诉至联邦法院。重大案件可以在未经州法院的允许下上诉至联邦法院，但是联邦法院有权依法不予受理。

初级法院对涉及标的物少于 5000 欧元的民事案件具有管辖权。如果对初级法院的裁决有意见，可以上诉至州法院；对州法院初审裁决有意见，可以上诉至州高等法院，若有必要，可进一步就法律问题向联邦法院提出上诉。在目标价值超过 30000 欧元的案件中，当事人可以在未经州高等法院许可的情况下就法律问题提出上诉，但经联邦法院初步审查，有权依法决定不予受理。

（2）聘请专业律师。虽然中德两国都是大陆法系国家，但两国在具体法律法规上存在诸多差异。当地律师对于相关法律条例会更加熟悉，如果中国企业能够聘请当地律师处理法律方面的纠纷，就可以更有效地保护自己的利益。此外，还可以寻求大型跨国律师事务所的帮助，因为跨国律所对中德双方的法律都比较了解，能够更高效地沟通和解决经济纠纷。

6.2 寻求当地政府的帮助

德国地方政府很重视外国企业，因此外国企业应积极联系地方政府。遇到问题，要第一时间与当地政府相关部门沟通，寻求必要的支持与协助。中国企业在德国遇到紧急情况，不仅要主动与德国当地政府沟通，加强联系，还要向中国驻德国使（领）馆商务处和国内企业总部反映。

6.3 加强与当地使（领）馆的联系

（1）及时报到登记。中国企业进驻德国时，可以向中国驻德国使（领）馆商务参赞处咨询；投资登记完成后，按照规定报中国驻德国使（领）馆商务参赞处备案，与商务顾问办公室保持联系。

（2）听从使（领）馆建议。中国企业面临重大难题时，应及时汇报当地中国使（领）馆，服从使（领）馆的决定。具体内容可查阅外交部网站和中国驻德国使（领）馆网站。

（3）寻求领事保护。中国公民在德国享有的合法权益受到侵害时，中国驻德使（领）馆可以在当地法律允许的范围内实施领事保护。领事官员要在其职权范围内提供领事保护。中国驻德使（领）馆如表5-4所示。

表5-4　中国驻德使（领）馆

使（领）馆	负责领区	官方网站
驻德国大使馆	柏林、勃兰登堡州、梅克伦堡—前波莫瑞州、萨克森州、萨克森—安哈尔特州、图林根州	http://de. china - embassy. org/
驻汉堡总领事馆	汉堡市、不来梅市、下萨克森州、石勒苏益格—荷尔斯泰因州	http://hamburg. china - consulate. org/
驻慕尼黑总领事馆	巴伐利亚州	http://munich. china - consulate. org/
驻法兰克福总领事馆	莱茵兰—普法尔茨州、黑森州、巴登—符腾堡州、萨尔州	http://frankfurt. china - consulate. org/
驻杜塞尔多夫总领事馆	北莱茵—威斯特法伦州	http://dusseldorf. china - consulate. org/

附　录

附录1　德国属于重大并购的4种情况

（1）一家公司收购目标公司的全部或绝大部分资产。

（2）一家公司取得对目标公司的直接或间接控制权的并购。

（3）一家公司获得另一家公司50%以上股份和25%以上有表决权的股份的并购。

（4）产生重大影响的并购行为。

附录2　收购德国上市公司的规定

（1）收购目标公司30%以上有表决权的股份，或者收购目标公司第一控制权，必须公开要约。

（2）收购决定公告后，要约人须在一个月内向德国联邦金融监管局提交一份要约报告，其中包括买方和目标公司的名称、地址和法律形式，公司证券代码、预期收购的价格和期限，收购条件、收购所需资金总额及其担保目标等。联邦金融监管局在收到收购报告后10个工作日内对收购要约进行审计。

（3）目标公司是否接受要约以4～10周为限。如果在此期间出现新的买方，应以后者提出的时限为准。到期后可再延长两周。目标公司董事会、监事会应当尽快就要约做出正式声明。目标公司董事会有义务保持中立，即不能采取促进或阻止收购的措施。

（4）收购要约不得低于要约公告前三个月的最高价格。收购完成后，公告收购总额，并报金融监管局备案。

（5）如果收购失败或德国联邦金融监管局禁止发布要约，买方不得在一年内发出新要约。

附录3　德国政府部门和相关机构一览表

中国驻德国使馆，www. china - botschaft. de

德国联邦政府，www. bundesregierung. de

德国联邦议院，www. bundestag. de

德国外交部，www. auswaertiges - amt. de

德国国防部，www. bmvg. de

德国司法部，www. bmj. bund. de

德国经济及科技部，www. bmwi. de

德国联邦内政部，www. bmi. bund. de

德国联邦环境、自然保护、建筑和核安全部，www. bmub. bund. de

德国经济合作和发展部，www. bmz. de

德国食品、农业和消费者保护部，www. bmjv. de

德国财政部，www. bundesfinanzministerium. de

德国联邦劳工及社会事务部，www. bmas. de

德国教育和研究部，www. bmbf. de

德国环境部，www. umweltbundesamt. de

德国联邦技术救援署，www. thw. de

德国专利商标局，www. dpma. de

德国劳动局，www. arbeitsamt. de

德国海关，www. zoll. de

德国航空，www. lufthansa. de

德国火车，www. bahn. de

德国气象，www. wetter. de

德国邮政，www. deutschepost. de

德国黄页，www. gelbeseiten. com

德国城市地图网，www. stadtplandienst. de

德国电话查询，www. dastelefonbuch. de

德国联邦统计局，www. destatis. de

德国联邦银行，www. bundesbank. de

德国联邦风险评估研究所，www. bfr. bund. de

德国政府公司治理准则委员会，www. corporate – governance – code. de

德国驻华使馆，www. deutschebotschaft – china. org/cn/home

德国高校资料，www. hochschulkompass. hrk. de

中国驻德国大使馆领事部，www. china – botschaft. de/chn/lsfw

中国驻德国大使馆经商参处，de. mofcom. gov. cn

中国驻法兰克福总领馆经商室，frankfurt. mofcom. gov. cn

中国驻汉堡总领馆经商室，hamburg. mofcom. gov. cn

中国驻慕尼黑总领馆经商室，munich. mofcom. gov. cn

中国驻杜塞尔多夫总领馆，duesseldorf. china – consulate. org

全德境内紧急救助服务电话：110（匪警）、112（急救和火警）。国际代码：+49

德国铁路查询台：11861

德国汉莎航空咨询：018058384267

中国国航法兰克福机场办事处：069 – 69075141

德国海关信息中心：069 – 46997600　Fax：069 – 46997699

柏林机场信息查询台：01805000186

柏林警察总局：030 – 46640（总机）　110（紧急求助电话）

柏林外国人管理局：030 – 902690（总机）Fax：030 – 902694099

柏林劳动局：030 – 55555

【中资企业商会】

德国中国商会

Chinesische Handelskammer in Deutschland e. V.（CHKD）

地址：Friedrichstraße 95，IHZ Hochhaus 3 层，10117 Berlin

电话：030 – 20917522

传真：030 – 20917340

电邮：info@ chk – de. org

网址：chk – de. org

法兰克福中资企业协会

Verein der chinesischen Unternehmen Frankfurt e. V.

地址：Fürstenberger Str. 229，60323 Frankfurt/M.

电话：0049 – 1525533 – 2222

电邮：mail@ ceafrankfurt. org

网址：ceafrankfurt. org

北威州中资企业协会

Chinese Enterprises Association in NRW e. V. （CEA）

地址：Corneliusstr. 18，40215 Düsseldorf

电话：021115932949

电邮：info@ cea – nrw. com

网址：www. cea – nrw. com

白俄罗斯投资便利化评价与分析

摘　要：　本部分从国家概况、政治文化环境、国家投资便利化水平、投资法律风险、投资注意事项和投资求助路径六个部分对白俄罗斯进行国别投资便利化评价与分析。研究表明，白俄罗斯近几年在经济发展、制度改革、基础设施建设以及社会环境改善等方面都有了明显的进步。一方面，白俄罗斯具有得天独厚的地缘优势，其位于欧洲地理中心，是连接欧亚大陆至欧盟及大西洋港口的重要公路、铁路运输走廊；另一方面，其市场的经济环境为投资便利化创造了宏观的大环境。此外，白俄罗斯具有较高的科研和教育水平，劳动力素质相对较高。白俄罗斯良好且稳定的市场经济环境能为投资便利化提供更多的宏观支持。

关键词：　白俄罗斯　投资便利化　投资注意事项　投资求助路径

1　国家概况

1.1　白俄罗斯的昨天和今天

历史上的白俄罗斯是东斯拉夫族的一支。公元9世纪末与现在的俄罗斯人和乌克兰人一起并入强大的封建君主国基辅罗斯。12世纪初，古罗斯帝国开始四分五裂，白俄罗斯境内的一些公国从古罗斯帝国独立出来。从14世纪起，立陶宛崛起成为东欧大国，原基辅罗斯的大部分划归于立陶宛。同时，白俄罗斯也被并入立陶宛大公国。之后，白俄罗斯境内的社会经济和民族文化关系不断融合与加强为白俄罗斯民族文化的形成创造了条件。此后经过了 200 多年白俄罗斯民族逐渐形成。

1569 年，随着立陶宛和波兰合并为波兰立陶宛联合王国，白俄罗斯归属联合王国。18 世纪后期白俄罗斯各部分地区先后并入俄国。1917 年白俄罗斯参加了俄罗斯的社会主义十月革命，终于在 1919 年 1 月 1 日成立了白俄罗斯苏维埃社会主义共和国。1922 年 12 月，白俄罗并入苏联，与俄罗斯、乌克兰和外高加索联邦共和国同为苏联加盟共和国。1945 年，白俄罗斯成为联合国成员，也是联合国创始成员国之一。1990 年 7 月 27 日，白俄罗斯最高苏维埃通过主权宣言并于 1991 年 8 月 25 日宣布独立，12 月 19 日改名为"白俄罗斯共和国"，简称"白俄罗斯"（译"Belarus"）。

1.1.1 地理环境

白俄罗斯地处欧洲东部，是个内陆国家。具有得天独厚的地缘优势，既位于欧洲地理中心，又处于东、西欧国家及黑海、波罗的海沿岸国家交通运输的十字路口，同时，也是连接欧亚大陆至欧盟及大西洋港口的重要公路、铁路运输走廊。其西部与波兰、西北部与立陶宛、北部与拉脱维亚、东北部和东部与俄罗斯、南部与乌克兰交界。白俄罗斯的领土总面积为 20.76 万平方千米，在欧洲排名第 13 位。在独联体国家之中排名为第 6 位，仅次于俄罗斯、哈萨克斯坦、乌克兰、乌兹别克斯坦和土库曼斯坦。白俄罗斯的国土东西相距 650 千米，南北相距 560 千米。陆地边境线总长为 2969 千米。

白俄罗斯境内地势比较平坦，没有明显的天然障碍高峰。平均海拔高度为 160 米，最高山峰为捷尔金斯卡娅山，海拔为 345 米。这种平坦的地理优势和特殊的地理位置也促进了白俄罗斯政府积极建设主要的交通要道和积极发展与周边国家的经济关系。欧亚大陆的主干线道路之一穿越白俄罗斯领土，其中包括一些从俄罗斯的中心和东部地区到西欧国家最短的交通线，以及波罗的海和黑海之间最短的交通线。

白俄罗斯还是一个被称为"万湖之国""万河之国"的国家，河流与湖泊众多。欧洲第三大河第聂伯河（The Dnieper）流经白俄罗斯，是白俄罗斯境内最长的河，总长达 613 千米，流域面积 4.21 万平方千米。最大的湖为纳拉奇湖（The Naroch），面积 79.6 平方千米。

1.1.2 行政区划

白俄罗斯的全国行政区划分为 6 个州，分别为布列斯特州（Brest）、维捷布斯克州（Vigebsk）、戈梅利州（Gomel）、明斯克州（Minsk）、格罗德诺州（Grodno）和莫吉廖夫州（Mogilev）。其下设 118 个区。

首都明斯克是白俄罗斯第一大城市，距离俄罗斯首都莫斯科约 700 千米，人口约 197.5 万人（截至 2017 年初），是全国的政治、经贸和文化中心。其他代表性的大城市为戈梅利、莫吉廖夫、维捷布斯克、布列斯特以及格罗德诺等。首都明斯克到周边国家首都的距离分别是：到维尔纽斯 215 千米，到里加 470 千米，到基辅 580 千米，到莫斯科 700 千米，到柏林 1060 千米。

1.1.3 自然资源

白俄罗斯境内有 30 多种矿产分布在 4000 多个矿区。其矿产资源主要特点是非金属矿丰富，黑色金属矿、有色金属矿、石油和天然气能源矿藏稀少。非金属矿资源中钾盐矿产占重要的地位，国家的工业钾盐储存量位于欧洲前列，世界排名第 3 位，在白俄罗斯的莫济里、大维多夫斯克、旧别恩斯克的工业矿产地藏量超过 220 亿吨，居独联体国家首位。其他矿产资源还有泥炭、易燃板岩、建筑用地花岗岩、建筑用石、生产水泥和石灰用的材料，以及制造玻璃用的沙、砾石等。

白俄罗斯水资源非常丰富。境内共有 2 万多条河流，总长度达 9.1 万千米。其中有 6 条河长超过 500 千米。拥有 1.1 万个湖泊，总面积为 2000 平方千米。有 130 多个水库，11 个大型养鱼基地，总面积为 173 平方千米。

白俄罗斯也是一个森林资源丰富的国家，森林覆盖率为 42%，拥有近 800 万公顷的森林资源，在独联体中居第 2 位，仅次于俄罗斯。木材储量约 10.93 亿立方米，每年出口大量的各种木材，其总量高达约 500 万吨。白俄罗斯境内主要的树种以属于松类的针叶林为主，其次有云杉、白桦、橡树和榆树等。白俄罗斯还拥有特别在欧洲享有盛誉的别洛韦日自然森林保护区，占地面积达到 1165 平方千米。白俄罗斯药材种类达 290 余种。以蘑菇为主的生物资源达 7.03 万吨。动物 3.1 万种，其中最珍贵的森林动物有欧洲野牛、野鹿、熊、貂、豹猫等。

1.1.4 气候条件

白俄罗斯属于温带大陆性气候，冬季多雪，夏季温暖，秋季多雨。一月份平均气温为 −6.7℃，七月份平均气温为 18℃左右。全年降水量在低地为 550~650 毫米，平原和高地为 650~750 毫米。

1.1.5 人口分布

截至 2018 年初，白俄罗斯总人口为 949.18 万人。其中，男性 442.15 万人，女性 507.03 万人；城镇人口占总人口的 78.1%，乡村人口占 21.9%；劳动力人口 436.3 万人，占总人口的 46%。首都明斯克人口为 198.24 万人。目前在白俄罗斯的华人大约为 5000 人，主要为留学生、中资企业人员和游客等，集中分布在明斯克市和明斯克州。

2 政治文化环境

2.1 政治制度

白俄罗斯宪法明确规定，白俄罗斯国家推行总统制和三权分立。总统是国家元首，以法律和宪法为依据，决定国家对内对外政策的基本方针。行政权由政府即部长会议执掌。最高行政长官是总理。立法权属国民会议，司法权归法院。白俄罗斯的政府权力由议会和政府以及法院三方各自独立执行。

总统。白俄罗斯于 1994 年 11 月 24 日全民公决通过宪法修正案，开始实行总统制，总统的任期一般来说为 5 年。2004 年 10 月举行了全民公投，通过了取消宪法第 81 条关于总统任期不得超过两届的规定，并通过了总统由选民直接选举产生，任期 5 年，可以连选连任没有限制的决定。2006 年 3 月和 2010 年 12 月卢卡申科连任总统。2015 年 10 月 11 日进行总统大选，卢卡申科再次当选为白俄罗斯总统。

议会。白俄罗斯的议会又称国民会议，由共和国院（上院）和代表院（下院）组成，每届任期时间为4年。本届的国民会议于2016年10月选举产生。目前上院的共和国院议员共有64名代表，其中56名由全国6州1市（明斯克）的地方苏维埃代表会议以秘密投票方式选举产生，另外8名由总统任命。其主要职能：①通过或否决下院通过的法案；②批准总统关于司法机构、中央选举和全民公决委员会、中央银行领导人的任命；③选举宪法规定的法院的6名法官；④决定解散地方代表苏维埃；⑤审议总统关于战争状态和紧急状态的命令；⑥审议下院对总统的弹劾等。下院的代表院的议员共有110名代表，以无记名投票方式直接通过普选产生。其主要职能：①审议宪法修改补充草案和各类法案；②确定总统大选；③批准总统关于总理的任命；④对政府表示不信任、接受总统辞职等。

司法。目前白俄罗斯的司法机构设有宪法法院、最高法院、最高经济法院和检察院四个主要司法机构。

2.2 外交关系

对外关系。自卢卡申科总统执政以来，白俄罗斯坚持奉行独立务实的外交政策。其外交以俄罗斯为重点采取"多方外交政策"，同时重视同独联体及周边邻国的关系。近年来，白俄罗斯将中国视为外交优先方向之一，同时也正在努力改善同西方国家的关系。2014年，白俄罗斯同俄罗斯、哈萨克斯坦达成协议，积极建设欧亚经济联盟。近年来，白俄罗斯与欧美的关系也由僵冷趋向缓和。总统卢卡申科在2016年6月举行的第五届全白俄罗斯人民大会上强调，白俄罗斯需要同美国和欧盟发展正常关系。他强调，欧盟是白俄罗斯第二大出口市场，未来白俄罗斯将努力实现同欧盟关系的全面正常化，并达成基础协议。2019年9月17日，白俄罗斯与美国双方正式发表了决定将派驻对方国家的外交使团恢复为大使级，恢复了中断11年的大使级外交关系。白俄罗斯政府同时表示将继续重视和发展同中国、古巴、委内瑞拉等国的友好合作关系，在外交上努力争取空间，扩大白俄罗斯的国际影响力。

与俄罗斯的关系。白俄罗斯与俄罗斯两国在 1992 年 6 月 25 日正式建交，并于 1997 年签订俄白联盟条约。1999 年签订了关于两国各自为主权国家，保持各自主权和领土完整的《关于成立俄白联盟国家的条约》，并于 2000 年正式生效。双方共同联合成立了具有超国家机构性质的最高委员会、执行委员会和联盟议会组织。其主要负责处理两国在政治、经济、社会、军事和科学文化等领域合作的一切相关事宜。俄罗斯是白俄罗斯主要盟友，两国的外交关系是白俄罗斯外交最重要的部分。白俄罗斯坚定不移地支持俄罗斯所推进的独联体一体化进程，支持白俄哈成立的关于三国关税同盟，并积极响应俄罗斯提出的建立"欧亚联盟"的设想。同时俄罗斯在各方场合明确表明坚决支持白俄罗斯，并反对美西方干涉白内政和扩大制裁。2012 年 1 月，白俄罗斯总统卢卡申科在索契与时任俄总统梅德韦杰夫举行会晤，并于同年 2 月两国总统发表联合声明，谴责美欧对白制裁。

与中国的关系。中国和白俄罗斯两国于 1992 年建交。当时的白俄罗斯部长会议主席克比奇访华期间，中白两国正式签署了建交协议。之后两国的关系一直保持友好，高层互访频繁，双边关系保持稳定发展。两国结好的城市、省州共 12 对。中白之间贸易往来也随之急剧上升。据中国海关总署的统计，2000 年，中国同白俄罗斯的贸易总额为 11363 万美元，比上年增加 336.7%，其中中方出口额为 4112 万美元，进口额为 7251 万美元。2012 年，中白双边贸易额达 15.8 亿美元，同比增长 21.4%，其中中方出口额为 9.2 亿美元，同比增长 30.4%，进口额为 6.6 亿美元，同比增长 10.8%。2013 年 7 月，白俄罗斯总统卢卡申科访华期间，两国元首签署联合声明，宣布建立全面战略伙伴关系。2016 年 6 月，在上海合作组织塔什干元首峰会举行期间，习近平主席与卢卡申科总统会面。同年 9 月，白俄罗斯总统卢卡申科访华，两国元首共同签署了《中华人民共和国和白俄罗斯共和国关于建立相互信任、合作共赢的全面战略伙伴关系的联合声明》。

中国还积极参与中白工业园区的建设，此项目也是中国参与海外工业园区建设的最大投资项目。截至 2018 年上半年，在白俄罗斯注册的中资企业已有近 300 家，是 2011 年的 10 倍。

2.3 文化环境

民族。白俄罗斯是个多民族国家，境内共有约 140 个民族，但是总人口的 83.4% 为土生土长的白罗斯人，俄罗斯族是白俄罗斯国内第二大民族，占总人口的 8.2%。其他的少数民族为波兰人（占 3.1%）和乌克兰人（占 1.7%）。白俄罗斯奉行民族平等和团结的民族政策，白俄罗斯宪法规定"一切民族、宗教和信仰在法律面前一律平等"。1995 年后，白罗斯语和俄罗斯语被设为官方语言，一般白俄罗斯人都会说这两种语言。白俄罗斯的政府官员和普通民众会讲英语的比例不高。

宗教习俗。白俄罗斯是个多宗教的国家，70% 以上的居民信奉东正教，其次为天主教。基督教的不少节日，例如复活节等被设为国定假日。其他的重要节日有：东正教圣诞节，1 月 7 日；妇女节，3 月 8 日，这是白俄罗斯人非常重视的节日，一般都要给女士准备鲜花等礼品；卫国战争胜利日，5 月 9 日；独立日（共和国日），7 月 3 日，纪念 1944 年 7 月 3 日苏军解放被德国法西斯占领的首都明斯克；十月革命日，11 月 7 日。白俄罗斯民族崇尚白色，认为白色纯真、洁净，"白俄罗斯"意为"纯的罗斯人"。因其喜穿白色服装和用白布绑腿，族名故称"白俄罗斯"。白俄罗斯人比较直率，性格豪迈，心地实在，乐于相互交往，非常重视礼貌待客，有"女士优先"的传统，习惯于在各种场合照顾优待妇女。白俄罗斯人认为"7"是个吉祥的数字。无论做什么事情，总喜欢同"7"这个数字打交道。"13"数字被忌讳，被认为是个"不吉祥的数"，会给人带来不幸。使用左手被认为是不礼貌的举止。在白俄罗斯，习惯上主客双方都要发表长篇感言，谈论合作前景，为合作、友谊、家庭等祝福，如果只说简单的"干杯""合作愉快"等会被认为是不礼貌的。

3 国家投资便利化水平

就投资便利化而言，APEC 认为投资便利化是政府实施相应政策吸引外国投资并实现投资周期内管理效率与经济效益最大化，其涵盖市场准入、投资待遇、争端解决和投资保护等便利化措施；OECD 则认为投资便利化是国际直接投资活动中能够为投资者及企业提供的便捷化程序和优质的投资环境。基于现有理论研究，本书定义投资便利化为，一国或一地区通过一系列的手段和措施，为实现国际资本流动快速化、便捷化、标准化而创造的一个协调、透明、可预见的环境。其主要受到国家市场经济环境、制度环境、基础设施及社会环境四方面的影响。

（1）市场经济环境是指东道国国内在市场经济规律中所形成的各种宏观与微观环境。本书中的市场经济环境是从一国或一地区的宏观层面出发，是包括一国国内生产总值、市场规模在内的经济环境与市场环境的整体表现。一国的市场经济环境为投资便利化创造了宏观的大环境，良好且稳定的市场经济环境能为投资便利化提供更多的宏观支持。

（2）制度环境包括规制性、认知性和规范性维度。规制性维度决定了在一个国家开展商业活动的难易程度，认知性维度是指与外国投资者有关的理所当然的做法，而规范性维度涉及特定国家现存的主导价值观和信仰。本书中的制度环境主要有政府稳定、腐败程度等，这些都与国际投资密切相关，影响了国际资本流动在该国的便利程度及竞争机制等，体现了一国政府的市场监管效率，良好的制度环境会为投资便利化带来更为优越的制度监管支持。

（3）基础设施是指国家或政府为了保证社会经济活动正常进行而建造的物质工程设施与公共服务系统。基础设施是国际投资产生与发展的基础物质条件。本书所提到的基础设施主要包括互联网、物流、电力、交通等方面，这些方面都是现代国际投资得以更便捷、更快速的根本所在。

（4）社会环境是一定时期内整个社会发展的一般状况。主要包括社会道德风尚、文化传统、人口变动趋势、文化教育、价值观念、社会结构等。本书中的社会环境主要指与人或社会活动息息相关的各个方面，主要包括居民消费支出、贫困人口比例、文化教育水平等。投资是以人为主的活动，人的基本素质及社会活动的便捷性都会影响投资便利化水平的高低。

　　基于以上定义，同时结合世界经济论坛（WEF）、世界银行（WB）、美国遗产基金会（HF）、透明国际（TI）等机构指标体系构建原理以及刘镇、陈继勇等（2018）学者的相关研究，本书构建了包含三个层级的中欧班列沿线国家投资便利化水平指标评价体系。第一层级为国家投资便利化水平。第二层级为市场经济环境、制度环境、基础设施和社会环境四个维度。第三层级共21个指标，其中以外资规模（FDI/GDP）、投资自由度、GDP总额、资本形成总额和贸易规模五个指标来描绘市场经济环境指标；以政府稳定、腐败程度、法律和制度、官僚质量四个指标来描绘制度环境指标；以铁路密度、公路密度、航空货运量、港口质量、安全互联网服务器（每百万人）、每百人中固定电话数量、电力供应量七个指标来描绘基础设施指标；以居民消费支出、总人口数、贫困人口比例、文化教育水平以及犯罪率五个指标来描绘社会环境指标，以此构建了具备一定科学性、完整性和可操作性的中欧班列沿线国家投资便利化水平的评价指标体系，详细评价指标体系如表6-1所示。本书所需数据均来源于世界经济论坛"The Global Competitiveness Report，GCR"、世界银行数据库（WB）、美国遗产基金会（HF）、透明国际（TI）以及各国对应统计年鉴等相关的指标数据。

表6-1　中欧班列沿线国家投资便利化水平指标评价体系

第一层级	第二层级	第三层级
国家投资 便利化水平	市场经济环境（ME）	外资规模（FDI/GDP）
		投资自由度
		GDP总额
		资本形成总额
		贸易规模
	制度环境（IE）	政府稳定
		腐败程度
		法律和制度
		官僚质量

第一层级	第二层级	第三层级
投资便利化水平	基础设施（BI）	铁路密度
		公路密度
		航空货运量
		港口质量
		安全互联网服务器（每百万人）
		每百人中固定电话数量
		电力供应量
	社会环境（CE）	居民消费支出
		总人口数
		贫困人口比例
		文化教育水平
		犯罪率

需要说明的是，在按照指标体系对中欧班列沿线国家进行数据收集时，部分国家少量数据缺失，本团队有针对性地采取插值法或平滑法等数理统计方式来进行补全。基于此，考虑到数据的可得性和研究的科学全面性，本章选取白俄罗斯作为研究对象，并以2008～2017年为时间样本周期全面考察其国内投资便利化水平。

3.1 市场经济环境

3.1.1 外资规模

外资规模指的是外国直接投资（FDI）净流入占本国 GDP 的百分比，外国直接投资（FDI）是指投资者为获得在另一经济体中运作的企业的永久性管理权益（10%以上表决权）所做的投资的净流入。它是股权资本、收益再投资、其他长期资本以及国际收支平衡表中显示的短期资本之和。该数据来源于世界银行数据库。2008～2017年白俄罗斯外资规模如图6-1所示。

从图6-1中可以看出，除2010～2011年外资投资出现急速增长之外，

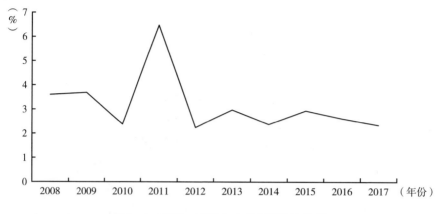

图 6 - 1　2008～2017 年白俄罗斯外资规模

其余年份均相对平稳，平均在 2%～3%。外资规模最高的一年为 2011 年，比例为 6.48%。在此期间，外国直接投资（FDI）净流入占本国 GDP 的比重急速增加，可能与 2007 年底以来为鼓励外资企业及外国投资，白俄罗斯政府采取了一系列新的措施有关。近年来，白俄罗斯政府为了吸引更多的外国投资者以促进其经济发展，加快了股份制改革和国有企业的民营化改革进程。白俄罗斯政府于 2014 年修改了原有的投资法，出台了新的《白俄罗斯投资法》，其内容包括国内外投资者享有平等的投资条件，并列入了符合国际惯例的有关司法保护、对投资者的保障及投资者的权利等相关条款，进一步改善了投资环境，特别是针对经济特区出台了许多税收优惠、海关优惠及其他一系列优惠政策。此外，为吸引外资，白俄罗斯政府还出台了一系列行业性和地区性鼓励政策。由图 6 - 1 中也可以看出，即使 2015 年白俄罗斯在 GDP 下滑了 28.67% 的情况下，外资与 GDP 比例的指标外资规模（FDI/GDP）也没有显示明显下降，这表明白俄罗斯的外资投资仍然保持稳定的增长。

3.1.2　投资自由度

投资自由度指的是政府对投资的干涉水平，是由美国遗产基金会调查统计得到的。这个指标总分是 100 分，在这个指标上分数越高，表明政府对投资领域的干涉水平越高，自由度越低。这一指标是经济自由度总体指标的一个分指标，经济自由度来自美国传统基金会等发布的年度报告，涵盖全球

155 个国家和地区，是全球权威的经济自由度评价指标之一，各个指标累加后的平均值可以计算出总体系数，即总体的经济自由度。美国传统基金会的观点是，具有较多经济自由度的国家或地区与那些具有较少经济自由度的国家或地区相比，会拥有较高的长期经济增长速度且更繁荣。2008～2017 年白俄罗斯投资自由度如图 6－2 所示。

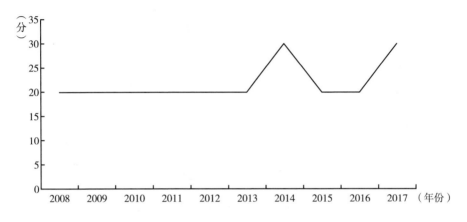

图 6－2　2008～2017 年白俄罗斯投资自由度

从图 6－2 中可以看出，到 2013 年为止，白俄罗斯的投资自由度比较低，为 20 分。这一得分水平在五个中欧班列沿线国家中居于低位水平。但是，从 2013 年开始白俄罗斯投资自由度得分由以往的 20 分上升至 2017 年的 30 分。这也就意味着从 2013 年开始，白俄罗斯政府对区域投资的干涉水平相较前一年有所降低，投资自由度有所提高。卢卡申科总统于 2009 年 5 月 28 日签署了第 265 号令，允许私营企业参与投资工程、交通和社会基础设施建设。之前，白俄罗斯的社会基础设施建设资金主要来源于国家和地方财政预算。为了减少国家预算负担，白俄罗斯政府积极鼓励和推动私营企业以 BOT 合作等方式参与国家基础设施建设，并出台了相关的优惠政策和提出了一些优先合作的项目。

3.1.3　GDP 总额

国内生产总值（GDP）是指一定时期内一个国家（或地区）所有常住

单位按市场价格计算的生产活动的最终成果，常被公认为衡量国家经济状况的最佳指标，能够较好地反映一国或一地区的经济发展实力。2008～2017年白俄罗斯 GDP 总额如图 6-3 所示。单位是现价美元，数据来源于世界银行数据库。

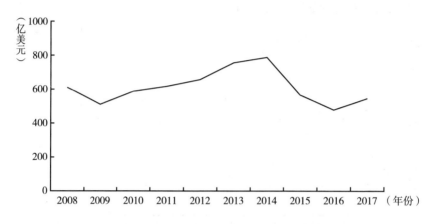

图 6-3 2008～2017 年白俄罗斯 GDP 总额

2008～2017 年白俄罗斯的经济规模在中欧班列沿线五国中处于低等水平，平均在 600 亿美元左右。白俄罗斯近十年经济综合水平在波动中略有下降，从 2008 年的 608 亿美元下降到了 2017 年的 544 亿美元，降幅为 10.29%，这与全球整体经济增长乏力相关。由于受世界经济不振影响，自 2011 年以来白俄罗斯的经济回升速度开始放缓。特别是在 2015年，由于受到欧美多轮经济制裁，加上受到石油价格持续下跌和乌克兰危机等多方面的影响，俄罗斯的经济受到严重打击，同时白俄罗斯也饱受连带效应之苦，GDP 进一步下滑，同比下降了 28.37%。同年，白俄罗斯本币累计贬值 52.6%，出口收入缩水 26%，外汇收入骤减 24.6%，黄金外汇储备减少近 10%。白俄罗斯经济下滑的主要原因是对俄罗斯的出口金额下降。

3.1.4 资本形成总额

资本形成总额（以前称为国内投资总额）由新增固定资产支出加上库

存的净变动值构成，数据来源于世界银行数据库。固定资产包括土地改良（围栏、水渠、排水沟等），厂房、机器和设备的购置，建设公路、铁路以及学校、办公室、医院、私人住宅和工商业建筑等。库存是企业为应付生产或销售的临时需要或意外波动而贮存的货物以及在制品。依照 1993 年 SNA，贵重物品的净收入也被视为资本形成。2008～2017 年白俄罗斯资本形成总额如图 6-4 所示。

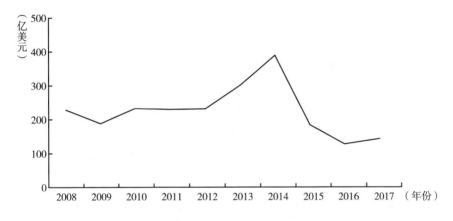

图 6-4   2008～2017 年白俄罗斯资本形成总额

在资本形成总额方面，白俄罗斯在中欧班列沿线五国中处于偏下的水平，其波动基本与总体经济相吻合。2009 年随着宏观经济的恢复开始回升，但受 2015 年总体经济下滑的影响，资本形成也受到严重的打击，由 2014 年最高峰的 389 亿美元下滑到 2016 年的 126 亿美元，下滑幅度高达 67.60%。2017 年开始回升。

3.1.5　贸易规模

贸易规模指的是国家货物和服务进口额与出口额之和，涉及一国居民与来自世界其他国家之间的所有交易，包括一般商品从非居民向居民的所有权变更、送去加工或修理的货物、非货币黄金以及服务。该数据来源于世界银行数据库。2008～2017 年白俄罗斯贸易规模如图 6-5 所示。

白俄罗斯外贸政策的原则是实行经济开放政策，奉行贸易自由化原则。

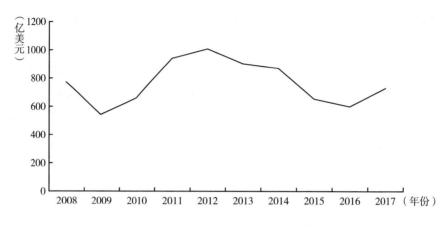

图 6 - 5　2008 ~ 2017 年白俄罗斯贸易规模

白俄罗斯与世界上 180 多个国家和地区有着外贸往来。但独联体是白俄罗斯的第一大贸易伙伴，2017 年的贸易额为 386 亿美元，占其货物贸易总额的 60.7%。白俄罗斯的外贸依存度比较高，每年的贸易进出口额超过国内生产总值的 120% 以上，在欧洲国家中处于前 10 位。由于白俄罗斯缺乏石油、天然气等资源，主要的生产原材料要依赖于进口，同时，受自身国内市场容量限制，白俄罗斯的国内生产总值的 60% 以上需要依靠出口实现。因此，白俄罗斯的贸易规模也随着宏观经济的波动而波动。2008 年白俄罗斯贸易规模约为 770 亿美元，2009 年相较于 2008 年有明显下滑，之后开始回升。2012 年达到 1000 亿美元顶峰之后，开始下滑到 2016 年的 598 亿美元。

3.2　制度环境

制度环境包括规制性、认知性和规范性维度。规制性维度决定了在一个国家开展商业活动的难易程度，认知性维度是指与外国投资者有关的理所当然的做法，而规范性维度涉及特定国家现存的主导价值观和信仰。制度环境包括国家、社会和专业组织施加的规范和管理压力。这些压力可以是强制性的、直接的，并可通过法院和规章等机制加以执行。体制环境还可以通过创造组织必须遵守的期望和规范来间接影响组织，以便获得合法性和资源。这里的所有指标均来自国家风险国际指南（ICRG）里的政治风险指标。ICRG 评估方法由美国国际报告集团于 1980 年创立，1992 年，ICRG 评估方法的创立者转投 PRS 集团，ICRG 每月对 140 个国家进行风险评估，并对 26 个国家进行年度风险评估。ICRG 评估法对 3 类风险指标（政治风险、金融风险和经济风险）及其 22 个变量进行综合评估。ICRG 评估公式如下：CPFER = 0.5 * (PR + FR + ER)。其中，CPFER 为政治、金融、经济综合风险评估，PR 为政治风险，FR 为金融风险，ER 为经济风险。CPFER 理论上最高分为 100 分，风险最低；理论上最低分为 0 分，风险最高，其中政治风险评估占综合风险评估的 50%。ICRG 政治风险评估方法预先设定了 12 项政治风险影响因素并赋予其相应分值，以此对 ICRG 所涵盖的国家的政治稳定情况进行比较评估。得分越低的国家风险越高，得分越高的国家风险越低。

这 12 项影响因素分别是政府稳定性、社会经济环境、投资情况、内部矛盾、外部矛盾、腐败、军队干预政治、宗教关系紧张程度、法律和秩序、种族关系紧张程度、民主问责制、官僚质量。本书在此选取其中的政府稳定、腐败程度、法律和制度、官僚质量四个指标来描述白俄罗斯的制度环境。

3.2.1 政府稳定

政府稳定是指一个国家在稳定与崩溃之间的范围，是一个国家衡量政府执行其已宣布的计划的能力，以及它继续执政的能力，即政权的稳定性。该指标由三方面组成：政府的团结、立法的力量和公众的支持。该指标总分为 12 分。2008~2017 年白俄罗斯政府稳定度得分情况如图 6-6 所示。

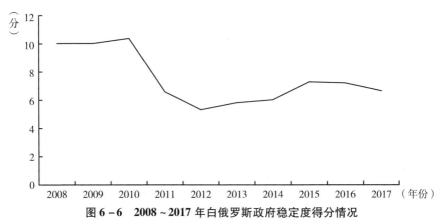

图 6-6　2008~2017 年白俄罗斯政府稳定度得分情况

由图 6 - 6 中可以看出，2008 ~ 2017 年白俄罗斯的政府稳定情况整体呈下降趋势。2008 ~ 2010 年保持相对的稳定状态。但是，2011 年急剧下降，由上年的 10.33 下降到 6.54，这意味着从 2011 年开始白俄罗斯的政府稳定指标在下降。

3.2.2　腐败程度

腐败是用以评估一国政治体制的腐败程度，它通过扭曲经济和金融环境，使人们能够通过任人唯亲而不是能力获得权力，降低政府和企业的效率，并给政治进程带来不稳定性，从而对外国投资构成威胁。政治体制腐败对外来投资的负面影响表现在以下几个方面：影响经济金融环境，降低政府和商业的效率，形成政治进程不稳定风险。商业领域腐败是最普遍的腐败形式，往往与进出口许可证、外汇管制、税收评估、警察保护或贷款相联系，导致商业效率低下甚至造成外来投资暂停或撤离。其他腐败形式（如超额赞助、裙带关系、政治与商业之间可疑的密切关系等）也应纳入评估范围，腐败最大的风险是导致一国政治机构重组甚至导致一国法律和社会秩序崩溃，国家失控。该指标满分为 6 分。2008 ~ 2017 年白俄罗斯政府腐败指标得分情况如图 6 - 7 所示。

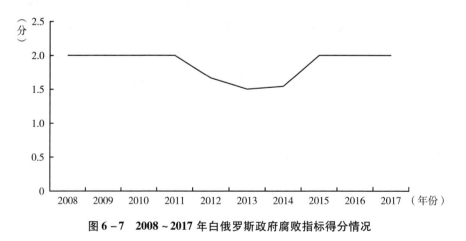

图 6 - 7　2008 ~ 2017 年白俄罗斯政府腐败指标得分情况

从图 6 - 7 中可以看出，2008 ~ 2017 年白俄罗斯除了 2012 年、2013 年、2014 年之外政府腐败指标没有显著的变化，数值均为 2，在独联体中高于俄罗斯和哈萨克斯坦。通过前面的概念介绍，我们知道一个国家腐败指标越高，代表这个国家的腐败程度越低。这说明在白俄罗斯社会，政府官员没有出现明显的严重的腐败现象。

3.2.3 法律和制度

在这个指标里，"法律"分量评估法律体系的力量和公正性，"秩序"分量评估公众对法律的遵守程度。该指标满分为 6 分，得分越高，表示这个国家在法律体系设计和民众遵纪守法方面表现越好，机构和个人钻法律的空子、违反法律等风险越低。2008～2017 年白俄罗斯法律和制度得分情况如图 6 - 8 所示。

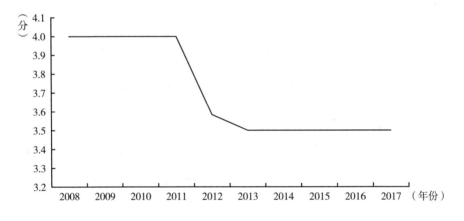

图 6 - 8　2008～2017 年白俄罗斯法律和制度得分情况

从图 6 - 8 中可以看出，2008～2010 年白俄罗斯的法律和制度数值均保持为 4，也是十年间数值最高的三年，表明在这三年白俄罗斯的法律和制度相对较完善。2011 年数值开始下降到 3.75。之后从 2012 年到 2017 年，数值均保持在 3.5，没有变化。相对而言，白俄罗斯社会政治环境稳定，法律法规较完备，公民守法意识强。

3.2.4 官僚质量

官僚质量指的是官僚机构的执政能力和行政水平，执政能力和行政水平越高，得分越高，风险越低。官僚机构质量是一种减震器，当政府发生变化时，它往往会将政策的修订最小化。在低风险国家，官僚机构在一定程度上独立于政治压力。腐败衡量的是政府服务的效率，而官僚质量衡量的是政府服务的质量。该指标满分为 4 分。2008～2017 年白俄罗斯官僚质量得分情况如图 6-9 所示。

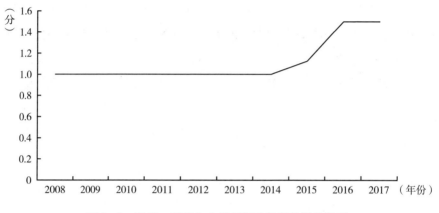

图 6-9　2008～2017 年白俄罗斯官僚质量得分情况

白俄罗斯的官僚质量在五个中欧班列沿线国家中居于低位水平。白俄罗斯为计划主导型经济和政府管理体制，政府部门工作效率不高。2008～2014 年白俄罗斯的官僚质量情况都没有变化，数值均为 1。但自 2014 年之后官僚质量有所提升，由 2015 年的 1.13 上升到 2017 年的 1.50。

3.3　基础设施情况

基础设施是指东道国为社会生产和居民生活提供公共服务的物质工程设施，是用于保证国家或地区社会经济活动正常进行的公共服务系统。它是社会赖以生存和发展的一般物质条件。本书在此用铁路密度、公路密度、航空货运量、港口质量、安全互联网服务器数量（每百万人）、每百人中固定电话数量和电力供应量 7 个指标来描述白俄罗斯在水、陆、空等交通基础设施以及通信和能源基础设施方面的情况。

3.3.1　铁路密度

铁路密度是用铁路总千米数除以国土面积得到的，数据来源于世界银行数据库，在此用铁路密度来替代表征白俄罗斯的铁路基础设施情况。铁路密度是一个国家或一个国家内一个行政地区、省（州）的疆土面积内所分布的铁路线路通车里程长度，是用以反映一个地区铁路运输条件和路网水平的指标，一定长度的铁路线是地区物资运输和旅客往来的物质基础，也反映了各地区铁路分布的疏密程度，用以判明其分布的合理性。2008～2017 年白俄罗斯铁路密度如图 6-10 所示。

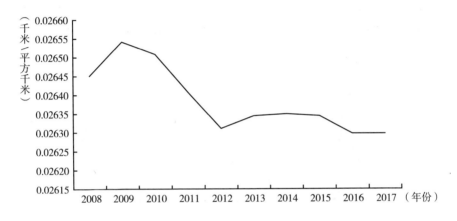

图 6-10　2008～2017 年白俄罗斯铁路密度

白俄罗斯铁路担负着与亚太地区国家铁路运输机构的联运工作。白俄罗斯的铁路密集度相对来说比较高，在五个中欧班列沿线国家中仅次于德国、波兰，处于第 3 位。从图 6-10 中可以看出，2008～2012 年白俄罗斯的铁路密度有所下降，这是由于近几年来白俄罗斯致力于进行铁路电气化改造，废除了一些老旧路线。布列斯特—明斯克—奥尔沙—俄罗斯边境的双轨电气化铁路全长 612 千米，货车运行速度达 90 千米/小时，客车运行速度达 160 千米/小时。白俄罗斯布列斯特—蒙古国乌兰巴托—中国呼和浩特之间有定期的集装箱列车"蒙古维克多"号运营，白俄罗斯铁路总公司 2012 年总投资额超过 7.3 亿美元。一些铁路的电气化改造工作在中国公司的参与下取得了积极进展，一期奥西波维奇到日洛宾总长 107 千米铁路既有线已于 2013 年 9 月开通，二期日洛宾到戈梅利总长 86 千米铁路既有线已于 2014

年 4 月正式开工。

3.3.2 公路密度

公路密度是陆地每平方千米内的公路千米数，数据来源于世界银行数据库、OECD 数据库、IRF 官网、国际统计年鉴和世界公路统计年鉴，在此用公路密度来替代表征白俄罗斯的公路基础设施情况。公路密度是一个国家或一个国家内一个行政地区、省（州）的疆土面积内所分布的公路线路长度，公路密度是区域公路发展水平的重要标志，也是衡量公路作为社会经济发展中重要基础设施而满足交通需求的直观指标。2008～2017 年白俄罗斯公路密度如图 6 – 11 所示。

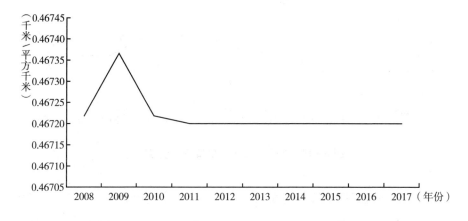

图 6 – 11　2008～2017 年白俄罗斯公路密度

白俄罗斯的公路密度在五个中欧班列沿线国家中居于中等水平，高于哈萨克斯坦和俄罗斯。白俄罗斯地处欧洲东部，是个内陆国家，位于欧洲地理中心，处于东、西欧国家及黑海、波罗的海沿岸国家交通运输的十字路口。白俄罗斯境内有 5 条欧洲国际公路，总长约 1841 千米。白俄罗斯政府为了优化和提高白俄罗斯公路管理效率，于 2013 年成立了公路控股公司。白俄罗斯公路运输公司、公路技术公司、公路建设工业公司、公路建设公司三局等 9 家股份公司的股份将转移到国有制企业“白俄罗斯公路”。

3.3.3　航空货运量

航空货运量是指各飞行阶段（飞机运行从起飞到下次着陆）所运送货物、快递和外交邮袋的数量，以吨乘以飞行千米数度量。数据来源于世界发展指数。航空货运能提供安全、快捷、方便和优质的服务，以其迅捷、安全、准时赢得了相当大的市场，大大缩短了交货期。航空货运是国际贸易中贵重物品、鲜活货物和精密仪器运输所不可缺少的方式。2008～2017年白俄罗斯航空货运量变化情况如图6-12所示。

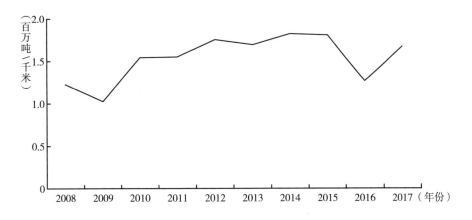

图6-12　2008～2017年白俄罗斯航空货运量变化情况

白俄罗斯主要有3家航空公司，分别为白俄罗斯航空、戈梅利航空以及航空运输出口航空公司。其中前两家公司主要从事客运航空运输，第三家在货运航空运输市场上占有主导地位。由图6-12中可以看出，在航空货运上白俄罗斯在这十年期间经历了高速增长的过程，由2008年的1.225百万吨/千米增长到了2017年的1.67百万吨/千米，增长了36.32%。由此可以看出，这几年白俄罗斯大力发展航空货运，加大了国际之间的贸易往来。

3.3.4　港口质量

港口质量是一个主观打分的指标，分值在1分和7分之间，表示的是企业高管对本国港口设施质量的感受等级，数据来自世界经济论坛与150家合作研究机构30年来合作进行的高管意见调查，2009年的意见调查涉及133

个国家的 13000 多名调查对象，抽样调查遵循基于公司规模和所经营行业的双层模式，通过在线或面谈的方式收集数据。调查问卷回复采用行业加权平均值进行汇总，最近一年的数据与上一年数据相结合创建出两年的移动平均值，分数从 1（根据国际标准，港口基础设施十分不发达）至 7（港口基础设施十分发达高效），向内陆国家受访者询问港口设施可用性的情况（1 = 可用性极差；7 = 可用性极高）。2008～2017 年白俄罗斯港口质量如图 6 - 13 所示。

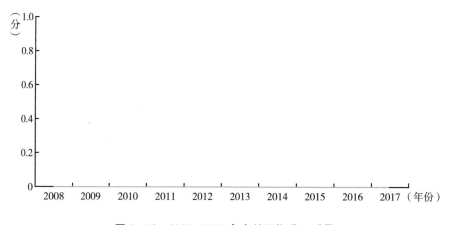

图 6 - 13　2008～2017 年白俄罗斯港口质量

由于白俄罗斯是内陆国家，没有出海口，白俄罗斯出口到独联体以外国家的货物主要通过立陶宛的克莱佩达港来完成运输。

3.3.5　安全互联网服务器（每百万人）

这一指标指的是国家每百万人所拥有的安全互联网服务器的数量，安全服务器是指在互联网交易过程中使用加密技术的服务器，是计算机局域网的核心部件，其效率直接影响整个网络的效率，因此用这一指标来表征国家的网络基础设施情况。数据来源于世界银行数据库。2008～2017 年白俄罗斯每百万人所拥有的安全互联网服务器的数量变化情况如图 6 - 14 所示。

从图 6 - 14 中可以看出，2008～2017 年白俄罗斯国内在互联网交易过程中使用加密技术的服务器的数量呈现逐年增加的趋势。2008 年每百万人

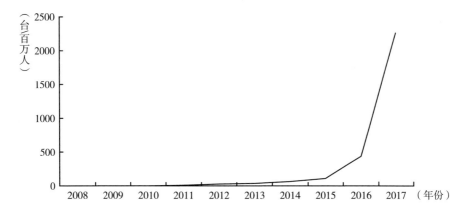

图 6 – 14　2008～2017 年白俄罗斯安全互联网服务器

服务器数量为 4.983；2009 年为 5.037；2010 年为 5.057；2011 年相比 2010
年，每百万人服务器数量有了比较明显的增长，为 9.078；2012 年比 2011
年增长了近 2 倍，为 25.463；2013 年比 2012 年增加了 13.201，实际为
38.664。从 2014 年开始，白俄罗斯每百万人在互联网交易过程中使用加密
技术的服务器的数量呈急速上升态势，2014 年为 61.611；2015 年比 2014 年
增加了 45.98，为 107.591；2016 年比 2015 年增长了 3 倍多，为 438.981；
2017 年白俄罗斯每百万人在互联网交易过程中使用加密技术的服务器的数
量为 2016 年的 5 倍多，为 2259.886。这个数据的增加，意味着白俄罗斯越
来越重视互联网交易过程的安全性。

3.3.6　每百人中固定电话数量

这一指标指的是国家每百人所拥有的固定电话的数量，这里的固定电话
数量包括固定电话、IP 电话、无线固话、ISDN 电话以及公用电话。数据来
源于世界银行。固定电话的数量，也就是固定电话的普及率，主要用来反映
国家通信基础设施的基本情况，一般认为数量越多越好。2008～2017 年白
俄罗斯每百人固定电话数量如图 6 – 15 所示。

从图 6 – 15 中可以看出，白俄罗斯每百人中固定电话数量十年间变化不
大，基本都为 40～50 部。虽然近几年白俄罗斯的网络通信得到了很大的提
高，但网络电话并没有取代传统的固定电话。2008～2017 年每百人中固定

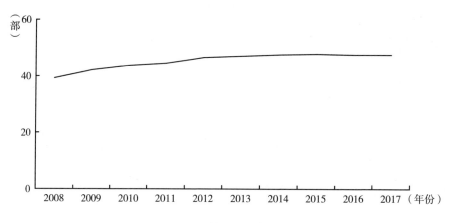

图6-15　2008～2017年白俄罗斯每百人中固定电话数量

电话数量在中欧班列沿线五国中始终处于比较高的水平，固定电话的普及率仅次于德国。

3.3.7　电力供应量

电力供应量指的是耗电量（人均千瓦时），耗电量用发电厂和热电厂的发电量减去输配电和变电损耗以及热电厂自用电量得出。本书在此用一国电力供应量来替代表征该国的能源基础设施建设情况，这一数值越大，一般认为该国能源供给能力越强。数据来源于世界银行。2008～2017年白俄罗斯电力供应量如图6-16所示。

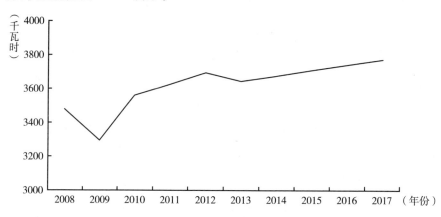

图6-16　2008～2017年白俄罗斯电力供应量

2008～2017 年白俄罗斯电力供应量在中欧班列沿线五国中处于较低水平，列第 4 位。白俄罗斯与其他国家一样，在 2009 年电力供应量出现了一个大幅度的下跌，这是由经济危机导致的企业减产以及用电量下降。但随后就立即恢复到以往的水平，继而持续上升。白俄罗斯由于自身燃料资源和核能发电站储备严重匮乏，电力能源中主要靠进口的天然气，其份额高达90%。为了加强国家能源安全，减少能源进口和有效利用资源，近几年来，白俄罗斯一方面发展自己的核电和争取燃料能源进口多元化，另一方面优化能源结构，逐步对现有热电站进行现代化改造，最大限度地合理利用各类本地燃料。

3.4 社会环境

社会环境是一定时期内整个社会发展的一般状况。主要包括社会道德风尚、文化传统、人口变动趋势、文化教育、价值观念、社会结构等。本书在此用居民消费支出、总人口数、贫困人口比例、文化教育水平和犯罪率五个指标来描述国家的社会环境状态。

3.4.1 居民消费支出

居民消费支出（以前称为私人消费）是指居民购买的所有货物和服务（包括耐用品，例如汽车、洗衣机、家用电脑等）的市场价值，不包括购买住房的支出，但包括业主自住房屋的估算租金，也包括为获得许可证和执照向政府支付的费用，此处居民消费支出包括为居民服务的非营利机构的支出，无论国家是否另行公布，数据均按现价美元计算，来源于世界银行。2008～2017 年白俄罗斯居民消费支出如图 6－17 所示。

从图 6－17 中可以看出，白俄罗斯的居民消费支出在 2008～2014 年有较大幅度的提高，由 2008 年的 31.571 亿美元上升到 2014 年的 41.635 亿美元。但是由于受到 2015 年出现的近 20 年来第一次负增长带来的 GDP 急速下滑和当年本币累计贬值 52.6% 的影响，居民的消费支出也由 2014 年的最高峰下降到 2016 年的 26.028 亿美元，之后才逐渐恢复。根据白俄罗斯国家统计委员会的数据，2017 年居民现金收入 641.069 亿白卢布（约合

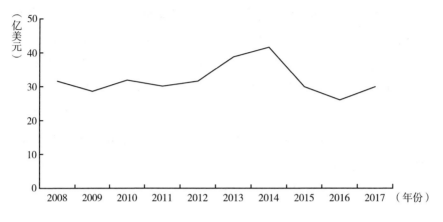

图 6 - 17　2008~2017 年白俄罗斯居民消费支出

331.85 亿美元）。

3.4.2　总人口数

总人口数是根据人口的实际定义计算的，即计算所有居民，不论其法律地位或公民身份。所示值为年中估计值。2008~2017 年白俄罗斯总人口数量如图 6 - 18 所示。

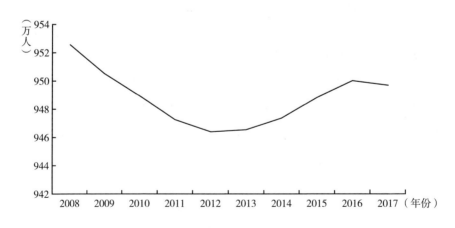

图 6 - 18　2008~2017 年白俄罗斯总人口数量

从图 6 - 18 中可以看出，白俄罗斯的人口变动幅度不大，从 2008 年的最高值 952.79 万人降到 2012 年的最低值 946.44 万人，其变动率仅为

0.66%。截至 2018 年初，白俄罗斯总人口为 949.18 万人。其中，男性 442.15 万人，女性 507.03 万人；城镇人口占 78.1%，乡村人口占 21.9%；劳动力人口 436.3 万人，占 46%。

3.4.3 贫困人口比例

贫困人口比例是指生活在国家贫困线以下的人口的百分比，国家的估计值是根据住户调查中得出的人口加权的子群体的估计值得出的，数据来源于世界银行。2008～2017 年白俄罗斯贫困人口比例如图 6－19 所示。

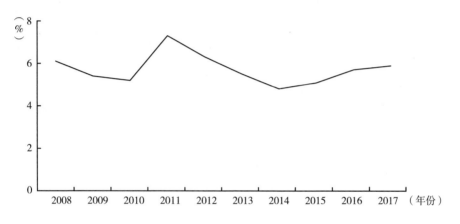

图 6－19　2008～2017 年白俄罗斯贫困人口比例

2008～2017 年白俄罗斯的贫困人口比例在中欧班列沿线五国中处于最低水平。从图 6－19 中可以看出，白俄罗斯的贫困人口比例一直大致维持在 5%～7%，平均值为 5.73%。虽然白俄罗斯经济比较落后，但是社会的贫富差距总体还是比较小的。这也是与白俄罗斯政府重视教育，社会总体保持比较高的教育水平有关。

3.4.4 文化教育水平

文化教育水平用总入学率来衡量，即大学入学的百分比，是指不论年龄大小，大学在校生总数占中学之后 5 年学龄人口总数的百分比。数据来源于世界银行。2008～2017 年白俄罗斯文化教育水平如图 6－20 所示。

白俄罗斯的文化教育水平在中欧班列沿线五国中处于最高水平，十年的

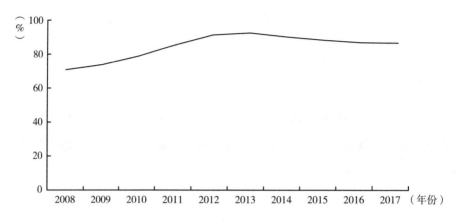

图6-20　2008~2017年白俄罗斯文化教育水平

均值达到84.53%，超过了均值为70.59%的波兰和58.4%的德国。白俄罗斯的教育在独联体各国中较为发达，每年的教育经费不少于GDP的5%。其背后是由于白俄罗斯政府对于发展科学技术高度重视，把科技的发展视为国家经济社会发展的重要生产力。近年来，白俄罗斯政府对科技研发的投入也在逐渐增大，在保持其传统优势产业发展的同时，还注意研发世界最新科学技术。白俄罗斯于2011年1月13日颁布了新的"白俄罗斯共和国教育法"，并规定普通学校实行11年制免费义务教育，高等院校学制4~5年，分免费和缴费两种形式。在白俄罗斯约有10000所教育机构，各类学生200多万人。白俄罗斯具有较高的科研和教育水平，劳动力素质相对较高。

3.4.5　犯罪率

犯罪率即故意谋杀犯罪率，是指对由于家庭纠纷、人际间暴力、为争夺土地资源的暴力冲突、黑帮团伙直接争抢地盘或控制权的暴力事件以及武装团伙的掠夺性暴力和杀戮而有意造成的非法谋杀犯罪的估计。数据来源于世界银行。2008~2017年白俄罗斯犯罪率如图6-21所示。

从图6-21中可以看出，2008~2017年十年间白俄罗斯的犯罪率一直保持下降趋势，由2008年的5.69%下降到2017年的3.50%。十年间白俄罗斯的犯罪率的均值为4.02%，低于哈萨克斯坦的7.29%和俄罗斯的12.68%。总体来说，白俄罗斯的社会治安良好，经济社会稳定。其原因出

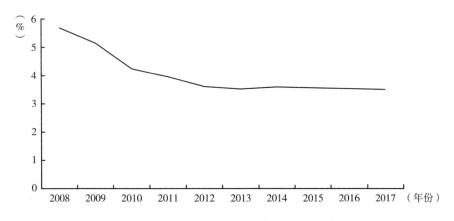

图 6 - 21　2008 ~ 2017 年白俄罗斯犯罪率

自以下几种。第一，白俄罗斯人的性格比较温和，居民对于生活现状比较容易满足。第二，白俄罗斯社会的生活、医疗、教育等都有保障。第三，白俄罗斯政府实行民族平等政策，国内民族矛盾较少，各民族和睦相处，境内不存在反政府武装。

3.5　总体评价

结合前面各项指标分析，白俄罗斯近几年在经济发展、制度改革、基础设施建设以及社会环境改善方面都有了明显的提升。其市场经济环境为投资便利化创造了宏观的大环境，良好且稳定的市场经济环境能为投资便利化提供更多的宏观支持。从前面的分析中也可以看出，即使 2015 年白俄罗斯的 GDP 下滑了 28.67%，外资与 GDP 比例的指标外资规模（FDI/GDP）也并没有明显下降，表明外资投资仍然保持稳定的增长。总体来说，白俄罗斯经商环境较好。白俄罗斯具有较高的科研和教育水平，劳动力素质相对较高。世界银行发布的《2018 年营商环境报告》显示，白俄罗斯在全球 190 个国家和地区中排名第 38 位。

白俄罗斯的投资吸引力体现在以下几个方面。

（1）白俄罗斯具有得天独厚的地缘优势，其位于欧洲地理中心，是连接欧亚大陆至欧盟及大西洋港口的重要公路、铁路运输走廊。

（2）白俄罗斯工农业基础较好，早在苏联时期，白俄罗斯就是苏联军事工业和重工业的重要基地，被称为苏联"装配车间"。因此，白俄罗斯工业部门较为齐全，机械制造业和加工业比较发达，拥有玛斯载重汽车、别拉斯矿山自卸车、轮式牵引车、拖拉机等世界著名的机械制造类企业，以及钾肥生产和石化等大型企业。在电子、光学、激光技术等领域也具有世界领先水平。农业基本实行了大规模机械化生产，肉类及肉制品、牛奶及奶制品、禽、蛋、糖等农产品丰富，可以大量出口。

（3）白俄罗斯政府为了早日加入世贸组织，正在积极地调整有关投资管理体系，减少政府对经济的行政干预，简化经营主体的注册程序。同时，白俄罗斯为欧亚经济联盟成员，这为外国投资者提供了新的机遇，可通过白俄罗斯打开欧亚经济联盟的大市场。

（4）白俄罗斯政府希望通过更多的外国投资者来白俄罗斯投资以促进其经济发展，为此在 2014 年出台并实施了新的《白俄罗斯投资法》。其内容包括国内外投资者享有平等的投资条件，符合国际惯例的有关司法保护，对投资者的保障及投资者的权利等相关条款。同时，白俄罗斯政府也出台了各种税收优惠、海关优惠等一系列改善投资环境的政策。此外，白俄罗斯政府还出台了一系列行业性和地区性鼓励政策来吸引外资。

3.5.1 便利化水平

受世界经济不振和 2015 年俄罗斯受到欧美多轮经济制裁等影响，白俄罗斯遭遇独立以来最大的经济社会发展困难期之后，2017 年白俄罗斯总体经济形势继续向好，经济指标全面回升。国内生产总值同比增长 2.4%，工业总产值同比增长 6.5%，农业总产值同比增长 4.1%，固定资产投资同比增长 5.3%，对外贸易额同比增长 20.7%，通胀率达 4.6%，居民平均月工资 425.9 美元。2017 年白俄罗斯的宏观经济指标参见表 6－2。

白俄罗斯是独联体国家中科技实力比较强大的国家之一，政府高度重视发展科学技术。特别是近年来，白俄罗斯政府对科技研发的投入逐渐增加，在保持其传统优势产业发展的同时，还注意研发世界最新科学技术。2016年末，白俄罗斯总统卢卡申科批准了白俄罗斯 2016～2020 年社会经济发展纲要，其中规定的该五年计划主要目标是提高人民生活水平，增强白俄罗斯经济竞争力，吸引投资和创新性发展。同时，白俄罗斯外贸政策的原则是实行经济开放政策，奉行贸易自由化原则。今后白俄罗斯的对外贸易的重要方向为，促进出口稳定增长、出口经营多样化、出口市场多元化，以及促进高科技产品进口。目前白俄罗斯也正在进行加入世界贸易组织的谈判，积极参加欧亚经济联盟、独联体自由贸易区以及其他国家间组织的国际条约。

表 6 - 2   2017 年白俄罗斯宏观经济指标

指标	2017 年	较上年增幅
名义 GDP	544.42 亿美元(1051.99 亿白卢布)	2.4%
人均 GDP	5726 美元(11076 白卢布)	15.5%
人均工资	约合 425.9 美元(822.8 白卢布)	
产业占比 GDP		
第三产业占比(贸易、机动车维修、交通运输)	47.73%	
第二产业占比(工业、建筑业)	31.9%	
第一产业占比(农业、渔业、林业)	7.07%	
最终消费占比 GDP		
居民消费占比	56.6%	
政府消费占比	15.3%	
固定资产投资占比	27.4%	
外债余额	167 亿美元	22.6%
内债余额	92 亿白卢布	- 10.3%
穆迪对白俄罗斯信用评级	B/B	
2017 年吸收外资总量	97.29 亿美元	
直接投资	76.34 亿美元	
间接投资	840 亿美元	
其他投资	20.86 亿美元	
截至 2017 年底吸引外资存量	197.76 亿美元	
货物贸易额	634.98 亿美元	24.15%
出口	292.67 亿美元	24.34%
进口	342.31 亿美元	23.98%
逆差	49.64 亿美元	
汇率	1 美元 = 1.9324 白卢布	
通胀率	4.6%	
失业率	5.6%	

3.5.2 制度分析

近几年来，白俄罗斯的国内制度环境有了较大的改善。2008～2017年政府腐败指标在独联体中高于俄罗斯和哈萨克斯坦。近几年白俄罗斯的官僚质量和国家的执政能力都有所提高，相较其他国家而言还是比较稳定的。

这些指标都与国际投资密切相关，影响了国际资本流动在白俄罗斯的便利程度及竞争机制等，体现了白俄罗斯政府的市场监管效率，良好的制度环境为投资便利化带来了更为优越的制度监管支持。

3.5.3 基础设施

白俄罗斯的基础设施不算完善，公路、铁路和航空的建设都还处于起步阶段，货运量都较低。网络的发展也是近几年才开始有一定程度的提高，但白俄罗斯政府对于其基础设施的发展有着清晰而具体的规划。在《2030年前白俄罗斯社会经济稳定发展国家战略》中，白政府提出了2016～2030年交通运输领域的发展目标，即货物周转量增加到2015年的1.2倍，旅客周转量达到2015年的1.4倍，刚性路面的比例从2013年的86%上升到2030年的90%，运输服务出口达到2015年的2.2倍。

白俄罗斯公路网全长10.1万千米，其中硬化路面8.69万千米，占公路总长度的86%，硬化路面公路密度为42千米/百平方千米。公开数据表明，2017年，白俄罗斯公路货运量同比增长了2.52%，为31.67亿吨；公路客运量同比增长了1.17%，为11.75亿人次，占客运总量的59.71%。

白俄罗斯铁路担负着与亚太地区国家铁路运输机构的联运工作。目前，白俄罗斯铁路总长5490千米，其中1013千米为电气化铁路，铁路网密度为2.6千米/百平方千米。2017年，白俄罗斯铁路货运量为1.46亿吨，占货运总量的33.3%。

从航空货运量来看，白俄罗斯由2008年的1.225百万吨/千米，增长到2017年的1.670百万吨/千米，增长了36.32%。可以看出这几年白俄罗斯大力发展航空货运，加大了国际之间的贸易往来。

今后随着白俄罗斯政府在基础建设方面的进一步投资与发展，将会促进现代国际投资在当地更便捷、更快速。

3.5.4 社会环境

总体来说，白俄罗斯的社会治安良好，经济社会稳定，这主要受益于其政府重视教育，把教育与发展科学技术视为国家政治、经济社会发展的重要生产力（教育经费不低于 GDP 的 5%）。因此，教育水平在中欧班列沿线五国中处于最高水平。高水平的教育使得白俄罗斯拥有良好的社会道德风尚，贫富差距也较低。投资是以人为主的活动，高素质的白俄罗斯人才将有利于吸引更多的外资进入其国家。

4　投资法律风险

4.1　对外贸易法规和政策规定

4.1.1　贸易主管部门

白俄罗斯主管对外贸易政策的部门是外交部，负责制定对外经贸政策，参与国家对外经贸领域的重大谈判（如入世谈判），协调国内市场保护并采取必要措施，举办境外国际经贸研讨会等。白俄罗斯经济部主要负责制定国内经济社会发展规划和与经济发展有关的各领域政策，稳定宏观经济。该部与对外贸易有关的职能主要是，协调制定投资政策和吸引外资，制定并实施与独联体国家发展经济合作的措施等。

4.1.2　贸易法规体系

白俄罗斯的外贸活动受白俄罗斯宪法、白俄罗斯对外贸易法和白俄罗斯其他法律的管理和约束。同时，白俄罗斯作为关税同盟和统一经济空间的一名成员，必须遵守和执行欧亚经济委员会的有关贸易法规。

4.1.3　贸易管理的相关规定

白俄罗斯对其外贸活动实行管理的基本原则是：对外贸易活动的所有参加者平等且不受歧视；国家保护对外贸易活动参加者的合法权益；消除国家机构对外贸实体的无理干涉，避免给对外贸易活动参加者和国家经济造成损失；国家通过关税和非关税调节管理对外贸易活动。

4.1.4　进出口商品检验检疫

白俄罗斯对商品质量和数量的检验是根据买卖双方的合同约定进行商品数量和质量的鉴定，未作强制性的规定，相关具体事务由工商会负责。欧亚经济联盟境内对产品质量和安全的检查措施主要包括登记、检验、证明（申报证明、证书）、产品检验、产品安全登记、兽医检验、卫生防疫检验。

【强制 STB 认证】根据白俄罗斯国家法律规定，一些产品必须在强制性取得 STB 证书后，才能允许在白俄罗斯境内销售或使用，如家用电器、食品、纺织品、化妆品、儿童用品、照明产品、农机设备、焊接设备、消防设备、升降机、建筑产品、车辆等。白俄罗斯进口家电的产品安全、技术参数原则上与其他欧洲国家一样，执行 ISO9000 标准。

【检验检疫】在俄、白、哈三国关税同盟框架下，为了简化烦琐的办证过程，关税同盟达成了关于在联盟境内生产和进口的商品质量标准的协议。协议规定，在关税同盟中采用统一的许可证和质量标准，取代之前每个成员国自己独立的标准。采用统一的检查、审核方式。颁发各成员国统一的有效证件。与其相关的法律于 2010 年 7 月 1 日起正式生效，包括《同意实行关税同盟商品检验标准》和《关于相互承认各成员国所颁发的质量证明》。同时为了使各项协定能够具体落实，关税同盟委员会还签订了以下四个协议，即《在关税同盟框架下的统一质检标准的商品清单》《关税同盟的质检报告和产品申报的统一模式》《有质检资格的单位和机构清单》《商品的进口程序》。根据协议，对于在关税同盟统一质量标准的商品清单中的商品，进口商或者生产商有权利申请获得某成员国的质量认证（和以前一样），或者申请获得在关税同盟统一质量认证，在任何成员国均有效。对于需要强制申报的产品，在联盟境内的制造商也有权利选择进行单国申报（和以前一样），或者采用统一的标准模式申报。对于没有在该商品清单中的商品，采用各国法律规定的方式进行检验。所有在联盟成员国境内有效的申报和检验证明，需要由在关税同盟委员会认定的机构和组织颁发。样品的检验和实验工作必须由在清单中的实验室或者研究机构来承担。在颁发共同认可的证照时，不仅要严格遵守关税同盟产品清单内对产品质量的要求，部分商品还需要在卫生防疫方面也符合联盟对卫生方面的要求。当商品在关税同盟的成员国境内销售时，对商品的标注（成分、生产日期等必要信息）必须采用该成员国的官方语言。植物性产品（水果、蔬菜、花卉和其他植物）、包装物、土壤、货物、材料等均在关税同盟检疫清单中，输入关税同盟成员国地区的产品须符合相关的检验检疫要求并附有证书。

4.1.5　海关管理规章制度

【管理职责】白俄罗斯海关委员会主要负责指导、协调和监管海关的活动，2008 年 4 月 28 日颁布的第 228 号《关于海关机构的若干问题》的总统令确定了海关委员会的主要任务和职能。下设 9 个海关，负责查验商品和运输车辆通过白俄罗斯边境的事务。

【进口增值税】一般对进口商品征收增值税，根据报关价值加海关手续费或者消费税。增值税率的多少依进口商品的种类而定。标准税率为 18% 或 10% 和 0%。白俄罗斯公司进口的高科技设备作为固定资产投资的可免征增值税。

【欧亚经济联盟】从 2010 年起，白俄罗斯、俄罗斯联邦、哈萨克斯坦关税同盟（以下简称"关税同盟"）正式生效。关税同盟是各成员国为了实现经济贸易一体化，建立统一关境，针对第三国采用统一贸易调控措施而设立的国际组织。2010 年 1 月 1 日，俄、白、哈三国实施了统一的关税税率，同年 7 月 6 日实施统一的《关税同盟海关法典》，标志着三国统一关境正式形成。2012 年形成了俄、白、哈三国统一经济空间，目标是实现商品、服务、资本和劳动力的自由流动，但目前尚存在一些限制和例外条款，随着 2015 年欧亚经济联盟的建立，将逐步取消这些限制和例外条款，最终实现共同的市场。

欧亚经济最高理事会是欧亚经济联盟的最高权力机构，在两个层面开展工作——国家元首层面和政府首脑层面。下设一个常设机构——欧亚经济委员会。根据俄、白、哈在 2011 年 11 月 18 日签署的欧亚经济委员会条约和欧亚经济委员会工作条例，欧亚经济委员会为独立的、专业化的超国家常设机构，全权负责欧亚经济一体化事务的执行和管理工作。其主要工作之一就是制定海关管理、关税及非关税调节规则并敦促实施。依据关税同盟国家统一关税协定（简称 ETT：2008 年）的内容，调整了货物进口关税。后来，由于俄罗斯加入 WTO，根据其承诺，对统一关税再次进行修订。ETT 根据关税同盟国家统一对外贸易商品目录，对第三国输入关税同盟国家的货物统一征收进口关税，再按固定比例进行分配，其中俄罗斯占 85.32%，哈萨克斯坦占 7.11%，白俄罗斯 4.55%，亚美尼亚占 1.11%，吉尔吉斯斯坦占 1.91%。若关税同盟统一关税协议没有对该产品进行规定，则依据所输入商品的来源国和关税同盟输入国的法律规定来确定海关税率。

4.2 对外国投资的市场准入规定

4.2.1 投资主管部门

白俄罗斯的投资主管部门为投资管理总局。其管理和职责为：①负责制定并实施国家投资领域政策；②参与制定实施积极投资活动的办法，创造稳定经济增长的条件；③制定加强同外国在投资领域合作的措施；④确定国家经济需要外资的规模等。

4.2.2 投资行业的规定

白俄罗斯投资行业的法律法规分别有白俄罗斯投资法典、白俄罗斯总统令标准法律文件、白俄罗斯民法和其他法律、白俄罗斯参与签署的国际协议和投资协议等。依据白俄罗斯投资法规定，没有总统的特别许可，不允许外国人投资关于国防和国家安全领域，禁止外国投资者在白俄罗斯境内生产和销售卫生部发布的清单上所列的麻醉型、剧毒型物质。除此之外，无其他限制。

4.2.3 投资方式的规定

白俄罗斯投资法规定，在其境内的投资活动以下列形式实施。成立法人：购置财产或财产权，具体是指法人法定基金中的份额、不动产、有价证券、知识产权项目的所有权、租赁、设备、其他基础设施。成立外资企业：通过新注册或者购买非外资法人机构的股份，以及整体或部分购买企业，作为财产方式成立的外资企业。

投资来源主要包括：投资者自有资金，包括折旧基金、支付税费和其他费用后的剩余利润，出售法人注册资本金所获资金等；借债和引资，包括银行和非银行等金融机构的贷款，创立者（参与者）和其他法人及自然人的借款、债券等。近年来，为了创造有利的引资条件、提高经济发展效率，白俄罗斯对国有财产私有化，以及将国有单一制企业改革为开放式股份公司等方面的相关法律法规进行了补充和完善。目前，可通过股份的拍卖和招标、企业的拍卖和招标，以及通过委托管理出售股份公司股份等方式实施私有化。根据总统令，白俄罗斯国有资产委员会、国有资产地方基金会，以及对地方行政单位财产有所有权的地方执行和管理机构（以下称"私有化机构"）制定白俄罗斯私有化三年规划，相关信息通过媒体和网络公布。私有化决议由授权的私有化机构通过，并在此基础上制定企业（归国家或者地方所有的股份及注册资金份额）私有化的相关实施方案。决议通过后，私有化机构公布以拍卖（招标）方式出售私有化客体的交易流程和信息。私有化机构负责组织和实施拍卖（招标），规定保证金数额和期限等交易条件，审核竞拍人（投标人）申请并成立竞拍（招标）委员会。参与者中标后签署相应的纪要。

4.2.4 BOT/PPP 方式

2009 年 5 月 28 日，白俄罗斯总统卢卡申科签署第 265 号总统令，允许私营企业投资工程、交通和社会基础设施建设。私营企业投资基础设施建设将有助于增加经营主体，减少国家预算负担，缩短建设工期。之前，居民区基础设施建设资金主要来源于国家和地方财政预算（包括道路和其他国有专项基金、土地租赁权转让收入），国有白俄罗斯能源公司、白俄罗斯燃料燃气公司及邮电部、交通运输部自有资金。目前，白俄罗斯政府十分鼓励和推动 BOT 合作方式，出台了相关优惠政策，并提出了一些优先合作的项目。

4.3 白俄罗斯关于企业税收的规定

4.3.1 税收体系和制度

《白俄罗斯共和国税法》是白俄罗斯税收体系结构的基本文件，由总则和特殊部分组成。白俄罗斯境内现行的税收按照地域特征与依法调控征税的主体级别分为国家税费与地方税费。

（1）国家税费包括：①增值税；②消费税；③利润税；④不在白俄罗斯境内的，并通过常设代表机构进行经营活动的外国组织收入税；⑤个人所得税；⑥不动产税；⑦土地税；⑧生态税；⑨自然资源开采（征用）税；⑩外国汽车类交通工具通过白俄罗斯公共道路的过路费；⑪离岸税；⑫印花税；⑬领事签证费；⑭特许证费；⑮海关关税。

（2）地方税费包括：①养狗税；②疗养税；③采购税。白俄罗斯实行的是属人税制，对本国公民和拥有白俄罗斯永久居住权者进行全球所得征税。对于在一年中停留超过 183 天的外国人也实行全球所得征税，但可以通过提供在所在国完税证明来抵扣相应的税款，对于一年中停留期少于 183 天的外国人只征收其在白俄罗斯获得收入的个人所得税。

4.3.2　主要税负和税率（参阅附录1）

【个人所得税】纳税人从白俄罗斯境内外所获得的收入应缴纳个人所得税。根据劳动合同或民法合同，雇佣公民工作的组织履行从公民收入中扣除税额，以及将其转入预算的税务代理义务。履行劳动义务或者其他义务而获得的酬金是组织支付的最普遍的公民收入类型，包括货币酬金和津贴。个人所得税一般为 13%。

【增值税】增值税包含在商品（产品、服务）价格中，其一般税率为20%，关于税率的规定可分为以下几种情况。

（1）税率为 0% 的情况。

（2）以包含增值税的可调节零售价格销售商品时，税率为 9.09% 或16.67%。

（3）税率为 10% 的情况。

（4）销售财产权，以及销售上面未指明的商品（产品服务）时（免征税与不属于增值税征税对象的除外）税率为 20%。

【利润税】白俄罗斯针对单位总利润、红利以及单位加算的等同于红利的收入征收利润税，基本税率为 18%，红利税率为 12%。利润税周期为一个日历年。

【不在白俄罗斯境内通过常设代表机构进行经营活动的外国组织收入税】不在白俄罗斯境内通过常设代表机构进行经营活动的外国组织收入税的纳税人是指不在白俄罗斯境内通过常设代表机构进行经营活动，但在白俄罗斯境内获取收入的外国组织。针对纳税人从白俄罗斯获得收入的不同情况征收不同税率。

4.4 白俄罗斯对外国投资的优惠

4.4.1 优惠政策框架

除白俄罗斯参与签订的国际协定中另行规定的以外，外资企业及外国投资者依据税法和海关法规定的各种优惠措施纳税。

【利润税优惠】根据白俄罗斯有关法律规定，外资企业所缴纳的税种基本与白俄罗斯本国企业相同，不过关于利润税方面外资享受一定的优惠。外资的股份占30%以上的企业以及独资企业，自获利之时起 3 年内免征利润税（贸易型外资企业除外），并且，如果该企业生产的产品属于白俄罗斯产业发展需要，该企业即可享受以上的 3 年优惠期后再减半征收利润税 3 年。如果外资企业在注册之日起，第 1 年内法定资金到位 50%，第 2 年 100% 到位，就可以获得利润税优惠权，如未达到上述要求，则全额缴纳利润税，不享受优惠且以后也不享受。在其他税种上，外资企业与白俄罗斯本国企业均按同等税率上缴税金。

【其他优惠】自 2007 年底以来，白俄罗斯政府出台了新的一系列优惠措施，其目的在于进一步改善白俄罗斯的投资环境，增强外国投资的吸引力。

政府对经济的干预逐渐减弱，取消了白俄罗斯特有的已经实施了近 11 年的国家参与管理企业的特权，即"金股"制度。其目的在于加强保护本国和外国投资者的权益，消除国家机构的过多干涉对企业投资行为的影响。

简化了经营主体的注册程序。由原来的注册审批程序变更为申请程序，法人的最低注册资本金要求也降低近一半，时间也由原来的 20 个工作日缩短为 5 个工作日。

促进小城镇和农村经济发展。如果投资在白俄罗斯 5 万人口以下小城镇的企业，将享受更多优惠，免缴设备进口时的海关关税和增值税。

4.4.2 行业鼓励政策

根据现阶段经济发展情况，白俄罗斯政府急需外资投资下列领域。

【汽车工业】2009 年 4 月 4 日，白俄罗斯第 175 号总统令《关于发展白俄罗斯汽车工业的措施》向在白俄罗斯境内设立汽车组装厂的投资者提供一系列优惠政策。

【运输和物流】鉴于白俄罗斯所处的有利地理位置，白俄罗斯政府制定了长期战略规划，强调大力发展过境运输和物流服务业，在白俄罗斯境内建立物流中心。

【房地产业】大力发展居民住房建设是白俄罗斯社会和经济发展的首要任务之一。对住房的要求是高标准、低能耗。

【创新和高科技研发】2016 年末，白俄罗斯总统卢卡申科批准了白俄罗斯 2016～2020 年社会经济发展纲要，其中规定的该五年计划主要目标之一是创新性发展。白政府认为，提高经济竞争力的基础是创新性发展、实体经济的健康发展、降低各类消耗、提高中小企业比重等。

【机械制造业】白俄罗斯机械制造业比较发达，是白俄罗斯的经济基础。但是由于该领域大部分企业设备陈旧，大部分的设备已接近于寿命的80%，亟须引进新的现代化设备和进行企业改制。目前政府大力欢迎并鼓励外资能投资到这些企业。

【能源工业】由于能源工业改造需要大量的资金，白俄罗斯在这方面的改造进展缓慢。根据官方统计，白俄罗斯能源工业企业的设备使用超过 26 年的约占 60.4%，此类的设备平均设计寿命为 25～30 年。60% 以上的锅炉、汽轮机和 45% 的管道已超过使用寿命。为此，每年需投资 2.6 亿～2.8 亿美元。白俄罗斯还希望外国投资者投资建设可替代能源项目，如水电、风电、沼气发电、地热发电等。

【食品加工和农业】白俄罗斯是独联体国家中肉制品和奶制品的主要生

产国。

4.4.3 地区鼓励政策

对于在 5 万人口以下居民点进行注册并从事商业活动的外资商业组织规定有额外优惠，由白俄罗斯政府规定这些居民点的具体清单。

4.4.4 经济特区法规

白俄罗斯自由经济区制定了比一般地区更优越的开展商业活动的特殊法律制度。白俄罗斯自由经济区的创建和发展具有鲜明的目的，旨在吸引外商投资以促进本国的经济发展。

（1）通过设立经济特区，为白俄罗斯的总体投资环境创造良好的氛围，吸引符合本国经济发展战略的外商来白俄罗斯投资。

（2）引进国外的先进技术和经验。

（3）促进出口带动经济的发展，寻求在国内生产进口替代品，创造新的就业岗位。

【自由经济区的优惠政策】

（1）税收优惠：①利润税税率降低 50%；②在自由经济区的企业销售其自产产品或服务而获得的利润，从其获利润之日起五年内免缴利润税；③位于自由经济区内的建筑与设施不论其使用方向免征其不动产税；④只要是在自由经济区内生产的进口替代品，在白俄罗斯境内销售时，只征收 10% 的增值税；⑤对于 2012 年 1 月 1 日起在自由经济区注册的企业，5 年内免缴土地税（该土地提供给入驻企业用于建设项目，包括项目设计和建设期）。

（2）海关特殊监管：自由经济区内设立自由关税区。在自由关税区内放置与使用的货物，免缴海关关税、税收。如果商品被视为关税同盟的商品，从自由关税区向关税同盟境内免征进口关税、增值税以及海关机构征收的消费税。

【高科技园区的优惠政策】高科技园区主要是为开发计算机软件与信息系统的企业而设立的。

对高科技园区入驻企业的税收优惠政策包括：①免缴：除红利利润税以外的利润税，销售商品包括产品、服务、财产权的交易额增值税；②高科技园区内为进行经营活动而用于建设房屋与设施的土地，不超过 3 年在建筑期内的土地税和在高科技园区内的固定资产以及未完工建筑项目的不动产税；③向其股东分红时的离岸费；④高科技园区的企业员工超过白俄罗斯员工每月平均工资一倍的部分，可以不缴纳强制保险费；⑤高科技园区入驻企业的业主及其员工按照 9% 的税率缴纳个人所得税；⑥降低所得税率：对不通过常设代表机构在白俄罗斯境内进行经营活动的外国组织机构，从高科技园区企业处获得的红利、债务利息（息票）收入、专利使用费、许可证收入等征收 5% 的所得税；⑦海关特殊监管：免缴为进行某类经营活动而向白俄罗斯海关监管区内进口商品时的海关关税与增值税；⑧为获得该优惠，必须获得园区管委会所出具的有关该商品用途的证明。以上优惠税的税则适用在高科技园区内进行软件开发、用户数据处理、相关基础与应用研究，以及在自然与科学技术领域进行实验性研究的组织机构与私营企业。

4.4.5　经济特区（参阅附录2）

1996 年，白俄罗斯创建第一个自由经济区。目前境内已有如下 7 个自由经济区：布列斯特自由经济区、戈梅利—拉顿自由经济区、明斯克自由经济区、维捷布斯克自由经济区、莫吉廖夫自由经济区、格罗德诺投资自由经济区、中白工业园。

4.5　白俄罗斯关于劳动就业的规定

4.5.1　劳动法的核心内容

根据白俄罗斯共和国劳动法，劳动合同以书面形式签订。应在劳动合同中纳入劳动法中规定的强制性条款。商业组织和私营企业主有权根据员工的完工情况、技术水平、劳动条件和其他标准自行确定工人的劳动报酬条件。在这种情况下，在规定员工劳动报酬条件时，可采用具有指导意义的白俄罗斯工作人员统一工资等级表。因此，经营活动的主体有权自行选择员工的劳动报酬体系，可使用白俄罗斯工作人员统一工资等级表，也可不参考该表。一般情况下，商业组织根据其所采用的当地标准法令支付员工的劳动报酬。

国家规定了工人的最低工资（自 2015 年 1 月 1 日起，最低工资为 210

白俄罗斯卢布，约合 145 美元），但未规定最高工资。白俄罗斯通过用人单位和雇员协商合同条款，明确责任和义务。如遇用人单位提前解除合同但雇员不同意的情况，按规定还是要支付薪水直到合同失效。

【雇主需要缴纳的保险等费用】

（1）所得税，计算公式：（工资额 – 440000 白卢布）×13%

（2）社会保险（工资额的 35%）。个人需缴纳强制性保险（工资额的 0.6%）。根据白俄罗斯劳动法典，劳动者的工作时间不应超过每周 40 小时；每周工作 5 天或 6 天的劳动者周日休息，且每天的工作时间不超过 8 小时，包括 1 小时午餐。针对个别种类的劳动者规定了缩短劳动时间，有专门规定夜班、休息日和节假日、未成年人等工作调节的标准。雇主应根据劳动法规定确保工人在休息日和节假日工作以及夜间工作的保障和补偿。任何一种加班都要额外支付薪酬。劳动者在白俄罗斯劳动法典规定的基础上有权使用劳动休假和专门休假，休假期间为劳动者保持平均工资，平均工资是根据白俄罗斯政府或者授权机关规定的程序计算出来的，被称为"休假工资"。劳动休假每年最少为 24 天。此外，以下节假日也为非工作日：1 月 1 日、1 月 7 日、3 月 8 日、万灵节、5 月 1 日、5 月 9 日、7 月 3 日、11 月 7 日、12 月 25 日。

4.5.2 外国人在当地工作的规定

外国独资或合资企业雇佣外国员工的规定主要依据 3 个法律：1998 年《关于外国劳动移民法（第 169 – 3 号）》，2002 年 9 月 16 日部长会议《关于在白俄罗斯居住的外国公民和无国籍者劳动和经营活动规定》，2002 年 12 月 2 日白俄罗斯劳动和社会保障部《关于外国人和无国籍者、临时在白俄罗斯人员办理特别劳动许可的规定》。具体由劳动和社会保障部移民委员会负责。

白俄罗斯对外籍劳工数量有明确限制，外籍劳工只能从事与其拥有的资质相符的工作。外国人在白俄罗斯的劳动收入根据白俄罗斯法律纳税，根据白俄罗斯签订的相关国际协定解决双重征税问题。1995 年 1 月 17 日中国与白俄罗斯签署了《中华人民共和国政府和白俄罗斯共和国政府关于对所得避免双重征税和防止偷漏税的协定》。

外国人只能在白俄罗斯驻有关国家大使馆申请到签证后，方可进入白俄罗斯。签证分为 B（过境）、C（短期签证，90 天以内）、D（长期签证，90天以上）3 种。对于根据劳动合同赴白俄罗斯工作的外国公民，必须办理短期签证 C（有权根据雇佣进行工作）。此外，在外国企业白俄罗斯代表处工作的外国公民也可获得 D 型长期签证。外国人需要获得特别许可才能在白俄罗斯从事某种工作。

【无须特别许可的情况】（1）已获得在白俄罗斯永久居留权。（2）根据白俄罗斯政府签署的国际协定（如俄罗斯公民）可以不按使用外国人规定执行。（3）外国投资建立的商务机构（已注册为白俄罗斯法人）创立者或领导。（4）在外国公司成立的代表处工作。从 2011 年 1 月 1 日起，白俄罗斯大幅调整了需要办理就业许可的类型，削减了 16 种类型的劳动，其中包括最重要的如房屋设计和建设、商业零售（酒精零售和烟草生产除外）等，另增加了 1 种类型（使用核能和电离辐射源）。就业许可证有效期一般不少于 5 年，最长不超过 10 年。

4.5.3　外国人在当地工作的风险

白俄罗斯劳务市场对于建筑等部分工种技术人员比较短缺。外籍劳务人员应注意了解有关白俄罗斯国家的情况。各自工作的基本权利和义务以《外派劳务合同》和《雇佣合同》为基准，一旦出现纠纷，它将是维护自己合法权益的重要法律依据。如果遇到突发事件和损害合法利益又得不到合理解决时可求助大使馆领事部和经商参处。

4.6　外国企业在白俄罗斯获得土地的规定

4.6.1　土地法的主要内容

根据白俄罗斯共和国法律，地块可以由法人所有、长期或暂时使用、租赁。土地法的最基本原则之一是按照专有用途使用地块。不遵守规定的后果可能是强制终止对地块的权利，其中包括所有权。在白俄罗斯境内使用地块需要付费。土地使用费用的支付形式是土地税或租金。

使用私人所有的、长期或暂时使用的地块，需支付土地税。使用租赁的地块，需支付租金。国家所有的地块的租金收缴程序均由白俄罗斯总统做出规定。

【地块所有权】地块可以归白俄罗斯非国家法人、个人、外国或国际组织所有。国家所有的地块可以通过拍卖或者不通过拍卖授予个人所有。此类土地的授予依据和程序由白俄罗斯总统确定。个人所有的地块的管理在公民法律交易的基础上进行。

【地块长期使用权】地块长期使用权是指对地块的使用没有事先规定的期限，但地块长期使用权可根据法律规定终止。白俄罗斯非国有商业法人对下列地块拥有长期使用权：（1）在白俄罗斯土地法生效前提供给他们的地块；（2）按照法定程序从白俄罗斯其他法人手里转让到其名下的地块；（3）为国有不动产项目服务的地块；（4）为建设住宅楼（高档住宅楼除外）的地块，为住宅楼服务的地块，用于建设和（或）服务于车库和停车场的地块。

【地块的租赁】可以向白俄罗斯法人、外国法人及其外国代表处、外国外交代表处、领事机关、国际组织及其代表处租赁地块。个人所有的地块的租赁在公民法律交易的基础上进行。国家所有的地块根据拍卖结果进行租赁。但是在法律规定的一系列情况下，国家所有的地块可以不经拍卖进行租赁，比如，与白俄罗斯签订了投资合同的项目投资人，工程和道路基础设施项目建设单位，位于中小型城市定居点和乡村区域内的地块上不动产项目的购买者。地块的租赁期限和其他条件在租赁合同中做出规定，但是农业地块的租赁期限不能少于 10 年。国家所有的以及用于建设和（或）服务于基建的地块的租赁期限应不小于这些建筑建设和（或）使用的标准期限。地块租赁的最大期限为 99 年。

4.6.2 外资企业获得土地的规定

根据《白俄罗斯共和国境内外国投资法》第 27 条外国投资者购买土地产权规定，外国投资者有权根据白俄罗斯法律条文所规定的程序和条件购买土地产权，也可通过租赁的形式获得土地。

4.7 外资公司参与当地证券交易的规定

根据白俄罗斯现行的国家有价证券法，外资公司可以将自己的资金投入白俄罗斯政府的各种有价证券中。

【购买国家有价证券的途径】法人可以通过下列方式购买白俄罗斯的国家有价证券：（1）在由白俄罗斯国家银行组织的拍卖中购买；（2）在由白俄罗斯财政部通过"白俄罗斯外汇证券交易所"的电子交易系统组织的拍卖中购买；（3）经财政部批准后，依据与白俄罗斯财政部签订的债券买卖合同购买；（4）在有价证券二级市场上通过"白俄罗斯外汇证券交易所"证券市场部工作人员的国家有价证券代理人购买。

4.8 对当地金融业的投资规定

根据白俄罗斯法律，银行业务活动是经许可的行为。许可证上列出了银行有权实施的业务活动，许可证由白俄罗斯国家银行开具，一同开具的还有银行国家注册证明书。

【外国银行分行和代表处开设的相关规定】（1）外国银行有权在白俄罗斯境内开设分行和代表处。（2）外国银行代表处不作为法人，并按照总行为其制定的章程开展工作。（3）外国银行代表处除保护和代表其外国银行利益（包括提供信息咨询服务）之外，无权进行银行业务。（4）国家银行自收到开设外国银行代表处的文件之日起两个月内做出批准或不批准开设的决定。（5）不批准外国银行开设代表处的依据有：所提交的资料不属实，不符合白俄罗斯关于开设代表处的条款。（6）外国银行在白俄罗斯境内开设代表处时该代表处有效期为3年。代表处需在距开设许可有效期到期前至少提前一个月向白俄罗斯国家银行申请延期，经外国银行申请董事会副主席批准可延长有效期。（7）如果逾期并且未在规定时间内申请延期，白俄罗斯国家银行将该代表处从外国银行名册中删除，并在五日内告知该外国银行。

【开办外资银行和外国银行分行的补充要求】（1）白俄罗斯银行系统中

外资占有的份额，由国家银行根据与总统的协商做出规定。根据 2013 年 1 月 1 日的情况，外资所占份额不超过 50%。该份额是外国常驻机构在外资银行和外国银行分行的注册资金中资本的总和与白俄罗斯境内注册银行注册资金总和的比值。（2）当白俄罗斯银行系统中外国资本的比例达到规定份额时，国家银行将中止外资银行的国家注册。（3）外资银行应该在提交申请的基础上，预先取得国家银行开具的以外国常驻机构增加银行注册资金的许可和（或）向外国常驻机构出让股份的许可。国家银行在银行提交申请之日起 30 日内对申请进行研究。（4）常驻机构向外国常驻机构出让银行股份的行为如果未经国家银行许可，视作无效。（5）如果外资银行以外国常驻机构资金和（或）向外国常驻机构出让股份的形式增加其注册资金，致使白俄罗斯银行系统中外资的比例超出规定份额，则国家银行有权禁止该行为。如果别国对白俄罗斯公民和（或）法人的投资银行实行业务限制，则白俄罗斯政府可以根据国家银行的建议，对这些国家的外资银行和外国银行分行实行同等的限制。

4.9 对环境保护的法律规定

4.9.1 环保管理部门

白俄罗斯自然资源和环境保护部负责环境保护工作。其主要职责是，对项目方案进行国家生态鉴定，保护大气的国家监督，国家对水、土地、森林等利用和保护的监督，国家对废物回收的监督，制订评估生态经济指标的办法，发展和完善国家环境监测体系等。

4.9.2 主要环保法律法规名称

白俄罗斯政府制定了一整套环保法律，对环境、土地、水、植物、大气层、地下资源等各领域都制定了具体的保护措施。主要环保法规包括《环境保护法》（1995 年）、《大气层空气保护法》（1997 年）、《地下资源法》（1997 年）、《水法》（1998 年）、《土地法》（1999 年）、《森林法》（2000 年）、《国家生态技术鉴定法》（2000 年）、《臭氧层保护法》（2001 年）以及《植物保护法》（2006 年）等。白俄罗斯是 20 个环保国际公约的成员国，与 35 个国家签署了环保和合理使用环境资源的双边协议。

4.9.3 环保法律法规基本要点

白俄罗斯通过制定一系列环保法律法规，明确了环境保护的目的、原则，制定了应保护的自然资源范围、项目及综合体、公民和社会团体的环保权利和义务、生态教育、培养和文化体系、国家对该领域的调整和管理、环保经济机制、研究现状和登记清查自然资源的国家制度，确定自然保护活动技术标准和科学保障等问题。

4.9.4 环保评估的相关规定

根据白俄罗斯法律规定，外资企业在白俄罗斯开展投资或承包工程需要进行环境评估，参与环评的机构包括白俄罗斯原子能监督委员会及白俄罗斯环境保护部等相关部门。

4.10 白俄罗斯反对商业贿赂的法律规定

白俄罗斯积极开展与世界各国的反腐败合作，加大对本国腐败犯罪的惩治力度。在国际反腐败公约框架下，2006 年 7 月 20 日颁布《反腐败法》，预防和惩治腐败，白俄罗斯还有《个人收入与财产申报法》《白俄罗斯国家公务人员法》《预防犯罪所得合法化措施》等制约腐败犯罪的法规。在《白俄罗斯刑事法典》中规定了与腐败犯罪有关的罪行规范。在刑罚处罚上多适用罚金、没收财产、有限期或无限期特定权利剥夺、特定职务或身份剥夺以及剥夺自由等刑罚。

4.11 白俄罗斯对外国公司承包当地工程的规定

4.11.1 许可制度

外国公司承包白俄罗斯当地工程时，首先要申请到当地的资质证书，取得资质后方可组建当地公司，任命法人、总会计师和总工程师。根据证书覆盖范围不同，申请时间少则 3 个月至 1 年。施工前需要先办理施工许可，施工图纸的审核会涉及一系列的国家机构，需要一定的时间办理。根据一些企业的经验，普通楼顶机站图纸设计的审核需要至少 3 个月；而后是价格审

计，由于受到国家指导价格的影响以及涉及缴税，对价格审计控制得非常
严格。

4.11.2 禁止领域

根据白俄罗斯投资法，没有总统的特令，不允许外资进入国防和国家安
全领域；禁止外国投资者生产和销售白俄罗斯卫生部清单上所列的麻醉型、
剧毒型物品。除此之外，无其他限制。

4.11.3 招标方式·

招标方式基本和中国国内的招标方式相同，先是技术标，而后是商务
标。白俄罗斯一般有公开招标和议标两种方式。公开招标主要针对国有企业
及国有控股企业项目，议标一般是扩容项目。

4.12 白俄罗斯对中国企业投资合作的保护政策

白俄罗斯与中国关系良好，两国人民之间的友谊源远流长，双方互为重
要的经贸合作伙伴，经贸合作规模不断扩大，合作领域不断拓宽，在电力、
能源、通信、金融、房地产开发等一系列重要领域的合作卓有成效。另外，
中国与白俄罗斯之间签有重要合作协定，为双边经贸关系的长期、稳定发展
奠定了坚实的法律基础。

4.12.1 中国与白俄罗斯签署双边投资保护协定

1993 年 1 月 11 日签署《中华人民共和国政府和白俄罗斯共和国政府关
于鼓励和相互保护投资协定》。

4.12.2 中国与白俄罗斯签署避免双重征税协定

1995 年 1 月 17 日签署《中华人民共和国政府和白俄罗斯共和国政府关
于对所得避免双重征税和防止偷漏税的协定》。

4.12.3 中国与白俄罗斯签署的其他协定

2001 年 4 月 23 日签署《中华人民共和国政府和白俄罗斯共和国政府关
于保护知识产权的协定》。2005 年 12 月 5 日签署《中华人民共和国政府和
白俄罗斯共和国政府旅游合作协定》。

4.12.4　其他相关保护政策

1996 年 12 月 4 日签署《中华人民共和国政府和白俄罗斯共和国政府进出口商品质量保证协定》。

4.13　白俄罗斯对文化领域的投资规定

1992 年，中白两国签署《中华人民共和国政府和白俄罗斯共和国政府文化合作协定》，鼓励和支持两国的有关机构在文化、教育、社会科学、卫生、体育、出版、新闻、广播、电视和电影等方面的交流和合作；在《中白全面战略伙伴关系发展规划（2014～2018）》框架下，两国政府于 2014 年建立了副总理级合作委员会，并在该委员会下设立了文化分委会。2015 年，两国政府间文化分委会第一次会议在白俄罗斯首都明斯克举行。

4.14　白俄罗斯对保护知识产权的规定

4.14.1　当地有关知识产权保护的法律法规

白俄罗斯有关知识产权保护方面的主要法律有《白俄罗斯共和国发明、实用新型和工业品外观设计专利法》、《白俄罗斯商品商标和服务商标法》、《版权法》、《地理标记法》、《植物品种法》、《保护集成电路布图法》以及《公民法典》等。白俄罗斯对知识产权的保护包括著作权及其相关权利、工业产权（发明、使用模型、工业设计等）。依据商标法规定及白俄罗斯加入的国际条约，商标以在白俄罗斯国家知识产权中心注册为准而受到法律保护。商标可以法人的名义，或不具备法人地位的、从事商业活动的自然人的名义注册。商标权受国家保护并根据注册证予以证实。注册证证实商标的优先权日和该注册证内规定产品的商标所有人之专用权。注册证应包括一张商标图样。

4.14.2　知识产权侵权的相关处罚规定

法人或自然人如有违反知识产权领域的相关法律行为，视为侵权行为将被追究行政或刑事责任。白俄罗斯最高法院专利事务审判庭负责审理此类案件。违者将被处以社会劳动、罚款、监督劳动 2 年；情节严重者（违法收入超过最低工资基数 500 倍以上），可被处以限制自由 5 年或入狱 5 年的处罚。

4.15　在白俄罗斯解决商务纠纷的主要途径

如遇到商务纠纷，可通过白俄罗斯经济法庭系统予以解决，白俄罗斯经济法庭系统包括各州和明斯克市经济法庭、白俄罗斯共和国最高经济法庭。白俄罗斯经济法庭承认和执行外国法院判决的案件，其中包括经济争议仲裁决议。2013 年 7 月 12 日颁布的《投资法》首次规定了确保恢复被损害法律权益的原则，以及对法律权益进行司法保护。如果双方未做其他规定，可依据联合国国际贸易法委员会（UNCITRAL）的相关仲裁条款，在临时仲裁"adhoc"法院解决投资人与白俄罗斯之间的纠纷；或当投资人为该国常驻机构，而该国为 1965 年 3 月 18 日《关于解决国家与其他国家国民之间投资争端公约》的签约国时，可由投资人自行选择，在国际投资争端解决中心（ICSID）解决投资人与白俄罗斯之间的纠纷。

5　投资注意事项

5.1　与东道国建立和谐的投资合作关系

5.1.1　处理好与政府和议会的关系

白俄罗斯经济主要由中央和地方政府、各主管部门负责，议会负责立法以及制定、修改有关法律法规。中国企业要在白俄罗斯顺利发展，必须加强与政府相关部门的沟通，了解政府主管部门政策和规定的变化。招商引资是白俄罗斯考核政府政绩的重要内容，各级政府都高度关注外商和外资企业的动态，这给中国企业发展、经营营造了良好的氛围和空间，当然也带来一定的压力。因此，企业必须与政府部门和谐相处并保持密切联系，用业绩铺就关系发展之路。

5.1.2 妥善处理与工会的关系

白俄罗斯工会在政府指导下发挥职能，基本不会与政府政策、决定发生冲突，与一般外企少有牵连。中国企业也缺少与工会组织打交道的经验和事例，只要依法经营、按规定纳税，工会活动就不会对企业造成影响。

5.1.3 密切与当地居民的关系

当地居民对中国人较和善，很少有发生冲突的事例。但企业应注意增强社会责任感，遵纪守法，尊重当地的生活习惯，正常经营，不扰民，与当地居民和睦相处，密切关系。

5.1.4 尊重当地风俗习惯

中国企业在白俄罗斯创业，要自觉尊重白俄罗斯的宗教、风俗、文化。白俄罗斯大多数人信奉东正教，因此，中方人员应对东正教有必要的了解，尊重当地宗教节日和习俗。当地人非常重视礼貌待客，有"女士优先"的良好传统。宴会是大家展现演讲艺术的时候，习惯上主客双方都要发表长篇感言，谈论合作前景，为合作、友谊、家庭等祝福，如果只说简单的"干杯""合作愉快"等会被认为是不礼貌的。中方人员在出席活动时要注重着装，体现中国礼仪。

5.1.5 依法保护生态环境

白俄罗斯将合理使用自然资源和保护环境置于优先于经济发展的战略高度考虑，将人为因素降到最低水平。大气层污染最主要的污染源是甲醛等物质排放，汽车运输是基本的源头。为此，白俄罗斯引入无污染或低污染的工艺流程取代污染的工艺，不断完善燃料需求结构，降低产品的材料和原料容量，汽车运输燃料要转化为压缩气或者液化气和其他类型的原料，引入必要的催化中和剂净化汽车运输业排放的气体，管理和有效利用污染物质。白俄罗斯注重对土地的合理使用和保护，致力于预防和纠正污染问题和土地植被的破坏问题，关注农业用地面积减少的趋势，把规划农业用地面积与增加土壤和绿地植被保护相结合，努力遏制绿化面积递减、土壤肥力降低和土地污染的趋势，把遏制这种趋势与旅游经济、社会人文的可持续发展相结合。白俄罗斯重视被破坏的土地的休整改造和绿化工作，对于各类污染土地、非生态状态土地，都按照合理的绿化理念规划布局，运用各种方式将其转变成农业或者森林经济或者绿色的生态及休闲区域。中国企业在生产和经营过程中必须增强环保意识，认真学习了解当地环保法规和相应规定，节约资源，减少污染和有害物质排放，严格遵守环保法规，营造和谐的社会环境。

5.1.6 承担必要的社会责任

企业的社会责任是指企业在追求利润的过程中，对社会应承担的责任或对社会应尽的义务，最终实现企业的可持续发展。公司理应对其劳动者、债权人、供应商、消费者、公司所在地的居民、自然环境和资源、国家安全和社会的全面发展承担一定责任。中国企业要对自己的产品、设备、服务、工程等质量负责，减少污染和有害物质排放，保护环境，节约资源，维护消费者利益，施工生产过程不扰民，关心社会公益事业。

案例：中国电力工程有限公司驻白俄罗斯项目部在白俄罗斯开展合作项目以来，积极履行企业社会责任，热心公益事业。2014 年 7 月 11 日，中国电力工程有限公司驻白俄罗斯项目部向维捷布斯克市第 44 中学捐赠教学设施，助力当地教育事业发展，充分体现了中白两国人民之间的友谊。

5.1.7 懂得与媒体打交道

白俄罗斯对中国友好，其主要媒体由政府控制、管理，新闻报道基本比较客观。中国企业应对当地主流媒体持积极配合、密切合作的态度，做好基础工作和感情投入，主动联系沟通，多做正面宣传和前期铺垫，发挥媒体积极作用，避免媒体的不实宣传对中国企业造成负面影响。

5.1.8 学会和执法人员打交道

警察负责刑事案件、社会治安和交通等，检察院是国家的法律监督机关，直接受理国家工作人员利用职权实施的犯罪案件，进行侦察；对公安机关、国家安全机关等强力部门侦察的案件进行审查，决定是否逮捕、起诉或者不起诉；对刑事案件提起公诉，支持公诉；对人民法院的刑事判决、裁定是否正确和审判活动是否合法实行监督。税务机关依照税法行使职能，征收各种税费。中国公民应自觉遵守驻在国法律法规，配合执法人员执行公务，遇有对自己或企业不公正事情发生应理性对待，通过法律途径解决，不要采取贿赂等不合法方式，以免问题复杂化。

5.2 投资合作相关手续办理

5.2.1 设立企业的形式

最普遍的企业形式有开放式股份公司、封闭式股份公司、私营外国单一制企业、有限责任公司及附加责任公司等。

5.2.2 注册企业的受理机构

根据《外国投资企业国家注册条例》规定，外国投资企业注册由白俄罗斯外交部主管，企业的国家注册须经所在州执行委员会的许可以及地方人民代表会议依其权限批准。外国投资类企业注册外资最小额度为 2 万美元（可分两年筹资完成）。

5.2.3 注册企业的主要程序

【合资企业】需要提供的资料如下：①公司成立人的书面申请资料（合资企业所有成立人签字）；②合资企业成立文件的公证书正本或成立文件复印件；③外国法人需提供投资人本国的营业执照，以及提供附有白俄罗斯文（或俄文）译文的能证明外国投资者的具有法律地位的法律依据资料；④外国自然人需提供护照复印件并附白俄罗斯文（或俄文）译文（翻译人的签字应公证）；⑤注册资金到位证明（针对上市股份合资企业）；⑥保函或其他证明合资企业在其所在地的合法性的文件；⑦已付国家注册费的证明。

【独资企业】需要提供的资料如下：①成立人的书面申请（所有成立人的签字）；②成立文件的公证书正本或成立文件复印件；③自外资企业成立人送交申请之日起不超过 15 日内予以注册。注册机关应在自决定注册之日起 5 日内将注册外资企业的信息通知成立人，10 日内通知白俄罗斯国家税务委员会，以便将该外资企业纳入白俄罗斯法人及私营者国家统一登记簿，并通知白俄罗斯统计委员会，之后向外资企业发放注册证明（营业执照），并将其注册信息在报上刊登。

【开设公司代表处】外国公司代表处由白俄罗斯外交部管理，外国公司代表处不是法人。2014 年 1 月 1 日起生效的白俄罗斯部长会议第 1189 号条例规定，外国公司代表处只能出于以该组织名义或根据其委托开展筹备性和辅助性活动的目的设立，包括：（1）积极协助实施白俄罗斯在贸易、经济、财务、科技、交通领域的国际合作协议，寻求进一步发展上述合作及完善合作模式的机遇，建立和扩大经济、商务和科技信息交流；（2）研究白俄罗斯的商品市场；（3）研究在白俄罗斯境内开展投资的可能性；（4）建立有外国投资者参与的商业组织；（5）航空和铁路票、汽运及海运舱位的预订及销售；（6）其他社会公益活动。外国公司（组织）要获得代表处的设立权需提交以下文件（中文的需要在国内翻译成俄语并公证）：开设代表处的目的、公司的全称、有关公司的材料、公司的详细经营范围、公司代表处在白俄罗斯的名称、代表处的有关材料、为该公司提供服务的银行名称等。法律规定开设代表处的有效期为 3 年，可延期 3 年。开设代表处应通过白俄罗斯律师事务所办理。

5.3　承揽工程项目的程序

5.3.1　获取信息

在白俄罗斯网站（www. icetrade. by）、报纸上可以查询招投标信息。

5.3.2　招标投标

【项目招投标操作流程】白俄罗斯企业一般为国有企业或国有控股企业。下面以电信业项目为例，介绍白俄罗斯项目招投标操作流程。（1）客户确定采购需求，并将所有需求整理后写入标书，发标（有关招标信息，比如标书内容、发标时间、交标时间等可登录 www. icetrade. by 查询）。（2）供应商准备参标函到客户处领取标书；供应商投标主体需符合客户需求，一般情况下只能是一个（如果涉及联合投标，需事先与客户沟通）。（3）资质文档准备及答标（标书中会列明要求）。（4）供应商交标，客户公开唱标。（5）唱标后，客户会按照标书需求成立评标小组，对参标厂家标书各部分进行对比、评审（各部分所占比重也会在标书中列明）。（6）客户宣布评标结果（传真形式）。（7）与中标厂家签订合同。（8）供应商交付。

5.3.3 许可手续

参加投标的公司需要相关行业的资质证书和有效的公司注册资料。

5.4 申请专利和注册商标程序

5.4.1 申请专利

白俄罗斯对发明、工业品外观设计、实用新型给予法律保护。国家对发明、工业品外观设计实行专利保护，并进行专利性审查，即新颖性、创造性（对工业品外观设计而言则为独创性）和工业实用性。保护期自申请日起计算，发明专利为 20 年，实用新型专利有效期为 5 年，最多可延长 3 年，工业品外观设计专利有效期为 10 年，可续展 5 年。

5.4.2 注册商标

【商标注册申请】商标注册申请包括以下内容。

（1）商标注册申请（以下简称"申请"）应由自然人或法人向专利局提交。该申请可通过专利代理到专利局注册。

（2）有海外总部的外国法人以及在白俄罗斯境外居住的自然人，为了保证在白俄罗斯获得商标注册或延长其有效期，应通过白俄罗斯的专利代理人到专利局注册。

（3）一份申请只能涉及一个商标。

（4）一份申请件应包括以下材料：注册一个标志作为商标的请求，在此写明申请人的名称及其总部或住所；与申请件相关联的标志；商标注册所适用的商品名录，按照商标注册用商品和服务国际分类划分。

（5）该申请件应随附材料包括：证明规费支付、该付款免除或有理由减少所述费用情况存在的文件；如果该申请是通过代理组织提交的，需提交证明其专利代理权的文件；如果该申请件是一个集体商标的注册申请，需提交该集体商标的章程；与该申请提交相关的标志之照片或照片复制品。

（6）申请所需文件由专利局决定。

5.5 企业在白俄罗斯报税的相关手续

5.5.1 报税时间

一般按照季度申报或年度申报，季度申报在下个月的 20 日进行申报，年度申报在下一年的 3 ~ 4 月申报。

5.5.2 报税渠道

企业自行向所属税务机关申报。如果企业有自己的会计，可以由会计报税；如果没有，并且企业是通过会计师事务所代理记账的，可以通过会计师事务所报税。

5.5.3 报税手续

（1）外国法人的利润税每年由其常设代表处所在地的纳税人直接计算，并自规定提交报税单之日起 10 日内缴纳。

（2）在白俄罗斯从事经营的外国法人，应在下一个决算年度的 4 月 15 日之前，向税务部门提交：经营情况报表以及按财政部规定格式填好的收入申报单。在一个日历年结束之前停止经营时，上述文件应在停止经营之日起一个月内提交。在白俄罗斯从事经营的外国法人的收入申报单，应由实行经济核算制的审计机构每年进行审核，审核费用自付。企业报税需要办理的手续和提交的材料取决于所报的税种。

5.5.4 报税资料

不同税种，所需报税文件不同，可咨询当地会计。所有进出款项均经过银行，提供银行记录即可，对于每笔款项都要有相对应的合同来说明。企业需计算出成本及利润并加以说明，以便税务机关计算应缴税款。

5.6 赴白俄罗斯的工作许可办理手续

5.6.1 主管部门

工作许可在白俄罗斯内务部申请办理。

5.6.2 工作许可制度

一般来说，无长期居住许可证的外国人，只能在获得从事劳务的特殊许可并签订劳动合同后才可在白俄罗斯境内工作。在与未获得白俄罗斯长期居住许可证的外国人签订的劳动合同中必须包含明确终止、修改、延长劳动合同的条件及程序，迁移至白俄罗斯的条件，以及饮食起居及医疗服务等。应以俄语和（或）白俄罗斯语通过书面形式签订劳动合同，并以外国人的母语或其能懂的语言通过书面形式签订劳动合同。白俄罗斯与外国人所签订的劳动合同其期限不得超过专项许可的有效期限。由白俄罗斯内务机关下属公民与移民局按照法定程序，依据雇主的申请，向外国人签发为期一年的专项许可。

【无须许可的条件】符合以下条件时，外国人无须获得可在白俄罗斯境内从事劳务活动的专项许可。（1）具有可在白俄罗斯境内长期居住的许可证。（2）按白俄罗斯国际合同所规定的其他程序进行劳动安置（如外国劳动力吸纳及使用调节程序就不适用于俄罗斯公民）。（3）外国人为就职于外资商业组织（以白俄罗斯法人形式进行登记的外资商业组织）的创立人或领导。（4）当其在外国公司驻白俄罗斯境内代表处工作时。

5.6.3　申请程序

外国人在白俄罗斯的工作许可要通过白俄罗斯当地公司办理，该公司要在白俄罗斯内务部申请并获得吸收外国公民到白俄罗斯工作许可证，该许可证规定期限和人数，此后由该公司在白俄罗斯为外国公民办理打工卡（也就是在白俄罗斯工作的劳务许可），之后该公司发工作邀请函到外国公民所在国的白俄罗斯使（领）馆，办理签证后抵达白俄罗斯，抵达白俄罗斯后必须在五天之内（休息日及官方节日除外）到其实际居住地的内务机构进行登记，办理相关手续，获得在白俄罗斯临时居住许可证。所有入境白俄罗斯的外国人必须在五天之内（休息日及官方节日除外）到其实际居住地的内务机构进行登记。

5.6.4　提供资料

申请工作许可主要提供以下文件：身份证件、国内劳务输出公司的担保、在白俄罗斯当地公司的注册号码、保险、居留证明等常规文件。具体可查询网站：www. mfa. gov. by。

5.7 提供投资合作咨询机构

中国驻白俄罗斯大使馆经商参处：

地址：明斯克市红军街 22A37 室

邮编：220030

电话：00375 – 17 – 2104905，2202928

传真：00375 – 17 – 2105841

电邮：by@ mofcom. gov. cn

5.8 其他注意事项

5.8.1 投资方面

白俄罗斯鼓励和吸引外资，除颁布有投资法典外，还与中国签有投资保护协定，为吸引外资制定了许多优惠政策，包括每个州的自由经济区优惠政策、小城市发展引资优惠政策、中白工业园引资优惠政策。此外，重要的单个外资项目，可以国家名义与投资方签署投资合同，并颁布总统令规定单个外资项目可享受的额外优惠。中国企业可充分利用现有的制度和优惠开展对白俄罗斯的投资合作。与此同时，针对白俄罗斯现实情况，建议中国企业赴白俄罗斯投资时注意以下一些问题。

（1）基于白俄罗斯政治体制和经济运行管理机制的特殊性，中国投资者进入白俄罗斯市场前首先应结合自身优势，认真分析资源与市场，认真研究了解政策法规、税收等方面的情况，选择好合作领域和合作项目，聘请有经验的律师、会计和行业人员，做好市场调研和企业经营可行性研究，拟定稳妥的发展战略。

（2）认真、仔细研究所投资行业相关的规则，熟悉环境、经济政策、市场情况、交通服务设施以及当地风俗习惯等。与地方政府和审批、管理部门建立密切联系，大型投资必须获得政府高层的全力支持，选择好合作伙伴，依法办事。

（3）白俄罗斯正处于向市场经济转换的过程之中，市场机制不太成熟，计划经济的一些特征依然存在，经济政策、投资政策、市场法规等有待进一步完善。在投资合作初期洽谈阶段，白方往往比较轻易地承诺各种较为优惠的条件，但在后期办理具体事项时，又会遇到法律法规方面的限制。因此，到白俄罗斯投资、开拓市场，既要有灵活性，又要有一定防范风险的意识。

（4）白俄罗斯消费习惯欧洲化，对产品质量和技术标准要求较高，同时拥有与中国不同的标准和认证体系。赴白俄罗斯投资应注意高起点，标准转化工作不仅需要时间，也会带来成本的增加。

（5）白俄罗斯建设成本相对较高，生产资料、建材和设备供应需要提前准备，否则可能出现供应不足的问题。

（6）白俄罗斯一些部门审批程序复杂，办事效率不高。

5.8.2 贸易方面

（1）白俄罗斯现行的外贸结算对时间有严格的要求，出口收汇必须在货物运输或服务提供完成后两个月内付款，进口的必须在货款支付后两个月内到货，否则可能会受到处罚。由于白俄罗斯个别企业受到美欧国家银行的制裁，可能会影响中国国内银行的支付效率。

（2）有许多白俄罗斯企业或商人对中国商品和设备有需求，但由于数量不大且需要中国出口企业提供资金方面的融通，一些中小贸易机构往往无法进行，可考虑银行贷款或国际贸易保理等方式。

（3）白俄罗斯人比较注重守时，中方人员参加会谈时，应遵守约定的时间，万一迟到时应该说明原因并进行道歉。在白俄罗斯商业谈判通常用俄语，如果需要使用英语或其他语言必须事先商定。

（4）除了长期贸易合作伙伴之外，对于初次接触的企业最好核实其资信情况，有些企业缺乏资金和必需的物质条件，应慎重与其合作。有些人缺乏必需的贸易和经济合作知识，不熟悉国际贸易和结算的通常做法，与其做生意时要慎重，签订合同和文件时应严谨，合同条款尽可能细化，要树立通过法律保护自己合法权益的意识。在合作过程中，可引导其按国际惯例运作。

（5）应尊重白俄罗斯相关规定，特别是付款期限的规定，以免给合作伙伴带来不必要的麻烦和损失。2008 年 11 月 11 日，白俄罗斯中央银行第

165 号令规定，各银行不允许国民在交易所之外购买进口预付外汇申请，只有提交相应文件后才能支付进口货物和服务款。这种不同的付款方式和措施给中国出口商带来很大的收汇风险。另外，白俄罗斯政府对于保护消费者利益方面非常重视，中国企业出口商品必须保证品质，讲求信誉。

5.8.3 承包工程方面

（1）工程承包企业首先应明确经营主体身份和关系，需了解和熟悉当地法律法规和专门的规定，明确各方责、权、利和各自责任界限，办理好各种资格认证、经营许可、居住、工作、签证手续等。

（2）当地政府对外资、外企、外国劳工寄予厚望并给予高度关注，传媒也常常大篇幅连续报道，因此中国公司如在当地承包工程，一定要严格计算成本，投标价格合理，留有调整空间，并注意遵纪守法，严把工程质量，使工程经得起检验，成为信得过的项目。

（3）越来越多的中国企业来到白俄罗斯市场参与竞争（白方也希望多家企业竞争一个项目），白方在招标时会选择最低价，但对工程设备质量、施工期限等各方面却希望是世界先进水平。

（4）在工程设计方面，两国工程建设领域的标准和规范差异较大。中方设计院与白方设计院在设计理念和深度方面明显不同，建议最好由双方设计院联合设计，既可节省时间，又可以避免许多不必要的麻烦。

（5）由于双方在文化、习惯、工作程序等方面的不同，中白企业在工程建设中需要经历较长时间的相互了解、理解和磨合过程。

（6）目前，中国企业在白俄罗斯总承包的工程均可以从中国引进劳务，但白方希望尽量把部分工作分包给当地企业执行，从 2013 年起建筑领域的项目需要由在白俄罗斯注册的企业实施。

案例：中国电力工程顾问集团华北电力设计院与中国海外经济合作总公司联合分别于 2007 年 10 月和 2009 年 2 月中标明斯克 2 号热电站 EPC 合同和明斯克 5 号热电站一期改建燃气—蒸汽联合循环发电机组成套建设 EPC 合同。中国承包商注重项目质量及施工水平，深受国内外大型工程公司的信任，并建立了良好的合作关系。白俄罗斯总理为明斯克 2 号热电站投运剪彩，并对项目的各项指标给予了很高的评价。

5.8.4 防范投资合作风险

在白俄罗斯开展投资、贸易、承包工程和劳务合作的过程中，要特别注意事前调查、分析、评估相关风险，事中做好风险规避和管理工作，切实保障自身利益。包括对项目或贸易客户及相关方的资信调查和评估，对项目所在地的政治风险和商业风险分析和规避，对项目本身实施的可行性分析等。建议企业积极利用保险、担保、银行等保险金融机构和其他专业风险管理机构的相关业务保障自身利益，包括贸易、投资、承包工程和劳务类信用保险、财产保险、人身安全保险等，银行的保理业务和各类担保业务（政府担保、商业担保、保函）等。

5.8.5 其他应注意事项

中国企业和人员在国外工作期间，必须严格执行合同，遵守当地的法律法规，尊重当地的生活习惯，注意仪表，应随身携带证件和有关联系人的电话号码，增强安全防范意识，严格遵守外事纪律和各项安全规章制度，重视交通、人身和财产等安全，建立健全安全防范应急处置机制。注意饮食安全，讲究卫生，预防疾病，文明施工，尽可能改善工作生活环境，不要在为雇主工作的同时再为其他雇主打工，更不要擅自脱离工作岗位。履约期满后必须按时回国。

6 投资求助路径

6.1 寻求法律保护

中国企业寻求法律保护的最佳途径是聘请当地律师，在遇到纠纷时，按法律规定，经行政复议、仲裁或诉讼途径解决。如认为侵犯中方合法权益，也可请使馆以外交渠道帮助解决。

6.2 寻求当地政府帮助

白俄罗斯负责外商投资合作的部门包括各级政府部门的经济主管单位，

国家投资委员会、工商会、国家监察委员会等。中国企业应与注册地政府经济主管部门保持密切联系，及时通报企业经营状况，及时反映发展过程中遇到的困难和问题，以求得其理解和帮助。

6.3　取得中国驻当地使（领）馆的保护

中国驻白俄罗斯使（领）馆有责任保护中国公民在当地的合法权益，遇有中国公民在当地所享有的合法权益受到侵害时，中国驻当地使（领）馆有责任在国际法及当地法律允许的范围内实施领事保护。

企业也要配合使（领）馆工作，做到：（1）进入当地市场前，征求中国驻白俄罗斯大使馆经商参处意见；（2）自觉到中国驻白俄罗斯大使馆经商参处报到备案；（3）建立定期向经商参处情况汇报机制，互通信息。遇有重大事件发生，中国企业要及时向使馆汇报。在事件处理过程中，要服从使馆领导，听从指挥。中国驻白俄罗斯大使馆向企业提供的具体帮助内容请查询以下网站。

中国驻白俄罗斯大使馆网站：by. chineseembassy. org。

中国驻白俄罗斯大使馆经商参处网站：by. mofcom. gov. cn。

6.4　建立并启动应急预案

为维护中国公民的生命财产安全和国家利益，保障"走出去"战略顺利实施，促进对外经济合作的发展，各企业应加强风险防范意识，落实以预防为主、防范处置并重的要求；及时果断处置突发事件，避免或最大限度地减少中国公民生命财产损失，维护国家利益。应根据各自实际情况，建立安全工作机构和应急处置机制，制订安全防范措施和应急预案，做到机制完善、职责明确、措施到位，对所有成员进行应对风险教育，制定简便易行的应对方案，明确应急反应组织机构、人员及其作用；明确应急反应总负责人，以及每一具体行动的负责人；列出能提供援助的有关机构及联系方式等，明确各自职责，使其面对风险时知道如何逃生、救护、求援、报警、处置、汇报，并加强督促检查，确保各项安全保护工作得到充分落实。

6.5 其他应对措施

注意做好驻在国军队、内务、警察等部门的工作，争取其为中国企业、机构与人员安全保护工作提供更多帮助。与境外中国企业、机构及援建、承包、劳务企业加强联系，保持信息畅通。给所有成员配备部分熟练掌握当地语言的人员名单及联系方式，以备语言不通时求助。

附　录

附录1　白俄罗斯主要税负和税率

【个人所得税】纳税人从白俄罗斯境内所获得的收入应缴纳个人所得税。个人所得税一般税率为13%。对以下收入的所得税税率为9%：自然人（维护与保护建筑、房屋、土地的工作人员除外）依照劳动合同从高新技术园区的入驻者处获得的；个体企业主从高新技术园区的入驻者处获得的；参与销售高新技术领域注册商业项目的自然人依照劳动合同从高新技术园区的入驻者处获得的；自然人依照劳动合同以工资形式从合资公司和（或）中白工业园区的入驻者处获得的。针对白俄罗斯私营企业主进行经营（私人公证、进行个人辩护）活动获得的收入（私人公证人、辩护人），所得税税率规定为15%。白俄罗斯组织（税务代理）应在实际支付时，直接从纳税人收入中扣除自然人的个人所得税。个人所得税税收周期为一个日历年。针对私营企业主个人所得税的报告期为日历年的一个季度、半年、9个月，以及一个日历年。

【增值税】增值税包含在商品（产品、服务）价格中，其一般税率为20%，关于税率的规定有以下几种情况。

（1）在以下情况下为零税率：出口到关税同盟成员国的商品；押运、装卸工程（服务）和其他类似直接与销售出口关税同盟成员国的商品相关的工程（服务）；出口运输服务，包括过境运输以及来料加工商品的出口；

为外国单位或自然人进行的维修、更新、改装飞机及其发动机、铁路运输工具个体的工程（服务）；免税店店主自产、用于随后在免税店销售的商品；通过在关税同盟成员国无固定居住地的自然人的商店进行零售的商品，并且外国人从买到之日起3个月内将其带出关税同盟国关境外。在购买商品时，如果根据商品付款支付凭证，该商品价值超过80万白俄罗斯卢布（包括增值税），该商品自买到之日起3个月内被带出关税同盟国关境外时，外国人有权在一日内在与有权向外国人返还增值税的单位签署向外国人退增值税的服务合同的商店处获得返还的增值税。

（2）当以包含增值税的可调节零售价格销售商品时，税率为9.09%或16.67%。

（3）在以下情况下为10%税率：销售在白俄罗斯境内生产的植物栽培产品（花卉栽培、观赏性植物栽培除外），野生浆果、坚果与其他果实，蘑菇等野生产品以及养蜂业、畜牧业（皮货生产除外）与渔业产品；进口和（或）销售食品以及白俄罗斯总统批准的清单中所列的儿童商品时；自由经济区入驻者在白俄罗斯境内销售其在自由经济区内生产的，且为白俄罗斯确定为进口替代产品的。

（4）当销售财产权以及销售上面未指明的商品（产品、服务）时（免征税与不属于增值税征税对象的除外），税率为20%。增值税周期为一个日历年。根据纳税人的选择，增值税报告期可以为日历月或日历季。在上一报告期后的下一个月20日之前，纳税人向税务机关提交报税单（核算）。上一报告期后的下一个月22日之前缴纳增值税。

【利润税】白俄罗斯针对单位总利润、红利以及单位加算的等同于红利的收入征收利润税。对于白俄罗斯各单位来说，总利润是指销售商品（产品、服务）、财产权及非销售收入的总利润减去额外开销的费用。销售商品的进款根据交易价格确定，同时，税务机关有权根据市场价计算利润税。此条款适用于交易价格（与一人交易）高于600亿白俄罗斯卢布的对外贸易，以及市场价比交易价低20%的房产交易。基本税率为18%，红利税率为12%，利润税周期为一个日历年。纳税人在上一税收周期的下一年度3月

20 日之前向税务机关提交利润税申报单。

【不在白俄罗斯境内通过常设代表机构进行经营活动的外国组织收入税】不在白俄罗斯境内通过常设代表机构进行经营活动的外国组织收入税的纳税人是指不在白俄罗斯境内通过常设代表机构进行经营活动，但在白俄罗斯境内获取收入的外国组织。针对纳税人从白俄罗斯获得的下列收入征税。

（1）与国际运送（国际运送中的客运票款、与国际海运货物运输相关的运送费用、运费除外）相关的运送费用、运费（包括滞留费及运输过程中产生的其他费用），以及发运服务费（组织海运国际货物运输时发运活动领域的服务除外）。

（2）各种类型、不论其形成方式的利息（息票）收入，包括：①贷款，债务方面的收入；②其发行条件规定以利息（贴现）形式获得收益的有价证券收入；③临时使用白俄罗斯银行账户内闲置资金的收入。

（3）专利使用费。

（4）红利与相当于红利的收入。

（5）根据委托、代理合同等类似民法合同，在白俄罗斯境内销售商品的收入。

（6）在白俄罗斯境内进行和（或）参加文艺演出，以及在白俄罗斯境内进行马戏表演与动物表演工作的收入。

（7）违约金（罚款、罚金）及违反合同条款而产生的其他制裁形式的收入。

（8）科研、试验、设计工作，为商品的试验样件（试验批量）编制设计与工艺文件，生产与测试商品的试验样件（试验批量），设计前的工作与设计工作（编制技术经济论证、设计研究等类似工作）收入。

（9）提供保障和（或）担保的收入。

（10）提供用于在服务器中放置信息的磁盘空间和（或）通信渠道与其技术维护服务的收入。

（11）转让收入：位于白俄罗斯境内的不动产；所有人为外国组织，且位于白俄罗斯境内作为物业综合体的企业（其部分）；白俄罗斯境内的有价证券（股票除外）和（或）其注销；位于白俄罗斯境内组织的注册资金份额（股份、股票）。

（12）服务收入：咨询、会计、审计、营销、法律、工程技术服务；位于白俄罗斯境内不动产的委托管理；快递；中介；管理；雇佣和（或）挑选员工，包括进行职业活动的自然人；教育领域；财产保管；保险；广告（向国外组织支付的、与白俄罗斯组织和白俄罗斯个体企业在国外参与展会相关的费用除外）；安装、调试、检查、维护、测量、测试位于白俄罗斯境内的线路、机械、设备、仪器、工具、设施、无形资产［当其是关于购置为私有（暂时使用）的外贸合同条款不可分割条件时，培训、进行咨询和（或）提供上述服务所获得的收入除外］；押运与保护货物（对于货物所在地国家法律规定必须押运与保护货物，该国组织提供服务所得收入除外）。

（13）位于白俄罗斯境内、交予资产委托管理的不动产收入。

（14）处理资料的活动，包括使用用户软件或自己的软件处理资料的活动（完整处理数据、准备与输入数据、自动化处理数据），虚拟主机服务（保存网页，使其可以更新并置于互联网上共享），出售电脑时的服务收入，以及数据库处理，包括创建数据库、存储资料、保证对数据库的访问，互联网上的搜索门户网站与搜索引擎服务收入［使用自动化银行间核算系统、国际支付系统、传递支付和（或）完成支付信息的国际通信系统的收入除外］。根据不同的收入类型，收入税税率为5%、6%、10%、12%和15%。收入税税收周期为产生缴纳收入税义务日期所在的日历月。收入税报税单（核算）由白俄罗斯法人、外国组织或不在白俄罗斯境内通过固定代表处进行经营活动的外国组织支付收入的个体企业主，在上一税收周期之后一个月的20日前，向该法人、外国组织或个体企业主的注册地税务机关提交。收入税在上一税收周期之后一个月的22日前划入预算。此外，还需缴纳消费税、不动产税、生态税、土地税、自然资源开采税，以及居民社会保障基金与退休基金强制保险费，雇主为员工缴纳生产中意外事故与职业病强制保险费。

附录2　白俄罗斯经济特区情况

1996年，白俄罗斯创建第一个自由经济区。目前白俄罗斯境内已有如下7个自由经济区。

【布列斯特自由经济区】该区建于1996年12月，是由白俄罗斯政府同国际联合商行德国分行专家们合作创办，经营期限为50年。该区位于白俄罗斯西南同波兰相邻的布列斯特州，地理位置十分优越，目前面积为7368公顷。在该区运作的企业主要是白俄罗斯国内外的中小企业，大多为商业、建材、医药和木材加工等领域，目前入驻企业约90家。德国是布列斯特自由经济区的主要投资国，占该区投资总额的43.3%，其次是俄罗斯（21%）、英国（9%）、美国（5.8%）、波兰（5.6%）、捷克（4.4%）以及乌克兰、法国、意大利、立陶宛、奥地利、以色列、塞浦路斯、挪威和西班牙。在布列斯特自由经济区的众多贸易伙伴中，俄罗斯独占鳌头，占该区贸易额的94.4%。从自由经济区向俄罗斯出口家具及其配套产品、塑料及其制品、油漆、地毯及其他地板铺饰物；从俄罗斯进口食品、玻璃及其制品和纺织品。在向非独联体国家的出口总额中，德国和捷克占的比重最大，分别为46.9%和30.4%；在自非独联体国家的进口总额中，德国和波兰占比最大，分别为36.7%和30.5%。

【戈梅利—拉顿自由经济区】该区建于1998年，位于白俄罗斯东南部的戈梅利州，经营期限为50年。该区的地理位置非常优越，靠近俄罗斯和乌克兰。目前入驻企业75家，外国投资者来自德国、列支敦士登、捷克、瑞士、波兰和以色列。区内生产的产品有一般工业用品、消费品、缝纫机、家具、商业设备、无线电设备、漆包线和其他按计划生产的产品。自由经济区的进出口以机器设备、录音和复印设备、非贵重金属及其制品为主。

【明斯克自由经济区】该区建于1998年，位于白俄罗斯中部的明斯克州，经营期限为30年。目前入驻140多家企业，外国投资者来自美国（17%）、英国（17%）、意大利（16%）、德国（11%）、波兰（10%）、俄罗斯（10%）、拉脱维亚（8%）和立陶宛（6%）。区内企业大多从事食品生产，占该区投资总额的 27%，其次为机械制造（23%）、建筑（16%）、家具和木材加工（14%）、包装（14%）和印刷（6%）等生产行业。明斯克自由经济区 93% 的产品都销往俄罗斯，只有 7% 的产品出口到非独联体国家。

【维捷布斯克自由经济区】该区建于 1998 年底，位于白俄罗斯东北部的维捷布斯克州，经营期限为 30 年。目前入驻企业 46 家。外国投资者来自俄罗斯、英国、波兰、德国、爱沙尼亚、美国、塞浦路斯等国家。维捷布斯克自由经济区远景规划是建立电视机厂和计算机控制显示器设计院的生产联合企业，由 19 个独立车间、工段和生产部门组成，专门生产电视机。

【莫吉廖夫自由经济区】该区建于 2001 年 5 月，位于白俄罗斯东部的莫吉廖夫州，占地面积 242.7 公顷，2002 年 2 月 1 日开始运作。目前入驻企业 50 家，外国投资者来自捷克、德国、以色列、塞浦路斯、芬兰、立陶宛、土耳其、荷兰、澳大利亚、丹麦和俄罗斯等国，分别生产红外线加热器动力保护设备、非织造衣料和药品。德国莱比锡一家公司从事德国—白俄罗斯运输发送业务，捷克和俄罗斯的有关企业共同设计和建立利用生产废料制作块状燃料的流水线。将来在自由经济区内还要安排住宅公用事业用的高精度测量仪、高效控制器和机器人装置、出口型加固软管、消费品、商业设备、办公用品和生活用具的生产。建立莫吉廖夫自由经济区的目的是，提高莫吉廖夫州的经济活力，增强其商品竞争力和出口潜力，促进出口型产品和进口替代产品的生产，为创造和运用白俄罗斯国内外的研究成果、高新技术和外国先进经验保障良好的创新环境和条件。

【格罗德诺投资自由经济区】该区建于 2002 年 4 月，位于白俄罗斯西部的格罗德诺州。格罗德诺投资自由经济区建立的目的是吸引白俄罗斯国内外的投资，建立和发展出口型的高技术产品的生产部门，增加见效快和有竞争力的出口产品的产量，建立和发展新的进口替代生产部门。目前入驻企业 92 家，外国投资者来自俄罗斯、美国、瑞典、以色列、波兰、捷克、德国、格鲁吉亚、加拿大、塞浦路斯、芬兰、爱沙尼亚、英国、立陶宛、保加利亚等国家。

【中白工业园（简称"工业园"）】依据 2012 年 6 月 5 日第 253 号总统令成立。工业园位于白俄罗斯明斯克州斯莫列维奇区，占地面积 9150 公顷，是中国海外最大工业园区。2014 年 6 月 19 日举行奠基仪式，标志着连接欧亚大陆、位于丝绸之路经济带的中白工业园一期工程正式启动建设。在两国领导人的亲自关心和大力推动下，在中白双方的共同不懈努力下，2017 年至今中白工业园建设取得实质性进展，中白工业园发展进入新时代。一是 3.5 平方千米起步区基础设施全面完成，具备全面招商引资条件。二是招商工作稳步快速推进，截至 2018 年底，中白工业园入园企业达 37 家，来自 8 个不同国家，中白工业园的国际影响力和吸引力不断提升。三是政策投资环境进一步完善，优惠政策不断落地。2017 年 5 月，白俄罗斯颁布《关于完善中白工业园特殊法律制度》的第 166 号总统令，为园区投资者提供更多的优惠政策和更为宽松的投资环境，是园区发展的重要里程碑。

根据新版第 166 号白俄罗斯总统令，在保留了此前的电子信息、生物医药、精细化工、机械制造、新材料、仓储物流六大产业的基础上，新增了电子商务、大数据存储与处理、社会文化活动三大优先发展行业。

（1）工业园企业是直接在工业园区内注册的法人，并在园区内正在实施（打算实施）的投资项目需同时满足以下条件：①生产经营活动符合工业园主要的生产经营领域要求；②新版总统令中"宣布的投资金额应折合不少于 500 万美元"这一规定不变；③与此同时，实施研发类投资项目的投资金额由"不少于 100 万美元"减少为"不少于 50 万美元"；④申请成为工业园企业的法人实施投资项目（除研发项目外）的投资金额，在与园区管委会签订《关于在工业园从事活动条件的合同》之日起 3 年内进行全额投资的前提下，由"不少于 100 万美元"减少为"不少于 50 万美元"。新版总统令降低了投资项目的金额门槛。

（2）企业享受的主要税收优惠政策。企业销售其在园区内生产的自产产品（服务）所获得利润的利润税，自企业产生总利润的首年开始 10 年内免缴企业所得税；此后至 2062 年 6 月 5 日前免除 50% 所得税。全部不动产税、土地税，至 2062 年 6 月 5 日前免除。企业红利税自分配红利首年开始的 5 年内免除所得税，免缴离岸税。2027 年前，自然人根据劳动合同从园区居民企业获得的收入，按 9% 的税率缴纳个人所得税。园区企业免缴无偿转让资本构成（建筑物、设施）、独立房屋、在建工程和其他位于园区内的固定资产项目，以及为建设和改造项目而转入其名下的建筑和设施时的增值税和利润税。

（3）其他优惠政策。园区企业免缴：颁发和延长向白俄罗斯引入外国劳动力的许可证，为建设园区工程引进外国公民与无国籍人士在白俄罗斯从事劳动，以及在园区内实施投资项目的专项许可证的国家规费；由于征用或临时占用位于园区内的农业用地和森林资源而产生的农业和（或）林业生产损失的补偿；2027 年 1 月 1 日前在白俄罗斯外汇市场上强制性出售外汇的收益；在园区内从事设计与建设园区工程项目，以及其他与设计和建设园区工程有关的工作时，向创新基金缴纳的费用。外国公民与无国籍人员免缴为其颁发在白俄罗斯临时居住许可证的国家规费。园区企业的员工收入超过白俄罗斯（外国员工除外）全国月平均工资一倍的部分无须缴纳强制保险费。不对园区入驻者，以及他们为在园区内实施投资项目而引进的在白俄罗斯境内临时居住（逗留）的外国员工收入征缴强制保险费。园区入驻者有权在建筑与设施投入使用一年后的 12 月 31 日前，全额扣除其在购买（进口到白俄罗斯境内）用于设计、建设与配备园区内建筑与设施的商品（产品、服务）及财产权时缴纳的增值税。园区入驻者为实施投资项目而向白俄罗斯海关监管区内进口的商品，如果持有园区管委会出具的该商品在园区内使用用途的证明，即可免缴海关关税与增值税。已在园区内从事经营活动的企业不缴纳规定新税费。保证外国投资者以及工业园建设外籍参与者在缴纳了税收和其他必须缴纳的费用之后，可将工业园内投资活动所得的利润（收入）自由汇出白俄罗斯。

附录3　白俄罗斯政府部门和相关机构一览表

白俄罗斯总统网站：president. gov. by

白俄罗斯政府网站：www. government. by

白俄罗斯部长内阁以及国家机构/组织（部分）

经济部

地址：220030，明斯克市，别尔松大街 14 号

电话/传真：（00375 17）222 - 60 - 48/200 - 37 - 77

网址：www. economy. gov. by

电邮：minec@ economy. gov. by

外交部

地址：220030，明斯克市，列宁大街 19 号

电话/传真：（00375 17）327 - 29 - 22/327 - 45 - 21

网址：www. mfa. gov. by

电邮：mail@ mfa. gov. by

建筑和建设部

地址：220048，明斯克市，米亚斯尼科夫大街 39 号

电话/传真：（00375 17）327 - 19 - 34/200 - 74 - 24

网址：www. mas. gov. by

电邮：mas@ mas. by

税务部

地址：220010，明斯克市，苏维埃大街 9 号

电话/传真：（00375 17）229 - 79 - 71/229 - 79 - 72/222 - 66 - 87

网址：www. nalog. gov. by

电邮：ghk@ mail. belpak. by

自然资源和环境保护部

地址：220048，明斯克市，科列克托尔大街 10 号

电话/传真：（00375 17）200 - 66 - 91/200 - 55 - 83

网址：www. minpriroda. gov. by

电邮：minproos@ mail. belpak. by

工业部

地址：220033，明斯克市，游击队大街 2 号 4 栋

电话/传真：（00375 17）223 - 93 - 96/328 - 30 - 48

网址：www. minprom. gov. by

电邮：minprom4@ minprom. gov. by

通信和信息化部

地址：220050，明斯克市，独立大街 10 号

电话/传真：（00375 17）287 - 87 - 06/327 - 21 - 57

网址：www. mpt. gov. by

电邮：mpt@ mpt. gov. by

农业和食品部

地址：220030，明斯克市，基洛夫大街 15 号

电话/传真：（00375 17）327 - 37 - 51/327 - 42 - 96

网址：www. mshp. minsk. by

电邮：kanc@ mshp. gov. by

反垄断监管和贸易部

地址：220030，明斯克市，基洛夫大街 8 号 1 栋

电话/传真：（00375 17）327 - 73 - 07/327 - 03 - 10

网址：www. mintorg. gov. by

电邮：mail@ mintorg. gov. by

交通运输部

地址：220029，明斯克市，契切林大街21号

电话/传真：（00375 17）286 – 76 – 96/292 – 83 – 91

网址：www. mintrans. gov. by

电邮：mail@ mintrans. mtk. by

财政部

地址：220010，明斯克市，苏维埃大街7号

电话/传真：（00375 17）222 – 61 – 37/222 – 45 – 93

网址：www. minfin. gov. by

电邮：minfin@ minfin. gov. by

公共健康部

地址：220048，明斯克市，米亚斯尼科夫大街39号

电话/传真：（00375 17）222 – 60 – 33

网址：www. minzdrav. gov. by

电邮：mzrb@ belcmt. by

能源部

地址：220030，明斯克市，马克思大街14号

电话/传真：（00375 17）218 – 21 – 02/218 – 24 – 68

网址：www. minenergo. gov. by

电邮：minenergo@ min. energo. by

国家银行

地址：20，Nezavisimosty Ave. ，220008 Minsk，Belarus

电话/传真：（00375 17）2192303/2192242

传真：（00375 17）3274879/3275094

网址：www. nbrb. by

白俄罗斯各国家委员会（部分）
国有资产委员会
地址：220005，明斯克市，红星胡同 12 号
电话/传真：（00375 17）288 - 10 - 19/288 - 27 - 25
网址：www. gki. gov. by
电邮：info@ gki. gov. by

国家科学技术委员会
地址：220072，明斯克市，学院街 1 号
电话/传真：（00375 17）292 - 92 - 44/284 - 02 - 79
网址：www. gknt. gov. by
电邮：gknt@ gknt. org. by

国家标准化委员会
地址：220053，明斯克市，斯塔罗维连斯基大道 93 号
电话/传真：（00375 17）233 - 52 - 13/233 - 25 - 88
网址：www. gosstandart. gov. by
电邮：beIst@ gosstandart. gov. by

国家海关委员会
地址：220007，明斯克市，莫吉廖夫大街 45/1 号
电话/传真：（00375 17）218 - 90 - 00/218 - 91 - 97
网址：www. tk. gov. by
电邮：gtk@ customs. gov. by

国家统计委员会

网址：www. belstat. gov. by

电邮：belstat@ mail. belpak. by

地方管理机关（部分）

布列斯特州执行委员会

地址：224006，布列斯特市，列宁大街 11 号

电话/传真：（00375 162）21 – 22 – 37/21 – 96 – 66

网址：www. brest – region. gov. by

电邮：contact@ brest – region. by

维捷布斯克州执行委员会

地址：210010，维捷布斯克市，果戈理大街 6 号

电话/传真：（00375 212）42 – 57 – 57/42 – 57 – 81

网址：www. vitebsk – region. gov. by

电邮：vitoblisp@ vitebsk. by

戈梅利州执行委员会

地址：246050，戈梅利市，列宁大街 2 号

电话/传真：（00375 232）74 – 54 – 84/75 – 45 – 19

网址：www. gomel – region. by

电邮：gomoblisp@ mail. gov. by

格罗德诺州执行委员会

地址：230023，格罗德诺市，奥泽什科大街 3 号

电话/传真：（00375 152）72 – 31 – 90/72 – 02 – 32

网址：www. region. grodno. by

电邮：groblisp@ mail. grodno. by

明斯克州执行委员会

地址：220030，明斯克市，恩格斯大街 4 号

电话/传真：（00375 17）500 - 41 - 25/327 - 24 - 15

网址：www. minsk - region. gov. by

电邮：pisma@ minsk - region. gov. by

明斯克市执行委员会

地址：220030，明斯克市，独立大街 8 号

电话/传真：（00375 17）218 - 00 - 01/327 - 68 - 66

网址：www. minsk. gov. by

电邮：mgik@ minsk. gov. by

莫吉廖夫州执行委员会

地址：212030，莫吉廖夫市，五一大街 71 号

电话/传真：（00375 222）32 - 80 - 59/22 - 05 - 11

网址：mogilev - region. gov. by

电邮：oblisp@ mogilev. by

参考文献

季玉华、窦如婷：《"一带一路"背景下中国电力企业投资中东电力市场分析》，《企业经济》2019年第11期。

周国光、王一佼、桂嘉伟、白鹏霞：《"一带一路"沿线省市交通基础设施投资效应研究——基于私人投资和公共投资的比较分析》，《华东经济管理》2019年第12期。

邓力平、马骏、王智烜：《双边税收协定与中国企业"一带一路"投资》，《财贸经济》2019年第11期。

张爱玲、韩良秋：《"一带一路"背景下中巴产业内贸易：水平测定及影响因素分析》，《价格月刊》2019年第11期。

郭敏、李晓峰、程健：《"一带一路"建设中国企业"走出去"面临的风险与应对措施》，《西北大学学报》（哲学社会科学版）2019年第6期。

郭显龙、陈慧：《"一带一路"下中国与澜湄五国国际产能合作研究》，《宏观经济管理》2019年第11期。

陈高、胡迎东：《"一带一路"倡议下中国与沿线国家经济融合研究》，《统计与决策》2019年第21期。

周妍巧、李涛、刘灼：《"一带一路"倡议、制度距离与企业对外直接投资》，《会计之友》2019年第22期。

乔敏健：《对外直接投资带动东道国产业升级的效果分析——来自"一带一路"国家的经验证据》，《亚太经济》2019年第5期。

高菠阳、尉翔宇、黄志基、冯锐、刘卫东：《企业异质性与中国对外直接投资——基于中国微观企业数据的研究》，《经济地理》2019年第10期。

张宁宁、张宏、杨勃：《"一带一路"沿线国家制度风险与企业海外市场进入模式选择：基于中国装备制造业上市公司的实证分析》，《世界经济研究》2019 年第 10 期。

牛晓云：《地矿企业海外投资的风险控制——评〈中国地矿企业走出去风险研究〉》，《矿业研究与开发》2019 年第 10 期。

云倩：《"一带一路"倡议下中国—东盟金融合作的路径探析》，《亚太经济》2019 年第 5 期。

王雄元、卜落凡：《国际出口贸易与企业创新——基于"中欧班列"开通的准自然实验研究》，《中国工业经济》2019 年第 10 期。

赵龙跃：《统筹国际国内规则：中国参与全球经济治理 70 年》，《太平洋学报》2019 年第10 期。

翟婵、程恩富：《中国正处于世界经济体系的"准中心"地位——确立"中心—准中心—半外围—外围"新理论》，《上海经济研究》2019 年第 10 期。

石勤：《"走出去"企业涉税风险问题探究——以广西企业投资东盟"一带一路"国家为例》，《财会通讯》2019 年第 29 期。

王丰龙、司月芳：《"一带一路"倡议背景下亚投行设立对中国海外投资的影响研究》，《世界地理研究》2019 年第 5 期。

毛海欧、刘海云：《中国对外直接投资对贸易互补关系的影响："一带一路"倡议扮演了什么角色》，《财贸经济》2019 年第 10 期。

李敏、于津平：《"一带一路"倡议与沿线国家投资便利化——基于合成控制法的实证评估》，《江海学刊》2019 年第 5 期。

潘功胜：《人民币国际化十年回顾与展望》，《中国金融》2019 年第 14 期。

庞敏、张志伟：《"一带一路"沿线国家投资便利化问题研究》，《理论探讨》2019 年第 4 期。

陈浩：《"一带一路"背景下中哈霍尔果斯国际边境合作中心发展对策研究》，《国际经济合作》2019 年第 3 期。

胡亚光：《基于营力系统理论的旅游产业效率提升机制研究》，《企业经济》2019 年第 3 期。

左思明、朱明侠：《"一带一路"沿线国家投资便利化测评与中国对外直接投资》，《财经理论与实践》2019 年第 2 期。

刘敬东、王路路：《"一带一路"倡议创制国际法的路径研究》，《学术论坛》2018 年第 6 期。

韩璐：《上海合作组织与"一带一路"的协同发展》，《国际问题研究》2019 年第 2 期。

才凌惠、朱延福：《国家规模对贸易投资便利化的影响——基于"一带一路"沿线国家数据的实证分析》，《贵州财经大学学报》2019 年第 2 期。

原静：《"一带一路"倡议对东亚区域投资便利化的影响及中国应对》，《河南社会科学》2019 年第 3 期。

唐宜红、顾丽华：《贸易便利化与制造业企业出口——基于"一带一路"沿线国家企业调查数据的实证研究》，《国际经贸探索》2019 年第 2 期。

王颂吉、谷磊、苏小庆：《"一带一路"引领新型全球化：变局研判与建设任务》，《西北大学学报》（哲学社会科学版）2019 年第 2 期。

朱明侠、左思明：《提升"一带一路"沿线国家投资便利化水平应对贸易保护主义研究》，《理论探讨》2019 年第 1 期。

朱明侠、左思明：《"一带一路"沿线国家投资便利化的评价体系研究》，《广东社会科学》2019 年第 1 期。

乔敏健：《投资便利化水平提升是否会促进中国对外直接投资？——基于"一带一路"沿线国家的面板数据分析》，《经济问题探索》2019 年第 1 期。

刘海月、黄玲、刘诗奕、高亮：《中国企业 OFDI 羊群行为——基于中国制造业上市公司的实证研究》，《财经科学》2018 年第 12 期。

陈继勇、李知睿：《中国对"一带一路"沿线国家直接投资的风险及其防范》，《经济地理》2018 年第 12 期。

田晖、宋清、楚恬思：《制度因素与我国对外直接投资区位关系研究——"一带一路"倡议的调节效应》，《经济地理》2018 年第 12 期。

许培源、罗琴秀：《自贸试验区功能差异化与"一带一路"建设》，《华侨大学学报》（哲学社会科学版）2018 年第 6 期。

冯来刚：《中央建筑企业海外经营实践探索与战略思考》，《国际经济合作》2018 年第 12 期。

傅梦孜：《"一带一路"倡议的三个理论视角》，《现代国际关系》2018 年第 12 期。

尹刚：《中日在东盟第三方市场合作的前景分析》，《国际经济合作》2018 年第 12 期。

袁波：《CPTPP 的主要特点、影响及对策建议》，《国际经济合作》2018 年第 12 期。

聂爱云、何小钢：《中国"一带一路"投资：进展、挑战与对策》，《国际贸易》2018 年第 12 期。

龚刚、马丽：《新时代"一带一路"倡议的制度选择》，《人文杂志》2018 年第 12 期。

姜慧、孙玉琴：《中国 OFDI、东道国基础设施建设与双边经济增长——基于"一带一路"东道国制度的视角》，《经济理论与经济管理》2018 年第 12 期。

杨俊：《"一带一路"沿线国家油气资源投资风险评价》，《中国矿业》2018 年第 12 期。

张原：《中国对"一带一路"援助及投资的减贫效应——"授人以鱼"还是"授人以渔"》，《财贸经济》2018 年第 12 期。

张宇：《中国与拉美国家可持续发展合作研究》，《太平洋学报》2018 年第 12 期。

张原：《新世纪以来中国对拉美援助和投资的减贫效应研究》，《太平洋学报》2018 年第 12 期。

赵明昊：《大国竞争背景下美国对"一带一路"的制衡态势论析》，《世界经济与政治》2018 年第 12 期。

邱波：《"一带一路"倡议下中国电力企业"走出去"发展的实践与启示——以南方电网为例》，《对外经贸实务》2018 年第 12 期。

王黎黎：《"一带一路"下集体劳动关系调整风险及适应性防范》，《中国人力资源开发》2018年第12期。

胡冠宇、卢小兰：《中国在"一带一路"沿线国家OFDI的影响因素分析》，《统计与决策》2018年第23期。

陈瑶雯、莫敏、范祚军：《"一带一路"背景下中国—东盟投资便利化水平测度》，《统计与决策》2018年第23期。

周跃雪：《"一带一路"农产品贸易便利化及其制度建设对策》，《农村经济》2018年第7期。

漆彤：《投资争议处理体系的三大构成》，《社会科学辑刊》2018年第4期。

漆彤：《论"一带一路"国际投资争议的预防机制》，《法学评论》2018年第3期。

刘镇、邱志萍、朱丽萌：《海上丝绸之路沿线国家投资贸易便利化时空特征及对贸易的影响》，《经济地理》2018年第3期。

罗宇文、陈玉洁、刘永林：《"一带一路"倡议下非洲投资现状及风险应对》，《施工技术》2017年第S2期。

梁志华、毛程连：《"一带一路"背景下陕西省旅游业的发展研究》，《中国软科学》2017年第12期。

王虹、胡胜德：《基于Tobit模型的"一带一路"旅游产业效率投资影响因素及策略研究》，《中国软科学》2017年第12期。

朱宝、何婧：《地方政府与农户农业投资行为关系研究——基于我国"一带一路"沿线省份的经验数据》，《农业技术经济》2017年第12期。

沈丹阳：《我国构建开放型经济新体制与推动建设开放型世界经济》，《世界经济研究》2017年第12期。

张燕生、王海峰、杨坤峰：《对推进"一带一路"建设的建议》，《经济研究参考》2017年第71期。

王威：《"一带一路"背景下中国对东盟投资的法律风险及对策》，《改革与战略》2017年第12期。

顾春光、翟崑:《"一带一路"贸易投资指数:进展、挑战与展望》,《当代亚太》2017 年第 6 期。

姜巍:《"一带一路"沿线基础设施投资建设与中国的策略选择》,《国际贸易》2017 年第 12 期。

陈谢晟:《"一带一路"背景下赴以色列投资的问题与对策》,《国际经济合作》2017 年第 12 期。

韩露、程慧、祁欣、杨超、吴凝、经蕊、韩爽:《塔吉克斯坦投资环境及中塔投资合作》,《国际经济合作》2017 年第 12 期。

范春:《中亚旅游投资机遇障碍分析及投资策略选择》,《改革与战略》2017 年第 12 期。

章海源、刘牧茜:《加快推进外贸与产业协调发展》,《国际贸易》2017 年第 12 期。

佟家栋:《"一带一路"倡议的理论超越》,《经济研究》2017 年第 12 期。

那洪生:《优化对俄跨境投资贸易金融服务》,《中国金融》2017 年第 24 期。

陈友骏:《"新常态"与中国经济外交》,《太平洋学报》2017 年第 12 期。

陈毓圭:《"一带一路"建设需要会计专业服务跟进——在"一带一路"国际投资高峰论坛会上的致辞》,《中国注册会计师》2017 年第 12 期。

刘震:《"一带一路"背景下我国企业顺梯度 OFDI 的经济效应》,《经济管理》2017 年第 12 期。

刘乃全、戴晋:《我国对"一带一路"沿线国家 OFDI 的环境效应》,《经济管理》2017 年第 12 期。

文洋:《"一带一路"投资规则发展趋势及协调策略》,《理论视野》2017 年第 12 期。

罗翊烜、扈钟方:《贸易便利化与中国"一带一路"建设选择——基于沿线亚洲国家面板数据和引力模型的实证分析》,《商业经济研究》2017 年第 23 期。

杜娟：《"一带一路"贸易投资便利化之中东欧国家法律环境评析》，《西安交通大学学报》（社会科学版）2017 年第 6 期。

宋林、谢伟、郑雯：《"一带一路"战略背景下我国对外直接投资的效率研究》，《西安交通大学学报》（社会科学版）2017 年第 4 期。

王璐瑶、葛顺奇：《推进全球投资治理规则体系变革》，《国际经济合作》2017 年第 6 期。

杨宁：《中国制造业国际转移过程中的问题与对策——基于"一带一路"沿线国家贸易便利化视角》，《对外经贸实务》2017 年第 5 期。

崔日明、黄英婉：《"一带一路"沿线国家贸易投资便利化水平及其对中国出口的影响——基于面板数据的实证分析》，《广东社会科学》2017 年第 3 期。

张鑫：《"一带一路"战略下西南跨境次区域农业一体化合作》，《广西民族研究》2017 年第 2 期。

王霞：《"一带一路"战略下国际公共产品供给合作机制构建策略》，《改革与战略》2017 年第 3 期。

周七月：《"走出去"战略与环境社会风险研究》，《中华文化论坛》2016 年第 12 期。

朱伟东：《中国与"一带一路"国家间民商事争议解决机制的完善》，《求索》2016 年第 12 期。

汤鹏飞：《"一带一路"背景下湖北开放型经济发展的基础与策略》，《湖北社会科学》2016 年第 12 期。

张茉楠：《全面推进"一带一路"贸易投资便利化战略》，《金融与经济》2016 年第 12 期。

黄森、吕小明、王佳雯：《中国长江经济带沿线省市交通基础设施效率研究》，《时代金融》2019 年第 6 期。

韦倩青：《印度尼西亚投资环境分析报告》，广西师范大学出版社，2014。

王原雪、许志瑜、张晓磊：《"英国脱欧"对中英和中欧贸易投资的影响》，《国际经济合作》2016年第12期。

仝菲：《"一带一路"框架下的中埃经贸合作》，《国际经济合作》2016年第12期。

周延礼：《一带一路建设中的保险服务》，《中国金融》2016年第24期。

王玉柱：《"一带一路"倡议下中国及世界经济"再平衡"的实现机制》，《现代经济探讨》2016年第12期。

曹萍：《"一带一路"背景下的伊斯兰债券发展模式研究》，《证券市场导报》2016年第12期。

闫琰、王秀东：《"一带一路"背景下我国与中亚五国农业区域合作的重点领域》，《经济纵横》2016年第12期。

李锋：《中国内地赴香港直接投资的现状、原因及趋势展望》，《现代管理科学》2016年第12期。

陈高、范莎莎：《"一带一路"战略对沿线国家全要素生产率的影响分析》，《统计与决策》2016年第23期。

张军：《"一带一路"战略下中资商业银行国际化区位选择》，《经济问题探索》2016年第12期。

孟华强：《日本企业对外投资的金融支持体系对"一带一路"战略的启示》，《经济研究参考》2016年第67期。

科罗廖夫：《世界最原生态：俄罗斯莉娜高速公路》，http：//blog.sina.com.cn/s/blog_53ae0b700102v9uo.html，2019－7－10。

李晓玉：《"一带一路"倡议中的国际产能合作发展及深化策略》，《经济研究参考》2016年第67期。

张述存：《新形势下推动鲁新经贸合作发展的新思考——基于"一带一路"的视角》，《东岳论丛》2016年第12期。

黄森、吕小明、蒋婷玉：《"渝新欧"沿线国家交通物流效率测算及比较研究》，《当代经济》2019年第4期。

马文秀、乔敏健：《"一带一路"国家投资便利化水平测度与评价》，

《河北大学学报》（哲学社会科学版）2016 年第 5 期。

崔日明、黄英婉：《"一带一路"沿线国家贸易投资便利化评价指标体系研究》，《国际贸易问题》2016 年第 9 期。

张亚斌：《"一带一路"投资便利化与中国对外直接投资选择——基于跨国面板数据及投资引力模型的实证研究》，《国际贸易问题》2016 年第 9 期。

袁佳：《人民币在"一带一路"建设中的运用方式及路径》，《国际经济合作》2016 年第 5 期。

王海燕：《"一带一路"标准一致化研究——以中国与中亚国家出入境检验检疫领域合作为例》，《新疆师范大学学报》（哲学社会科学版）2016 年第 4 期。

张建平、樊子嫣：《"一带一路"国家贸易投资便利化状况及相关措施需求》，《国家行政学院学报》2016 年第 1 期。

陈明宝、陈平：《国际公共产品供给视角下"一带一路"的合作机制构建》，《广东社会科学》2015 年第 5 期。

才国伟、曹昱葭、吴华强：《中国经济改革与发展视角下的"一带一路"》，《广东社会科学》2015 年第 5 期。

接玉芹：《新平庸时代人民币国际化的机遇与挑战》，《商业经济研究》2015 年第 35 期。

邵海燕、卢进勇：《中国外向投资自由化现状、不足及发展方向》，《国际贸易》2015 年第 12 期。

余莹：《我国对外基础设施投资模式与政治风险管控——基于"一带一路"地缘政治的视角》，《经济问题》2015 年第 12 期。

曹云华、胡爱清：《"一带一路"战略下中国—东盟农业互联互通合作研究》，《太平洋学报》2015 年第 12 期。

张纪凤、宣昌勇：《"一带一路"战略下我国对东盟直接投资"升级版"研究》，《现代经济探讨》2015 年第 12 期。

理查德·图尔克萨尼、邝雪：《"16＋1 合作"平台下的中国和中东欧国家合作及其在"一带一路"倡议中的作用》,《欧洲研究》2015年第6期。

陈迎:《"中欧班列"沿线国家贸易效率评价与比较研究》,硕士学位论文,四川外国语大学,2018。

王硕:《基于一带一路倡议的中欧班列发展研究》,硕士学位论文,大连交通大学,2018。

杨柏、黄森等主编《渝新欧沿线国家发展报告(2017)》,社会科学文献出版社,2019。

王勇、希望、罗洋:《"一带一路"倡议下中国与土耳其的战略合作》,《西亚非洲》2015年第6期。

李忠:《在上海自贸区发行"丝路债券"初探——基于人民币国际化的视角》,《证券市场导报》2015年第12期。

中国国际税收研究会课题组、龚辉文:《服务"一带一路"战略税收政策及征管研究》,《国际税收》2015年第12期。

倪红日:《"一带一路"战略意义与税收挑战》,《国际税收》2015年第12期。

姜安印:《"一带一路"建设中中国发展经验的互鉴性——以基础设施建设为例》,《中国流通经济》2015年第12期。

罗韵竹:《亚投行发展的五个依托——写在亚洲基础设施投资银行即将开业之际》,《银行家》2015年第12期。

伍琳、李丽琴:《"一带一路"战略下福建投资东盟的产业选择——基于贸易的竞争性与互补性》,《福建论坛》(人文社会科学版)2015年第12期。

王金波:《亚投行与全球经济治理体系的完善》,《国外理论动态》2015年第12期。

于吉:《"一带一路"战略中的企业风险防控》,《企业管理》2015年第12期。

胡晓红:《论贸易便利化制度差异性及我国的对策——以部分"丝绸之路经济带"国家为视角》,《南京大学学报》(哲学·人文科学·社会科学)

2015 年第 6 期。

赵珍：《新丝路经济带视域下中亚五国贸易发展趋势探析》，《地方财政研究》2015 年第 11 期。

刘晓音：《"丝绸之路经济带"对中俄贸易投资便利化的影响》，《学习与探索》2015 年第 6 期。

徐绍史：《一带一路国外投资指南》，机械工业出版社，2016。

一带一路沿线国家法律风险防范指引系列丛书编委会编《一带一路沿线国家法律风险防范指引：白俄罗斯》，经济科学出版社，2016。

一带一路沿线国家法律风险防范指引系列丛书编委会编《一带一路沿线国家法律风险防范指引：波兰》，经济科学出版社，2017。

一带一路沿线国家法律风险防范指引系列丛书编委会编《一带一路沿线国家法律风险防范指引：俄罗斯》，经济科学出版社，2016。

张晓涛：《中国与"一带一路"沿线国家经贸合作国别报告》，经济科学出版社，2018。

赖小民：《"一带一路"沿线国家和地区法律与税收政策研究》，中国金融出版社，2017。

杨易：《农业"走出去"重点国家农业投资合作政策法规及鼓励措施概况（第 3 卷）》，中国农业出版社，2013。

宋慧：《"一带一路"沿线国家贸易投融资环境（第 2 册）》，中国金融出版社，2017。

李训、黄森等主编《渝新欧沿线国家发展报告（2018）》，社会科学文献出版社，2019。

徐绍史、何立峰、王晓涛：《一带一路国外投资指南》，机械工业出版社，2016。

Wilson, J. S., Mann C L, Otsuki T., Trade Facilitation and Economic Development: A New Approach to Quantifying the Impact, WorldBank Economic Review, 2003, 17 (3): 367 - 389.

APEC, Investment Facilitation Action Plan, http://www.apec.org/~/

media/Files/Press/ Features/2009/09_ cti_ ieg_ IFAP. pdf.

OECD, Policy Framework for Investment: A Review of Good Practices, OECD Publishing, 2006.

UNCTAD, The Kennedy Round Estimated Effects on Tariff Barriers, New York: United Nations, 1968.

APEC, APEC's Second Trade Facilitation Action Plan, http://www. apec. org/en/Groups/Committee – on – Trade – and – Investment/ ~/media/1E89 8BBD474347F8807AB1EB44E1C6DE. ashx.

World Economic Forum, The Global Competitiveness Report.

World Bank, Doing Business Report.

Transparency International, Corruption Perceptions Index.

Sveikauskas, L. , The Productivity of Cities, Quarterly Journal of Economics, 1975, 89 (3): 393 – 413.

Henderson, J. V. , Marshall's Scale Economies, Journal of Urban Economics, 2001, 53 (1): 1 – 28.

Zhang, N. , Choi, Y. , Environmental Energy Efficiency of China \ " s Regional Economies: A Non – Oriented Slacks – Based Measure Analysis, The Social Science Journal, 2013, 50 (2): 225 – 234.

Armstrong, S. , Measuring Trade and Trade Potential: A Survey, Asia Pacific Economic Paper, 2007.

Färe R, Grosskopf S, Modeling Undesirable Factors in Efficiency Evaluation: Comment, European Journal of Operational Research, 2004, 157 (1): 242 – 245.

Halkos G, Tzeremes N. , Trade Efficiency and Economic Development: Evidence from a Cross Country Comparison, Applied Economics, 2008, 40 (21): 2749 – 2764.

Liang L, Yang F, Cook W D et al. , DEA Models for Supply Chain Efficiency Evaluation, Annals of Operations Research, 2006, 145 (1):

35 – 49.

Murphy P, Dalenberg D, Daley J. , Improving International Trade Efficiency：Airport and Air Cargo Concerns, Transportation Journal, 1989：27 – 35.

Poyhonen P. , A Tentative Model for the Volume of Trade Between Countries. Weltwirtschaftliches Archiv, 1963, （90）：93 – 100.

Tinbergen J. , Shaping the World Economy：Suggestions for an International Economic Policy, New York：The Twen – tieth Century Fund, 1962.

图书在版编目（CIP）数据

中欧班列沿线国家研究报告 . 2019：国别投资合作
效率评价与分析 / 李训等著 . – – 北京：社会科学文献
出版社，2020.7
ISBN 978 – 7 – 5201 – 6873 – 1

Ⅰ . ①中…　Ⅱ . ①李…　Ⅲ . ①欧洲 – 研究报告 –
2019②对外投资 – 研究报告 – 中国　Ⅳ . ①D75②F832.6

中国版本图书馆 CIP 数据核字（2020）第 121463 号

中欧班列沿线国家研究报告（2019）
——国别投资合作效率评价与分析

著　　者 / 李　训　黄　森　等

出 版 人 / 谢寿光
组稿编辑 / 任文武
责任编辑 / 高振华
文稿编辑 / 刘如东

出　　版 / 社会科学文献出版社·城市和绿色发展分社（010）59367143
　　　　　　地址：北京市北三环中路甲 29 号院华龙大厦　邮编：100029
　　　　　　网址：www. ssap. com. cn
发　　行 / 市场营销中心（010）59367081　59367083
印　　装 / 三河市龙林印务有限公司

规　　格 / 开　本：787mm × 1092mm　1/16
　　　　　　印　张：32　字　数：487 千字
版　　次 / 2020 年 7 月第 1 版　2020 年 7 月第 1 次印刷
书　　号 / ISBN 978 – 7 – 5201 – 6873 – 1
定　　价 / 168.00 元